今 日 人 类 学 民 族 学 论 丛
Anthropology and Ethnology Today Series

民族社会学的理论与实践

Theories and Practice of Ethnosociology

何俊芳◎主编

Edited by **He Junfang**

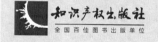
知识产权出版社
全国百佳图书出版单位

图书在版编目（CIP）数据

民族社会学的理论与实践／何俊芳主编．—北京：
知识产权出版社，2016.1
　ISBN 978-7-5130-4014-3

　Ⅰ．①民…　Ⅱ．①何…　Ⅲ．①民族社会学—中国—文
集　Ⅳ．①C95-53

中国版本图书馆 CIP 数据核字（2016）第 008333 号

内容提要

民族社会学是一门主要运用社会学并借鉴民族学、政治学、人口学、心理学等多学科研究视角和方法分析、研究当代民族现象和民族关系的学科。本文集是我国学者在该领域最新研究成果的重要体现。本书内容涉及广泛，既包括对我国民族社会学学科形成与发展、定位及研究现状的探讨与反思，也包括对该学科前沿理论如民族分层、族际居住隔离、民族宽容等问题的论述，还包括大量的实证研究以及对第四次中央民族工作会议的解读，是一本跨学科、多视角研究民族问题的重要著作。

责任编辑：纪萍萍　　　　　　　**责任校对：**孙婷婷

　　　　　　　　　　　　　　　　责任出版：刘译文

民族社会学的理论与实践

何俊芳　主编

出版发行：	知识产权出版社 有限责任公司	网　　址：	http://www.ipph.cn
社　　址：	北京市海淀区马甸南村 1 号	天猫旗舰店：	http://zscqcbs.tmall.com
责编电话：	010-82000860 转 8387	责编邮箱：	jpp99@126.com
发行电话：	010-82000860 转 8101/8102	发行传真：	010-82000893/82005070/82000270
印　　刷：	北京中献拓方科技发展有限公司	经　　销：	各大网上书店、新华书店及相关专业书店
开　　本：	720mm×960mm　1/16	印　　张：	26.5
版　　次：	2016 年 1 月第 1 版	印　　次：	2016 年 1 月第 1 次印刷
字　　数：	390 千字	定　　价：	78.00 元

ISBN 978-7-5130-4014-3

总　序

2003 年 7 月，中国获得了"国际人类学与民族学联合会第 16 届大会"的举办权，经过六年的筹备，这次大会于 2009 年 7 月 27 日至 31 日在中国昆明召开。

国际人类学与民族学联合会（IUAES）成立于 1948 年 8 月 23 日。实际上，也正是在这一天，国际人类学与民族学联合会和国际人类学与民族学世界大会（ICAES）合并到了一起。后者（ICAES）始于 1865 年，是众多人类学会议的产物，1934 年正式创立。到 1968 年，这两个组织完成了法律上的合并。

国际人类学与民族学联合会既是国际社会科学理事会（ISSC，The International Social Science Council）的成员，也是国际哲学与人文科学研究理事会（ICPHS，The International Council for Philosophy and Humanistic Studies）的成员，同时还是国际科学联合会理事会（ICSU，The International Council of Scientific Unions）的成员。国际人类学与民族学联合会的宗旨是促进世界各国学者之间的沟通和联系，推动人类知识进步，促进自然与文化、不同文化之间的和谐共处。国际人类学与民族学联合会在《当代人类学》（Current Anthropology）杂志（1979）上，曾发表过一项对未来世界人类学的声明草案："从人类利益的角度看，人类学的研究范围包括这样一些当代世界的主要事件，比如，环境管理问题，逐步减少不平等和重组世界秩序的压力，民族国家的未来，民族多元化和国民社会的未来，以及制度在协调具有人类基本的、衍生的生物驱动和心理驱动两者关系中所充当的角色和发挥的职能等。"国际人类学与民族学联合会的会员遍布 50 多个国家和地区，它设有 27 个专业委员会，涉及民族、宗教、老龄化、妇女儿童、移民、环境保护、疫病防治、体质、语言等国际社会关注的一系列热点问题。

在中国昆明举行的国际人类学与民族学联合会第 16 届大会，主题是："人类、发展与文化多样性"，世界各国的人类学民族学学者发表论文 4000

多篇，涉及文化多样性研究、民族文化研究、民族关系与民族认同研究、宗教研究、老年人与老龄化研究、艾滋病人类学、考古人类学、儿童与青少年研究、传播人类学、发展和经济人类学、企业人类学、环境人类学、食品与营养人类学、性别研究、全球化研究、历史人类学、人文生态学、人权研究、土著知识与可持续发展、法律多元化、语言人类学、数学人类学、移民人类学、医学人类学和流行病、博物馆和文化遗产、游牧民族研究、体质与分子人类学、影视人类学、心理人类学、体育人类学、理论人类学、旅游人类学、都市人类学、紧急人类学等 30 多个专业领域或分支学科。

作为国际人类学与民族学联合会第 16 届大会的组织者，中国人类学民族学研究会决定编辑和出版《今日人类学民族学论丛》，按照不同的专业领域或分支学科，分别出版不同主题的论文集，如都市人类学、历史人类学、发展和经济人类学、企业人类学、环境人类学、医学人类学和流行病、博物馆和文化遗产、游牧民族研究、体质与分子人类学、影视人类学、理论人类学、旅游人类学等，以便全世界的人类学与民族学同仁能够共同分享在中国举办本届人类学民族学世界大会的优秀学术成果。

中国人类学民族学研究会常务副主席　　周明甫
中国人类学民族学研究会秘书长　　黄忠彩
2009 年 7 月 14 日

目　录

主旨发言

专题发言

学科发展与相关理论

宗教、文化与语言研究

少数民族人口城镇化与流动研究

发展与反思

主旨发言

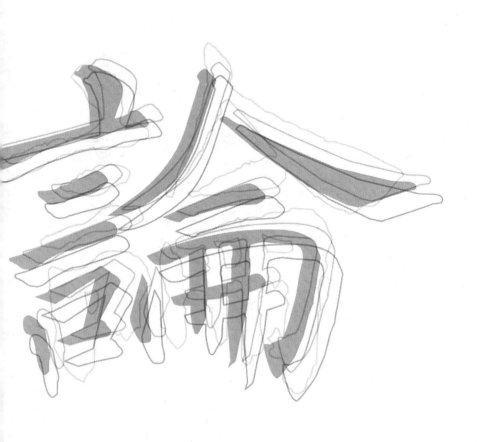

族群分层、文化区隔与语言应用模式

马　戎❶

　　社会学这个学科自 1952 年"院系调整"被取消后，直至"文化大革命"结束后的 70 年代末才逐步重新恢复。此时国际社会学界跟随各国社会发展的时代变迁已经在研究主题、基础理论、研究方法等许多方面发生了很大变化。在一定意义上，重新恢复的中国社会学是在努力追赶国际社会学发展的足迹，并试图结合中国实际国情进行自己的学术创新。

　　中国学者对于国内边疆群体的研究工作在 1949 年以前吸收了不同学科的学术营养，其中包括人类学、社会学、历史学、语言学、宗教学、政治学等，在一些地区的实证研究中取得一定成绩❷。1952 年至"文化大革命"期间，相关的研究人员集中在民族院校和民族研究所，相关的研究工作长期在"民族研究"这个大框架下开展，并被纳入党的"民族工作"的轨道，一方面用马列主义民族理论批判各种"西方资产阶级学说"和民国时期的"中华民族理论"❸；另一方面也深深地介入"民族识别"等党和政府的各项具体工作事务中。这个传统也深深地影响了改革开放后我国的民族问题研究。其中一个引人注目的现象就是中国各著名综合大学的社会学系几乎没有人专门研究民族和族群问题，我国研究少数族群问题的学者仍然集中在各民族院校的"民族学"专业任教或在民族研究所工作，延续把斯大林民族著述奉为理论基础和经典著作的传统，因此在理论和研究方法上与西方社会学的"种族与族群研究"存在一定差异。这一局面无疑对我国族群研究的学术积累和开拓创新带来一定影响。

---

❶　作者为北京大学社会学系教授。
❷　如费孝通的大瑶山调查、李安宅的藏区研究等。
❸　具有代表性的是蒋介石在《中国之命运》中提出的"中华民族是多数宗族融和而成"（蒋介石：《中国之命运》，重庆：正中书局出版社，1943 年版，第 2 页），及蒋介石在 1942 年 8 月西宁讲话中提出的"中华民族乃是联合我们汉满蒙回藏五个宗族组成一个整体的总名词"等观点。

本文将首先讨论中国学者对西方社会学核心领域"族群分层与流动"研究成果的借鉴，指出中国学者应当注意存在于中国少数族群与美国少数种族之间在群体历史与语言文化方面的重要差异，随后将重点讨论中国国内的语言使用格局和区域分布，并探讨在这样一个语言使用与学习格局中应当如何思考相应的学校教育语言体系，从而为各族之间的交流、合作和共同繁荣创造一个适宜的语言交流模式与语言学习环境。

1. 社会学关于"族群分层与流动"的研究

社会分层与社会流动（social stratification and social mobility）是社会学研究社会结构和社会变迁的核心概念，也是社会学的一个重要研究专题和分析视角，而"族群分层与流动"（ethnic stratification and mobility）则是社会学研究一个多族群国家内部群体关系的核心概念❶，研究的是各群体在社会整体结构中的相对地位以及各群体在社会流动机制中的上升渠道和机会概率。换言之，就是调查与分析各族群在社会结构中是否出现"群体性倾斜与失衡"现象，分析各族群成员在争取个人向上流动时是否可获得大致相同的机会。

在一个主张并努力争取实现种族/族群平等的国家，当社会学家们发现某族群处于"群体性劣势"的状态，其成员的上升渠道遇到制度性障碍并导致族群分层结构发展态势趋于恶化时，那么，学者们就需要根据现实社会中出现的具体问题提出必要的政策调整建议，在制度上创造出能够帮助"弱势群体"成员排除各种阻碍、实现社会流动的新机制。例如在 20 世纪 60 年代，针对美国社会中存在严重的学校种族隔离和就业歧视现象，美国学者们提出了通过立法、行政和财政手段废除公立学校种族隔离制度的主张和具体实施措施，同时针对著名高校招生中少数族裔学生录取比例过低的现象，学者们联合各界进步人士推动了"肯定性行动法案"（Affirmative Action，或译

---

❶ Glazer, Nathan and Daniel Moynihan, ets.: "*Ethnicity: Theory and Experience*", Cambridge: Harvard University Press, 1975, p. 16.

"平权法案")在联邦议会的通过与实施❶，使美国著名大学（如 8 所常春藤名校）本科招生中的黑人比例接近黑人在美国总人口中的比例，从而逐渐培育出黑人中产阶级和一批活跃在各领域的黑人精英，这改善了美国的"族群分层"结构和优秀黑人青年在社会结构中向上流动的机会。由此可见，"族群分层与流动"研究在认识多族群社会中族群关系的现状、存在问题及提出改进思路与具体措施方面，确实非常重要。

2. 中国的"族群分层与流动"需借鉴西方学术成果，但应避免"路径依赖"

自 20 世纪 80 年代以来，我国学者也开始关注中国的"族群分层与流动"这一研究领域，并努力借鉴国外的研究思路和经典案例来开展国内的专题研究。相关的研究成果包括对人口普查所提供的各民族受教育结构、劳动力行业与职业结构数据开展的比较分析❷，也包括在不同的少数民族聚居区开展的专题实证调查（城乡居住格局、族际通婚、语言使用、双语教育、族际社交网络、人口流动、大学生就业、族群收入差距等）❸。尽管在这个领域及相关专题方面发表的研究成果数量还不多，但这些成果表明，中国的"族群分层与流动"研究已经起步而且开始引起社会各界的广泛关注。

"族群分层与流动"这个社会学核心概念是美国学者首先提出的，这个领域的大多数经典研究（特别是量化分析）的对象是美国和加拿大的数据与案例❹，这与美国种族矛盾比较突出的历史背景以及美国应用社会学研究比

---

❶ Simpson, George and Milton Yinger: "*Racial and Cultural Minorities: An Analysis of Prejudice and Discrimination*", New York: Plenum Press, 1985, 5ᵗʰ edition.

❷ 马戎、潘乃谷:《居住形式、社会交往与蒙汉民族关系》,《中国社会科学》1989 年第 3 期, 第 179-192 页; 马戎:《西藏的人口与社会》, 北京: 同心出版社, 1996 年版; 马戎编著:《民族社会学: 社会学的族群关系研究》, 北京: 北京大学出版社, 2004 年版, 第 266-295 页; 马戎:《我国部分少数民族就业人口的职业结构变迁与跨地域流动——2010 年人口普查数据的初步分析》,《中南民族大学学报》2013 年第 4 期, 第 1-15 页。

❸ 马戎:《少数族群的现代化发展与双语教育》,《北京大学教育评论》2012 年第 3 期, 第 136-156 页; 菅志翔:《我国少数民族社会发展基本状况分析》, 载马戎主编《少数民族社会发展与就业》, 北京: 社会科学文献出版社, 2009 年版, 第 3-60 页; 马忠才:《西部少数民族的社会变迁与族群分层》, 北京大学社会学系博士论文, 2012 年。

❹ 马戎编著:《西方民族社会学经典读本》, 北京: 北京大学出版社, 2010 年版, 第 126-226 页。

较发达、社会调查数据比较丰富且有密切联系，中国学者可以从西方学者的研究成果中借鉴许多东西。我最近一直在想，中国学者注意吸收美国族群分层研究的学术积累无疑是完全必要的，但是美国社会的种族/族群关系毕竟与中国社会的族群关系（包括历史与现状）存在重要差异，中国学者在思考中国的族群分层问题并开展实证研究时必须从中国的实际国情出发，我们在借鉴美国研究成果时需要注意避免出现文献阅读和研究设计中的"路径依赖"，不能完全跟着西方学者的足迹走。

3. 美国"族群分层与流动"研究的特点

美国是一个由移民建国并以欧洲白人移民及其后裔为人口主体的国家。北美土著印第安人的人口规模很小并聚居在西部偏远贫瘠的"保留地"❶。尽管有些部落（纳瓦霍人）由于语法特殊受到语言学家的重视，甚至在"二战"期间成为美军特定"密码"，但是北美印第安人部落在历史上没有发展出自己的文字系统❷，也没有可与白人主流文化相抗争的语言体系、宗教体系和文化传统。目前美国印第安人已通用英语，但在美国政治、经济、文化等领域均处于十分边缘的地位，对美国的社会稳定与发展几乎没有什么影响。正是由于印第安群体在美国社会中的边缘地位，长期以来印第安人研究在美国族群问题研究中一直十分边缘，没有受到主流社会学者们的重视。

但是美国黑人的情况则有所不同。自 16 世纪开始的奴隶贸易使大约上千万的黑人被贩卖到美洲，黑人构成美国人口和美国经济的重要组成部分，南北战争后黑人摆脱了奴隶身份并开始向北部和西部迁移。2010 年黑人约占美国总人口的 12.6%，而且 99% 居住在城镇，黑人在许多城市中（包括首都华盛顿）已占人口半数以上❸。人口规模和高度城市化使得黑人在美国政治

---

❶ 根据美国 2010 年人口普查数据显示，印第安人和阿拉斯加土著人合计为 290 万，占美国人口的 0.9%。

❷ 印第安语包括十几个语族，至今没有公认的语言分类，（中南美洲）有些印第安语已有文字（《中国大百科全书（民族）》编委会：《中国大百科全书（民族）》，北京：中国大百科全书出版社，1986 年版，第 504 页）。

❸ 1960 年华盛顿市黑人占总人口半数以上，1980 年黑人占人口半数以上的城市有 9 个（马戎编著：《民族社会学：社会学的族群关系研究》，北京：北京大学出版社，2004 年版，第 237 页）。

与社会生活中有着举足轻重的影响力，美国历史上许多重要事件都与黑人问题密切相关，例如，20世纪60年代风起云涌的黑人运动几乎撕裂了美国社会❶。所以，美国学者的种族/族群研究对象长期以来集中在白人—黑人关系上，相关的族群分层与流动研究也大多以黑人群体为对象。

但是我们必须注意的是，经过了几百年与白人的共处并曾长期处在从属的奴隶地位，美国黑人的语言（英语）和宗教信仰（新教、天主教）已经与白人主流社会趋于一致。换言之，黑人奴隶与白人奴隶主之间长期存在深刻的阶级矛盾和种族偏见，但是不存在明显的语言隔阂与宗教冲突，即不存在文化区隔。同时，尽管在居住街区层面存在一定的"种族居住隔离"，但是黑人已经与白人同样分布到全美各州各城市并在各行各业就业，不存在较大地理行政单元的"行政区划区隔"。因此，只要把美国宪法中"人人生而平等"的精神真正落实到黑人公民身上，为黑人青少年提供良好的教育和就业机会，通过几代人的社会流动，就可能出现种族关系的改善和传统矛盾的化解，马丁·路德·金博士的"黑人梦"就可以实现。

4. 中国几个主要少数族群与美国族群问题的不同之处

中国三个重要少数族群（如维吾尔族、藏族、蒙古族）的情况与美国少数族群的情况相比，有几个重要的不同之处。

第一，这些群体虽然在历史上也经历了不同程度的地域迁移，但迁移的范围仍在东亚大陆这片土地上，近几百年他们作为本地居民已经在现居住地扎下根来。这与美国各移民群体（如白人、黑人、亚裔、拉丁美洲裔）跨越大洋、洲际迁移的历史不同。

第二，这些族群在历史上各自发展出自己的语言文字、宗教信仰和生活习俗，尽管其宗教信仰（佛教、伊斯兰教）的源头可能来自境外，但是在几百年的发展进程中这些群体已经创造出具有本土特色的灿烂文明体系。中国主要少数族群的文化积累和传统文化体系与北美土著印第安人的文化积累不可同日而语，从文化相对论的角度来看，这些文明并不逊色于中国东部汉人

---

❶ 约翰·霍普·富兰克林：《美国黑人史》，北京：商务印书馆，1988年版，第547-587页。

创造的中原文明。按照顾颉刚先生的说法，中国存在西部的"藏文化集团""（穆斯林）回文化集团"和中原地区的"汉文化集团"这三大文化集团❶。尽管这些文明体系与中原文明之间已有许多实际的交流融汇与互相渗透，但是彼此之间依然存在明显差异。这与美国黑人与白人在文化上（语言、宗教）具有较高同质性的情况全然不同。

第三，中国的这些少数族群人口规模大（如维吾尔族人口已过千万、藏族人口 628 万，蒙古族人口 600 万）并高度聚居在政府为这些族群建立的自治区。在中国的地理行政区划结构中存在"民族自治地方"和非自治地方的"行政区划区隔"，我国少数民族自治地方约占中国陆地面积的 64%。因此，少数族群在中国的政治生活、经济发展、文化生活中居于举足轻重的重要地位，这与仅占美国领土面积 2.4% 的土著印第安人"保留地"的情况，以及与散布到全国各地和各行各业的美国黑人的情况相比，是有天壤之别的。

第四，这些族群的语言（维吾尔语、藏语、蒙古语）是本族聚居区的主要交流工具，本族的宗教信仰（伊斯兰教、藏传佛教）、传统价值伦理、生活习俗（饮食禁忌、婚俗葬俗等）是当地文化生活的基调。也就是说，在中国的几个主要的少数族群聚居区，当地族群人口与汉族人口之间存在着界限清晰、色彩鲜明的文化区隔。

从以上四个方面来看，在中国的社会文化场景中研究族群关系，所需要关注的专题就不应当仅限于研究"族群分层和流动"，并且，影响少数族群成员参与社会流动的因素也不仅仅是受教育机会和就业机会的平等问题。正是由于中国各族聚居区之间存在明显的文化区隔，于是使用哪种语言文字作为公共活动工具语言和学校教学语言便成为一个重要而敏感的议题。它既涉及当地族群的文化自信、尊严和文化传承，也涉及全国性就业市场对于工具性语言（汉语普通话）的倾向性偏好。而这个"族群文化区隔"在美国传统的白人—黑人种族关系研究中是被忽略的。美国学者也曾发表一些对于族群语言、宗教差异的实证性调查文献，但是这些研究的对象偏重于新移民（如来自亚洲的华裔、越南裔或来自拉丁美洲的墨西哥裔、古巴裔），美国推行的"双语教育"实际上是要引导新移民从母语过渡到英语。所以，如果我

---

❶ 顾颉刚：《顾颉刚卷》，石家庄：河北教育出版社，1996 年版，第 780 页。

们在开展国内族群研究时主要借鉴的是美国白人—黑人关系的研究成果，研究的主题集中于"族群分层与流动"，分析的指标体系方面主要关注教育程度、行业结构和职业结构的族群比较，那么，我们就有可能忽略中国国情中的"族群文化区隔"这个重要的社会现实。

5. 中国西部地区的"族群文化区隔"

在中国一些地区的社会现实中存在的"族群文化区隔"也许可以主要归纳为三个方面：语言、宗教和生活习俗。不同的语言文字是群体间最凸显、最重要的文化差异，宗教传承以语言文字为载体，生活习俗（如饮食禁忌）又与宗教信仰密切相关。一个社会中存在的"族群文化区隔"必然影响社会结构中少数族群的社会地位与社会流动。这三个方面中，最直接影响族群之间交流、相互理解与建立合作关系的是语言差异，我们研究中国社会中的"族群文化区隔"也可先从语言差异入手。中国的几个重要的少数族群都有自己独特的语言与文字体系，如维吾尔语和蒙古语分属于阿尔泰语系下的两个语族，藏语属汉藏语系，这几种语言无论在发音、词汇还是语法等方面都与汉语普通话之间有很大差异。

因此，在中国社会公共生活中的语言应用和学校里的语言学习模式显然不可能与美国社会一样。美国土著印第安人和黑人已通用英语，那些以个人或家庭为单元零星迁入美国的新移民为了适应新社会，具有很高的英语学习热情，他们对就业市场把掌握英语作为基本要求视为理所当然，并不反感。因此，即使在部分少数族裔家庭和少数族群社区内有些人继续使用母语交流，但是在美国政府机构、公共部门、服务业和学校通用的工具性语言依然是英语。在中国的情况则有所不同。在一些少数族群聚居区如南疆和藏区，一方面，民众使用的主要语言仍然是自己的母语，母语是民众日常生活和人际交流中的重要工具性语言，当地居民也缺乏在日常对话中学习汉语的语言环境；另一方面，汉语普通话已经成为全国性的行政部门、经济活动、高等教育体系中的主要工具性语言。当地少数族群的年轻一代应该如何选择语言学习？这两种工具性语言之间无疑存在某种冲突。因此，在研究中国族群关系时，承认在语言文字领域中存在"族群文化区隔"，在公共空间和教育体系中如何兼顾全国性的工具性语言和地方性的工具性语言，便成为一个具有特殊意义的专题。

6. 中国少数族群聚居区的语言使用格局

从我国各族交流交往交融的长远发展大局考虑，中央政府和我国学术界有必要对中国各地区语言使用格局现状的整体性框架进行分析并对其发展目标有清晰的思路与设想。《宪法》中提出"各民族都有使用和发展自己的语言文字的自由"，但是少数民族民众在使用语言文字权利方面的"自由"与社会制度中各种语言的实际相对"地位"还不是一回事。《民族区域自治法》第三十六条规定，"民族区域自治地方的自治机关根据国家的教育方针，依照法律规定，决定本地方的教育规划，各级各类学校的设置、学制、办学形式、教学内容、教学用语和招生办法"❶。但是在各地区教育体系的实际运行中，当地族群的母语、文字与汉语普通话之间是一种什么样的关系呢？学校和公共场所中的语言应用模式呈现的是怎样一个发展趋势？这些问题都需要深入调查，需要慎重考虑与分析后才能得出结论。

首先，我们可以分析一下与居民日常生活相关的语言使用格局，"日常生活用语"指的是居民在家庭内部和基层社区内用来交流的语言，通常是他们的母语。我们可以根据某种语言文字使用人数的规模和在当地总人口中所占的比例划分出各种语言的分级"生活语区"（参见表1）。

表1　生活语言使用人口所占总人口比例与"生活语区"类别划分

语言使用人口占该地区总人口比例	生活语区
70%以上	第一类
50%~70%	第二类
30%~50%	第三类
10%~30%	第四类
5%~10%	第五类
1%~5%	第六类

❶　宋才发主编：《民族区域自治法通论》，北京：民族出版社，2003年版，第363页。

以新疆的"维吾尔语区"为例,如果我们划分"生活语区"的单元是地区(自治州、区属直辖市),那么使用维吾尔语的人数占总人口70%以上的地区(如和田、喀什、阿克苏、吐鲁番)可划为"第一类语区",占总人口的50%~70%的"第二类语区"缺失,占30%~50%(如巴音郭楞)为"第三类语区",占10%~30%(如乌鲁木齐、克拉玛依、哈密)为"第四类语区",5%~10%的"第五类语区"缺失,1%~5%的(如昌吉、塔城等)为"第六类语区"。如果使用某种语言的人口不足1%,在划分语区时可忽略。这并不表示其语言不重要,仅是反映在分析地区语言使用格局时其权重较小。

我们可以用同样的方法划分新疆维吾尔自治区内的"哈萨克语区""蒙古语区""汉语区"等,而且许多地区很可能是多语种重合的"复合语区"❶。如在乌鲁木齐市的总人口中,汉语为母语的人口(汉、回、满、土家等)约占83.8%,维吾尔族人口占12.8%,哈萨克族占2.3%,那么乌鲁木齐市可划定为一个多语种复合的"汉1-维4-哈6语区"(参见表2)。

表2 新疆维吾尔自治区各自治州、地区、
直属市人口族群构成(%)与"生活语区"

州地市	汉	回	汉回合计	维吾尔	哈萨克	蒙古	柯尔克孜	其他	总计	生活语区
乌鲁木齐	75.30	8.03	83.33	12.79	2.34	0.35	0.07	1.12	100.00	汉1-维4-哈6
克拉玛依	78.07	2.23	80.30	13.78	3.67	0.68	0.04	1.63	100.00	汉1-维4-哈6
吐鲁番	23.30	6.38	29.68	70.01	0.06	0.03	0.00	1.22	100.00	维1-汉4
哈密	68.95	2.97	71.92	18.42	8.76	0.40	0.00	0.50	100.00	汉1-维3-哈4
昌吉	75.14	11.55	86.69	3.92	7.98	0.40	0.01	1.00	100.00	汉1-哈5-维6
博尔塔拉	67.19	4.49	71.68	12.53	9.14	5.64	0.02	0.99	100.00	汉1-维4-蒙5
巴音郭楞	57.50	4.94	62.44	32.70	0.09	4.12	0.01	0.64	100.00	汉2-维3-蒙6
阿克苏	26.62	0.55	27.17	71.93	0.01	0.04	0.46	0.39	100.00	维1-汉4
克孜勒苏	6.41	0.10	6.51	63.98	0.01	0.01	28.32	1.17	100.00	维2-柯4-汉5
喀什	9.15	0.15	9.30	89.35	0.00	0.02	0.15	1.18	100.00	维1-汉5
和田	3.33	0.09	3.42	96.43	0.00	0.01	0.05	0.09	100.00	维1-汉6
伊犁州直属	39.91	10.60	50.51	23.99	20.05	1.16	0.63	3.66	100.00	汉2-维4-哈4

❶ 在"藏语区"内部还可以进一步划分出"安多藏语区""拉萨藏语区"和"康藏语区"。

州地市	汉	回	汉回合计	维吾尔	哈萨克	蒙古	柯尔克孜	其他	总计	生活语区
塔城	58.59	7.45	66.04	4.12	24.21	3.33	0.21	2.09	100.00	汉 2-哈 4-维 6-蒙 6
阿勒泰	40.93	3.94	44.87	1.79	51.38	0.98	0.01	0.97	100.00	哈 2-汉 3-维 6
石河子	94.53	2.32	96.85	1.20	0.58	0.13	0.01	1.23	100.00	汉 1-维 6
全自治区	40.57	4.55	46.12	45.21	6.74	0.81	0.86	1.26	100.00	(汉 3 维 3 哈 5)

资料来源：新疆维吾尔自治区人口普查办公室：《新疆维吾尔自治区 2000 年人口普查资料》，乌鲁木齐：新疆人民出版社，2002 年版，第 46-74 页。

中央 1999 年宣布实施"西部大开发"战略后，大量基础设施建设项目和区外流动人口陆续进入新疆，这些流动人口都被包括在 2010 年人口普查中。所以，如果我们研究的重点是本地居民的语言使用情况，2000 年普查数据可能比 2010 年普查数据更接近本地居民的族群人口构成。

我们从表 2 可以看到，新疆这个多族群居住区在语言使用格局方面呈现的是一个多元模式：在全区 15 个地区、自治州、直辖市当中，6 个地州市的汉语使用人口（包括汉族和回族）占当地总人口 70% 以上，使用汉语的人口在另外 3 个地州市占 50% 以上；使用维吾尔族语的人在 4 个地区占总人口 70% 以上，在 1 个地州占 50% 以上；使用哈萨克族语的人在 1 个地区占总人口的 50% 以上。同时，没有一个地州市是"单语语区"，都是"复合语区"（两种至四种语言）。从语言使用格局来看，新疆维吾尔自治区是一个名副其实的多族群聚居区和多语言文化区。

7. 绘制全国及各省区的"语区分布图"与"理想型"语言使用模式

我们可以采用以上方法绘制出粗略的全国"语区分布图"，还可以根据各地州（最好具体到各县市）的各族人口结构画出各自治区、自治州（县市）的"语区分布图"。因为我国行政体制中的"地区""自治州"的地域面积和人口规模通常比较大，地区、自治州首府城市与县城、乡镇人口的族群构成可能存在很大差异。

表 3 新疆喀什地区下属市、县人口族群构成（%）与"生活语区"

市县	汉	回	汉回合计	维吾尔	塔吉克	柯尔克孜	其他	总计	生活语区
喀什市	21.78	0.29	22.07	77.36	0.07	0.07	0.43	100.00	维1-汉4
疏附县	1.53	0.04	1.57	98.27	0.00	0.09	0.07	100.00	维1-汉6
疏勒县	6.96	0.10	7.06	92.64	0.00	0.10	0.20	100.00	维1-汉5
英吉沙县	1.91	0.03	1.94	97.72	0.01	0.26	0.07	100.00	维1-汉6
泽普县	20.62	0.39	21.01	76.67	1.88	0.04	0.40	100.00	维1-汉4
莎车县	4.44	0.12	4.56	94.66	0.36	0.14	0.28	100.00	维1-汉6
叶城县	5.76	0.20	5.96	93.06	0.50	0.25	0.23	100.00	维1-汉5
麦盖提县	19.97	0.23	20.20	79.63	0.00	0.00	0.17	100.00	维1-汉4
岳普湖县	6.72	0.03	6.75	93.17	0.00	0.00	0.08	100.00	维1-汉5
伽师县	1.99	0.02	2.01	97.93	0.00	0.00	0.06	100.00	维1-汉6
巴楚县	17.48	0.20	17.68	82.10	0.00	0.01	0.21	100.00	维1-汉4
塔什库尔干	3.82	0.17	3.99	5.15	84.86	5.89	0.11	100.00	塔1-维5-汉6
全地区	9.15	0.15	9.30	89.35	0.99	0.15	0.21	100.00	（维1-汉5）

资料来源：新疆维吾尔自治区人口普查办公室：《新疆维吾尔自治区2000年人口普查资料》，乌鲁木齐：新疆人民出版社，2002年版，第46-74页。

以新疆喀什地区为例，下属喀什市和11个县的人口族群构成和相关的复合"生活语区"可参见表3。我们从表3可以看到，以汉语为母语的人口（主要是汉族与回族）在当地总人口中的比例在4个市县超过或接近20%，同时在5个县的比例不到5%。这两组地区的"生活语区"应当说存在显著差异。我国的基层学校根据所在地的行政级别和人口规模分为几类，城市中学、城市小学、县中学、县中心小学、乡镇小学，分别位于城市、县城和乡镇。在少数族群聚居区的这三级居民区的人口规模和族群构成通常都有明显的差异，甚至不同的乡镇也可能存在不同的人口族群构成。这些因素都是我们在思考当地的语言使用模式和学校教学语言格局时不能忽视的。

当然，在绘制这样的"语区图"时，各地区各族群人口的实际使用语言与官方登记的"民族成分"不一定完全一致。例如，内蒙古南部一些县的蒙古族居民在日常生活中已不再使用蒙古语而通用汉语，那么，我们在根据人口"民族成分"数据来绘制"语区图"时，如遇到这类情况则应实事求是地按照当地居民的实际应用语言情况进行绘制。另外，如果某地区的外来少数族群流动人口达到一定规模，他们的工具性语言需求在当地公共活动中也是需要予以考虑的。如近期内地一些大城市的公安部门开始招收维吾尔族和藏族人员，即考虑到这些城市中流动的维吾尔族和藏族人口在语言交流方面的客观需求。

根据多语种复合语区内各族居民的母语结构，我们可以设想一个"理想型"（ideal type）的生活语言模式。以上述乌鲁木齐市为例，"最优模式"就是当地所有居民都能够熟练掌握两种（汉语、维吾尔语）甚至三种语言（汉语、维吾尔语、哈萨克语），如同瑞士的国民普遍掌握法语、德语和意大利语那样。如果达不到这个最优模式，退而求其次，第二等的"次优模式"就是以汉语为母语的人口中有 13% 能够说维吾尔语，有 3% 能够说哈萨克语；同时维吾尔和哈萨克人口中都有 84% 能够说流利的汉语。乌鲁木齐市各族居民如能达到这样一个语言使用比例，无疑将有助于各族居民在日常工作与生活中进行有效的交流。

通过各类"语区"的划分，我们对生活在各"语区"中的各族居民的语言能力结构可以得到一个理想模式。那么，对于向下一代教授语言文字负有最重要责任的学校体系也就有了自己的语言教学目标：如何使各族青少年在学校里能够学习并掌握当地"语区"的主要语言，以实现"最优模式"或"次优模式"这样的目标。从这个角度和标准来看，喀什地区（维吾尔族人占总人口的 90%），甚至乌鲁木齐市（维吾尔族人占总人口的 12.7%）没有一所汉族学校教授维吾尔语，就是不可思议的。按照"次优模式"，至少喀什 90% 和乌鲁木齐 13% 的汉族学生应当在学校里系统地学习维吾尔语课程。

与"日常生活用语"有所区别的是"公共活动用语"。公共活动用语指的是居民参与当地社会活动和与公共部门（政府部门、邮局、银行、税务、工商、公安、司法等机构）打交道时使用的语言。在殖民地社会，公共部门使用的语言通常是殖民者的母语，而不是当地居民的母语，这反映的是族群歧视与不平等。而在一个"以人为本"，坚持"民族平等"原则的社会，公共部门应当要求下属职员在与当地居民进行交流和提供服务时，主要以本地居民中大多数人的母语为交流工具❶，因此"日常生活用语"与"公共活动用语"应当是一致的。

对"公共活动用语"的认定涉及社会公共领域的语言政策问题。在各"生活语区"内公共机构工作的人员当中，使用这一语言的比例应当与所属"生活语区"的标准相一致。例如，在属于"第一语区"的喀什地区，维吾尔族人约占总人口的90%，当地公务员中（不论属于哪族公民）熟练掌握维吾尔语的比例最好也能够达到90%，为此当地政府机构在招收公务员时就需要参考这个比例。

8. 语言工具性比较中的效用权重

在衡量不同语言的交流和学习功能时，除了人口规模因素外，还需要考虑另外一个维度，即在社会生活和就业中，不同语言所发挥的实际功能可能具有不同的权重，或者说不同语言的"应用工具性效度"可能存在显著的差异。一种语言的"应用工具性效度"是指掌握这种语言后可以接触的各种有用信息的广度和深度。当我们把一种没有文字的语言与另外一种历史悠久、已形成完整文化体系、有大量文献积累并与现代工业知识系统接轨的语言从"应用工具性效度"这个角度来进行比较时，可以清楚地看到这两种语言给人们带来的信息在量与质之间存在巨大差异。所以，在我们对国内群体使用的各种语言进行比较并思考不同地区的理想语言模式时，就必须参考"应用工具性效度"这个因素，从而给不同的语言以不同的权重。

我们可以粗略地把国内各种语言分为"有文字的语言"和"无文字的语言"这两大类，我们关注的主要是那些有独立文字体系的语言。在对有文字的各种语言进行"应用工具性效度"比较时，我们可以考虑几个指标。第一个也是最简单的参考指标是该文字年出版物的种类（不是册数），第二个参考指标是国家图书馆中该文种藏书种类，如果关注的是某专业领域的最新知识积累，那么还可以加上第三个指标，即国内该专业领域最新研究成果发

---

❶ 《宪法》第一百三十四条规定"各民族公民都有用本民族语言文字进行诉讼的权利"。司法诉讼仅仅是国民公共活动中的一种，民族聚居区的其他部门（邮电、银行、商业、交通等）也应提供以当地民族语言为交流工具的社会服务。

表时使用的语言文字❶。

顺便提一句，世界各国之所以要在本国学校系统地教授某种"外国语言"，其考虑的基点当然不是国内使用这种语言的人口比例，而纯粹是对世界上各种语言（包括国内各种语言在内）在"应用工具性效度"方面的相互比较。世界各国的语言在国际交流中始终存在一个相互竞争的态势，在人类进入 21 世纪后，正如亨廷顿所说："英语是世界上进行知识交流的方式，正如公历是世界上的计时方式，阿拉伯数字是世界的计数方式"❷，英语的"应用性工具效度"在全世界各主要语言中具有突出的优势地位。

我们可以借用上述三个指标来对中国国内各种语言的"应用工具性效度"进行比较。首先，中国的出版物中约 98% 是汉文出版物。2000 年全国总计出版图书 143 376 种，出版少数民族文字图书 2 598 种。少数民族文字图书约为图书总数的 1.8%。2010 年全国总计出版图书 328 397 种，其中少数民族文字图书 9 429 种，少数民族文字图书为出版图书总数的 2.87%。我国的少数民族文字出版物基本是在国家经费补贴政策下得以出版的，其中相当一部分是政府文件和政策宣传读物，介绍现代科技、社会科学普及读物和最新科研成果的少数民族出版物很难见到。

我们曾经对新疆大学、内蒙古大学、西藏大学这三所民族自治区主要大学图书馆的民语藏书种类和汉语藏书种类进行过比较，发现新疆大学图书分类目录中的维吾尔文藏书不到同类汉文藏书种类的 10%，内蒙古大学的蒙文藏书不到汉文藏书的 5%，西藏大学的藏文藏书除藏文古籍外不到汉文藏书的 0.1%❸。汉语的"应用工具性效度"是显著超越国内其他任何语言的。因此，如果我们把汉文作为国内第一类工具语言，把目前国内少数族群文字出版行业的 5 种主要文字（维吾尔文、蒙古文、藏文、哈萨克文、朝鲜文）作为第二类工具语言，把其他族群文字（彝文、壮文、苗文等）作为第三类工具语言，那么可以粗略地假设一个表示语言工具性效度的加权系数：第三类语言的加权系数为 0.5，第二类的加权系数为 1，第一类语言的加权系数

---

❶ 毫无疑问，目前全世界各主要专业发表最新研究成果使用的语言绝大多数都是英文。
❷ S. 亨廷顿：《文明的冲突与世界秩序的重建》，北京：新华出版社，1999 年版，第 49 页。
❸ 马戎：《中国少数民族地区社会发展与族际交往》，北京：社会科学文献出版社，2012 年版，第 148-149 页。

为 2。当然，这里提出的加权系数的具体数值都是假设的，各类工具语言之间的差距和加权系数值可以通过各项衡量"应用工具性效度"的具体指标进一步测定。在这里，我只是希望提出各语言之间存在"应用工具性效度"方面的差异，并以此为依据在对语言学习模式进行比较时建议考虑增加一个加权系数。

9. 学习与就业语区

在增加了语言的"应用工具性效度"这个维度和相关的加权系数后，我们可以提出第二种语区格局即"学习与就业语区"。它不同于前面的"生活语区"，因为增加了语言"在学习现代知识体系时的效度"以及"现代产业就业对语言工具的要求"这两个因素。"现代知识体系"指的是与工业化、现代化相联系的理工农医科知识和社会科学知识，与之相对应的"传统知识体系"指的是人文学科与传统文化（语言文学、历史、宗教经典等），现实就业市场为掌握"现代知识体系"（尽管程度不同）的劳动者提供的就业岗位显著地超过为掌握"传统知识体系"劳动者提供的岗位。这也是现代学校学生的人数大大超过私塾、经文学校、寺庙教育学生人数的原因。

我们把表 2 中新疆各地州市的语言使用人口比例乘以上述假设的加权系数，就可以得到与"生活语区"所不同的"学习与就业语区"（表 4）。

表 4　新疆维吾尔自治区各州地市的"生活语区"与"学习与就业语区"

州地市	生活语区	学习与就业语区
乌鲁木齐	汉 1-维 4-哈 6	汉 1-维 4-哈 6
克拉玛依	汉 1-维 4-哈 6	汉 1-维 4-哈 6
吐鲁番	维 1-汉 4	维 1-汉 2（汉加权）
哈密	汉 1-维 3-哈 4	汉 1-维 3-哈 4
昌吉	汉 1-哈 5-维 6	汉 1-哈 5-维 6
博尔塔拉	汉 1-维 4-蒙 5	汉 1-维 4-蒙 5
巴音郭楞	汉 2-维 3-蒙 6	汉 1-维 3-蒙 6（汉加权）
阿克苏	维 1-汉 4	维 1-汉 2（汉加权）
克孜勒苏	维 2-柯 4-汉 5	维 2-柯 4-汉 4（汉加权）

州地市	生活语区	学习与就业语区
喀什	维1-汉5	维1-汉4（汉加权）
和田	维1-汉6	维1-汉5（汉加权）
伊犁州直属	汉2-维4-哈4	汉1-维4-哈4（汉加权）
塔城	汉2-哈4-维6-蒙6	汉1-哈4-维6-蒙6（汉加权）
阿勒泰	哈2-汉3-维6	汉1-哈2-维6（汉加权）
石河子	汉1-维6	汉1-维6
全自治区	—	

加权的方法：汉语使用人口的比例乘以2，再重新进行归类。

从表4中，我们看到经过加权计算后，汉语的重要性在9个地州市得到加强。维吾尔语继续在5个地州保持最重要语言的地位，这5个地州学校里的维语教学和公共机构职工招募中对维语能力的要求应当得到比其他地州市更多的重视。

10. 公立学校中的语言教学模式

根据以上试探着划分出的新疆"生活语区"与"学习与就业语区"，我们可以进一步探讨公立学校中的语言教学模式。

1949年新中国成立以后，在我国几个主要的少数民族自治区的中小学教育体系中逐步建成了"普通学校"（或称"汉校"）和"民族学校"（或称"民校"）这样一个双轨制。比如在今天的新疆，我们可以大致归纳出几种教学模式：（1）传统汉校模式，所有课程都用汉语讲授，同时加授一门外语（多为英语），不开设母语课。（2）传统民校模式，所有科目都以母语授课，加授一门汉语（有的地区从初中开始，有的地区从小学高年级开始）。近期一些地区开始推行"双语教学"后又出现两种新模式。（3）双语教学模式，部分课程（数学、物理、化学、生物及英语）用汉语授课，部分课程（语文、思想品德、历史、地理等）用母语授课。（4）新汉校模式，所有课程用汉语授课，加授一门母语。

从前面讨论的新疆各地州市"生活语区"与"学习与就业语区"情况来看，除石河子市之外，传统汉校模式完全不适合新疆其他各地州的实际情况。其他三种模式在居民中都存在广泛的客观需求。由于各地州市居住着使用不同母语的各族居民，我们在考虑学校教学语言模式时，不能设想在一个地区只设立一种模式，而是应当三种模式并存，只是各种模式的学校数量和招生规模的比例在不同地区各不相同，并与当地"生活语区""学习与就业语区"类型和结构密切相关。

各个学校具体采用哪一种语言模式教学，还受到其他客观条件的限制。第一个因素是合格的师资队伍，即能够按照该模式的要求开展高质量的教学活动的教师人数，目前南疆许多县市发展双语的瓶颈之一就是缺乏能够胜任双语教学的合格教师；第二个因素是学生的语言基础，如果学生在小学升初中或初中升高中时从一种语言模式的学校转入另一种语言模式的学校，他们对新教学模式的适应将会相当困难。任何一种新的语言教学模式，都必须从学校的最低年级开始实践，并根据教学效果逐级发展。

与此同时，我们在尊重家长、学生的选择权利时，还需要注意的是语言使用（日常交流、学习与就业）的客观需求有可能与居民的主观愿望之间存在偏差，有时主观愿望反映的是当事人的感情倾向而不是理性判断。在这种情况下，政府和教育主管部门只能顺势引导，绝不能强制推行某种语言教学模式。对于把俄语作为"国语"强制推行的做法，列宁曾进行严肃的批评❶。

各地州的教育主管部门在考虑学校设置以及各种模式的学校在进行招生时，有几点需要注意：第一，要充分考虑当地民众的生活语言状况和对公共服务的语言要求，这是"生活语区"因素；第二，各地区设置学校应坚持因地制宜和实事求是的原则，为学生提供具有不同语言教学模式的学校，既照顾居民对母语学习和传承的愿望，也考虑学生毕业后的就业与个人发展的前景，不能只从行政管理效率和财务经费考虑而只设立一种或两种模式的学校，要给家长和学生提供选择的机会；第三，至于学生进入哪一种语言教学模式的学校学习，要充分尊重家长和学生的意愿，然后根据各级学校的学生报名情况，调整下属学校和班级的具体设置。要注意学生对各类学校的申报情况很可能是一个

---

❶ 列宁特别强调在民族问题上要考虑显得特别重要的少数族群的"心理状态"，"而这种心理状态，只要是在稍微采取强迫手段的情况下，就会玷污和损害集中制、大国制和统一语言的无可争辩的进步作用，并将这种进步作用化为乌有。但是，经济比心理状态更重要：俄国已经有了资本主义经济，它使俄罗斯语言成为必不可少的东西"（列宁：《给斯·格·邵武勉的信》，1913，载《列宁全集》第19卷，北京：人民出版社，1959年版，第253页、第500-503页）。

不断变化的过程，要根据各学年的实际报名情况及时做出调整，这些变化也正是我们观察一个地区语言学习发展趋势和民众心理变化的重要指标；第四，对于非母语（如汉语）的学习要注重质量，既不能求规模也不能求进度，如果在发展"双语教育"中出现浮夸现象，那只会损害"双语教育"的声誉，挫伤少数族群民众学习汉语的积极性。我们要注重实效而不是统计指标，检验教学质量的试金石不是试卷与考分，而是社会就业市场。

未来中国少数族群学生理想的语言学习和使用状况可能是这样的结构："母语 + 本国族际共同语（汉语）+ 国际通用语（英语）"。正如欧洲各国学生的语言结构："母语 + 本地区另外一种通用语（对于德国人来说可能是法语）+ 国际通用语（英语）"。这可能是中国各少数族群地区语言应用模式的长远发展趋势。

结束语

中国的族群关系及其变迁涉及许多方面，既涉及历史上各群体彼此之间的政治关系、经济贸易、文化交流到人口迁移与通婚，也涉及近代来自西方"民族"概念和"民族主义"思潮在各族精英和民众中的影响。因为"土地改革"带来的政治红利，1949 年新中国成立后中央政府一度得到少数族群广大民众的高度认同。实行"改革开放"政策后，国家层面的意识形态凝聚力逐步淡化，市场体制的迅猛发展和大量外来流动人口使社会经济发展滞后的边疆少数族群在资源开发、劳动力就业、文化生态等方面受到极大冲击，也引发了一系列社会经济问题和政治认同、文化认同问题。在这样的历史发展阶段，中国在体制改革上走回头路是不可能的，边疆地区的"族群分层与流动"问题必须引起我们的高度重视，我们不能让"民生问题"与"认同问题"叠加起来。但是与此同时，我们不能简单地借鉴西方社会学在族群关系方面的研究成果，还需要关注中国特有的族群"文化区隔"问题。而如何认识中国各族群之间现存的语言区隔、在今后如何逐步克服和超越这些语言区隔，无疑是摆在全体中国国民面前的艰巨的历史性任务。

（本文原载武翠英等主编：《中国少数民族文化发展报告》(2014—2015)，社会科学文献出版社，2015 年版，第 28-45 页）

学科如何进步

——对于民族学、人类学和社会学发展道路的几点看法

杨圣敏❶

我们把人类对世界的探索划分为自然科学、社会科学和人文科学等不同的领域，这些不同的领域又被划分成数不清的学科，学科是什么？无非是帮我们认识和改造世界的各种工具。民族学、人类学和社会学就是这样的几种工具。工欲善其事必先利其器。在当今形势下，我们如何才能把握好这几个学科的发展方向，少走弯路，更快进步呢？在此笔者想从几个学科之间的关系和学科与社会之间关系等角度谈谈自己的看法。

一、三个学科的关系

社会科学不同学科之间划分的理由，缘于它们研究的对象、使用的方法、分析问题的理论是不同的。而社会学、民族学和人类学在这几方面则是相近，甚至基本相同。所以我们说这三者是相近学科，特别是民族学与人类学，其实是同一学科，因为这两者在以上三个方面都是一样的，即相同的研究对象，相同的研究方法，同一套理论。为什么这样说呢？

（一）人类学与民族学的关系

1. 民族学与人类学都以不同人群为考察对象

对于民族学与人类学的关系，国际学界的看法基本是一致的，即这两种

---

❶ 作者为中央民族大学民族学与社会学学院教授。

称呼基本上是指同一个学科。美国称为文化人类学，英国称为社会人类学，欧洲大陆的德、法和俄罗斯等国称为民族学。为什么说两者基本上是一回事呢？

现代意义的民族学和人类学，是起源于西方不同国家的同一个学科。

"民族学"一词作为学科的名称最早出现于 18 世纪 60 年代德国的哥廷根大学。以后在德国有两个同义词都指称"民族学"，分别是源于拉丁语的德语形式"ethnologie"和纯德语词"Volkskunde"。"Ethnologie"由 Ethnos（民族、族群、人群）和 Logie（科学）组合而成，英文称 Ethnology，顾名思义，是以民族、族群或人群为研究对象的学科。❶ "民族学"这个名称主要被应用于欧洲大陆的德国、法国和俄罗斯等国。出生于德国的著名人类学（民族学）家 Franz Boas（博厄斯）曾把德国的这种分类传统带到了美国，但后来在美国较少使用民族学一词，美国学界一般是把民族学与"文化人类学"等同看待。Franz Boas 也一直被美国人称为人类学家，而且被认为是当时美国人类学界具有代表性的权威学者。

在美、英等国，民族学一般被称为"文化人类学"（Culture Anthropology）或"社会人类学"（Social Anthropology）。

"人类学"一词来源于希腊文，由 Anthropos（人）和 Logia（科学）组合而成，意为"研究人的科学"。英文称为"Athropology"，它通常分为研究体质（生物）的人类学（"体质人类学"或称"生物人类学"）和研究社会与文化的人类学（社会或文化人类学）两个部分。而文化和社会都是群体的属性，也就是说，个人的文化和社会属性都来源于其生活的群体、社会环境。所以，无论是文化人类学还是社会人类学，也如民族学一样，都是研究人类不同群体的学科。

由此可知，在国际学术界，民族学（Ethnology），又称"文化人类学"（Culture Anthropology）或"社会人类学"（Social Anthropology），是通过对各种不同民族、族群等群体的研究来探讨人类文化和社会的学科。

民族学（或称人类学）研究的"人群"单位，是多层多意的。它可以

---

❶ Vermeulen, Han F. 2008. Early History of Ethnography and Ethnology in the German Enlightenment. Anthropological Discourse in Europe and Asia, 1710-1808. 200-201. Leiden: doctoral Dissertation.

是以地域为基础的聚落、社区，可以是建立在对某种文化、利益互相认同基础上的跨地域的人群，也可以是以整个文明或现代国家为对象。也就是说，民族学研究的单位，可以是一个民族，也可以是以地域、职业、年龄、信仰、性别、阶级等社会或文化的界限划分的不同人群（如山西人、工人、农民、老年人、佛教徒、男人、女人、弱势人群、知识分子等）。经常出现的情况是，民族学和人类学研究的对象是同时包含几个不同层面，这几个不同层面分属于不同阶层、单位的一个生活群体或一个社会（如村庄、街道、学校、城镇等）。

2. 民族学与人类学研究方法的特点是田野调查

以上的说明和解释太过宽泛。因为所有的社会科学和人文学科，都主要或重点以人类或人群为研究对象。那么民族学的独特之处又在哪里呢？简而言之，它的研究重点针对社会和文化，针对当代；它的方法主要是"读社会"而不是"读文献"。即民族学和人类学比较多地强调对不同人群、民族进行社会、文化的研究。在时空观念和研究方法上，重点是通过对当代的社会与文化进行实地调查开展研究。

科学研究是实证性的研究。实证性研究的基础是掌握第一手资料（所谓第一手资料，就是根据亲眼所见或亲身经历所记录下来的资料）。各门学科获得第一手资料的方式是不同的，民族学和人类学的第一手资料主要靠实地调查来获得。实地调查又称为"田野工作"（field work）或"田野调查"。田野调查是民族学和人类学研究最重要的特点。民族学和人类学家将自己在调查中的发现和体验用一种较为细致的方法进行描述、归纳和分析，这主要表现在民族志的撰写上。田野调查和撰写民族志，就成为民族学和人类学研究最主要的方法和基本的过程。

3. 民族学与人类学的研究领域也是相同的

民族学和人类学在历史上曾经是以研究殖民地的"异民族""初民社会"为主要对象的学科，但是殖民主义的时代早已成为历史。很多学者对全球人类学和民族学的历史进行分期时，将第二次世界大战结束以前称为"殖民主义时期的人类学"，甚至有人直接称其为"殖民主义的人类学"。"二

战"以后，随着全球绝大多数殖民地纷纷独立，人类学、民族学已经全球性
地逐渐转向研究本国、本地、本民族和发达社会。因为已经没有原来那种明
确的殖民主义的政治目标，所以被有些人称为"现代和纯学术的人类学"，
由于其研究对象大量转向本土，又被称为"地方性的""多样性的"人类
学。有人预言，未来的人类学、民族学将是在地方多样性研究基础上发展出
来的全球性人类学、民族学❶。可见，从研究领域上来看，研究本土、本民
族、主体民族，研究城市、现代社会，已逐渐成为当代民族学、人类学研究
的主流方向。❷

　　任何一个学科都要有其主要扎根和生存的土壤，"二战"结束后，民族
学和人类学生长的土壤已经逐渐本土化，这是谁也无法回避的事实。还在
"二战"结束以前，著名人类学、民族学家马林诺夫斯基在给费孝通的《江
村经济》所写的序言中说："我认为那面向人类社会、人类行为和人类本性
的真正有效的科学分析的人类学，它的进程是不可阻挡的。为达此目的，研
究人的科学必须首先离开对所谓未开化状态的研究，而应该进入对世界上为
数众多的、在经济和政治上占重要地位的民族较先进文化的研究。"当代学
者们也多认为"在本土研究可能更容易接近真理"。❸ 也就是说，不管是自
称民族学还是人类学的学者，其研究领域都在同步地转变，他们始终扎根和
生长在同一块土壤里。

　　而国内有人说，人类学是研究人类的，民族学是研究民族的，是不同的
两个学科。其实这完全是一种望文生义的说法。

　　1949 年以前，中国民族学、人类学界的研究领域，曾经是汉族和少数民
族并重。但 1950—1970 年代，人类学和民族学作为一个学科相继被撤销了，

---

❶ Jan Van Bremen & Akitoshi Shimizu. Anthropology and Colonialism in Asia and Oceania［M］. Curzon Press，1999：1-10.

❷ 好比说民俗学和民族学，民俗学和民族学是什么关系呢？我曾去德国的民族学研究所访问，德国学者怎么看这两个学科呢？他们说 Volkskunde（民俗学）就是研究自己的、自己民族的，德国人研究日耳曼人他们叫民俗学；研究其他的、外国的那些民族的、其他民族的叫 Völkerkunde（民族学）。从德语词汇来看，民族学与民俗学的区别仅仅是一个单数（民俗学），一个复数（民族学），他们说理论方法都是一套，在他们那儿其实就是一回事，它们之间的关系很近。

❸ Xin Liu. Past and Present：Two Moments in the History of Chinese Anthropology［M］//The Making of Anthropology in East and Southeast Asia. Edited by Shinji Yamashita，Berghahn Books，2004：161.

所以，当时民族学只能蛰伏于民族问题研究之中。现在，当历史已经拨乱反正，我们就没有必要再将民族学的研究领域局限于少数民族了。而且几千年来，中国的汉族与各少数民族历来是你中有我，我中有你，关系密不可分，如今更是如此。所以，一个将占中国人口90%以上的汉族剥离出去的民族学，也很难对少数民族社会和文化有很全面和深入的理解，这对学科的发展和民族研究本身都是不利的。

早在1957年，费孝通和林耀华在共同撰写的《中国民族学当前的任务》一文中就提出"民族学的研究对象是包括一切民族在内的"，"把少数民族和汉族分开来作为两门学科的研究对象是没有根据的"❶。1980年，林耀华撰文重新讨论当前民族学的对象和任务时，又把开展对汉民族的研究和对世界民族的研究作为"迫切任务"。❷

中国民族学会在20世纪90年代就成立了汉民族分会，实际上中国民族学界对汉族的研究从来没有间断过。现在，我们欣喜地看到，经过多年的努力，我国民族学界在研究国内少数民族的同时，也对汉族以及海外民族作了不少调查和研究工作，并且取得了丰硕的成果。❸ 所以，如果再有人把民族学称为仅仅是研究少数民族的，人类学是研究汉族的，显然是全无道理的。事实很清楚，民族学与人类学的研究领域是相同的。

4. 民族学与人类学的研究理论是相同的

民族学和人类学研究的重要目标是创建理论。为什么呢？理论是我们认识世界、改造世界的工具，理论可以帮助我们解释现在，指导行动，预见未来。

社会科学有一个基本的认识，人类虽然分为各种各样的人群、民族，但人类的本性是一致的。所以我们各种不同的文化、不同的社会制度都是人类为适应各种不同的客观世界、客观环境所创造的。既然如此，我们就认为在

---

❶ 费孝通，林耀华：《中国民族学当前的任务》，北京：民族出版社，1957年版，第33页。

❷ 参见林耀华、金天明：《从历史发展看当前我国民族学的对象和任务》，《民族研究》1980年第2期。

❸ 参见杨圣敏主编：《中国高校哲学社会科学发展报告：1978—2008，民族学卷》第五章第一节，汉人社会研究和海外研究。广西师范大学出版社，2008年版。

相同的环境里，人类会有相同或相似的表现。我们把各种不同环境中人类相应的表现总结出来，就是人类社会普遍性的规律和理论。有了这样的理论，我们就可以比较广泛地认识人类社会各种各样的不同现象。例如，婚姻家庭、流动人口、社会分层、族群关系等，都是把人在不同场景、地位、处境下的表现进行规律性总结，这种总结就是相关问题的理论。

而理论是分层次的。自民族学和人类学创建一个半世纪以来，通过对人类各民族、群体各种层面、角度的探讨，学科理论已自成体系。如果按照理论所能够涵盖阐释的时空范围之长短、大小来划分层次，这个体系中的各种理论可以分为三个层次。

第一，宏观层面的理论：这类理论对整个人类社会、人类历史发展规律进行宏观的思考，给予整体的阐释。比如马克思主义的唯物史观、进化论学派的社会发展阶段论等。第二，中观层面的理论：这类理论是探讨人类社会的某个阶段、某一类现象，然后进行总结，这是属于从某一局部或某一时段的历史文化现象中总结出来的理论。比如马克思对于资本主义社会性质的研究，学者们分别探讨游牧民族（如蒙古族）、绿洲农业民族（如维吾尔族）、穆斯林民族（如阿拉伯民族）等各种社会文化特点的总结等。第三，微观层面的理论：这类理论是对某个具体的社会文化现象作细致的研究。例如，对某个节日（中国的春节）、风俗（如某个民族的婚俗）、某种行为或仪式（如礼物之交换）、关系（如夫妻关系）的研究所进行的理论阐释。这些理论所涵盖的时空范围更狭小，所以我们把它称为微观层面的理论。

理论还可以分为不同角度，是需要互补的。我们的世界无限广大，不断变化，包罗万象，而且事物都是多方面的。单独的个人或是有限的时代都无法解释清楚这个世界的面貌和本质。因此，我们的研究需要有不同的角度，需要互相补充，才能认识事情的全貌。也就是说，理论是认识和改造世界的工具，工具越多越好。科学研究的最终目的并不是创建理论，创建理论的目的是为了解决问题。世界的问题是无限的，作为解决问题的工具也是越多越好。

一个半世纪以来，民族学和人类学创建的理论由于层次角度不同，林林总总，不胜枚举。其中影响最大的理论往往被称为理论学派。这样的学派包括：19 世纪中叶创建的进化学派；在进化学派之后于 19 世纪与 20 世纪之交出现的传播学派；20 世纪初以美国的博厄斯为代表的历史学派；此后以马林诺夫斯基为代表的功能学派；到了 20 世纪 60—70 年代在西方又流行结构主义学派。

所有这些影响重大的理论都既是民族学的理论，也是人类学的理论。所以说，民族学与人类学的研究理论是相同的。

综上所述，民族学与人类学的学科理论、研究方法和研究领域都是相同的，它们其实就是同一个学科。

5. 学理之争还是位子之争

如上所述，在中国之所以同时有民族学和人类学两个学科名称，最初是由于译自西方不同的国家和语言造成的。❶ 在欧美国家尽管称呼各异，但一般来说并不存在名称的争议，因为每个国家在国内都沿用自己传统的同一个称呼。但在中国和其他东方国家，因为这个学科都是来自西方，所以往往有类似中国这种同时存在两种称呼的情况。如在日本，也是同时有这样两个名称。日本学界一些人认为，日本民族学的研究比较重视个案和深描，人类学则更重视对案例的对比分析，更国际化。与欧美国家不同，日本和中国国内都为民族学和人类学的关系争论不休。

1994 年，日本民族学界有人提议将"日本民族学学会"的名称改为"日本文化人类学会"。主要的理由是，这两个名称其实是同一个学科，在大学和研究所里，用人类学的名称更好确定课程和研究课题的名称，也可以加强跨文化研究和比较研究，再者，用人类学名称会让更多人认同这个学会。这个提议是在日本民族学会接待了一个大型国际人类学会议以后，很多人希望日本的民族学更国际化，与国际接轨。❷ 当时日本民族学会的会长说，民族学这个名称太陈旧，这个名称已不能代表这个学科实际的研究领域，而且现在日本多数大学的课程和研究所的研究都已改用人类学这个名称。但支持

---

❶ 例如，德国最著名的马普民族学研究所挂着英、德两种文字的牌子，德文写成"Institut für Ethnologie"即"民族学研究所"。同时，牌子上的英文写成"Institute for Social Anthropology"即"社会人类学研究所"。

❷ Aoki Tamotsu. Hangakumon no susume［M］//Recommending semi-scholarship. in Bunkajinruigaku no susume. Invitation to Culture Anthropology. ed, Funabiki Takeo. Tokyo：Chikuma Shobo, 1998：64 - 74.

和反对改学会名称的两派人争执不下，1994 年 10 月学会召开大会进行投票表决，结果是反对改名的人以超过 50% 的微弱优势获胜。反对者的理由其实并非是学理上的，他们主要的理由是，如果扔掉已经用了 60 年的民族学名称，就等于否定 60 年的学科历史，特别是，如果民族学改为文化人类学，这就等于降低了学科的地位，民族学家们的个人名誉地位也会因此而受损失。同时，多数人也不愿意看到该学会分裂为两个学会，不希望分裂为民族学家和人类学家两支队伍，那样对学科的发展和每个人都有不利的一面，那时个人的研究范围可能会被限定在某一个狭小的范围内，也就是大家都不愿意失去在更大范围内从事研究的可能性。这样，日本民族学会更名的建议没有获得通过。❶ 日本学界关于民族学与人类学两个名称和名称之间关系的争论，让我们看到，这不是一个学理的争论，而是出于对不同学术团体、单位和个人的资源、利益和名誉等方面的考虑。到了 2006 年，日本学界再次召开针对这个问题的研讨会，终于通过了将名称统一更改为人类学会的决议。这样的更名也让我们看到了美英相对欧洲大陆更强势的文化地位在日本的体现。

中国学界在民族学与人类学到底是一个还是两个不同的学科的争论也持续了多年，与日本的情况类似，这也不是学理的争论。有国外学者明确指出，这其实是"争位子"的辩论，是已"走入死胡同"的辩论，从学理上看是没有意义的。❷

中国老一代学者在这个问题上一直有明确的态度。例如，费孝通先生说："在我身上人类学、社会学、民族学一直分不清，而这种身份不明并没有影响我的工作。这一点很重要，我并没有因为学科名称的改变，而改变我研究的对象方法和理论。我的研究工作也明显地具有它的一贯性。也许这个具体例子可以说明学科名称是次要的，对一个人的学术成就的关键是在认清对象，改进方法，发展理论。别人称我作什么学家是没有多大关系的。"❸

❶ Sidney C. H. Cheung. Japanese Anthropology and Depictions of the Ainu［M］//The Making of Anthropology in East and Southeast Asia. Edited by Shinji Yamashita, Berghahn Books, 2004：136-151.

❷ Xin Liu. Past and Present：Two Moments in the History of Chinese Anthropology［M］//The Making of Anthropology in East and Southeast Asia. Edited by Shinji Yamashita, Berghahn Books, 2004：152-183.

❸ 费孝通：《人类学与社会学在中国的发展》//转引自乔健：《中国人类学发展的困境与前景》，载杨圣敏主编：《中国人类学民族学学科建设百年文选》，北京：知识产权出版社，2008 年版，第 403 页。

实际上，这几个学科在西方国家经过一百多年的独立发展，现在已逐渐走向互相的渗透与联合。例如，在西方有的大学，将社会学和人类学合建为一个系，称为人类学与社会学系。而人类学与民族学的关系，国际学术界早已将其基本归为一类。费孝通先生在 1992 年将北京大学社会学研究所改名为社会学与人类学研究所后说，这三个学科构成了一条江水，"我们都是同饮这条江水的人"。"这三个学科都是研究人文世界和人类的社会行为的，三科是一个集团。"❶

一百多年来，这几个学科的理论、方法和研究领域都在不断发展变化，其中一个重要的趋势是更多地转向对现代社会、主流社会的研究。而当代社会的复杂性又推动这种研究不断扩大地去借用其他学科的知识，不断互相交叉与联合来研究共同的问题。❷ 这都提醒我们，民族学、人类学与社会学学科将日益走向联合而不是更清楚的分界。

6. 民族学、人类学的不断分支

一个半世纪以来，民族学、人类学研究的领域、角度和对象都在不断扩大，其分支学科也随之不断增加。

（1）研究地域的扩展。

传统的民族学曾经以"初民社会"，以海外、边疆、乡村的人群为主要研究对象，但当代人类社会正快速地走向城市化。如今，在西方发达国家，城市化已达到 70% 以上，从全球看，一半以上的人口已居住于城镇中❸。民族学如继续以乡村和边疆为主要对象而回避城市，显然会脱离对多数人群的研究，也难以站到人类社会发展的前沿。于是 20 世纪 60 年代，都市人类学

---

❶ 杨圣敏：《费孝通先生对学科建设的指导》//《中国人类学民族学学科建设百年文选》，北京：知识产权出版社，2008 年版，第 457 页。

❷ Xin Liu. Past and Present：Two Moments in the History of Chinese Anthropology ［M］//The Making of Anthropology in East and Southeast Asia. Edited by Shinji Yamashita，Berghahn Books，2004：152–183.

❸ 1993 年 5 月中国召开第一届都市人类学会议时，国际都市人类学会主席安萨里先生曾在会上预言："在下一个世纪到来之时，世界所有地区将程度不同地实现都市化，农村生活如果那时还未完全消亡的话，无疑也将变得微不足道。"见李德洙主编：《中国都市人类学会第一次全国学术讨论会论文集》，中国物资出版社，1994 年版，第 23 页。虽然他的预言今天并未完全变成现实，但我们看到，如今，随着现代化的加快，城市人口比例增加的这个趋势还在快速发展着。

产生了。对复杂的、都市社会的研究，又推动民族学向更多分支学科和研究领域的扩张。例如，对城市的流动人口、社会结构和社会网络、家庭结构和生产方式、民族关系、城市环境、文化认同与冲突、妇女问题、贫困问题、宗教功能、都市街坊生活中涉及民族因素的研究等。

（2）研究内容的开放。

实际上，在各种学科中比较，民族学和人类学有这样的一个特点，它的研究方式和研究对象决定了它是一个完全开放的学科，它是在几乎所有方面都对其他学科产生影响的开放的学科。这是民族学和人类学一个突出的特点。它的研究内容几乎涉及其他所有学科的知识，既包括社会科学的，人文科学的，也包括自然科学的。它的研究越深入，这种联系就越多。

现在，随着这个学科的发展，我们看到越来越多的民族学、人类学分支学科陆续出现。例如，与其他社会科学有关的心理民族学（心理人类学）、民族法学（人类法学）、教育民族学（教育人类学）、语言民族学（语言人类学）、政治民族学（政治人类学）、经济民族学（经济人类学）等；与自然科学有关的生态民族学（生态人类学）、生物民族学（生物人类学）、医学民族学（医学人类学）等；与技术有关的如计算机民族学（计算机人类学）、影视民族学（影视人类学）等；与人文科学有关的如文学民族学（文学人类学）等，不一而足，而且随着人类社会的发展还会不断增加。

为什么民族学、人类学有这样一种开放的特点呢？因为它研究的是人、人群、人群关系、人群的社会与文化，所以与人有关的方方面面都会涉及和探究，只有从各种不同的角度去探索、观察、分析，才可能有更准确的解释和科学的判断。

这种发展趋势，也在推动民族学、人类学与社会学之间的关系越走越近，而不是越走越远。

（二）民族学与社会学的关系

现代意义上的民族学与社会学几乎是同时在西方国家产生的。社会学的创建主要源于对西方本身社会问题的研究，因此过去曾被认为是以研究西方的现代社会、复杂社会、城镇和较大规模的工业社会为主的学科。而民族学是研究西方以外的殖民地的"初民社会"、无文献的小规模农业社会为主的学科。

这两个学科的研究内容既有重合之处，如都市人类学、民族学、社区研究、流动人口、社会分层、乡村社会学等，也各有不同的侧重。社会学重点针对不同的社会问题、社会现象、社会结构、社会关系等开展研究，力图从中总结出现代社会一些共同的规律。民族学的研究则侧重于不同族群和社会的文化特点，力图阐释这些特点存在的原因。这两个学科的差别主要在研究方法上，是不同的研究对象和关注的侧重点，造成了不同的研究方法。

传统民族学研究的是小规模、无文字的族群，研究对象的单元之间同质性很高，适合那种场景和研究对象的方法就比较直观。主要是近距离观察，记录和参与其日常生活，然后写下这种文化的民族志，它强调局内的参与观察，即深入所要研究的社区、人群、民族中进行比较长时间的观察、体验，并据此对其进行分门别类的详细描述，进而开展定性的分析和解释。

社会学研究较复杂的现代社会，社会多样且规模较大，同质性低，所以需要用更为复杂的定量的方法去进行调查和分析。针对大规模复杂社会，社会学的典型方法则是依靠问卷等形式搜集大量的定量数据，所以，抽样调查，进行统计和量化分析成为社会学研究的基础。在微观和中观层面也创建了更多针对现代社会的理论。

这两个学科从事研究的出发点不同，归宿也不同。民族学要探究文化的影响、作用，它的侧重点是人类各群体的文化。例如，习俗、观念、宗教、行为规范等。社会学以社会问题为重点，目的在于解决社会矛盾。社会学主要研究的题目包括，社会行为和社会关系，基本社会制度，亲属制度，社会分化和分层、社会控制、社会整合、社会变迁、社会冲突等。

以上所述都是在"二战"以前民族学与社会学的特点和差别。"二战"以后，以上特点和差别则发生了明显的改变。变化的方向就是这两个学科越走越近了。

20世纪20年代，一批自西方学习社会学和人类学的学者回到中国，在开展对中国社会的研究后不久，就提出了这些学科必须本土化才可能真正在中国应用和扎根。本土化的一个重要举措就是将这两个学科的理论方法综合应用。例如，曾担任燕京大学社会学系主任的吴文藻先生早在 20 世纪 30 年代就说："在作者看来人类学、社会学实在是二而一的东西，尤其在中国应该如此。"（《边政发凡》载《边政公论》1942 年第 1 期）为什么在中国应该如此？中国没有殖民地，人类学是研究殖民地的，而中国没有殖民地，都是研究自己本土，因此他认为社会学和人类学在中国是一回事，所以他就创新一种方法叫社区研究，社区研究是什么方法呢？就是把人类学和社会学的方法结合起来研究。后来英国非常有名的一个学者、人类学家 Maurice Freedman 给中国社区研究非常高的评价，他说："中国的社区研究应该是人类学史上非常重要的一章，这是中国人类学界社会学界对人类学的一个贡献。"（Sociology in China：A Breaf survey，1962）中国学者把这两个学科结合起来研究，他认为这是非常进步的，是一个创新和贡献。为什么呢？因为不仅在中国如此，在所有非西方的，没有殖民地的发展中国家，将人类学、民族学与社会学的理论方法结合起来开展研究都是一个必然趋势。

到了"二战"结束以后，这样的趋势就不仅呈现于发展中国家，而且也很快成为世界性的趋势。"二战"以后，殖民地纷纷独立，以研究殖民地为主要目标的人类学、民族学必须适应这个现实。于是，民族学、人类学生长的土壤逐渐变成本土。因此，马林诺夫斯基说："研究人的科学必须首先离开对所谓未开化状态的研究，而应该进入对世界上为数众多的、在经济和政治上占重要地位的民族较先进文化的研究。"

1949 年新中国成立以后，从 50 年代到 70 年代，国内民族学研究的领域一度缩小为边疆少数民族地区，可是当今边疆少数民族地区和过去相比发生了很大的变化，面临的问题也越来越复杂，传统的民族学的方法已经不够用了。举一个简单的例子，现在少数民族流动人口达到了 3000 万，也就是说，五分之一以上的少数民族人口在流动。在 20 世纪 80 年代以前，城乡之间基本没有流动，现在全国每年的流动人口达到两亿三千万。少数民族大量进入东部、进入城镇，汉族人口大量进入少数民族地区。所以有学者说，我们民族关系的现状，过去是各民族背对背，接触很少，现在是各民族面对面，接触多了，问题就复杂了。不仅在中国是这种情况，世界也是这样的趋势。第三世界由过去比较封闭的状态变得越来越开放，越来越城镇化，面临的问题也比过去复杂得多。这是世界大趋势，所以将民族学、人类学与社会学综合起来开展研究的民族社会学就顺应这个趋势产生了。这个学科利用过去研究现代的城镇社会发展得出来的理论和定量的方法来研究过去传统上由民族学研究的边疆民族地区和少数民族问题。这就把社会学研究的领域扩大了，而同时，民族学、人类学的研究领域也进入了城镇，并且出现了都市人类学、民族学这样的分支。可见，半个世纪以来，在全球范围，民族学、人类学与社会学的逐渐合流已是大势所趋。不顺应这个趋势，就很难做好研究。

因此费孝通先生说："在我身上人类学社会学一直分不清，而这种身份不明并没有影响我的工作，这点很重要，我并没有因为学科名称的改变而改变我研究的对象、方法和理论，就是说我作为一个人类学家，或者说我作为一个社会学家，或者说我作为一个民族学家，我用的理论和方法都是一套。"❶他说："学科名称是次要的，一个人的学术成就的关键是认清对象、改进方法、发展理论、别人称我是什么家是没有多大关系的。"

实际上，老一代在半个多世纪以前就已经把这些学科综合到一起，把理论和方法综合起来做中国社会的研究，现在国际上不仅是社会科学各学科在互相渗透、借鉴，自然科学的大趋势也是这样，学科在互相交叉、互相借用。好比说有一个简单的统计，大家也都清楚，最近三四十年诺贝尔奖得奖人的研究题目多是在几个学科的交叉点上，多不是单一学科的研究成果，多是借鉴几个学科的研究理论、方法来攻克一个问题。这就是说科学的发展需要淡化学科界限，多借用其他学科的理论和方法开展研究。我们为什么把民族学、社会学、人类学放在一个学院里面？为了让学生有更开阔的眼界，多学一点其他相近学科的理论和方法；为什么让不同学科的老师们在一个学院里面？为了让他们能够互相合作和借鉴，多种方法互相合作来阐释攻克一种社会问题。这是学科顺应社会发展形势所应走的正路，是我们几个学科不成为空洞的玄学，能够解决一些实际的社会问题，为社会作一些实际贡献的必然之路。

---

❶ 费孝通：《关于人类学在中国》，《社会学研究》1994 年第 2 期。

二、理论导向还是问题导向

一般来说，我们的研究可分为两类：一、以验证某一理论为目标的"理论导向的研究"；二、以解决某一社会实际问题为目标的问题导向的研究。有人认为，理论的研究是学问，是科学；而具体的社会问题的研究鸡零狗碎，太繁杂平常，不是做学问，不是科学。这种思想是错误的。

马克思说："科学只有从自然出发，才是现实的科学"，也就是说，自然科学与社会科学最终会发展成为统一的科学。社会科学只有借鉴采用自然科学的方法，与自然科学融为一体，包括广泛采用数学的手段，朝着精确性、客观性方向发展才能成为真正的科学。根据这个标准，社会学比民族学、人类学更多应用统计、问卷等量化的方法，是它的优势。然而，是否就可以说社会学比民族学和人类学更科学呢？试想，如果没有民族学、人类学的方法去开展深入的访谈、观察来搞清楚研究对象的性质，如果没有这一步工作为基础去判断一些问题的性质，问卷中的问题设计就可能有方向性的偏差，在这种基础上的统计再准确也是不可取的。所以我们说这两个学科的方法各有长短，要互相取长补短才是最可取的研究路径。民族学、人类学的方法主要是定性的调查、访谈、观察，所以有学者认为它还不够科学，因为它的方法理论还不够精细。总的来说，现在不论是民族学还是社会学都离马克思说的目标很遥远。如何实现这个目标，只有实践，即问题导向的实践，不断在实践中检验已有的理论和尝试新的方法，创建新的理论去解决社会问题，在解决社会问题的过程中发展这个学科。

对于理论导向的研究来说，我们要检验的是哪些理论呢？众所周知，我们这几个学科的理论和方法基本来自西方，西方来的理论和方法当然是有借鉴意义的，近一个世纪以来，国内学者用这些理论和方法对中国社会进行了很多探讨。但仅靠或者主要依靠这些理论，是不能完全解决我们的问题的。例如，虽然美国学者也研究民族关系问题，并且总结出了很多理论，但我国的民族关系现状与他们的状况是不同的，中国的族群文化区隔与美国的族群差别很大，中国的一些特殊情况，比如中国的民族区域自治制度，中国民族关系的悠久历史都是与美国完全不同的。所以，仅靠西方总结的理论、方法解决不了我们的问题。我国学者运用西方这些理论对国内民族问题进行分析时争论激烈，分歧很大，原因在哪儿？就是脱离实际用已有的理论去逻辑推理的结果。解决中国民族问题应该用什么理论、怎么归纳这些理论？对此问题，目前学界实际上是处于一种混乱状态。举一个简单的例子，在关于少数民族发展道路的问题上，少数民族应该怎么发展其社会、经济和文化？有的人主张用进化论去分析和解释，认为少数民族观念比较落后，比较狭隘，科学技术发展比汉族落后，所以要加快发展的脚步，如果少数民族抵触这种发展就是狭隘民族主义。另一种持文化相对主义观点者认为，少数民族是"被现代化的"，文化本没有先进落后之分，少数民族不一定必须去学习汉族文化，不一定必须去实现现代化，如果强迫少数民族进行现代化就是大汉族主义。

其实发展道路问题并不是这样的理论或者类似的一些理论能够解决的。所以，我们从西方已有的理论中找不出解决我们的现实问题的办法，也就是说在学科已有的理论库中是没有答案的。所以要解决我们现实中的民族和社会问题，除了借鉴西方的理论之外，更多地还要靠我们自己到实际中去总结，到现实的边疆民族地区去调查和总结。

我国民族问题的研究长期未能总结出有针对性的理论，还与学界的理论研究长期缺乏与实际相联系的传统有关。中国几千年的封建社会中，知识界是一个以读书人清高自居的士人阶层，其学术研究也往往超脱于大众和社会实际。这些思想在当今的知识界还是有影响的。在历史上，中国文人关于学术研究的目的分为两种，一种叫经世致用，比如"齐家治国平天下""格物致知"，也就是追求实践出真知；另一种是修身养性，学术界称为心学派，这些人把读书做学问看作是超脱于普通民众的事，他们持一种读书人应超脱于社会政治的思想，这种思想在一部分人中是根深蒂固的，至今仍是如此。20 世纪 30 年代，在中国民族学和社会学界曾有一场争论，即这两个学科在中国初步建立起来以后，如何在社会中定位？也就是说，这些学科从事研究的目的到底是什么？有两位著名的学者，一位说是"为了研究而研究"，另一位说是"为兴趣所趋去研究"。费孝通先生则持不同的看法，他说，你们觉得自己很超然，你们不要忘了，做学术研究也是有社会责任的，我们的责任就像农民种地，就像士兵打仗的责任一样，关乎社会的进步与生存。他认为社会科学研究的目标就是控制社会变迁的方向。他说，我们无法阻挡社会发展的脚步，可是我们可以想办法控制它走的方向，让它朝好的方向去走。所以我们的这个学术研究是为社会服务的，是一种工具，我们的理论也是工具，其目标是解决社会问题。❶

现在面临的问题是分析边疆民族地区问题的理论工具不够。我们的边疆民族问题比较复杂，像新疆、西藏这些地区民族问题很严重，可到现在却找不出有效解决的办法和政策。从学者的角度来说，我们是有责任的，很多学者批评政府官员，称他们没有尽到责任，其实我们自己也没做好，我们在理论上就没有研究清楚民族到底是什么、民族的本质是什么、宗教的本质是什么，学界在理论上没弄清楚，没做好自己的研究，怎么让政府去制定应对这些问题的合适的政策呢。所以说，我们只能下更多的功夫去研究具体的社会问题，从中总结出更多的理论工具而不是一味地用已有的理论去生搬硬套、生硬地解释，生硬地、纸上谈兵地去做理论导向的研究。

为什么过去国内学术界问题导向的研究不够，理论总结少？这几个学科，从西方传入中国已经 100 年了，到现在为止，我们课堂上所学习的理论方法 95% 以上都是西方的东西。为什么我们自己一直身陷其中走不出来，我们在中国做了大量本土的研究，可是我们发展不出自己的理论，这是为什么？除了脱离实际以外，我想还有一个原因，就是鸦片战争以后，中国学界失去了自信，被西方人给打怕了，觉得自己什么都不行，只迷信西方的理论。一开始还是想"中学为体，西学为用"，只学西方的技术、自然科学，但这样还是失败，只好把自己的传统都丢掉了，连自信一起丢掉了。于是，不仅自然科学学西方，社会科学、社会制度和观念都全盘照搬西方的，所以中国学界就不再自信，不仅老几代人不自信，年轻人也缺乏自信，不信自己也能创建理论，只相信西方。在具体的学术研究中的表现就是认为西方的理论都很经典，都是真理，完全用这套理论去阐释我们的社会问题、社会现象。用这套理论去评判我们的社会，其结果有对的，也有错的。

我们不能很自信地去从中国实际出发去独立地判断和总结理论，缺乏这

---

❶ 费孝通：《1937 年"再论社会变迁"》，《费孝通文集》第一卷，北京：群言出版社，1999 年版，第 507-508 页。

种独立的问题导向的研究，我们就很难有理论上的创新，建设适合中国社会的学科理论和方法，也难以对现实的社会问题进行深入的研究与总结。

我们这个学科是应用性很强的学科，应用性是我们的一个优势，这个优势发挥出来了学科发展就快、社会认可度就高，否则就会被社会所忽视。在我们的学科史上是这样，国际上也是如此。我们在总结中国民族学 100 年发展道路的时候，特别是从 1949 年到今天这几十年里，一些学者在各种学科史的回顾中，发泄了很多哀怨之气，怨社会对我们不理解，怨政府在五六十年代就把社会学、人类学撤销了，说这是资产阶级学科，当时民族学虽然保留下来了，到了 1957 年以后也撤销了，说民族学是修正主义。这几个学科为什么被撤销了？除了政府对学科不了解，社会对这个学科不了解之外，应该还有另外一个原因，就是在解放战争时期，我们这个学科的学者们集体性地回避中国社会最热点的问题，没有参与事关国家民族命运问题的研究，更不要说去设法解决这些问题。从更长的时段上来说，这个学科对中国社会的贡献很小，始终没有拿出能够有效推动中国社会进步的理论和研究成果，没有拿出有效的解决问题的工具，即学科中国化的理论。

1949 年 6 月，北平刚刚解放，当时在燕京大学民族学系主任林耀华教授家里，开了一个学者的座谈会，费孝通、吴泽霖、雷洁琼等很多著名的社会学家、民族学家都参加了座谈。目的是总结学科以往的经验教训，探讨今后的发展道路。为此他们回顾了解放前半个多世纪社会学、人类学在中国的发展，他们总结说，"以前的研究是不为大众服务的，也不为统治者所重视，也有求客观之名，但更多是逃避客观之实"。解放前的社会学、人类学、民族学根本不研究社会焦点、重点问题，他们都是研究边边角角的问题。当时社会焦点的问题是国共战争，他们全部回避。回避了社会焦点，只对中国社会边边角角的问题做一些研究，于是这个学科对社会产生的影响非常小。所以解放以后社会各界都认为，这个学科没有用，再加上所讲的内容都是美、英等西方国家的理论，就被扣上了资产阶级的帽子，政府就将其撤销了。现在回想起来，学者们对于这个被撤销的结果也是有责任的，因为你们研究了几十年，只是研究些边边角角的小问题，或是空谈西方的理论，不研究中国社会中最迫切需要解决的焦点问题，研究了几十年也没有发展出解决中国社会问题的方案和理论。到了解放以后应该怎样发展？在 1949 年 6 月的那次座谈会上大家总结说，"要问题导向培养学生，问题导向发展学科，针对中国实际问题之解决，谋求学科之发展。培养既有解决中国实际问题能力的学生，要培养学生能担当实际问题解决的责任和能力"。归纳起来就是，淡化学科界限，重点解决实际的社会问题。学科理论和方法应该在解决实际的问题中得到总结和发展，学校的教学也要在这种实际问题的调查研究中培养学生的社会责任感和解决实际问题的能力。一句话，就是问题导向，才能发展学科。❶

新中国成立以后，虽然社会学、人类学两个学科被撤销了，但是这些领域的学者还在，并且多数人都参加了全国范围的民族大调查，这是非常辉煌的一段历史，现在的学科史不断地强调这段历史对国家和学科的贡献。但是，我们也需要总结一下那段历史中我们的不足之处，就是缺乏对当时的边疆民族社会问题的深入探讨和新的理论总结。民族大调查，现在分析起来，其实是一个理论导向的调查。因为这个大调查的理论是马克思、斯大林的阶级斗争的理论、社会进化理论，用社会进化论去分析少数民族社会，用少数民族社会的发展历史和案例来证明马克思主义、斯大林的阶级斗争理论是对的，仅此而已。所以对 55 个少数民族的调查，有将近一亿字的材料，出版了 180 多本社会历史调查书籍，都是用这个理论，这是理论导向的调查。这种理论导向的调查并没有很好地探讨当时边疆少数民族社会中的一些具体问题，自然也没有提出解决的办法和总结出新的理论。所以到了 1957 年中苏关系开始恶化以后，政府认为这个学科也没什么用，就将这个学科也给撤销掉了，改为"民族问题研究"。因为民族学没有贡献，在理论上没有拿出新的工具，没有发挥学科的特点，就被撤销了。

不仅仅中国的民族学、人类学存在这样的缺陷，当时苏联的苏维埃民族学也是类似的情况。苏维埃民族学的特点是重视历史的角度，重视宏观角度的分析，以民族为研究对象，以政府的民族问题理论为指导。这个学科在边疆地区做了大量的调查，出版了大量的著作，但这些著作也是理论导向。其主要目标并不是通过调查研究解决边疆地区的社会和发展问题，而是用对边

---

❶ 杨圣敏、胡鸿保主编：《中国民族学六十年》，北京：中央民族大学出版社，2013 年版，第 25—27 页。

疆地区少数民族发展的调查报告证明马克思主义是正确的，证明社会发展阶段论是正确的，证明阶级斗争的理论是正确的。当然，那个时候有其特殊的社会背景，当时，苏联与西方的斗争很激烈，学者要配合政府，配合这些政治斗争。可是它没有对问题导向进行研究和总结，单纯为了证明马克思主义的理论，用大量的案例来证明马克思主义的宏观理论。因此苏维埃的民族学和人类学，针对当时苏联社会主义社会中各种具体和现实问题的研究和理论总结很少，发展很慢，苏联一解体，民族学受到了很大的冲击。现在俄罗斯的民族学、人类学转而学习西方，引进西方的那些理论，苏维埃学派留下的理论遗产并不多。这是一件很可惜的事情，因为民族学、社会学在国际上分为两大体系，一个体系是西方传统的体系，在西方占主流地位，另一个体系就是马克思主义的民族学、社会学。在苏联，苏维埃民族学是马克思主义民族学的一个代表，但它不去研究解决社会主义时期的实际问题，只是用历史和现实来证明马克思主义已有的社会发展阶段论和阶级斗争理论，完全是一种理论导向的研究，并不想在理论方法上有所创新，所以才会出现这样的一个结果。现在，俄罗斯的社会学民族学界全盘接受西方主流的人类学、民族学理论，基本上是跟着西方走。前车之覆，后车之鉴。苏联学界的经验，不重视问题导向研究的教训，值得中国学界认真汲取。

三、如何产出更有深度的成果

如何产出更有深度的成果，在理论上有所创新呢？我认为有两点是我们要做到的。一是学科更加开放；二是每个人的研究更加专门和集中。

先讲第一点：学科更加开放与合作。仅仅靠传统的民族学、社会学自身的理论方法是不够的，还要向其他学科开放，学习其他学科的分析理论和研究方法。学科开放是问题导向在研究中取得创新性成果的必由之路。不仅我们这个学科如此，其他学科也是如此。

现代科学发展初期的特点是将研究的领域划分成一个个范围比较狭窄的学科，这有利于在每一个点上发现积累更多的信息，有利于研究的深入。可是这种过分的学科细化，也有不利的一面，即当你单独从某一角度去作研究的时候，很容易只见一斑、难窥全貌，只见树木不见森林，就像盲人摸象一样，轻易地以为一片树叶可以代表全局。事实上，任何实际的社会问题，都比理论要复杂得多，所以真正要做好问题导向的研究，必须从多种理论、多个角度出发，运用多种方法才可能揭示这个问题的真相，进而把这个复杂的问题分析的比较清楚。所以，在这种情况下，通过各学科之间互相开放、交叉才能有所进展。如前所述，有人做过统计，近百年来诺贝尔奖的 334 项成果中，近半数是学科交叉融合的结果，都是在几个学科的交叉点上用多种学科的方法对那个问题进行研究。其实民族学、人类学在过去，也往往是借用其他学科的一些理论我们才有所创新的，如进化学派最初是借生物学的理论，结构主义是借鉴了语言学的理论等。

我自己在这方面也有一些实践：我在做民族关系调查的时候，民族学原来传统的方法就是访谈、观察和问卷。可是人的态度是分为外显和内隐两种的，比如说话、各种表情、动作，你通过访谈、观察、问卷可以把这些调查出来。可是他内隐的、潜意识的、内心的想法，我们这个学科的方法是往往调查不出来的，所以我们要与心理学结合去做调查，才可能把内隐的一面揭示出来。对中国社会多年的调查与研究实践清楚地显示，我们现有的理论方法是不够用的，不足以把事实揭示清楚，也不足以把问题分析透彻，我们应该有意识地去借用其他学科的方法与理论，才能在研究中有所突破和创新。另外，我们在办学的时候也是这样，在过去二十年里，我们把传统的系都改成了学院，学院这个方式是好的，就是让相近的学科能在同一个单位里面，学生可以听听本专业以外的相近学科的课，老师可以和本专业以外的其他专业的人合作作研究。

其实，吴文藻、费孝通等前辈学者在半个多世纪以前就有了这样的认识。吴文藻先生说，民族学、人类学与社会学之间的学科界限将逐渐淡化，并终将逐渐统一。在他看来，民族学、人类学与社会学"实在是二而一的东西。"又说，过去将民族学、人类学与社会学的研究领域划分开的说法"已渐被废弃，最近两种学术日益接近，不久定将混合为一。因为二者所研究的目的、题材、观点及方法越来越趋于一致，几乎无分彼此，所谓文化社会学与文化人类学不过是异名同义的词。"❶ 吴文藻先生开创的社区研究法，就

---

❶　吴文藻：《边政发凡》，《边政公论》1942 年第 1 期。

是把民族学与社会学的研究方法结合起来，做中国社会的研究，费孝通先生也是完全相同的做法。老一辈学者们通过一生的研究总结出来的道理就是只有多学科合作才能有所建树，只有在问题导向的研究中间，才可能解决中国的问题并进而发展中国的民族学与社会学。

第二点，长期集中于一点的研究。30多年来，我在这个领域里学习、研究有不少体会，其中有一个重要体会就是作为个人来说，应该做长期集中于一点的研究。我们经常讲民族学、人类学、社会学应该从各个方面全面了解社会，全面了解各个方面的问题，而作为个人你怎么去全面了解它？你是不是说这个月我研究蒙古族，下个月我研究藏族，不久我又去研究维吾尔族；我到处去跑，今天我在新疆，明天我在云南，后天我又去哪儿，各个方面我都要去作研究，作为个人是不是这样作研究？我觉得这样作研究未必能做好，我自己的经验就是长期集中于一点的研究方法，才可能做出一个有深度的成果。要长期集中于一点，如何集中呢？第一，集中于一个社区、一个民族、一个区域或一个人群，这样的一种研究。第二，集中于一个角度的研究，如集中于经济角度的经济人类学、环境角度的生态人类学、历史角度的历史人类学或流动人口研究、妇女人类学的研究等。为什么要长期集中于一点开展研究呢？有人说你老是在一个地方作研究，你的思路就很窄，我不反对这种观点，因为人类学、社会学、民族学的研究都有一个重要的方法就是要比较，主张集中并不是不比较，一定要比较，你要到其他地方去、其他的问题也要研究，也要了解其他人的成果。可是我们看其他的研究不是为了分散，而是为了跟我自己集中研究的那一点、那群人、那个问题比较，以便更深入全面地分析我自己要研究的问题。为什么要集中？因为我想我们人类学、社会学研究的最高目标就是研究人性，其实最高目标就是了解人到底是什么，你了解了人的本性，就能明白不同社会的人为什么要那么做。因为不管是中国人还是美国人，男人还是女人，维吾尔人还是蒙古人，古代人还是现代人，两千年以前的人和现在的人，他们的本性都一样，都没有变，生下来的本性是一样的。孟子说"人之初，性本善"，荀子说"人之初，性本恶"。不管怎么说，人之初都是一样的。如果本性不一样，我们就没有人类学，就没有社会学，我们就没有国际上大家通用的一些人类学理论。但人为什么又有不同的表现？因为他们所处的环境不一样。

你在一个点上进行深入的研究，不仅仅是两个月、三个月在一个点上，而是 5 年、10 年，甚至 20 年长期在一个点上，重点在一个点上作研究，你才能深入地了解人性，人与人之间的关系。这样才能帮助你剖析很多大的问题。了解了人性、人的本质、人在各种环境，各种矛盾冲突中的行为规律，你才能理解为什么人要抱一个"团儿"结成民族？人为什么要信仰宗教？也才能帮助你解决、剖析、理解那些大的社会问题。所以说虽然是很窄的一个点，在这个点上长期深入的研究，最后帮你理解的是人类大的问题。在这个点上你深入了解了人性，人的行为规律，你才能更深入地理解学者们总结的各种理论，因为那些理论都不是超人的，都是对人性在各种关系、事情、场景和环境中的总结。

后现代论者像格尔兹这样的一些人，他们总结学界过去研究中的一些缺陷、一些经验，他认为过去的研究比较肤浅，不太可信。那么，今后我们的研究应该怎么做？他认为应该更深入地去观察和厚重地描述，把这种方法称为"深描"。怎么样深描呢？我想不仅仅要深描一个社区、一个小社会，其实最重要的深描是什么呢？最重要的是深描人的本性，通过你研究的那个点、那个人群，长期地深入地去了解他们，深描人的本性，通过对人的本性和行为规律的了解，去理解和检验那些理论，看哪些理论我们认为是对的，哪些理论我们认为不太合适，需要修正或推倒重来。这样我们的研究才可能深入，你才可能对社会中一些大的问题有准确一些的解释。

四、创建中国学派

1. 国际民族学社会学界分为两大体系

从世界观、阶级立场和方法论的角度来看，国际民族学社会学界历来划分为马克思主义民族学社会学和西方传统民族学社会学两大体系。自民族学产生的一个半世纪以来，西方传统的体系一直在国际上占据主流的地位。

马克思主义与现代意义的民族学社会学都是 19 世纪中叶，在同一个时代产生的。马克思和恩格斯在创建马克思主义的过程中曾大量引用当时民族学社会学的研究成果来支撑他们的理论。❶ 同时，他们也发表了多部民族学社会学著作，对人类社会和历史发展规律有完全不同于以往的阐释，从而开创了一个有别于西方传统的马克思主义民族学社会学。❷

马克思主义诞生的一个半世纪以来，多数西方国家的政府对其持敌对态度，马克思主义民族学也一直受到西方主流民族学界或明或暗的排斥，并没有得到系统的发展，至今在理论体系的建设和研究成果上仍然是比较薄弱的。

"二战"以前，苏联学界将俄罗斯传统民族学和马克思主义民族学相结合，形成了民族学的苏维埃学派，直至苏联解体之前，苏维埃学派曾长期是马克思主义民族学的主流学派。"二战"以后，国际局势的变化使马克思主义越来越深入人心。西方民族学界一些进步学者开始应用马克思主义观点来论述民族学问题，从而产生了多种新的马克思主义民族学思潮，但其在国际民族学界仍处于边缘的位置，至今仍是如此。

一个半世纪以来，马克思主义民族学与西方主流的民族学之间既有紧密联系，又有尖锐的冲突。在对人类社会中观和微观层面上的观察和研究的方法、资料的利用等方面有较多的互相借鉴与重合，但由于在政治立场、世界观等方面的截然不同，在对人类社会发展规律的宏观解释上，双方一直处于对立和斗争中。

2. 1949 年以前，中国主流的民族学社会学界属于西方体系

从 19 世纪末至 20 世纪 30 年代前后，是民族学被初步介绍移植到中国的时期。这个时期，从西方传来了两种不同的思想体系，一种是马克思主义的，另一种是非马克思主义的。

当时，在中国的高等院校和研究机构中，是全盘照搬了西方传统的民族学人类学的学科体系和理论，也即非马克思主义的学科体系。

---

❶ 如摩尔根的《古代社会》，亨利·萨姆纳·梅恩的《古代法制史讲演录》，约·拉伯克的《文明的起源和人的原始状态》等。

❷ 如《德意志意识形态》《摩尔根（古代社会）一书摘要》《卡尔·马克思的民族学笔记》《家庭、私有制和国家的起源》《劳动在从猿到人转变过程中的作用》《英国工人阶级的状况》等著作。

到了 20 世纪 30 年代，抗日战争爆发后，严重的民族和边疆危机，促成中国民族学界将学自西方的学科理论与方法更紧密深入地应用于中国社会的调查与研究，经过多年本土化的实践，到了 20 世纪 40 年代，中国民族学界初步形成了重视应用、重视历史文献、重视边疆和少数民族研究的特点，特别突出的是重视应用研究，即问题导向的研究，而且在这种研究中民族学与社会学不分家。这些特点在中国民族学界传承至今，特别是在教学与研究中，将民族学与社会学的理论方法相结合，提倡实证性的社区研究是中国学界一个突出的传统。尽管形成了自己的一些特点，但从世界观上看，民族学界多数学者未接受历史唯物主义；从立场上看，多数学者在研究中持小资产阶级自由主义立场，对社会研究的态度是避重就轻，主张改良而非革命。❶因此，这些研究仍基本属于西方传统的民族学体系。

3. 为什么要创建中国学派

民族学传进中国以后的近百年来，西方学界仍在不断发展，而我们却一直亦步亦趋地跟在他们后边。在我们的课堂上，在我们的教科书中所讲的理论和方法仍是几乎全盘来自西方。

我们感谢一百多年来西方学界给予我们的启发，我们今后还会不断借鉴学习国外学界的研究成果，但我们不能永远鹦鹉学舌，永远只作学生。

我们为什么要创建中国学派呢？仅仅是想标新立异吗？主要是为了争口气吗？是不是虚荣心和民族主义作祟？如果都不是，那么我们为什么不能总是跟在西方学界之后呢？我们该如何看待和评价西方的民族学、人类学呢？

民族学、人类学创建一个半世纪以来，其研究成果使我们大大加深了对人类自身的认识。它帮助我们能够比较科学理智地看待和解释各种人类社会和形形色色的文化现象，使得不同文化和社会的人能够互相宽容和理解。创建自西方的民族学人类学对人类是有贡献的，但这仅是事情的一个方面。另一方面，西方主流的民族学也有其局限甚至负性的一面。

其一，西方民族学起源于殖民扩张，本是殖民主义的工具；至今部分西

---

❶ 参见 1949 年 6 月 16 日在燕京大学燕南园有费孝通、林耀华、雷洁琼、李有义、吴景超等人参加的座谈会纪要。纪要原件手稿藏于中央民族大学闻宥先生家中。

方学者在研究目的、理论和方法方面仍有殖民主义思想的残余；其二，西方民族学的理论范式并不是普世的真理，未必能够准确地解释东方和中国的社会；其三，"二战"以后，原来为殖民主义服务的西方民族学人类学已经大大改变（如研究现代社会和本土人类学思潮兴起），但总体上看，它从整体上肯定西方现有的社会制度和观念，仅主张改良，不主张革命。因此它的研究所产生的理论和观念仍然是西方价值理念的基础之一，是西方在全世界的文化强势地位的基础之一。

社会科学任何学科的思潮、理论都有其产生的社会背景。"二战"结束后，西方民族学的研究逐渐转向现代社会和本土，但这些研究仍是为西方的国际战略和国家利益服务的。在西方相对于广大东方和第三世界的世界性文化优势中扮演了重要角色，也可以说，这个学科也是西方的世界性文化霸权的学科基础之一。

在国际社会，西方在舆论、文化、价值观念、行为规范等观念范畴的强势地位一直得以维持。这种强势地位是由西方的哲学支持的。民族学在西方主流价值体系之内，从来不是一个超脱客观的、中性的学科。在这种情况下，我们是否还有必要与西方学界一个口径，一起起舞，全盘照搬西方的学科理论呢？

什么时候中国学界能通过自己深厚的理论研究，梳理和提炼出我们的价值理念、我们对世界的认识、我们的思维方式和我们的研究方法，并以中国学派的名义在国际学界竖起自己的旗帜？这不是一种简单的虚荣心和民族主义作祟，而是中国社会发展的需要，是提高中国理念的国际话语权的需要，是我们的责任。

新中国成立以后，中国学界一直提倡在马克思主义基础上，特别是在世界观和方法论上，以历史唯物主义，辩证唯物主义为指导，结合中国本土特色，建设社会科学的各学科。尽管我们已经形成了自己的一些特点，但是，一个马克思主义的有中国特色的民族学人类学学派尚未形成。中国的人类学民族学仍然是以西方学界的理论方法为主要依托的学科。因而，中国学派的建立任重道远，是我们的历史使命，也是我们的机会和荣幸。

4. 创建中国学派的时机

自马林诺夫斯基以后，我们在多数的学科史中都将人类学、民族学称为一种现代的社会科学，我们认为这个学科的研究方法（主要是实地调查的方法）以及一个半世纪以来学者们归纳出的各种理论已经建立起了一门科学，它可以描述出各种不同人群的社会、文化的真实特点，并且能够利用自己的理论对这些特点产生的原因进行分析和给予解释。我们满怀信心地认为自己的研究能够为人们带来一种理性的、客观的、科学的认识。可是，后现代思潮的出现，特别是后现代民族学、反思民族学对民族学传统理论和方法的批判，已经逐渐打破了传统民族学研究方法的光环，让我们看到了它的局限性和明显的缺陷。民族学传统研究方法可信吗？它真的能够还原并揭露事实的真相吗？

20 世纪 60—80 年代，后现代思潮曾被认为是一种离经叛道的思想，但现在它已经成了全球的一种流行思潮。为什么呢？因为它对现代社会科学的很多批判确实是击中了要害。有研究者举出大量事实，对民族学家所撰写的民族志的真实性和客观性提出质疑。例如，有些民族学家出于政治的或其他角度的观点对其民族志的真实性客观性产生妨碍；民族志中过多的修辞破坏了真实性；民族志往往是学者的一言堂；对异民族语言的理解不够充分，限制了民族志的可靠性；对事件背景难以充分了解从而导致对人物和社会事实的曲解等。因此，传统的民族志调查和研究存在着很多非科学性因素，在很大程度上并不是被调查者的真实情况，而是民族学家的主观臆断，主观创造。过去学者们通过实地调查的实例，论证成功的很多理论，被证明是过度解释，是"削足适履"的结果。

后现代主义民族学的思想是在 90 年代以后才对中国民族学界产生实质性的影响。当时正是这一思潮在西方得到急剧传播扩散的时期，并曾一度造成民族学认识论虚无主义的流行，嘲讽实地调查，使一部分学者堕入空谈。所以，当时我国少数学者由于未能全面理解反思民族学、后现代民族学的本意，未能接受其积极的一面，仅接受了其负面的、消极一面的影响，轻易地放弃了实地调查的实践和认识论，也堕入从理论到理论的研究。从事这样的研究或许可以成为一个好的教书匠，在课堂上介绍西方的学科理论，却脱离实际和社会，就像仅在书本上推导而脱离实验的物理学化学研究一样，永远也不可能成为有创建的学者。这个道理是显而易见的。这样的人现在多已年近花甲，近年来虽然已经醒悟，但再改弦更张去做实地的调查已经有点力不从心了。他们的教训是年轻学人的前车之鉴。

面对后现代的批判，民族学界应该如何去改进我们的研究方法呢？很多学者进行了积极的探索。其中，最著名者，也是最有成就者当属格尔茨。❶他再次为过去很多学者曾反复强调的"深描"下定义，认为过去所谓"深描"其实都还是"浅描"。如何深描呢？虽然他提出了一些办法，也做了一些探索和示范，但实际上并没有给出一个真正可行的办法，于是有人批评他的示范也是在"过度诠释"。❷

民族学研究方法的出路在哪里呢？这是国际民族学界都在思考探索的问题。后现代思潮对传统人类学民族学研究的有力批判，可以帮助我们进一步认清西方传统的民族学理论方法之局限，继续步西方后尘的道路已经走不通了。在国际民族学界普遍开展的反思中，对我们来说这显然是一个时机，以马克思主义理论为指导，结合中国实际，探讨中国经验，总结中国学界的研究，创建中国人类学、民族学学派的时机和时代已经到了。

---

❶ 石奕龙：《克利福德·格尔茨和他的解释人类学》，《世界民族》1996 年第 3 期；王铭铭：《格尔茨的解释人类学》，《教学与研究》1999 年第 4 期。
❷ 裴玉成：《解释的可能：读格尔兹的深描观点》，《西北民族研究》2007 年第 1 期；徐榕：《解释人类学述评》，《百色学院学报》2007 年第 4 期。

专题发言
学科发展与相关理论

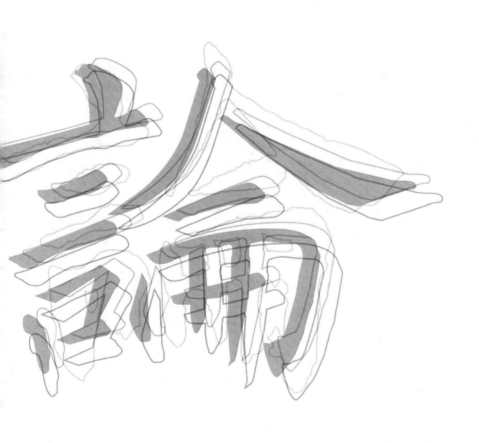

中国民族社会学学科的形成与发展

赵利生　刘　敏　江　波❶

从民族社会调查到民族社会学学科理论研究的兴起与发展，中国民族社会学学科正朝着系统化、成熟化的方向发展。为此，回顾和梳理学科逐渐形成的历史脉络，研究和反思不同发展阶段的特征，并理性地认识其中存在的不足与挑战，对建设更加适应我国民族社会稳定与发展需要的民族社会学具有重要的意义。

一、学科理论研究的兴起与学科地位的确立

新中国成立前，伴随民族学、社会学的形成与发展，民族学家与社会学家开展跨学科的研究，在民族与民族社会调查方面取得了一系列引人瞩目的成绩。1940 年，吴文藻先生在《社会学丛刊》征稿中最早提出了"民族社会学"概念。但概念的提出并不能表明自觉的学科理论研究的开始，而没有学科理论支撑的民族社会调查，只能局限于自在的学科研究水平。新中国成立后，由于种种原因，社会学被取消。在近 30 年的时间里，民族社会学理论的探索一直处于"空白"状态。值得庆幸的是，在这一时期，民族社会调查仍在进行，民族研究仍在继续。民族识别工作，尤其是大规模的民族社会调查，积累了丰富的民族社会历史资料，在深化对民族社会认识的同时，也为民族社会学发展及其学科化奠定了基础。

中国民族社会学从自在的民族社会调查发展到自觉的学科化建设始于 20 世纪 80 年代。在这一时期，随着社会学的恢复与发展，少数民族社会历史

---

❶　作者赵利生为兰州大学西北少数民族研究中心教授、刘敏为甘肃省社会科学院社会学所研究员、江波为陕西省社会科学院社会学所研究员。

调查资料的整理，以及更加深入的民族社会调查与研究的开展，民族社会学学科理论逐渐引起学界的关注，民族社会学学科地位也因此逐步确立。其主要表现在以下几个方面。

1. 学科理论始受关注，相关探讨逐步深化

1982 年费孝通先生在《中央民族学院学报》第 2 期发表《民族社会学调查的尝试》一文，最早从学科发展的视角提出了"民族社会学"概念，并倡导"把少数民族地区的社会调查研究作民族社会学"。从此，一些研究者也以民族社会学为议题，结合本土化经验提出了多元的阐释。至 20 世纪 80 年代末，发表冠以民族社会学的论文有《论民族社会学研究》❶《对民族社会学的一些想法》❷《论民族社会学的根本任务》❸《民族社会学》❹《谈谈民族社会学的主要课题》❺《民族社会学的研究方法与课题》❻《浅谈民族社会学》❼《科学社会学、民族社会学、青年社会学、农村社会学介绍》❽等。中南民族学院科研处、湖北省民族社会学研究会 1985 年合编、内部印行的《民族社会学》（参考资料）对早期发表的相关论文进行了初步汇编。从总的方面看，20 世纪 80 年代的研究偏重对基本概念、研究课题与方法等基本问题的初步探讨。

进入 20 世纪 90 年代，学科理论研究逐步深化，出现了一批以本土经验研究为路径，构建中国民族社会学理论为取向的研究成果。其中，有马戎的《民族关系的社会学研究》❾《论中国的民族社会学研究》❿，张文山的《关

---

❶ 李绍明：《论民族社会学研究》，《云南社会科学》1982 年第 4 期。
❷ 唐奇甜：《对民族社会学的一些想法》，《中南民族学院学报》1982 年第 4 期。
❸ 唐奇甜：《论民族社会学的根本任务》，《中南民族学院学报》1987 年第 4 期。
❹ 杨华贤：《民族社会学》，《社会科学》1985 年第 2 期。
❺ 罗东山：《谈谈民族社会学的主要课题》，《湖北少数民族》1987 年第 2 期。
❻ 罗东山：《民族社会学的研究方法与课题》，《中南民族学院学报》1987 年第 4 期。
❼ 苗剑新：《浅谈民族社会学》，《新疆社会科学》1987 年第 2 期。
❽ 翁其银：《科学社会学、民族社会学、青年社会学、农村社会学介绍》，《重庆社会科学》1987 年第 5-6 期。
❾ 周星、王铭铭：《社会文化人类学演讲集》，天津：天津人民出版社，1996 年版，第 498-532 页。
❿ 马戎：《论中国的民族社会学研究》，《北京大学学报》2001 年第 5 期。

于建立中国民族社会学理论构架的设想》❶，吕青的《试论民族社会学的研究课题》❷《试论民族社会学的研究方法》❸，郑凡的《论当代民族社会学的逻辑起点》，蔡家麒的《试论民族社会学的研究范畴》，以及刘敏的《我国民族社会学的发展现状及趋势》❹，孙红艳、孙秋云的《我国民族社会学内涵与方法述论》❺等论文。更值得注意的是，20 世纪 90 年代以来，该领域的研究者在吸收、提炼和发掘已有的相关理论成果的基础上，团队攻关，著作类成果明显增多。云南省社会学会于 1991 年出版了《民族社会学研究》（第一辑、第二辑），江波、赵利生等著的《社会学的新视野》（1996 年由兰州大学出版社出版）一书列入"民族社会学"专篇讨论相关议题，中央民族大学出版社、云南大学出版社于 1996 年、1997 年先后出版了贾春增主编的《民族社会学概论》、郑凡、刘薇琳、向跃平合著的《传统民族与现代民族国家——民族社会学论纲》。2003 年至 2007 年，民族出版社出版了赵利生著《民族社会学》、北京大学出版社出版了马戎著《民族社会学》、中国人民大学出版社出版了郑杭生主编的《民族社会学概论》等著作。在这些著作中我国学者对民族社会学的学科体系与方法进行了综合探讨。

2. 译介类成果陆续出版，研究视野不断开阔

我国的民族学、社会学作为独立的学科都是从国外引进的。我国民族社会学的形成与发展起步较晚，起点较低。因此，引入、译介国外在民族社会学领域的相关研究成果，对增强学科的跨界交流，促进研究人员借鉴较为成熟的知识体系，建构本土化的民族社会学理论，更好地与国外学界展开积极的对话，使学科建设走向成熟十分重要。在这一领域最早被翻译进来的是前苏联阿鲁丘尼扬、Л·М. 罗德比耶娃的《苏联民族社会学研究》（金火根译，刊于《民族译丛》1981 年第 6 期）。之后，1988 年中央民族学院出版社出版了阿鲁秋尼扬等著、马尚鳌译的《民族社会学》。此书反映了苏联民族

❶　张文山：《关于建立中国民族社会学理论构架的设想》，《内蒙古社会科学》1990 年第 3 期。
❷　吕青：《试论民族社会学的研究课题》，《西北民族学院学报》1996 年第 1 期。
❸　吕青：《试论民族社会学的研究方法》，《西北民族学院学报》1998 年第 2 期。
❹　刘敏：《我国民族社会学的发展现状及趋势》，《西北民族研究》2001 年第 1 期。
❺　孙红艳、孙秋云：《我国民族社会学内涵与方法述论》，《中南民族大学学报》2005 年第 6 期。

社会学理论与方法的进展与特色。马戎编著的《西方民族社会学的理论与方法》于1997年由天津人民出版社出版，它向国内学者较全面地介绍了当时西方民族社会学研究的基本理论与方法，为国内学者解读学科体系，提升学科研究能力，开展本土化的实践提供了新的研究视角。祖力亚提·司马义译、马丁·N.麦格著《族群社会学》2007年由华夏出版社出版，它比较系统地介绍了西方，特别是美国民族社会学研究的最新进展，其理论与方法对我国民族社会学研究具有重要参考价值。这些译介的成果，尽管其知识背景、学术经验与我国有较大不同，但对培育学科基础，促进我国民族社会学的发展，尤其是学科化建设起到了积极的推动作用。

3. 研究队伍日益扩大，学科点建设初步形成

伴随民族社会学学科理论与方法研究，以及田野调查的不断深入，学科知识体系不断被丰富，围绕民族社会学的学科建设与教学活动也因此逐步形成与扩大。20世纪80年代以来，一些民族院校与综合大学先后开设了民族社会学课程。马戎1988年回国后，在北京大学开设了"民族社会学"课程。此后北京大学社会学设置了民族社会学硕士点和博士点。现今，兰州大学、中央民族大学、云南大学、中南民族大学等也都陆续设置了民族社会学硕士点与博士点，中国人民大学与云南民族大学合办了民族社会学博士点。在中西部民族院校与一些综合大学，也都开设了民族社会学硕士点或研究方向，以及部分本科课程。北京大学的民族社会学课程2005年还获得教育部"国家精品课程"称号。这使得民族社会学知识得到更加广泛的传播。学科的发展在努力培养高层次人才的同时，带来的是有相当数量的研究生进入民族社会学的研究队伍，他们将更加多元的知识体系带入本学科中来。一批青年学者的积极加入，大大加强了民族社会学学科队伍的整体实力，也为学科的持续发展奠定了基础。

4. 应用研究逐步深化，关注领域不断拓展

民族社会学研究一直伴随着我国社会经济的巨大变迁，也同民族的发展、国家的稳定、世界的和谐相联系。为此，民族社会学研究者的目光一直没有偏离应用与对策研究。这些研究体现了民族社会学研究者的社会使命感

和学术研究的社会价值。随着民族社会学理论与方法研究的深化，应用研究的领域也在不断地拓展，研究水平也有较大的提升。改革开放以来，随着现代化、城市化、全球化的冲击，民族社会转型加快，民族关系发生了新的变化，民族地区面临一系列复杂而重要的问题，民族社会学研究变得更加重要。在这样的背景下，民族关系、民族地区稳定与发展、民族地区城市化、民族社区建设、民族社会问题、民族社会分层与流动、民族社会工作等领域和议题都受到了民族社会学界的广泛关注，冠以"民族社会学视野下的某某研究"的研究成果明显增多。这也反映出民族社会学在相关研究者和学界中学科意识与学科地位的增强，尤其是"九五"以来，民族社会学作为社会学重要的分支学科受到了极大的关注，在学科回顾与规划中民族社会学被放置在越来越重要的位置。这既是学科地位提升的体现，也反映了社会对本学科需求的扩大。在这样的互构关系中，对民族社会学学科的规范化与良性发展亦有十分积极的意义。与应用研究相伴随，民族社会学的研究方法也得到了长足发展。研究者不再局限于关注具体方法的使用，而是扩展到关注研究取向、价值观、研究视域的融合、研究关系等，更加科学、规范和系统地运用质性、定量，以及质性与定量相结合的方法对不同领域的社会现象开展有针对性的调研。

5. 组建学术团体，发行学科刊物

在教学、科研发展的基础上，为了倡导民族社会学，扩大学科影响力，吸引学术人才，1995 年由北京大学社会学人类学研究所发起成立了全国性的"中国社会学会民族社会学研究会"，并创办了会刊《民族社会学研究通讯》。这在凝聚、壮大民族社会学力量的同时，也为全国从事民族社会学教学和研究的工作者提供了交流的平台。一些西部省区的社会学会、民族学会也开始意识到民族社会学对整合科研资源、促进学科发展的重要性，越来越重视民族社会学及相关议题的研讨，促进了区域间的学术交流与学科的发展，民族社会学研究机构也逐步建立起来。对于学科发展来说，学术团体与研究机构的形成是学科地位初步确立的重要标志。

从田野调查、翻译引进到学术研究，从人才培养、课程建设到学术团体、研究机构与刊物的建立与发行，中国民族社会学学科建设与研究翻开了新的一页，民族社会学作为一门独立学科的地位已经逐渐确立起来。

二、学科发展中面临的挑战与问题

到目前为止，中国民族社会学研究已经迈出了可喜的一步，学科地位已基本确立。但客观上，目前在学科研究中仍面临许多问题。

1. 基础理论薄弱

虽然目前出版的相关论著有所增多，国外的理论亦有了一定介绍，但学科的理论框架与概念体系至今仍在探索之中。首先，国外民族社会学学科的社会基础与中国的具体情况大不相同，这必然制约其理论体系在中国的描述力与解释力。其次，为了扩大中国民族社会学在世界的影响力，必须将中国的经验纳入学科知识体系中去，基于本土知识的理论建构就变得尤为重要。从目前出版的几本概论性著作来看，对学科基本内容与体系亦众说纷纭，甚至在一些基本问题上也都是各说各话。这些都较为明显地反映出，民族社会学的研究者还缺少理论的提升能力，尤其是将经验研究转化为理论建构的能力。现行的一些著作呈现出民族学、社会学研究视角与理论两张皮、结合不够的情况。因此，对学科性质、对象、地位、理论体系等基本问题的深化研究势在必行。

2. 学术研究规范化程度较差

由于基本理论与方法的歧见，导致民族社会学学术研究的规范化程度较差，甚至随便什么研究都可冠以民族社会学的名称，随便什么人一夜之间便可能成为民族社会学的研究者。这一现象，表面上是呈现了学科的繁荣，其背后实则暴露出学术研究低水平循环的"泡沫化"倾向。中国民族社会学能够，也希望对世界学术做出贡献就需要发现中国民族社会学不同于他人的特征，并有意识地加以提炼，走向理论与实践自觉。为了实现这样的目标，就要逐渐形成自己的学科传统与规范，这既是目前紧迫的任务，也是实现中国民族社会学与世界对话的基础。

3. 专门研究人员缺乏

伴随学科点的增多，民族社会学的教学与科研队伍不断扩大，这是近年来可喜的变化。目前，尽管在一些高校开设了民族社会学硕士点、博士点，或在相关专业研究生教学中开设了民族社会学课程，这无疑为民族社会学的发展提供了积极的途径。但是，我们也应看到，目前的学术界真正长期从事民族社会学的研究者极少，多数学者只是在其他研究领域之外，兼及民族社会学，队伍的专业化明显不够，有相当一部分研究者只是把民族社会学作为研究的一个方面，甚至是一时的落脚之地。因此，投入精力十分有限，研究的深入程度自然受到限制。这对一门学科的发展和社会政策的完善都是极为不利的，促进民族社会学的发展需要更专业的教学与研究。一些学校的师资相当欠缺，从而也在一定的程度上影响和制约着民族社会学知识的传授。

4. 社会影响和学术交流不足

民族社会学虽然有了自己的学术团体与刊物，但专业性学术交流仍十分有限，刊物仅供内部交流，学科知识的普及还远远不够，更不要说学科的社会影响力了。另外，研究人员间的学术交流也远远不够，学会活动十分有限，更没能在社会学或民族学年会上开办专题论坛，这样，学科的专业影响十分有限。

三、学科发展的若干思考

我们看到，一方面伴随改革与发展，民族社会转型的深化，民族地区面临一系列复杂而敏感的社会问题，加之民族分裂主义、国际恐怖主义与极端宗教势力的影响与渗透，民族地区稳定与发展成为全社会关注的重要问题，急需社会学从实证与系统的角度予以深入研究，以促进各民族共同团结奋斗、共同繁荣发展；另一方面，民族社会学学科尚不成熟，描述力与解释力有限，距离实践的需要有较大差距。如何立足实践，反思不足，促进学科发展，成为目前我们必须面对和思考的问题。为此，笔者以为以下几点十分重要。

1. 综合创新，形成有中国特色的民族社会学理论

我国是一个具有悠久历史的多民族国家，传统上处理民族与民族关系的理论与方法有其自身独特的一面。新中国成立以后，民族工作实践也极富特色。这些多元的民族理论与实践，既是民族社会学发展的丰富营养，也是理论创新的前提。现在的问题是，我们要在努力实践的基础上，综合创新，产生能回应良性社会发展需要的民族社会学理论体系，形成中国特色的民族社会学理论。另外，社会学、民族学的理论与方法有各自特长，作为民族社会学的理论与方法，不应该是二者的杂糅，而必须将它们有机地结合起来，形成民族社会学理论与方法，这一点也非常重要，也是目前研究中相对容易被忽视的问题。

2. 优化结构，形成规范的学科体系

民族社会学应该研究哪些问题与现象，这些现象之间关系如何，民族社会学的研究视角与基本逻辑结构如何，这是作为一门学科发展必须解决而现在仍未解决好的问题。这一点，在目前已经出版的教科书与学科理论著作中就有明显的反映。对此，需要从民族学、社会学与民族社会学的关系与研究对象入手，逐步廓清学科界限，进而探讨民族与民族社会基本关系，建构具有中国特色的民族社会学学科结构，确定其在整个社会科学体系中的位置与性质。同时，推动学术研究和教育的规范化。在理论自觉的前提下，实现民族社会学研究成果、相关教科书的编写，以及教授方式上的规范化。

3. 培养人才，形成富有专业特色的学科梯队

中国社会的发展越来越证明，社会和谐与稳定离不开各民族的团结。实现这一目标就需要不断完善民族政策的研究和制定水平。这样，民族社会学作为社会制定政策的重要支持力量，就需要培养大批的研究者来从事这一工作。因而，关键的问题是人才培养，在加强全社会对民族社会问题关注的同时，要吸引一批有志者专心地投入民族社会学研究中去。这一问题的解决，一方面要求相关研究者积极参与到社会实践中去，以扩大民族社会学的社会影响；另一方面要求扩大专业学位点，从而扩大招生人数，培养更多专业人

才，形成合理的研究梯队。

4. 译介国外成果，加强学术交流

目前虽已有一些国外研究成果被译介过来，且对促进我国民族社会学的形成与发展起到了积极作用，但仍显不足，确有进一步译介的需要。只有在大量掌握国外研究成果的基础上，才能进行深入的辨析与梳理，结合我国国情，推动民族社会学的发展。同时，还应加强与国外同行的学术交流与对话，这对于深入了解不同的国情与族情，深化对国外民族社会学理论背景的认识，更加科学、理性地借鉴与吸收，亦十分重要。

5. 从实求知，推动学术界的积极合作

提高民族社会学的学科地位，还有赖于本学科能够自觉地承担起对我国民族社会发展过程中具有战略性、全局性问题的前瞻性研究责任。目前，我国民族社会也进入转型的关键期，有许多新事物、新现象、新问题期待民族社会学建立起理论研究与经验研究的有效连接，从宏观和微观不同层面去予以积极地回应。这就要求国内学术界进一步加强交流与对话，形成研究团队的积极合作，在推动形成中国特色的民族社会学学科的同时，为民族社会的发展服务。而目前由于学科理论的歧见，专业队伍的不足，国内的专业学术交流仍十分有限，这是急需改变的。只有不断深化交流与合作，拓展学术共识，才能以特色鲜明的学术研究视角，为民族社会学的发展积累富有中国特色的研究资料，为人类文明与进步作出贡献。

（本文原载《中南民族大学学报》2011 年第 1 期）

论民族社会学的学科定位与研究视角

田　敏❶

民族社会学的学科定位关乎民族社会学研究的理论指导、方法运用和问题选择，学科定位决定研究视角，研究视角决定研究成果的目标指向，进而决定该学科的功能发挥及其学术贡献与社会贡献，这是一个需要进一步讨论和明确的重要问题。

民族社会学的学科定位是否解决了呢？我个人认为还没有解决，这个问题的研究在学术界已经进行了很多年，包括从马戎老师开始，后来郑杭生老师等都写过民族社会学方面的教材和著作。学术界对这个问题的共识越来越多，但这个问题还需要进一步探讨。笔者在作研究的过程中还是有这样的困惑，比如在做少数民族流动人口、新农村建设、民族地区社会建设、民族地区社会保障、民族地区合作医疗、民族地区村民自治、民族地区的社会治理等研究的过程中，就有一个这样问题：我们用什么样的理论和方法作研究，我们如何定位、如何选择这些问题？学科定位不解决，这些问题都会有困惑。如果是民族社会学导向的民族学，同时又标榜自己是民族社会学，实际与社会学的关系并不大。事实上在相关民族社会学的著作里，马戎老师的《民族社会学——社会学的族群关系研究》中介绍民族社会学就是对族群关系的社会学研究。郑杭生老师的《民族社会学概论》中是从社会学的角度选择社会学关注的问题来谈民族社会学的。所以在民族社会学的研究中是用理论方法的应用来确定社会学的学科定位还是研究主题的选择来确定社会学的学科定位？这是一个问题。

民族社会学顾名思义是民族学与社会学的结合，它首先是一个跨学科的研究领域，既涉及社会学也关乎民族学，具有二级学科或者该一级学科下属学科方向的性质。目前对民族社会学的学科定位有从社会学层面定位的，将

❶　作者为中南民族大学民族学与社会学学院教授。

其作为社会学的二级学科或者学科方向，也有从民族学层面定位的，把它作为民族学的分支学科或者学科方向。从民族社会学的研究队伍来看，目前主要是民族学学科的学者，社会学学者相对较少。但中国引领推动的民族社会学学者是社会学家马戎教授，他也说社会学对于民族社会的研究是不多的。民族学的学者在这方面做了很多研究，但是民族学学者所做的这方面的研究是否就是民族社会学，这个问题还有很多可以去讨论的地方。在学科的认同方面，社会学认为民族社会学应属于社会学学科，而在民族学学科内，部分学者认为民族社会学应属于社会学，大部分学者认为应属于民族学。而从民族社会学研究的实际状况来看，无论研究的理论指导、方法运用还是问题选择，多呈现出民族学学科的特色，社会学的学科属性则不多见。比如在选择研究方法，民族社会学定量的研究并不多，在问题的选择层面，民族社会学通常主要关注的是民族社会、民族文化等。

笔者以为，民族历史、民族文化与民族社会本来就是民族学研究的传统领域，民族学学科意义上所谓的民族社会学是一直就存在的，相比之下，社会学介入民族社会的研究，即用社会学的理论和方法来关注民族问题，关注民族社会的民族特色，是社会学研究领域的拓展，因而，就基本的意义而言，民族社会学主要应该归属于社会学的分支学科或者二级学科。同时，对民族学而言，引入社会学的理论与方法对传统的民族社会进行研究，也是民族学研究方法上的拓展，有利于民族学学科的发展和创新。

总之，民族社会学的定位应是：以社会学的理论与方法为指导，充分利用民族学的学科知识，来对少数民族社会问题展开研究的社会学分支学科，具有较明显的跨学科性质。

民族社会学学科建设既不同于社会学也不同于民族学。社会学研究社会结构、社会变迁、社会政策、社会分层、社会流动，民族学研究民族历史、民族文化、民族宗教、民族政策、民族关系等领域。民族社会学介于这两者之间，它既不倒向社会学也不倒向民族学，民族社会学关注民族的社会结构、民族的社会变迁、民族社会的社会分层与流动、民族社会的社会政策、民族社区等，所以这两者之间是不同的。

我们应通过深入的个案实践研究在理论层面发展出一套民族社会学跨学科性质的独有的理论和研究方法，这套理论和方法既不同于社会学也不同于民族学，但同时又与社会学和民族学密切相关。我们应发展出民族社会学独特的研究对象，它既不同于纯粹的社会学的研究对象也不同于纯粹的民族学的研究对象，同时又与二者密切相关。我们应达成民族社会学特定的研究目标，比如，民族社会学研究在增强四个认同、推进民族和谐、增进民族关系融合、推动民族地区发展等这样的一些目标，这些目标既不同于社会学也不同于民族学，同时又与两者密切相关。在定位民族社会学学科的归属上，应体现开放性原则，它并不仅仅是简单的社会学的二级学科或学科方向，也不简单是民族学的二级学科或学科方向，同时又与这两者密切相关。

民族社会学是十分重要的一门学科，但其学科规范在今天并不完善。为了推进民族社会学的研究，学科的开放性是很重要的。在制度、学科归置层面，能否考虑在社会学一级学科和民族学一级学科下面，同时将民族社会学放置到这两个一级学科下面的二级学科。如果能做到这一点，通过这样一种方式，在社会学下面的民族社会学，会更多地接近于社会学，在民族学下面的民族社会学，会更多地接近于民族学。这两者各有侧重，共同发展来推动民族社会学的建设和学科发展。

民族社会学的学科发展方向之一，当务之急应该是民族学者要更好地借用社会学的理论和方法来开展民族社会学研究。社会学者要更多地对少数民族社会进行民族社会学的研究，这两个学科齐心协力共同推进民族社会学的学科发展，从而推进民族地区的学科发展，这是我们乐见其成的。

（本文根据作者发言录音整理而成）

我国民族社会学经验研究的现状与反思

——基于 1998—2007 年 120 篇经验研究
论文的内容分析

赵锦山❶

　　民族社会学作为一门年轻的学科,其研究对象和研究方法尚处在争议之中,综观国内学者的研究,可以将他们的观点,粗略地归纳为三类,即民族学和社会学综合论、偏重于民族学角度的论述和偏重于社会学角度的论述。❷综合论视角以李绍明等学者为代表,他指出:"民族社会学既是民族学的一个分支,也是社会学的一个分支;既是民族学的一部分,又是社会学的一部分。因而,它是这两门学科之间的中间学科或边缘学科。""民族社会学的任务是研究各民族的社会形态及其发展变革中所出现的问题。"❸ 贾春增则偏重民族学角度,他认为:"民族社会学是广义民族学的一个组成部分,是一门民族学和社会学的交叉学科。"❹而马戎教授则偏重于社会学方面,他指出,民族社会学(或社会学的民族关系研究)主要从社会学(兼结合其他学科如人类学、经济学、人口学、历史学等)的研究角度和研究方法来分析、研究当代的民族问题和民族关系。❺ 笔者认为,在各学科研究方法,甚至研究视角互相借鉴和交融的今天,对这门新兴学科的探讨或许应该抛弃门户之见,民族社会学应当充分吸收当代社会科学注重经验研究的特点,成为一门注重从事实中来,回到事实中去的经验研究学科。事实上,众学者在对民族社会学研究对象和方法进行论辩的同时,也做了一些有益的经验探索,

---

❶　作者为广西师范大学法学院副教授。

❷　彭红艳、孙秋云:《我国民族社会学内涵与方法述评》,《中南民族大学学报》2005 年第 11 期。

❸　刘敏:《我国民族社会学的发展现状及趋势》,《西北民族研究》2002 年第 7 期。

❹　贾春增:《民族社会学概论》,北京:中央民族大学出版社,1996 年版,第 27 页。

❺　马戎:《民族与社会发展》,北京:民族出版社,2001 年版,第 36 页。

那么，当前中国民族社会学经验研究现状如何？存在哪些问题？今后的研究过程该注重哪些方面？这正是本文要探讨的问题。

一、内容分析的方法

本文采用内容分析法。由于目前国内尚无民族社会学的专门杂志，其经验研究论文散见于各民族自治区学报、各民族学院学报和其他人文社科杂志，从众多学报中挑选相关论文不是一件易事，所幸的是，从1998年至2007年10年间，"全国报刊民族学、文化（社会）、人类学研究论文索引"共收录5000多篇论文，其中包含大部分民族社会学经验研究论文。如何对这些论文进行甄别呢？笔者依据民族社会学特有的研究视角和方法，这种研究视域若借鉴米尔斯社会的想象力，则应是一种社会的、历史的视域，它能帮助我们理解民族本身与社会之间的密切联系，因此，并非一切经验研究论文都可纳入民族社会学范畴，例如研究民族文化，如果仅仅就某一地域特有的文化现象进行简单的描述性研究，则不属于民族社会学的范畴。民族社会学经验研究的视野更加广阔，它注重文化的变迁、文化的融合以及文化对社会结构的影响。在对论文进行筛选后，笔者发现，属于民族社会学经验研究范畴约的论文约有250篇，以此为抽样框，对其进行随机抽样，共抽取120篇论文（为了体现学科发展脉络，方便比较，对1998—2002年、2003—2007年两个阶段的论文各抽取60篇）。每篇论文依据三个变量进行分类，即研究主题、学科背景和研究方法。数据运用Spss13.0进行统计分析。

二、内容分析的结果

（一）民族文化和民族地区现代化是经验研究的主题

民族社会学经验研究的主题很广，一些主题不容易分类（例如"民族文化的现代化"），笔者只能根据论文的侧重点，在不能完全做到穷尽性和互斥性的前提下，将其作一个大致区分，对所占比例低于3%（如民族地区养老问题等）的问题进行聚类，合为"其他"项（见表1）。

表1 研究主题

研究主题	频数（篇）	百分比（%）
民族文化	29	24.2
民族关系	10	8.3
民族地区婚姻家庭问题	17	14.2
民族地区教育问题	10	8.3
民族地区宗教问题	5	4.2
民族地区社会现代化	21	17.5
民族地区人口变迁	11	9.2
民族贫困问题	4	3.3
其他	13	10.9
合计	120	100.0

　　表1显示，在民族社会学经验研究论文中，民族文化是探讨最多的领域，占24.2%。这不难理解，在关于民族社会学内涵的探讨中，甚至有学者认为："民族社会学是文化社会学的一个支学。文化社会学是研究人类社会中文化的一般状况，而民族社会学是研究一种特殊的民俗与文化。在研究的原则和方法方面和普通社会学没什么差别，只是研究对象有所不同。"❶ 民族地区的社会现代化问题的经验研究也较多，占17.5%。社会现代化是一个永恒的主题，它是社会学、民族学、人类学、历史学等诸多学科共同关注的问题，民族社会学概莫能外。值得注意的，自2004年以来，民族社会学领域受到西方思想的影响，部分论文开始使用"族群"一词，开始关注族群认同和族群关系，并且有的学者主张以"族群"代替"民族"，这种观点值得商榷。民族社会学在中国有其学科独立性，在当代族群理论中，族群更多的是以现实利益为纽带，是基于现实利益基础上的利益认同体；而民族则是以共同的历史为纽带，是基于历史基础上的文化认同体。❷ 我国是一个由于历史原因而形成的以汉族为主体多民族国家，中国少数民族的特点决定了西方的族群理论并不完全适合中国，但它可以开拓我们的思路，为民族社会学研

---

❶　孙本文：《帝国主义时代资产阶级社会学的思想内容及其对旧中国的影响》，《新建设》1965年第11期。

❷　田敏：《论族群不能取代民族》，《中南民族大学学报》2004年第5期。

究注入新的活力。在对"族群"的研究中，目前大多采取思辨的研究方式，经验研究的色彩并不浓，这在今后应该是值得改进的地方。

（二）论文作者大多具有民族学或人类学的学科背景

由于民族社会学的学科综合特点，研究者的学科背景迥异，每一位研究者的学科背景可能是多重的，比如本科学历史学，硕士读民族学，博士主攻社会学，笔者将其最高学历作为指标（资料来自网络查询，对于无法获取资料的作者，将其归为"其他"项）（见表2）。民族学和人类学两个学科则合二为一，因为从学科名称演变的角度来看，早期的民族学包括人类学，人类学是从民族学中分出来的。进入20世纪以后，"民族学"这一专门术语由广义转为狭义，而"人类学"这一术语正好相反，其含义不断扩大，由狭义转为广义。有学者提出，学科分类应以"民族学/人类学"或"民族学·人类学"的表述方式作为一级学科的名称。❶

表2 学科背景

学科背景	1998—2002（%）	2003—2007（%）	1998—2007（%）
民族学/人类学	56.7	43.3	50.0
社会学	10.0	36.7	23.3
历史学	15.0	3.3	9.2
其他	18.3	16.7	17.5
合计（n）	60	60	120

在1998—2007年10年的经验研究中，论文作者以民族学/人类学的学科背景最多，占50%，社会学只占23.3%。但不同的发展阶段又有一定差异，1998—2002年，民族学/人类学占绝大部分，比例高达56.7%，而有社会学学科背景的仅占10.0%，甚至低于历史学。在2003—2007年，情况发生了改变，社会学比重有明显的增加，上升至36.7%，而民族学/人类学以及历史学所占比重都有不同程度的减少。这可能有两点原因：首先是社会学学科的特点决定了它比其他学科更注重经验研究，社会学就其本质而言，是

❶ 何星亮：《关于"人类学"与"民族学"的关系问题》，《民族研究》2006年第5期。

经验的而非思辨的，社会研究方法所关注的收集事实、分析事实是社会学的根本所在；其次是社会学研究人员的增加，社会学作为一门有发展潜力的新兴专业，为诸多高校所看好，硕士点急剧膨胀，招生规模不断扩大，由于社会学涵盖面很广，部分研究者开始涉足原本不被重视的民族社会学。可以预测，在民族社会学经验研究领域里，社会学所占的比重今后将会继续增加。

（三）经验研究方法以实地调查法和文献研究法为主

经验研究可分为狭义和广义两种：狭义的"经验研究"指通过利用第一手资料的研究；而广义的"经验研究"则不仅包括前者，而且还包括运用经验性文献资料（统计文献、二手资料等）。❶ 近年来，各学科在研究方法上互相采借，例如，社会学借鉴了人类学的田野调查方法，而民族学宣称这一学科应当注重定量的研究方法。当前社会科学的经验研究方法中，也常常采用多种研究方法，一些论文中，既有问卷的定量研究方式，也有深度访谈和文献分析等方式。因此，笔者只能以其最主要的研究方式进行分类，对于部分很难区分的论文，用"其他"项表示（见表3）。

表3　研究方法

	1998—2002（%）	2003—2007（%）	1998—2007（%）
实地调查法	36.6	60.0	48.3
追踪调查法	1.7	1.7	1.7
统计调查法	6.7	10.0	8.3
文献研究法	43.3	25.0	34.2
其他	11.7	3.3	7.5
合计（n）	60	60	120

总体来看，在民族社会学经验研究论文中，实地调查法占很大比重，接近总数一半，究其原因，可能是实地调查相对于问卷的方式而言比较经济，况且在当前的民族社会学研究中，有民族学/人类学背景的学者仍居主流，他们在经验研究方法上注重定性的传统，在实地调查中，研究者大多采取"个案"的方式，文章的标题往往冠以"以某某为例"。作为广义经验研究

❶　《中国大百科全书·社会学》，北京：国大百科全书出版社，1992年版，第123–124页。

方法的文献研究法居第二位，占 34.2%，对以往的资料进行进一步的整理和深入分析是很必要的，但它毕竟不是利用第一手资料，具有一定的局限性。依靠定量方式收集第一手资料的统计调查法为社会学所推崇，但在这里所占比重只有 8.3%。追踪调查法是一种纵向研究方法，所占比重最小，只有 1.7%。从不同时段来看，1998—2002 年文献研究法运用最多，占 43.3%，在 2003—2007 年这个阶段，文献研究方法下降为 25.0%，与之相对应，实地调查法则由原来的 36.6% 上升到 60.0%，跃居第一位。统计调查方法在第二个阶段虽然上升了 3.3 个百分点，但所占比重依然很小，仅占 1/10。

三、对发展本学科经验研究的几点建议

综观 1998—2007 年 10 年间民族社会学的经验研究论文，可以发现民族社会学颇具发展潜力，但目前尚不成熟，作为一门新兴的学科，它在很多方面，尤其是在研究方法上还存在缺陷，应充分结合我国具体国情逐步完善。

（一）注意经验研究的理论导向

在民族社会学研究领域里，存在明显理论研究和应用研究脱节的现象。单纯的理论研究往往带有浓厚的思辨性质，缺乏实证经验的支撑，而在经验研究论文中，却往往缺乏有效的理论指导，更谈不上利用实证资料对我国民族社会学理论的建构。从抽取的 120 篇经验论文看，几乎没有可以严格称其为理论性的经验研究论文，这将有碍民族社会学的发展。在规范的社会学经验研究论文中，往往先提出理论假设，再收集经验资料，证实或者证伪研究假设，从而推动理论的进步。当然，提出研究往往要以既存理论为基础，我国的民族社会学可以说刚刚起步，缺乏本土化的理论，因此，可以先采借西方的民族或族群理论，以中国的实践经验进行验证，在此基础上逐步形成具有中国特色的民族社会学理论。

（二）加强研究方法的规范性

民族社会学经验研究方法的规范性不强，除一部分受过严格人类学、民族学或社会学训练的学者外，许多论文没有写清自己的研究方法，部分文章

只字未提研究方法，但却出现"根据调查"之类的话语，究竟是谁的调查？如何调查的？这都让人困惑。调查研究方法的介绍对于社会科学研究是非常重要的，它"不是教条，不是框框，也不是'洋八股'，而是科学研究论文的必备条件，是其结论成立的前提和依据，也是研究者科学精神和科学态度的一种体现。它既可以在一定程度上约束研究者的研究行为，同时也可以使读者和同行切实地了解作者所得研究结论的正确性、普遍性和适用性"❶。在部分论文里，即使作者提出研究方法，但由于不理解方法的含义而导致自相矛盾，例如论文提到运用调查研究方法，但真正使用的却是文献研究法。在今后的民族社会学经验研究中，应该特别注意研究的规范性。

（三）重视追踪调查方法

追踪调查是对别人或自己已进行的研究对象及其研究成果进行再调查。❷相对于横剖研究而言，追踪调查研究通过对不同发展阶段的比较，更有可能得出关于社会过程及其规律的正确认识，是非常具有学术意义的。从以上的内容分析看出，采用追踪调查的论文仅仅两篇，只占 1.7%，尽管有一些经验研究论文也尝试纵向对比，但往往通过回溯性资料来达到这种时间上的前后变化，即询问被调查对象以前的行为、态度、以前发生的事件等，然后与目前的行为、态度、目前发生的事件等进行比较和分析，这种方式存在较大缺陷，因为被调查对象对他们过去的行为、态度和过去所发生的事件的回答往往容易受到他们的记忆能力和脑中印象的影响。笔者认为，轻视追踪调查的原因主要有两点：其一是追踪调查所需要的人力、物力和财力的投入很大，研究的时间周期往往较长；其二是当前学术界普遍存在一种不良倾向，诸多研究者的研究带有明显的功利性，写论文追求速度和效益，即使做横剖性实证调查，也往往是走马观花，更不用说采用耗时、耗财力的追踪调查。在这一点上，已故的学者费孝通先生为我们树立了典范，他追踪调查开弦弓村 60 多年，对其进行了 26 次访问，取得了大量的宝贵实证研究资料，广大研究者应向费老先生学习，身体力行，增强知识分子的社会责任感。

---

❶　风笑天：《结果呈现与方法应用》，《社会学研究》2003 年第 2 期。
❷　刘豪兴：《认识中国社会——费孝通社会研究方法述评》，《社会》2004 年第 11 期。

（四）注重定量研究方式

从上文可知，当前民族社会学经验研究方法中，定量研究方法很少，仅占10%，定量研究方法以抽样调查最为常见，它以统计学概率论为基础，抽取部分样本，以样本统计值来推论总体参数值。研究当代中国的少数民族，特别是研究少数民族整体的社会运行情况以及族群关系，抽样调查方法具有不可比拟的优越性。尽管近几年民族学和人类学等学科开始重视这一方法，众多社会学研究者不断加入民族社会学行列，但规范性的定量研究方式并没有显著增加。真正能进行比较规范的定量研究的，大多是可以获得政府经费支持的研究者。严格的抽样方法需要大量的时间和资金，对于庞大的年轻研究群体，资金缺乏是研究的瓶颈，因此，笔者认为仅仅依靠自上而下的投入是不够的，应该重视民间资金的动员与支持，实现融资渠道的多元化，促进民族社会学定量研究走向规范化和大众化。

（本文原载《延边大学学报》2010年第1期）

中华民族理论

孙振玉 ❶

　　中华民族既是一个古老的民族，也是一个崭新的民族。古老的是文化或心理意识意义上的，指包括海外全体华人在内的人们共同体，崭新的是指当今中国人这个人们共同体。中华民族以汉族为凝聚核心，联合其他各少数民族成为一个整体；中华民族多元一体格局既承认中华民族一体，也尊重各组成民族的多元与个性。中华民族近代以来是一个多灾多难的民族，观念上直至抗战前主要指汉族，是反抗外来压迫才使之具有了今天的意涵。民族复兴是百多年来中华儿女的伟大梦想，中华民国无力实现，却开启了民族复兴的进程；只有在中国共产党的领导下，依靠中国特色社会主义，这个伟大梦想才正逐步得以实现，也将最终会实现。

一、中华民族释义

　　当今世界的政治格局，是各种国际势力，尤其是各种大的国际势力长期博弈的均衡产物，是得到国际社会承认予以维护，而不允许被破坏的。1945年成立的联合国是一个由主权国家组成的国际组织，鉴于两次世界大战给人类造成的巨大破坏，其创建的目的就是要在战后建立一个拥有广泛普遍安全的世界秩序。中国本来是联合国的创始会员国之一，中华人民共和国成立后，我国在联合国的合法权利曾遭到无理剥夺。1971年10月25日，第26届联合国大会以绝对优势通过决议，恢复中华人民共和国在联合国的一切合法权利，台湾当局的代表则从联合国及其所属一切机构中被驱逐出去。《联合国宪章》第二条第一款规定："本组织系基于各会员国主权平等之原则。"第四款规定："各会员国在其国际关系上不得使用威胁或武力，或以与联合

---

❶　作者为宁夏大学政法学院教授。

国宗旨不符之任何其他方法，侵害任何会员国或国家之领土完整或政治独立。""国土完整"是当今国际秩序的一项根本原则，特定国土之上的全体人民即一个独立的政治共同体（体现了"政治独立"原则）。本着这一国际法原则，享有共同主权的中华人民共和国国土之上的全体人民即组成了"中华民族"这个大家庭，这是一个统一的多民族的大家庭。在文化或心理意识上，中华民族这个大家庭则更大，也包括海外华人。

　　一般而言，每个国家共同体的民族（nation）可以有自己的专有名称，比如美国的"美利坚民族"、英国的"大不列颠民族"、法国的"法兰西民族"、德国的"德意志民族"、日本的"大和民族"、韩国的"大韩民族"等（这些民族同样不仅是政治归属意义上的，也是文化或心理意识上的），中国人也有自己专有的名称，即"中华民族"。"中华民族"这一名称有着久远的历史意涵，可以上溯至先秦中国境内一个人们共同体名称"华""夏"或"华夏"，也与古代"中国"概念有关。"夏"这个古代名称的来源大体上可以确定，即来源于中国历史上的第一个朝代——夏，是因国名而族名，进一步向前追溯，还应跟传说时代禹的封地有关。《史记·夏本纪》记载："夏者，帝禹封国号也。《帝王纪》云：'禹受封为夏伯，在豫州外方之南，今河南阳翟是也'。"❶"华"这一名称有学者讲跟帝舜的名字有关，跟华山有关，这恐怕只是一些说法，难以作为实据❷。不管华或夏的名称实证结果如何，古人对其的解释是值得我们关注的。《春秋左传正义》记载鲁定公会齐侯于夹谷，有人出谋让齐侯以俘获的莱人劫持鲁侯，未得逞。孔子当时陪伴鲁侯与齐君相会，便道："两君合好，而裔夷之俘，以兵乱之，非齐君所以命诸侯也。裔不谋夏，夷不乱华。"对于"裔不谋夏，夷不乱华"，"正义

---

❶　司马迁：《史记·帝王纪》，北京：中华书局，1959 年版，第 49 页。

❷　传说时代的帝舜，有一名字叫作"重华"，有学者据此认为"重"是古代部落名称，"华"是舜的名字，"华后衍为族称，称为华族"。参见田晓岫：《中华民族发展史》，北京：华夏出版社，2001 年版，第 80 页。清末民初学者章太炎主张"华山"说，认为："我国民族旧居雍、梁二州之地，东南华阴，东北华阳，就华山以定限，名其国土曰华，其后人迹所至，遍及九州，华之名始广。华本国名，非种族之号，夏之名实因夏水而得，本在雍、梁之际，因水以名族，非邦国之号。汉家建国自受封汉中始，于夏水则为同地，于华阳则为同州，用为通称，适与本名符合，是故华云、夏云、汉云。随举一名，互摄三义，建汉名以为族，而邦国之义斯在，建华名以为国，而种族之义亦在此。"参见《辞海》，北京：中华书局，1980 年版，第 2469 页。章太炎也提出了"夏"之得名"夏水"说。

曰：'夏也，中国有礼仪之大故称夏，有服章之美谓之华，华夏一也'。"❶
"华"和"夏"两个名称都有对中国相对先进的典章礼仪制度的赞美之义，
应没有什么疑义，而正是这些突出而明显的文化因素成了古人区别裔夏、夷
华（华夷之辨）的关键所在，后来亦然。

所谓"华夏一也"，并不是指两个名称没有什么区别，而是随着词义的
演变，两词之间的区别已不再具有实质性的含义，实质性的是它们的内在一
致性，这样便有了"华夏"这个显然是合并而来的名称。华、夏、华夏三个
名称，若不做考据学式的研究，大体上可以当作同义词来理解，其含义既指
以其命名的一个古代人们共同体，也指主要由这个共同体所建立的国家——
中国。先秦（周代，主要是春秋战国时期）古籍中，已有"国"和"中国"
等概念❷，用来描述"五帝"以来直至春秋战国时期的政治发展。司马迁的
《史记》也以同样的方式书写了上溯至"三皇"与"五帝"时期的历史。先
秦古籍中提到"国"字的，如《孟子注疏·离娄》载："孟子曰：'人有恒
言，皆曰天下国家'。注：……天下谓天子所主，国谓诸侯之国，家谓卿大
夫之家。天下之本在国，国之本在家"；《尚书·大传》载："武丁侧身修行
三年之后，诸侯以重译来朝者六国"；《礼记注疏·学记》载："国有学"等
等。提到中国的，如《礼记注疏·中庸》载："是以声名洋溢乎中国，施及
蛮貊"；《孟子注疏·公孙丑》载："我欲中国而授孟子室"；《礼记注疏·王
制》载："中国戎夷，五方之民，皆有性也，不可推移。东方曰夷，被发文
身，有不火食者矣；南方曰蛮，雕题交趾，有不火食者矣；西方曰戎，被发
衣皮，有不粒食者矣；北方曰狄，衣羽毛穴居，有不粒食者矣。中国、夷、
蛮、戎、狄，皆有安居、和味、宜服、利用、备器。五方之民，语言不
通……"❸《孟子注疏·离娄》载："得志行乎中国"等。先秦古籍中的

---

❶ 《十三经注疏：下册》，阮元，校刻，北京：中华书局，1980 年版，第 2147-2148 页。
❷ 据于省吾的研究，商代甲骨文中没有发现"或"与"国"字，金文有"或"字，与"国"字
　通，亦与"邑"字通。1963 年，陕西宝鸡贾村出土的何尊铭文称："唯王初迁宅于成周，复禀
　武王礼，福自天。在四月丙戌，王诰宗小子京室曰：'……惟武王既克大邑商，则廷告于天曰，
　余其宅兹中国，自之辟民……'"参见陈连开：《中国·华夷·蕃汉·中华·中华民族：一个
　内在联系发展被认识的过程》一文，见载费孝通等：《中华民族多元一体格局》，中央民族学院
　出版社，1989 年版，第 72-73、77 页。
❸ 《十三经注疏：上册》，阮元，校刻，北京：中华书局，1979 年版，第 1338 页。

"国"字是一个普通概念，泛指建立了类似国家政权的政治实体，"五帝"所在之"国"曰国，"三代"所在之国曰国，它们分封的诸侯及其域外之国等亦是国；中国则是一个专属概念，限于华人或夏人势力范围，即"华夏为中国也"。《尚书注疏·周书》载："华夏蛮貊，罔不率俾。传：冕服采章曰华，大国曰夏。疏：……夏，大也，故大国曰夏，华夏为中国也。"

从现有史料发掘成果看，"中华"一词是在魏晋南北朝时出现的。此前汉朝高诱所注《吕氏春秋·简选》曾提到过"中国诸华"❶，算是"中国"与"华"的组合，从中大概亦能看出由华、夏、华夏、中国等概念向"中华"演化的某种路径。无论如何，"中华"这个名称的确是出现了。如晋桓温《请还都洛阳疏》载："自强胡凌暴，中华荡覆，狼狈失据"；《北齐书》卷二十一载："鲜卑共轻中华朝士，唯惮服于昂。"值得注意的是，唐代法律文献《唐律疏义》（卷三）"名例"中也提到了"中华"一词："荒服绝其根本，故虽妇人亦须投窜，纵令嫁向中华，事发还从配遣"；"在蕃有犯，断在中华或边州，犯脏当处无，估平脏定罪"。卷四中载"中华"分别与"荒服"和"蕃"相对而言，其主要含义是指"中国"这个地域无疑。至于"中华"与"民族"之文字组合——中华民族——却是穿越历史时空到了近代。"中华民国"和"中华人民共和国"国名的出现只不过是这一文字组合有趣而庄严的继续。有必要指出的是，"中华民族"一词早在清末或中华民国建立之前就已出现。学界认为，最早提出这一概念的是梁启超，他的《论中国学术思想变迁之大势》❷ 和《历史上中国民族之观察》❸ 两文中都有"中华民族"一词，不过梁启超所使用的这个概念当时还是指的汉族。

先秦时期中国的疆域，帝禹"开九州"，大致可作为参考。帝禹开九州的目的在于政治治理，贡赋是其基本的考虑。九州包括冀、兖、青、徐、

❶ 田晓岫：《中华民族发展史》，北京：华夏出版社，2001 年版，第 2 页。
❷ 梁启超讲到："上古时代，我中华民族之有海思想者厥惟齐。故于其间产出两种观念焉：一曰国家观，二曰世界观"。梁启超：《饮冰室合集·文集之七》，北京：中华书局，1989 年版。
❸ 梁启超讲到："今之中华民族，即普通俗称所谓汉族者"，"中华民族混成之后，尚有他族加入"，"中华民族，号称同化力最大"等。梁启超：《饮冰室合集·专集之四十一》，北京：中华书局，1989 年版。

扬、荆、豫、梁和雍。有人认为早在黄帝时就已"割地布九州"❶，《史记》则称始于帝舜："肇十有二州。"❷ 商周沿用禹的定制，划分方式和名称却有所不同❸。无论如何，夏商周三代华夏版图似乎基本保持没变，总的看来是以黄河和长江中下游流域为中心，东南扬州扩展至闽地，西北雍州扩展至今青海和宁夏各部分地区。至秦朝越过南岭，汉代扩展到西域（新疆包含在内）。西藏在元代时被纳入版图，明朝有所收缩，清代一度达到史上版图最大。北方万里长城、西部青藏高原（河湟谷地除外），以及东南面广阔海洋所限定的这个地域空间，曾是汉族历史上长期驻守的主体家园，其核心是中原。清代和民国（抗战前）时期仍将"中国本部"与西藏、蒙古、新疆（还包括东北）区别开来，清朝还专设理藩院治理三地事务。无论如何，在形成中国今天版图的历史过程中确实充满博弈，其最终结果则是势力均衡的产物。然而，毫无疑问的是，只有在这个地域空间内的各民族，历史上的交往互动才是最多的，联系也是最紧密的，而这个地域空间的西面是高山，东面是大海，北面越来越寒冷，南面越来越酷热，也只有这个温热空间适于中华民族生存，适于中华文化繁荣，这就是中华文明历经数千年不衰的秘密所在。

在民族这个人们共同体的意义上，"中华"在先秦时期与华、夏、华夏同义，汉代以后与汉人同义，这一点至清末民国初期基本未变。梁启超在1922年讲到："今之中华民族，即普通俗称所谓汉族者。"❹ 又讲："民族之正确分类，非吾学力所能及，但据东西学者所研究索而略成定说者，则现在中国境内及边徼之人民，可大别为六族：一、中华族，二、蒙古族，三、突厥族（即土耳其族），四、东胡族（《东籍》所称通古斯族即东胡之译音），

---

❶ 参见《辞海》（上册），北京：中华书局，1980 年版，第 106 页。"九州"词条载："据孔传，谓黄帝时割地布九州。"

❷ 司马迁：《史记》，北京：中华书局，1959 年版，第 24 页。

❸ "（2）《尔雅》九州，为冀、幽、兖、营、徐、扬、荆、豫、雍，此为殷制，系将《禹贡》九州之青合于徐，梁合于豫，而分冀为冀、幽二州也。（舜时曾分冀为冀、幽、并三州……）（3）《周礼》九州，为冀、幽、并、兖、青、扬、荆、豫、雍，此为周制，系将《禹贡》之徐合于荆，梁合于雍，而分冀为冀、幽、并三州也。"参见《辞海》（上册），北京：中华书局，1980 年版，第 106 页。

❹ 梁启超：《历史上中国民族之观察》，载梁启超：《饮冰室合集：专集之四十一》，北京：中华书局，1989 年版。

五、氐羌族，六、蛮越族。此六者皆就现在而言……即如我中华族，本已由无数支族混成，其血统与外来诸族杂糅者亦不少。"❶ 孙中山领导中国资产阶级革命时提出的"驱除鞑虏，恢复中华"的"中华"也指汉族。然而，中华民国建立并冠以"中华"之名，却极大地推动了人们对中华民族新的关注与新的认知，待至抗日战争爆发后，中华民族基本上已不再是汉民族的代名词，而是中国全体国人的代名词。1938 年 7 月的《康藏民众代表慰问前线将士书》讲到："中国是包括固有之二十八省、蒙古、西藏而成之整个国土，中华民族是由我汉、满、蒙、回、藏及其他各民族而成的整个大民族。"❷ 蒋介石虽然称国内各民族为宗族，却讲："我们中华民族乃是联合我们汉满蒙回藏五个宗族组成一个整体的总名词。"❸ 只是蒋介石还保留了梁启超中华民族以汉族为本位（融合其他民族而不断壮大）的立场，坚称"中华民族固有的德性"就是儒家思想所宣扬的"忠孝仁爱信义和平"和"礼义廉耻"❹。只有到新中国成立后，各族人民才真正平等地做了国家主人，"中华民族"这个概念才比较全面正确地与世界接轨，指享有国家主权的全体国人，包括所有民族。中华民族除此政治意义外，还保留有历史以来的文化意义，也包括由中国走出去的海外华人。

二、中华民族多元一体

"中华民族多元一体"这个概念是费孝通于 1988 年在香港中文大学发表 Tanner 演讲时提出来的。所谓多元是指 56 个民族，一体是指中华民族。"它所包括的五十多个民族单元是多元，中华民族是一体，它们虽则都称'民

❶ 梁启超：《中国历史上民族之研究》，载梁启超：《饮冰室合集：专集之四十二》，北京：中华书局，1989 年版。
❷ 《康藏群众慰问前线战士书》，1938 年 7 月 12 日《新华日报》。
❸ 蒋中正：《中华民族整个的共同责任》，载"国立"编译馆三民主义大辞典编审委员会：《三民主义大辞典：总集卷十九》，台北：幼狮文化事业公司，1998 年版，第 216 页。
❹ 中华民国时期将中华民族等同于汉族的历史影响至今仍留有痕迹，如 2013 年，马英九重新当选中国国民党主席，在回应习近平的贺电时仍将中华民族视为炎黄子孙："两岸人民同属中华民族，都是炎黄子孙，希望贵我两党在现有基础上，继续扩大与深化两岸的交流合作，以进一步发扬中华文化，复兴中华民族，促进两岸永续的和平与繁荣。"

族',但层次不同。"❶ 费孝通讲的是政治意义上的中华民族,这是一个由全体中国人组成的人们共同体,与民国时期的"国族"同义。追溯起来,早在中华民国时期,"国族"一词就曾作为热门话题被讨论,当时人们关心的是国族的整体性与国家的统一性,提出的口号有"中华民族是整个"(傅斯年,1935)、"中华民族是一个"(顾颉刚,1939)。所不同者,民国时期从蒋介石到某些学者都表现出了一种倾向,即强调一体而抹杀多元。蒋介石把国内各民族都视为宗族已是人所周知,即使某些著名学者如顾颉刚也有类似思想。顾颉刚出于维护国家政治统一的考虑,反对"民族自决""中国本部"与民族划分等主张或提法,认为"中国之内决没有五大民族和许多小民族,中国也没有分为若干种族的必要",他还建议用"文化集团"来取代"民族","逐渐消除国内各种各族的界限","绝对郑重使用'民族'二字","对外只有一个中华民族"❷。费孝通提出的"中华民族多元一体"的概念,既强调中华民族的一体性,也承认 56 个民族的独立性,从根本上体现了我国党和政府认真贯彻落实民族平等原则的精神。

中华民国在实现国族整体化与一体化的途径上,基本的选择是民族融合,暗含的意思是要用汉族融合其他各民族。中华民族在历史上长期以来曾指汉族,梁启超当年就抱有这一根深蒂固的认识。他以史实为据,认为战国时期的楚人、魏晋以后的越人,以及后来的满洲人都先后"自觉"认为并加入了"中华民族"(华夏或汉族),相反,蒙古人则自始至终都"自觉彼为蒙人而我为汉人",所以未加入"中华民族"❸。中华民国时期的"融合说",来源于他们对于国内各族同祖同源、婚姻融合(蒋介石的思想)的历史认知。孙中山在上海中国国民党本部演讲时曾说到:"现在说五族共和,实在这五族的名词很不切当。我们国内何止五族呢?我的意思应该把我们中国所有各民族融合成一个中华民族;并且要把中华民族造成一个很文明的民族,

---

❶ 费孝通:《中华民族的多元一体格局》,载费孝通等:《中华民族多元一体格局》,北京:中央民族学院出版社,1989 年版,第 1 页。

❷ 顾颉刚:《中华民族是一个》,《益世报·边疆周刊》1939 年第 9 期。

❸ 梁启超:《中国历史上民族之研究》,载梁启超:《饮冰室合集:专集之四十二》,北京:中华书局,1989 年版。

现在实还没有做到。"❶ 孙中山强调"先有家族，再有宗族，再有国族"的
实现路径。费孝通有关中华民族多元一体格局之形成的思想，强调各民族长
期的必然的交往融合，强调对抗列强压迫的促成作用，他讲到："中华民族
作为一个自觉的民族实体，是近百年来中国和西方列强对抗中出现的，但作
为一个自在的民族实体则是几千年的历史过程所形成的，……它的主流是由
许许多多分散孤立存在的民族单位，经过接触、混杂、联结和融合，同时也
有分裂和消亡，形成一个你来我往、我来你往，我中有你、你中有我，而又
各具个性的多元统一体。这也许是世界各地民族形成的共同过程。"❷

费孝通强调，早在新石器时期，我国黄河与长江中下游就出现了多元文
化，这是中国古代不同群体创造的"他们具有特色的文化。这是中华民族格
局中多元的起点"❸。在此基础上，汉族的出现是"中华民族形成中的一个
重要阶段，在多元一体的格局中产生了一个凝聚核心"，并经过地区性的多
元统一，中原地区民族的大混杂大融合，北方民族不断为汉族输入新鲜血
液，汉族补充其他民族并南向扩张，以及西部的民族流动等，这就构成了一
幅中华民族多元一体格局之形成的动态而生动的历史画面。对于汉族这个凝
聚核心及其作用，费孝通讲道："汉族主要聚居在农业地区，除了西北和西
南外，可以说凡是宜耕的平原几乎全是汉族的聚居区。同时在少数民族地区
的交通要道和商业据点一般都有汉人长期定居。这样汉人就大量深入少数民
族聚居地区，形成一个点线结合，东密西疏的网络，这个网络正是多元一体
格局的骨架。"❹ 关于中华民族多元一体格局的特点，费孝通总结道：汉族
是这个格局的凝聚核心，少数民族聚居区在这个格局中占全国一半以上国土
且从事与汉族农业不同的牧业（还有其他不发达的各种经济形态），少数民
族有自己的语言但通用汉语，民族融合的条件复杂但社会经济需要是主要的
因素，组成中华民族的成员众多因而结构多元，以及形成多元一体格局的过

---

❶ 孙中山：《孙中山全集》，北京：中华书局，1981年版，第392-394页。
❷ 费孝通：《中华民族的多元一体格局》，载费孝通等：《中华民族多元一体格局》，北京：中央民族学院出版社，1989年版，第1页。
❸ 费孝通：《中华民族的多元一体格局》，载费孝通等：《中华民族多元一体格局》，北京：中央民族学院出版社，1989年版，第5页。
❹ 费孝通：《中华民族的多元一体格局》，载费孝通等：《中华民族多元一体格局》，北京：中央民族学院出版社，1989年版，第29页。

程是逐步完成的等❶。

目前，中华民族无疑是世界上人口最多的政治与文化共同体，如何将这么多的人口团结在一起，形成一个稳固的具有向心力的人们共同体，其凝聚力是什么呢？这是一个非常值得探讨的课题。必须指出，民族凝聚力属于历史范畴，不同时空条件下表现不同，不能仅仅从历史中寻找，还要更多地关注现实，这是因为，中华民族（政治意义的）作为一个稳固的人们共同体，虽经历了长期的历史发展过程，但中华人民共和国成立却是关键环节，而改革开放又使得这个共同体变得越来越稳固，越来越具有向心力。因此，结合历史与现实因素进行分析的结果，笔者认为，中华民族的凝聚力主要表现在下述几方面。

第一，各民族在特定的地域空间中长期亲密的交往联系是强有力的社会纽带。中国的政治版图是在历史的发展过程中固定下来的，随着主政中国的王朝或国家实力的强弱变化，所辖疆域的大小也在变化，总的看来，近代以前大体上是一步步地在扩大，之后又减少到了今天的大小。变化都发生在边疆地区，广阔的内陆虽然也不断上演政治的统一与割据，但从未被今天中国之外的人所割占，这就是我们中华民族基本的生存空间。毛泽东讲到："在这个广大的领土之上，有广大的肥田沃地，给我们以衣食之源；有纵横全国的大小山脉，给我们生长了广大的森林，贮藏了丰富的矿产；有很多的江河湖泽，给我们以舟楫和灌溉之利；有很长的海岸线，给我们以交通海外各民族的方便。从很早的古代起，我们中华民族的祖先就劳动、生息、繁殖在这块广大的土地之上。"❷ 这块大地也是中国古今各民族人民长期亲密交往的地域空间，经济开发、商业贸易、工程建设、移民流徙、学习交流、观光旅行、族际通婚、政治斗争、军事战争、自然灾害等，亦恒久地为人们创造着各式各样亲密交往联系的机会，由此形成了各民族你中有我、我中有你的血浓于水的情谊。历史与现实中的各民族之间的交往联系植根于人们的生产、生活与生存、发展需要当中，是必然的、客观的、深刻的，由此而筑就的联

---

❶　费孝通：《中华民族的多元一体格局》，载费孝通等：《中华民族多元一体格局》，北京：中央民族学院出版社，1989 年版，第 29—33 页。

❷　毛泽东：《毛泽东选集》，北京：中国人民解放军战士出版社，1966 年版，第 584 页。

结他们的社会纽带也是强有力的。

第二，各民族均致力于开发他们自己的和共有的家园是强有力的经济纽带。中华民族是一个勤劳的民族，各组成民族也都是勤劳的民族。我国地域辽阔，地形地貌复杂多样，有高山、高原、山地、河谷、盆地、平原，有草原、森林、海洋、河流、湖泊，各民族的家园分布其间，人们适应环境，因地制宜，以自己的勤劳和智慧，发展出了多种多样的经济形态。总的看来，包括黄河与长江流域在内的广大平原，由汉族开发了灌溉农业，少数民族分布在草原地区的开发了牧业，分布在高山峡谷、森林湖泊地区的开发了各具特色的民族家园经济。在传统经济开发过程中，包括农牧渔林业在内的各民族经济具有互补性，再加上直至新中国成立初期各民族尚处在不同的社会发展形态中，便以此为基础在各民族间建立了如下联系：一是发展商贸，互通有无，如中原汉族为包括牧民在内的各少数民族提供粮食、茶叶和相对先进的手工业产品，少数民族为中原汉族提供牲畜和各色土特产品。二是各民族间相互学习适用的生产知识和技术，少数民族向汉族学习先进的农业和手工业，汉族尤其是分布在民族聚居区内的也向少数民族学习放牧、纺织等。各民族家园经济的开发，是伟大祖国这一各民族共有家园开发的前提与基础，也是他们共有家园开发的不竭的动力源泉。新中国成立后，尤其是改革开放以来，各民族均又全面致力于发展现代经济，在此过程中，少数民族不仅得到了国家的大力帮助，也得到了发达地区汉族的无私支援，以往联结各族的经济纽带也因而变得更加强而有力。

第三，各民族努力繁荣他们自己的文化但又相互学习是强有力的文化纽带。在传统经济时代，民族文化与所处自然地理和生态环境有着直接的联系，各民族赖以生存的生产方式对于民族文化起到了首要的决定作用。我国地理和生态环境的多样性，也决定了民族文化的多元性。当然，民族文化的多元性，也与各民族的历史发展过程有着紧密的联系，如全民信仰宗教的藏族以及各穆斯林民族，他们的文化就与他们在历史上皈依佛教和伊斯兰教有关。相互学习和采借也是文化传播的重要途径，不仅汉族与少数民族杂居地区的人们在相互学习，建立过地方或全国政权的少数民族也积极主动地学习汉族文化，并为汉族文化的传播和发展作出了贡献，这样的例子在历史上绝不是少数，绝不是小规模，绝不是可以磨灭的。汉族文化"有融乃大"，少数民族文化同样也是。在现代经济时代，传统文化不可避免地面临着巨大冲击，现代文化也不容忽视地要大发展大繁荣，这对于各少数民族而言，发展各民族现代文化，不仅需要国家的帮助，也需要相对发达地区广大汉族的支持，而这一切也都在进行着。不仅有广大汉族的科技工作者和知识分子到民族地区去参与发展建设，直接提供智力资源，而且在党和国家的战略安排下，内地的各级各类民族院校、预科教育、民族班等，也正在为少数民族培养着所需的各类现代化建设人才，这对于推动各少数民族现代文化的大发展大繁荣，贡献是不可低估的。值得关注的是，当今时代的中华文化必然融合中国特色社会主义文化、现代科技文化与民族传统文化于一体，大发展大繁荣还将使之获得空前整合。文化是民族的血脉与精神家园，我国各民族长期以来文化上的密切联系，更加彰显出你中有我、我中有你，作为联结各民族的精神纽带无疑是更强有力的。

第四，各民族跟着共产党共同团结奋斗、共同繁荣发展是强有力的政治纽带。经验告诉我们，中华民族的凝聚力和向心力，将在极大程度上取决于各族人民对他们在中国的美好未来是否抱有坚定信念，在中国共产党的领导下答案是肯定的。这是因为，事实充分证明，中国共产党能够拯救民族于危难，并能带领中国人民迅速崛起。"经过九十多年艰苦奋斗，我们党团结带领全国各族人民，把贫穷落后的旧中国变成日益走向繁荣富强的新中国，中华民族伟大复兴展现出光明前景。"[1] 中国共产党之所以会带领各族人民走向光明的未来，关键在于中国共产党在长期的社会主义革命、建设与改革实践中确立了适合中国国情并能有效推动发展的中国特色社会主义道路、中国特色社会主义理论体系与中国特色社会主义制度。"中国特色社会主义道路，就是在中国共产党的领导下，立足基本国情，以经济建设为中心，坚持四项基本原则，坚持改革开放，解放和发展社会生产力，建设社会主义市场经济、社会主义民主政治、社会主义先进文化、社会主义和谐社会、社会主义生态文明，促进人的全面发展，逐步实现全体人民共同富裕，建设富强民主文明和谐的社会主义现代化国家。中国特色社会主义理论体系，就是包括邓

---

[1] 胡锦涛：《坚定不移沿着中国特色社会主义道路前进，为全面建成小康社会而奋斗——在中国共产党十八次全国代表大会上的报告》，《中共中央办公厅通讯》2012 年第 11 期。

小平理论、'三个代表'重要思想、科学发展观在内的科学理论体系，是对马克思列宁主义、毛泽东思想的坚持和发展。中国特色社会主义制度，就是人民代表大会制度的根本政治制度，中国共产党领导的多党合作和政治协商制度、民族区域自治制度以及基层群众自治制度等基本制度，中国特色社会主义法律体系，公有制为主体、多种所有制经济共同发展的基本经济制度，以及建立在这些制度基础上的经济体制、政治体制、文化体制、社会体制等各项具体制度。"❶ 从民族方面看，中国特色社会主义民族区域自治制度使我国少数民族享有充分的自治权，中国特色社会主义道路是解决中国民族问题的根本道路，所以，各民族只要坚定不移地沿着中国共产党领导的道路前进，团结奋斗，共同繁荣发展的美好未来就一定会实现，这是我们应有的自信！

三、民族复兴中国梦

中国是少数几个最著名的文明古国之一，在农业时代曾长期处于世界领先地位，但近代以来却衰落了，民族振兴因此成了百多年来全体中华儿女的伟大梦想。从孙中山的"恢复中华"，到中国国民党的"民族复兴"❷，再到中国共产党的"中华民族伟大复兴"，这是一个充满艰难曲折的过程。中国国民党用"民族主义"完成了"恢复中华"的历史使命，但民权主义却被大地主大资产阶级独裁所取代，民生主义则以民不聊生而告终，"三民主义国家"根本成了泡影，"天下为公"哲学也空无所施。中国共产党成立后，面临的首要任务是通过革命斗争谋求中华民族的解放，是要"建设一个中华民族的新社会和新国家"❸。新中国成立后，毛泽东提出建设一个"伟大的社会主义国家"，目的是全面确立社会主义制度，并在此基础上将中国建设

---

❶ 胡锦涛：《坚定不移沿着中国特色社会主义道路前进，为全面建成小康社会而奋斗——在中国共产党十八次全国代表大会上的报告》，《中共中央办公厅通讯》2012 年第 11 期。

❷ 1932 年，张君劢创办《再生》杂志，将"中华民族复兴"作为办刊宗旨。当年，蒋介石创立"中华民族复兴社"，简称"复兴社"，又名"蓝衣社"，亲自任社长。1934—1949 年，蒋介石和宋美龄发起"新生活运动"，也自称为"民族复兴运动"。故在此采用"民族复兴"说法，但其义与"中华民族复兴"无异。

❸ 毛泽东：《毛泽东选集》，北京：中国人民解放军战士出版社，1966 年版，第 624 页。

成为一个伟大的国家。改革开放后，邓小平对新中国成立以来在艰难曲折中前进的中国人民提出"中华民族振兴"（1990 年），要中国人民振奋起来，努力建设一个现代化的伟大国家。1987 年，党的十三大系统地阐述了社会主义初级阶段理论，深刻指出我国从 20 世纪 50 年代生产资料所有制社会主义改造基本完成，到社会主义现代化基本实现，至少需要上百年时间，这一时期都将处于社会主义初级阶段，但也将"是全民奋起，艰苦创业，实现中华民族伟大复兴的阶段"❶。"中华民族伟大复兴"宏伟目标是在我国改革开放的早期被提出来的，之后随着改革开放的成功实践，在进入 21 世纪后，这一宏伟目标便成了全党和全国各族人民的庄严使命与坚定信念，越来越深入人心。十八大后，习近平再次将中华民族伟大复兴阐释为"中国梦"："实现伟大复兴就是中华民族近代以来最伟大梦想。"中华民族伟大复兴不是要重现我们昔日的辉煌，而是富有全新的时代内涵。

历史上，我国曾长期处于世界发展的前列。中华民族伟大复兴就是要在今天以及未来再次使我国走在世界发展的前列，引领世界发展，到那个时候，我国的社会主义核心价值体系将会得到全面实现，从而使我们的国家成为富强民主文明和谐的国家，使我们的社会成为自由平等公正法治的社会，使我们的人民成为爱国敬业诚信友善的人民。中华民族复兴之日，也将是中华民族以崭新的时代面貌和姿态屹立于世界民族之林之日。胡锦涛在党的十八大报告中指出："在中国特色社会主义道路上实现中华民族伟大复兴，寄托着无数仁人志士、革命先烈的理想和夙愿。在长期艰苦卓绝的奋斗中，我们党紧紧依靠人民，付出了最大牺牲，书写了感天动地的壮丽史诗，不可逆转地结束了近代以后中国内忧外患、积贫积弱的悲惨命运，不可逆转地开启了中华民族不断发展壮大、走向伟大复兴的历史进军，使具有五千多年文明的中华民族以崭新的姿态屹立于世界民族之林。"胡锦涛还指出："在新的征程上，我们的责任更大、担子更重，我们必须以更加坚定的信念、更加顽强的努力，继续实现推进现代化建设、完成祖国统一、维护世界和平与促进共同发展这三大历史任务。"❷ 中华民族不仅要承担国内历史使命，也要承担

---

❶ 《十三大以来重要文献选编》，北京：人民出版社，1991 年版，第 13-15 页。
❷ 胡锦涛：《坚定不移沿着中国特色社会主义道路前进，为全面建成小康社会而奋斗——在中国共产党十八次全国代表大会上的报告》，《中共中央办公厅通讯》2012 年第 11 期。

世界历史使命。

鸦片战争以来铁一般的历史证明，只有社会主义能够救中国，只有中国特色社会主义能够发展中国，中华民族伟大复兴也将同样寄希望于开创性地坚持和发展中国特色社会主义，这已是党和全国各族人民坚定不移的信心和信念。中国特色社会主义由中国特色社会主义道路、中国特色社会主义理论体系和中国特色社会主义制度三部分构成，这"是党和人民九十多年奋斗、创新、积累的根本成就"。中国特色社会主义理论与实践相结合的根本特征，筑就了它的真正开放性和辩证性的品性，即在坚持马克思主义科学社会主义基本原理的同时，也综合借鉴了迄今为止人类探索发展的最先进的理论和理念，从而科学辩证地作出了"全面落实经济建设、政治建设、文化建设、社会建设、生态文明建设五位一体"的总体战略布局。中国特色社会主义的理论精髓是科学发展，最鲜明的精神实质是"解放思想、实事求是、与时俱进、求真务实"。中国特色社会主义的实践要义是辩证发展，最深刻的精神实质是不断探索，"实践发展永无止境，认识真理永无止境，理论创新永无止境"。胡锦涛因而号召"全党一定要勇于实践、勇于探索、勇于创新，把握时代发展要求，顺应人民共同愿望，不懈探索和发展中国特色社会主义规律，永葆党的生机活力，永葆国家发展动力，在党和人民创造性实践中奋力开拓中国特色社会主义更为广阔的发展前景"❶。党的十八大是在我国进入全面建成小康社会的决定性时刻召开的，"大会的主题是：高举中国特色社会主义伟大旗帜，以邓小平理论、'三个代表'重要思想、科学发展观为指导，解放思想，改革开放，凝聚力量，攻坚克难，坚定不移沿着中国特色社会主义道路前进，为全面建成小康社会而奋斗"❷。小康社会是中华民族伟大复兴重要的阶段性目标，依靠中国特色社会主义，中国有信心在 2020 年建成小康社会；依靠中国特色社会主义，中华民族也同样有信心在未来实现伟大复兴中国梦。

最后，必须指出的是，中华民族伟大复兴将极大地影响到中华民族认

❶ 胡锦涛：《坚定不移沿着中国特色社会主义道路前进，为全面建成小康社会而奋斗——在中国共产党十八次全国代表大会上的报告》，《中共中央办公厅通讯》2012 年第 11 期。
❷ 胡锦涛：《坚定不移沿着中国特色社会主义道路前进，为全面建成小康社会而奋斗——在中国共产党十八次全国代表大会上的报告》，《中共中央办公厅通讯》2012 年第 11 期。

同。如今，中华民族的伟大象征是中华人民共和国，对于全体国人而言，中华民族认同就体现为伟大的爱国主义，这是一种内化了国家政治要求的深厚而神圣的情感，但对于全体海外华人而言，中华民族认同则主要表现为文化上的一种思乡情怀或心理意识上的一种恋乡情结，是一种认祖归宗的血统意识，是一种落叶归根的热土观念。海外华人的故乡不在别处，就在今天中华人民共和国境内，在所在国家的原住国人眼里，他们就来自今天的中国，他们只是移民及其后裔，而他们本人，当面对所在国家的原住"主人"时，其原有的家乡归属感，自然会扩大为或"自觉为"对如今中国的认同感，中华民族伟大复兴无疑会使他们的这种认同感更带有一种强烈的尊严和骄傲，从而强化其对于中华民族的伟大认同。当然，中华民族认同无论对于全体国人还是全体华人而言，都有其复杂的一面，理论上的认同并不完全等同于现实的认同。众所周知，无论是在中华人民共和国国内还是在海外，至今仍有少部分以分裂中国的政治统一为能事的人，如"藏独"和"疆独"分子，他们出于政治目的，在国际反华势力的唆使下，甘愿当反华跳梁小丑，极力破坏中华民族认同。中华民族伟大复兴也终将以前所未有的民族凝聚力使他们的任何破坏企图成为白日之梦！

（本文原载《中南民族大学学报》2014 年第 1 期）

中国"民族平等"话语与"民族区域自治"制度

——一种民族社会学的解读与分析

常　宝❶

社会平等，是指人们在社会生活的政治、经济、社会和文化领域内享有相等地位、待遇的一种社会关系及其状态。社会的不平等关系是随着分工和社会分裂而产生的，社会平等的思想随着社会关系的发展而有本质的变化。学界认为：社会平等的思想产生于西方资产阶级革命的准备时期。

多民族社会中的社会平等重要内容之一是"民族平等"话语，其所涵盖的内容和形式十分丰富，包括各民族在政治、法律上的事实性平等互利关系，经济与文化上的扶持、互惠和尊重，也包括"自治"等制度上的实施与落实过程。

一、中国国家民族政策中的"民族平等"话语的形成

（一）革命时期的"民族平等"话语

卢梭等 18 世纪西方启蒙思想家对国家和人权问题作过诸多论述，他们的观点具有明显的革命性和民主性，是伴随着资本主义发展与成长而形成的一种价值体系。列宁指出："关于一般平等问题，其中包括民族平等问题的抽象的或形式的提法，是资产阶级民主所特有的。"❷ "民族平等"话语、理论与实践不仅是多民族国家处理民族关系的基本纲领和核心内容，也是现代

---

❶　作者为内蒙古师范大学社会学民俗学学院副教授。

❷　《列宁选集》第 4 卷，第 271 页。

国家所追求的目标，国家民族政策体系的重要组成部分。

中国，历来是多民族、多族群共同生活、交往和生存的自然领域和社会系统。辛亥革命以后，在孙中山亲自主持制定的《中华民国临时约法》中第一次提出了"民族平等"。中国共产党创建的初期已开始形成了现代意义上的少数民族政策话语和理论体系，其中"民族平等"始终成为其主线。对"民族平等"话语形成的整体环境和社会基本条件可做以下几种考证。

1. "民族平等"与民族"解放""独立"

19 世纪以来，西方殖民主义政治在世界各地实施殖民主义统治，对当地人民进行残酷的剥削和压迫，20 世纪在以共产主义、社会主义理论为核心，苏维埃明确提出了"民族平等"概念。1924 年 1 月，孙中山主持召开了中国国民党第一次全国代表大会，他在《宣言》中提出："国民党之民族主义，有两方面之意义：一则是中国民族自求解放；二则是中国境内各民族一律平等。"❶ "中国共产党自成立以来，即宣布中国境内各民族一律平等，承认各民族自治与自决权，从各方面帮助少数民族的解放与发展。"❷ 1930 年 11 月，《中国共产党告民众书》中提出："只有工农兵会议的政权，能实行一国里面一切民族的真正平等！而殖民地一切被压迫民族群众的联合和团结，是达到这种真正解放和平等的唯一道路！"❸

2. "民族平等"和"民族联合"

一个多民族国家的社会历史进程不可能一帆风顺。多民族之间的交往、融合、争夺和战争是构建多民族国家的必然过程。面对外来殖民主义和侵略，现代国家如何实现各民族之间关系问题？当时的政治精英和学者首先想到的是"联合"。1922 年，在《中国共产党第二次全国代表大会宣言》中指出："尊重边疆人民的自主，促成蒙古、西藏、回疆三自治邦，再联合成为中华联邦共和国，才是真正民主主义的统一。"❹ 1924 年 1 月，孙中山主持召

---

❶ 中共中央统战部：《民族问题文献汇编》，北京：中共中央党校出版社，1991 年版，第 27 页。
❷ 中共中央统战部：《民族问题文献汇编》，北京：中共中央党校出版社，1991 年版，第 1144 页。
❸ 中共中央统战部：《民族问题文献汇编》，北京：中共中央党校出版社，1991 年版，第 145 页。
❹ 中共中央统战部：《民族问题文献汇编》，北京：中共中央党校出版社，1991 年版，第 17 页。

开的中国国民党第一次全国代表大会《宣言》中提出："民族方面，由一民族之专横宰制，过渡于诸民族之平等结合。"❶到了抗日战争时期，各民族平等、联合成为政府民族政策的核心话语，毛泽东在《论新阶段》的报告中指出：抗日民族统一战线当前的任务是"第一，允许蒙古、回、藏、苗、瑶、夷、番各民族与汉族有平等的权利，在共同对日原则之下，有自己管理自己事务之权，同时与汉族联合建立统一的国家"。❷

"民族平等"是"民族联合"的前提和基础。这是中国民族政策的核心理念，也是消除长期以来历史遗留的民族隔阂，改善民族关系，促进民族联合的实践经验。

(二) 建设与改革时期"民族平等"话语的延续

在中国历史上，各民族之间长期存在压迫和歧视现象。打败帝国主义、赶出侵略者之后的新中国国家政策十分重视国内各民族之间的冲突、矛盾和平等问题，力图通过对民族地区进行民主和社会主义改造，从根本上废除民族矛盾，开辟民族平等团结的新格局。

1. "民族平等"与"民族团结"

新时期"民族平等"的话语和实践得到了进一步的发展和延续，社会建设与改革时期使其获得了新的意义和内涵，同时借鉴、引用了马克思主义民族观和"民族团结"概念，形成了完整的话语与理论体系。1949年9月，《中国人民政治协商会议共同纲领》用法律形式确定了中国境内各民族的平等地位和平等权利。《共同纲领》总纲规定："中华人民共和国境内各民族，均有平等的权利和义务。"第50条规定："中华人民共和国境内各民族一律平等，实行团结互助，……"❸中央人民政府高度重视散杂居少数民族的民族平等权利。1952年2月22日《关于保障一切散居的少数民族成分享有民族平等权利的决定》规定：一切散居的少数民族成分的人民，均与当地汉族人民同样享有《共同纲领》规定的各种权利，任何人不得加以歧视。"民族

❶ 中共中央统战部：《民族问题文献汇编》，北京：中共中央党校出版社，1991年版，第26页。
❷ 中共中央统战部：《民族问题文献汇编》，北京：中共中央党校出版社，1991年版，第575页。
❸ 中共中央统战部：《民族问题文献汇编》，北京：中共中央党校出版社，1991年版，第1290页。

平等"也是"民族团结"的前提，也是多民族共同发展的保证。邓小平指出："只要站在民族的立场上，维护民族的大局，不管抱什么政治观点……都要大团结。"❶

2. "民族平等"与"民族繁荣"

2003 年 3 月，胡锦涛第一次提出了中国民族工作要坚持"两个共同"的观点。他指出："实现各民族共同繁荣发展，需要各民族共同奋斗。共同团结奋斗，共同繁荣发展，这就是我们新世纪新阶段民族工作的主题。""两个共同"理论的提出，标志着中国共产党对国内民族问题与民族团结问题认识的新进展，把"民族平等"的理论进一步推进到"发展"的社会行动层面，与正在实现现代化、市场化与社会变迁的步伐一致，民族政策、理论与社会实践有了新的结合。

3. "民族平等"与"和谐社会"

"社会主义和谐社会"，是中国共产党 2004 年提出的社会发展战略目标，指的是一种和睦、融洽并且各阶层齐心协力的社会运行状态。2004 年 9 月 19 日，中国共产党第十六届中央委员会第四次全体会议上正式提出了"构建社会主义和谐社会"的概念。随后，"和谐社会"成为当今中国普遍流行的政策话语。

2005 年以来，中国共产党提出将"和谐社会"作为执政的战略任务，"和谐"的理念要成为建设"中国特色的社会主义"过程中的价值取向，"民主法治、公平正义、诚信友爱、充满活力、安定有序、人与自然和谐相处"构成了和谐社会的主要内容。在世界多种价值体系、理性化与市场经济的社会环境下提出的"和谐社会"话语与思想为民族地区"社会平等"和民族关系处理问题打开了新思路。胡锦涛指出："团结是社会主义民族关系的主线，各民族只有同心同德、携手共进，才能巩固和发展民主团结、生动活泼、安定和谐的政治局面，形成中华民族的强大凝聚力和牢

---

❶ 《陕甘宁边区政府文件选编》（第七辑），北京：中国档案出版社，1988 年版，第 76 页。

固向心力。"❶

"和谐社会"是针对当代中国整体社会问题，即个体主义、经济主义与社会裂变性发展提出的宏观理论框架和政策目标。"和谐社会"首先应当是一个基于"平等"原则的"公平"社会，"公平"包含着"平等"的价值取向。因此，建构"和谐社会"的过程即人们追求"平等"的实践过程。"和谐社会"的理念在民族政策、理论的构建与创新过程中集中体现在民族之间的"平等"关系中。中国社会的稳定和和谐发展是大局，其中各民族之间的"平等"关系是基础。

二、新时期社会分层与社会关系中的"民族平等"话语

从上述简单回顾中看到，中国社会革命时期和后来的建设与改革时期政策与制度话语的形成与演变是在"社会平等"与"民族平等"的基础上完成的，没有"社会平等"与"民族平等"就无法谈"民族团结"，更不能谈及"民族繁荣"和"和谐社会"。"民族平等"是国家与政府民族政策与制度的根本和基础条件（见下图）。

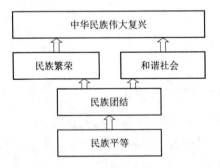

中国近代以来的历史与社会演变过程中，尤其 20 世纪 70—80 年代改革开放、经济建设、社会文化急剧变革的新时期，社会各阶层、利益集团和社会关系发生了结构性变迁，民族地区和民族社会中原有的传统生活方式、风俗习惯和价值体系在现代化、工业化和城镇化的时空演变与压缩、重合进程

---

❶ 《十六大以来重要文献选编》（下），北京：中央文献出版社，2008 年版，第 552 页。

中发生了根本性的变异，在国家制度、民族政策领域中的"民族团结"话语和实践一定程度上丧失了"社会平等"与"民族平等"的根基，"民族团结"话语似乎也被架空和瓦解，需要对新时期社会分层、社会关系和民族关系现状和发展前景做进一步的评估和分析。

（一）影响"民族平等"的因素分析

在现代化、工业化和城镇化的时空演变与生活方式的变异过程中多民族国家外部与内部环境发生了根本性的变革，近代以来形成的多民族国家"民族团结"，特别是"民族平等"话语的基本条件在个体化、理性化和全球化进程中不断被淡化、失散和重组，对其具体表现和过程可做以下分析和归纳。

1. 经济发展与利益纷争

自改革开放以来，中国的经济迅速发展，使得东西部、边疆民族地区与沿海发达地区、社会各阶层之间的差距拉大，刺激和激活了人们对民族地区、民族利益的感悟。各民族成员在土地、资源和市场利益的分配、管理中多多少少看到和体会到不平衡、不公正的社会倾向。在市场经济不可避免的矛盾、冲突和社会各阶层利益纷争中"社会平等"丧失了基础。

民族地区、民族社会内部矛盾和利益冲突不仅表现在不同民族个体层面上，也表现在国家与地方、各民族层面的隔阂和不信任。快速发展的国家宏观经济需要巨大的资源与资金的支撑与保障，国家在西部大开发的过程中，在某些资源的开发上与民族地区以及当地群众产生了利益分享与补偿上的冲突，国家利益、地方利益和企业、民族地区民众利益之间出现了无法权衡和平衡的现象，甚至损害了农民、牧民和当地民众的利益，传统"民族平等"的理念和根基似乎被当下多元、复杂的利益纷争的嘈杂声淡化、遗忘和动摇了。

2. 文化冲击与民族意识增强

市场经济的发展自然带来社会的不公平、不平衡的分配关系。各种经济成分与市场主体在民族地区社会宏观与微观上都发生作用，经济繁荣和利益追求可能会引发民族文化认同、语言文字使用与宗教信仰、价值观之间的冲突和隔阂。主体民族以及以主体民族为背景的利益集团（或企业）很容易忽略和不尊重少数民族的风俗习惯、宗教信仰，进而在语言文化、文字学习和在日常交往、教育过程中不同程度地存在直接或间接伤害少数民族感情，歧视少数民族，不尊重少数民族文化的现象，对正常的民族关系造成破坏，进而影响"民族平等"的大好局面。

市场经济的开放效应、竞争原则不仅使少数民族文化、语言文字边缘化，从而使各民族成员的文化回归与民族意识得到普遍增强。边缘化的民族成员文化力图修复和复制其传统因素，自我文化意识不断加强，甚至排斥和否定其他文化，原本模糊的民族意识和民族边界开始清晰或者强烈，影响和阻碍了"民族平等"与"民族团结"话语的延续，扩大了利益的诉求范围。例如："笔者对一家品牌企业的社会调查和职员访谈中了解到：这家品牌、知名企业在对外宣传和产品销售中大量使用当地民族文化符号和意义系统，但在企业内部从不提倡民族文化，有意淡化内部民族文化氛围和色彩，甚至防止企业内部形成和出现少数民族成员'亚群体'。"❶

3. 政治一体与认同多元

政治一体是所有国家政权的行动目标和纲领。在中国历史上，多民族共同建立了一个统一的国家，各民族在不同历史时期、不同社会发展阶段所承担的国家统治权力和义务有些不同，但共同构建中华民族一体的政治格局和文化系统的事实是不可否认的。英国历史学家汤因比说："中国—东亚文明的最大特点在于稳定性和安定性，这是一种绝无仅有的、令人惊叹的伟大统一力。"❷在"和而不同"的民族观和政治理念下，多民族一直捍卫和保持政治一体的同时也延续着不同文化认同和政治认同，个人认同、地方认同、民族认同、国家认同和中华民族认同等多种认同。这些认同相互重叠和抵消，在新时期，地方认同和民族认同获得了前所未有的发展空间，反而在政治认同方面弱化了"中华民族"的民族意识，甚至出现了以"民族"为区隔的

---

❶ 常宝：《当代中国社会认同与民族认同的重构》，《甘肃理论学刊》2013 年第 1 期。

❷ ［英］汤因比：《展望二十一世纪》，北京：国际文化出版公司，1989 年版，第 38 页。

"二元结构"❶。由于生活在不同的地域，经济条件和生活状况、风俗习惯存在差距，在语言文字方面有显著的方言区别，因此民族共同体内部也存在一定的认同分化或差异性。例如，汉民族中的"客家"人认同；新疆维吾尔族内部"阿图什人"的地域概念等。这种差异越小，他们民族共同体认同越强烈，易于激发和动员民族内部情感和群体情绪，其凝聚力和团结程度十分强烈。

（二）"民族平等"与民族关系

民族之间是否平等的问题直接影响和塑造着多民族国家内部的民族关系。民族关系，是一种社会关系，是多民族国家民族之间在政治、经济、文化、生活方式等诸方面的交往联系状况及彼此依赖程度指标。如将新时期各民族群体之间的关系当作一种网络关系，这种"网络之间或彼此合作或彼此竞争。合作基于网络之间通信的能力"❷在国家政治、经济和文化层面发生的"民族利益或权益的非均衡与和谐是民族关系问题产生的根源，其实质是包含民族利益或权益在内的民族文化失衡"❸新时期中国国内民族关系是社会主义新型市场经济背景下的民族关系，新时期的民族关系可分为：大民族与小民族关系、多数民族与少数民族、主体民族与非主体民族、城市民族与乡村民族、杂散居民族关系、跨境民族关系等。

民族关系是一种不同群体、集团之间的社会交换形式。布劳认为：社会结构可以用它的参数来描述。结构参数基本上分为两类：（1）类别参数。包括性别、种族、宗教、语言、职业、婚姻状况等；（2）等级参数，包括教育、收入、财富、权力等。人们的特征如果按照类别参数分类，他们就被定义为群体；如果按照等级参数分类，就被定义为地位。一个民族群体意义和社会地位往往重叠、交织在一起，同时体现在民族群体的共同的荣耀、耻辱和个体的成就、荣誉之上。布劳的两种"参数"属于说明和解释社会竞争的单位和结果的量表，在民族社会涉及"社会平等""民族平等"等诸多方面。

---

❶ 马戎：《中国社会的另一类"二元结构"》，《北京大学学报》2010 年第 3 期。

❷ ［美］曼纽尔·卡斯特：《网络社会——跨文化的视角》，周凯译，北京：社会科学文献出版社，2010 年版，第 4 页。

❸ 廖杨、覃卫国：《民族关系问题简论》，《广西民族研究》2007 年第 1 期。

三、作为国家制度的"民族区域自治法"的使命

世界多民族国家在内部问题处理和解决政策上有不同的模式和方案。中国共产党经过几十年的积极探索和研究之后，依据中国的国情与多民族实际，确定了"民族区域自治制度"作为解决国内民族问题的一项基本制度。

(一)"民族区域自治制度"的意义解读

1984年，《民族区域自治法》颁布实施，第一次以法律的形式把"民族区域自治"政策固定了下来，使民族区域自治进入了现代国家法制化轨道。1997年党的十五大以来，"民族区域自治制度"被确立为国家必须长期坚持的一项基本政治制度和国策。2001年，新修订的"民族区域自治法"颁布实施。2005年，国务院颁布了《实施〈中华人民共和国民族区域自治法〉若干规定》，对中国多民族国家民族关系的建构、民族问题的解决提供了制度背景和理论依据。

2001年2月28日第九届全国人民代表大会常务委员会第二十次会议《关于修改〈中华人民共和国民族区域自治法〉的决定》的"序言"和"第九条"中明确指出：实行民族区域自治，对发挥各族人民当家做主的积极性，发展平等、团结、互助的社会主义民族关系，巩固国家的统一，促进民族自治地方和全国社会主义建设事业的发展，都起了巨大的作用。今后，继续坚持和完善民族区域自治制度，使这一制度在国家的社会主义现代化建设进程中发挥更大的作用。其中特别提到了"发展平等、团结、互助的社会主义民族关系"的重要性、意义及其可持续性特点。

"民族区域自治制度"的出台和制定：首先，有利于维护国家的统一和安全。民族区域自治以领土完整、国家统一为前提和基础，是国家集中统一领导与区域自治的有机结合。这也是国家的基本方针和策略，民族区域自治不等于独立，国家的统一和完整高于一切。其次，有利于保障少数民族民众当家做主的权利。"自治法"主张民族区域自治地方享有自治权利，自主管理本地民族与地方内部事务，在政治上满足少数民族民众和精英积极参加国家政治生活的愿望，这也是国家与民族政治生活的基本条件。再次，有利于

建构广泛、多领域民族平等、民族团结、互助、和谐的社会主义新型民族关系。传统的民族关系模式和理论再不能解释和分析新时期新型社会关系和民族关系,民族关系的新变化使得民族理论与民族政策有了"去政治化"与"第二代民族政策"的反思性监控。从中国民族自治地方的民族人口结构来说,以一个或几个少数民族为主体,汉民族人口占绝大多数(除西藏等个别民族地区外),各族人民和各族干部之间的联系随着经济、市场与理性化的发展变得更加复杂、多元化,过去看似已经消除了的历史问题和民族隔阂有可能被重新塑造、复制和扩散。最后,有利于多民族共同繁荣发展,促进社会和谐与现代化事业的顺利开展。在当代国家经济与社会发展、资源分配的模式中民族地区所处的位置和地位不同。自治区域政府和机关可以结合本民族文化、经济类型和自然资源特点,把少数民族的特殊利益与国家的整体利益协调起来,充分发挥各自的特长和优势,调动各族民众与精英参加国家建设的积极性、创造性。

(二)"机会平等"与"结果平等"抉择中的"民族区域自治制度"

"民族区域自治制度"是管理、治理和解决多民族社会民族平等、民族团结、民族关系和民族问题的基本纲领和强心剂。

人类从其存在的那天就开始追求平等、自由,但实现社会各领域平等发展和不同民族、族群之间的"结果平等"是一个漫长的历史过程。在各民族平等发展的过程中,政府及其所制定的制度、法律必须正确处理和看待"结果平等"和"机会平等"的关系,以求效率和社会和谐的有机结合。在民族群体之间的交往、互动过程中,民族关系是"结果平等"的正比指标,民族关系的好与坏取决于"结果平等",即民族之间的平等性交换、交往和互动的结果最为关键。不平等的"结果"一定会导致不和谐的"关系"。

为境内各民族提供平等的机会,实际上是致力于消灭民族间在发展程度上的差距和"事实上的不平等"过程,在"民族平等"的问题上,政府应做出使社会更公平、更有效率的选择并使其付诸行动与实践。在这方面,中国的"民族区域自治法"可做以下几类行动及实践:

1. 制度要保证每个民族都应当得到赖以生存的基本权利及其自然、社会和文化环境,这个权利无论如何不能剥夺。民族身份下的基本人权应优先于其他任何权利，这是自然法所要求的，也是制定任何法律、制度的基础原则。

2. "机会平等"主张政府应为各民族提供平等的发展机会，在机会面前每个民族都要平等，不能赋予任何民族以特权。"机会平等"强调发展、贡献、竞争的激励作用，造就一个具有公正性的社会竞争规则，这有利于建构和维护正常的社会秩序，有利于社会的进步。

3. "结果平等"原则不仅支持"机会平等"机制和过程所出现的市场引导、进步动力，更注重社会效率和功效。因此，在维护民族间"机会平等"规则的同时，丝毫不忽视"结果平等"的建设。在影响民族之间"结果平等"的因素分析中，经长期研究发现，由于历史、地理和文化等种种条件的限制，许多民族，尤其是少数民族现阶段难以进入现代平等竞争的状态，包括生活观、生命观和社会化、现代化程度以及现代国家人才体系、语言使用、考试制度和职业要求的能力在内的竞争机制上少数民族普遍处于劣势，离"国内各民族交融一体"的"第二代"还有很长的距离。

4. 在民族"机会平等"与"结果平等"的衔接与对接过程中，"民族区域自治制度"需要监管和控制，维护社会整体和谐、均衡，实现不同民族、不同历史阶段"兼顾式的平等"。因此，基于实现现代国家每个民族的"结果平等"的最终目标，政府和法律应当对整个"机会平等"实施的全过程加以控制和评估，不能放任自流，以防止民族个体与群体之间差距拉大和严重分化。

"民族区域自治制度"的作用和功效更多体现在完成各民族"机会平等"以及从"机会平等"过渡到"结果平等"或从"国内各民族交融一体"的"第一代"发展到"第二代"之前的基础工作。这种"兼顾式的平等"工作，即为少数民族平等地进入竞争所创造的条件，更多关注那些居住在边缘地区、自然条件恶劣、资源贫乏、发展相对缓慢、落后的弱小民族，尽可能多地向他们提供接受现代教育、发展才德和能力的机会，提高他们参与社会竞争和博弈、把握机会的能力和适应性训练水平，使他们获得较多的政治、经济权利。列宁在当时的世界政治与苏联多民族关系现状下指出："压迫民族即所谓大民族……的国际主义，不仅在于遵守形式上的民族平等，而

且在于压迫民族即大民族要以对待自己的不平等来抵偿生活上实际形成的不平等。"❶

5. "补偿"原则，这是被当今世界民主政治与学术界普遍批判的一种规则，即对于少数民族施行"优惠政策"，而对于发达的主体民族给予不平等待遇的政策。这样在社会资源、收入再分配中重视调节收入差距、加大社会财富转移力度、从宏观上向民族地区倾斜的体制和政策在"兼顾式的平等"时期仍有延续的必要性。需要指出的是，"民族区域自治制度"在重视民族"结果平等"的时候，把握好调控尺度是非常关键的。

诚然，"兼顾式的平等"的"补偿"原则也会对社会的整体平等带来负面、破坏性及消极的后果和代价。乔·萨托利（Joe Sartori）指出："追求平等结果可以损害平等对待，以致无法保证所追求的仍然是它所宣布的目标。如果不顾平等利用这一要旨，平等化政策在很大程度上就成了剥夺性政策。"❷

（本文原载《民族社会学研究通讯》总第 166 期，2014 年 8 月 31 日）。

---

❶ 列宁：《关于民族或"自治化"问题》，载中央民族学院民族研究所：《民族问题著作选》，北京：中央民族学院民族研究所出版社，1985 年版，第 454 页。
❷ ［美］乔·萨托利：《民主新论》，冯克利、阎克文译，北京：东方出版社，1998 年版，第 397 页。

民族分层抑或民族社会分层?

——当前中国民族社会结构的解读视角

陈　晶❶

一、前言

在社会科学领域，社会分层研究已是硕果累累，但民族地区的社会分层研究还相对薄弱。迄今为止，相关研究主要分为：三个研究层面，即多民族国家内部各民族之间的社会分层、民族地区各民族的社会分层和单一民族内部的社会分层，归纳为两类就是多民族之间的社会分层和单一民族内部的社会分层❷；两种研究路径和取向，即不同民族间的结构性差异研究与某一民族内部社会分化现状研究。近年来，有关我国民族分层❸研究伴随着社会转型和社会结构变迁逐步成为学术界研究的热点问题。然而，由于理论视角上的模糊，盲目与国外理论进行对话，在我国民族分层的理论逻辑上，众多的研究都存在明显的缺陷，在研究层次上也存在诸多分歧。本文认为，对民族分层及其有关概念加以界定和辨别，进而对其适用范围进行深入的讨论，对于客观反映民族地区社会结构的现状具有十分重要的意义。

二、民族与阶层——"立足差异，审视差距"

有关民族地区社会阶层结构的研究需要明确一个方法论原则，即区分

---

❶　作者为国家卫生和计划生育委员会流动人口信息管理中心副研究员。

❷　郑杭生：《民族社会学概论》，北京：中国人民大学出版社，2005 年版，第 89 页。

❸　有学者也作"族群分层"，笔者认为，汉语中"民族"一词在综合中西方的理论和实践研究上更具包容性和普适性，故为"民族分层"。其中的"民族"主要指代多民族国家内部的各民族及移民群体。参见何叔涛：《汉语"民族"概念的特点与中国民族研究的话语权》。

"差异"与"差距"。差异是"本质上的差异",包括地理、人文、政治、经济和社会等多方面内容;差距则是"数量上的差距",特别反映在经济方面。差距是差异的一种表现形式,但两者不可等同。❶ 在现实世界里,没有差异就没有发展,一切事物的发展要靠差异;而差距是发展水平的标志,不仅可以反映一个国家或地区在政治、经济、社会、文化发展等方面的差异,还能够判断和衡量其发展水平的高低。

民族与阶层都是人类群体的分类,但民族是由于文化性差异的横向分群,阶层则代表着社会不平等,空间上比喻为具有层级间差距的纵向等级秩序;民族是稳定的客观实体,民族间的差异不可能完全消除,而阶层时常处于变化中,阶层间的差距可以缩小甚至拉平。因而,我国民族之间的差异是必然的,当前还存在较大的社会经济文化发展差距,且这一差距将长期存在。正是由于我国多民族社会存在诸多方面的差异,其"异质性"应成为民族地区社会结构研究的逻辑起点和关注点。当我们在考察民族地区的社会阶层时,不能只看到差距,而更要着眼于差异。我们知道,分层研究本身是一个主观构建的过程,但研究结论在多大程度上反映了真实情况,是我们常常困惑和质疑的问题。为此,我们只有通过更加具体深入的实践和调研,分析民族内部差异、民族间差异与民族间发展差距的实质和相互关系,才能避免对民族地区社会结构的盲目概括,才能对政策制定提供真实可靠的依据。

三、我国民族分层的理论基础与争论

美国学者将民族分层解释为多民族国家各族群间因"结构性差异"而引起的族群不平等现象,一般根据教育、职业、收入等分布情况来研究社会群体的分层现象。随着我国改革开放和市场化的推进,多民族社会在经济、文化各方面呈现多元化,为此,马戎教授引进这一理论用于分析我国民族社会的不平等现象。❷ 我国的多民族社会是经历几千年的历史变迁和融合才形成了今天"多元一体"的局面,因而,对我国民族分层的想象与西方的理论和

---

❶ 施正一:《民族经济学教程》,北京:中央民族大学出版社,1997年版,第197页。
❷ 马戎:《美国的种族与少数族群问题》,《北京大学学报(哲学社会科学版)》1997年第1期,第126页。

实践必然有着深刻的差异。

在多民族国家、多民族社会或社区里，几个不同的民族群体共同生存在同一个地域空间和同一个社会结构中，人们在社会地位、经济收入等方面存在差异，如贫穷和富有，而如果在这一社会中不同民族群体也存在类似的结构差异，那么当民族关系与阶层关系在一定程度上相互重叠时，民族分层就出现了。也就是说，民族之间除了在体制或文化传统等方面存在差异之外，还可能存在经济"阶层"和政治"地位"方面的差异。民族学界将其分为文化性差异和结构性差异两类。民族分层现象具体通过"结构性差异"的比较分析体现出来。因此，民族分层其实是在"社会分层"的前提下引申出的研究思路，目的在于通过族群间的结构性比较，分析民族不平等"有多大程度上应当属于'社会分层'带来的贫富矛盾，即弱势群体与强势群体之间的矛盾"。许多民族之间的爆发性冲突都是由于结构性差异而扩大成群体性冲突的。❶

新中国成立以来，我国在政治方面实现了民族平等，为了缩小少数民族与汉族之间的发展差距，防止社会出现以民族界限为标志的分层，政府在政治、经济、文化、教育等各方面制定了一系列有利于少数民族更快发展的优惠政策。但通过马戎教授对全国各民族结构性差异的分析可以看出，各民族在各方面还是存在一定的差距，而且存在只与民族身份直接相关的就业机会和收入方面的差距。❷此外诸多研究试图证明民族分层现象的存在，但在笔者看来，这一理论在本土化过程中的适用范围还需要进行深入检讨。

首先，从概念内涵来看，学者多认同民族分层是"指在多民族国家中的各个民族在社会地位、经济收入等方面存在的以民族为基本分野的社会阶层划分现象"❸。笔者理解，这一界定（1）明确了民族作为分层的分析单位和视角；（2）基本分析单位（basic unit of analysis）是各民族而非个人；（3）社会地位和经济收入等是阶层划分的标准和依据，本质上与社会分层有

---

❶ 杨圣敏：《普遍的利益诉求还是少数人的诉求——新疆维汉民族关系的调查与研究》，《民族社会学研究通讯》2008 年第 2 期（总 46 期）。

❷ 马戎：《经济发展中的贫富差距问题——区域差异、职业差异和族群差异》，《北京大学学报（哲学社会科学版）》2009 年第 1 期，第 116-127 页。

❸ 郑杭生：《民族社会学概论》，北京：中国人民大学出版社，2005 年版，第 89-90 页。

着内在一致性。但对界定的进一步阐释却包含了"单一民族内部分层"，同时大量单一民族的内部社会分化研究也层出不穷。既然是民族间的分层，民族内部的分层是否是应有之义？此外，诸如"民族分层""民族社会分层""民族内部分层""民族间社会分层"等提法屡见不鲜，致使研究结论常常引发误解的现象也不容小觑。

其次，马戎教授把族群（民族）分层放在民族关系的理论框架下，"一方面承认文化和认同等文化性差异是导致族群（民族）分野与隔阂的重要因素，另一方面也十分重视在一个不平等的社会中族群（民族）分层的因素对于族群（民族）交往和族群（民族）冲突的影响。"❶ 在这里，民族分层仅指向结构性要素，而不是文化性差异。客观上来说，文化性差异和结构性差异常常是相互交织的，既然如此，必然要关注文化性差异的影响，但有些民族社会的分层研究却对民族身份背景避而不谈，将不同民族成员看作是无差别的社会成员个体来讨论其分化与分层。那么，民族分层是否等同于结构性差异引起的不平等，而民族间存在结构性差异是否意味着必然存在民族分层现象？

再次，多数学者沿袭马戎的研究思路和方法做了相关研究，分析民族间的发展不平衡现象。这些研究有些共性：第一，均认为存在民族间结构性差异；第二，采用行业结构、职业结构、教育水平、收入水平、城市化水平等变量指标综合衡量和比较各民族的社会经济发展状况和差异；第三，认定同一民族在各指标上的地位基本一致；第四，研究结论都倾向于将民族成员作为整体分配到同一社会阶层中去。这些研究是否是真正意义上的民族分层尚值得商榷。

最后，在过去人们把由于某些民族的落后状态影响这些民族在现实生活中完全享受平等权利的现象称为民族间"事实上不平等"，近年来，人们较多地使用各民族"发展差距"的概念。实际上，民族之间发展差距的形成有自然、历史、文化、经济和社会结构等多方面的复杂因素，当前我国本身就处于一个城乡二元结构与民族二元结构❷相互交织或重叠的社会发展阶段，

---

❶ 马戎：《中国各族群之间的结构性差异》，《社会科学战线》2003 年第 4 期，第 174 页。

❷ 马戎：《中国社会的另一类"二元结构"》，《北京大学学报（哲社版）》2010 年第 3 期，第 13 页。

民族间的发展差距不排除地理区域、民族分布、城乡、文化等方面差异，如果把民族间的发展差距简单归为民族不平等是否合理？

诚然，民族分层研究对于今后制定有关民族政策和措施，调节民族发展差距具有重要意义，但民族分层研究还不完善，亦面临多方面挑战。因此，我们既不能过度地夸大和歪曲民族分层现象，也不可过分强调"民族"在社会分层中的作用和影响。

四、"民族分层"还是"民族社会分层"？

中国的"民族"概念是内涵十分复杂的具有社会、文化、政治、经济等方面含义，且具有地方性色彩的复合型概念。正是由于民族和社会阶层之间相互交叉的复杂情况，才有了民族社会结构的不同类型和情境。那么，作为这样一个面临着东西部发展不平衡、城乡发展不平衡、少数民族与汉族发展不平衡的多民族国家，我们究竟应该如何看待民族社会结构呢？在笔者看来，"民族社会分层"更适于描述和概括当前的民族社会结构，即有关民族的社会分层研究应当涵盖各种民族社会结构类型，它包括民族分层、多民族杂居地区的社会分层、单一民族聚居区内部分层以及其他民族分布（跨地域、跨境等）情况下的社会分层等几个方面。"民族分层"是民族社会分层结构中的一种情形，它部分地源于历史的原因，而伴随现代化而来的多元化社会、异质社会，民族社会的研究呈现出新的趋势。为此，"民族社会分层"更能够体现中华民族多元一体演进的历程，更适于描述民族群体地域依附性的民族社会结构❶，更有助于我们了解各民族成员在不同社会结构中的民族平等情况。因而，民族分层不能代表民族与阶层关系的全部，为进一步明确这一点，我们需要对民族与社会阶层的交叉部分做充分的探讨，本文着眼于分析单位、区域异质性和地位非一致性三个方面进行辨析。

---

❶ 严庆：《从民族、国家结构类型看民族问题与民族治理的差异性》，《黑龙江民族丛刊》2009 年第 3 期，第 14—21 页。

（一）分析单位

在分层研究中，分析单位虽然未被明确界定，但它是内在于分层标准之中的一个重要因素，是研究者认同的某一阶层或利益群体的基本构成单元。现有的研究主要有群体、家庭、个体三种视角。选择群体作为分析单位，就是在阶级阶层范式下以各种类型的社会群体如职业群体等为基本单元，再依据一定标准划分出若干界限和层次❶，也有学者跳出范式代之以"利益群体"概念❷。民族分层即是以民族群体为分析单位的典型研究领域，而杂居地区社会分层和单一民族社会分层多以个体或家庭为分析单位。

我国少数民族由于历史和政策的原因，确实存在着民族间的发展不平衡现象，但并不意味着不平等必然存在于不同民族之间。当前，民族社会开始经历巨大变迁，在民族社会人口大规模流动的形势下，分层的基本分析单位也由群体逐渐转向个体或家庭。

第一，个体主义促使群体不断消解，个人与民族群体呈现的各阶层体系的一致性程度降低。在户籍制度改革和市场经济进一步深化的动力下，民族社会开始由群体地域依附型向个体高流动型转变，社会流动性加大，各民族散居化趋势更加明显。同一民族之内不同支系之间、不同区域的同一民族农村之间、同一农村或同一社区里的民族群体等，均质化的社会分层格局逐渐消解，固化的状态为个体的流动所替代。无论城市乡村，由于各民族成员居住分散，分业率高，血缘群体较小，一个民族的成员分散在不同的业缘群体里，因此，个体之间的交往成为主要形式。个体之间的交往使民族关系通常附着在同事、同学、战友、邻里、家庭等社会关系上。因此，民族成员个体，而不是民族群体，逐渐成为多民族社会的分析单位，民族分层越来越不适于研究民族地区的社会结构。

第二，大范围的民族融合产生了许多"混合型"民族或某些民族中存在着一些"混合型"部分，民族差异分析变得更为困难。普遍的民族交融促使民族社区呈现两种状态：一种是文化的聚落，即大量异质群体在同一社区内

❶　李春玲：《社会群体的收入差异：两极分化还是多层分化——观察中国社会收入差距的另一视角》，《战略与管理》2004 年第 3 期，第 68-79 页。

❷　李强：《当前中国社会的四个利益群体》，《社会学》2000 年第 3 期，第 5-19 页。

聚集和共处,各民族成员往来频繁,通婚普遍;生产方式趋同;民族成员在生活习惯、价值观、文化特质等方面具有相似性,民族间同质性增强,不分彼此;另一种是经济上的互体,在经济生活、教育及职业背景相同或相似的前提下,享有不同文化的民族并非由于独特的民族身份或文化而形成小聚集,而是由于生产生活方式上的互补共生,以行业为界限分散集中,在社会结构功能上保持了一定程度的平衡。甘肃甘南地区的调查显示,藏、回、汉各族虽然在行业结构、职业结构上存在差异,但文化传统使其经济行为恰巧共享和互补❶,个体间的深入交往使得他们在社会经济活动中互不分离,这样的经济模式不仅不会带来行业分离和悬殊的分层差异,反而会促进各民族经济水平的共同提高。历史客观形成的交往环境,也使得以民族群体作为分析单位缺乏说服力。

第三,现阶段以家庭为分析单位的研究视角是对当前以职业为分层标准、以个体为分析单位的农村社会分层的有益补充。事实上,在农村中以家庭为分析单位具有内在的合理性和现实意义。首先,从微观上来说,民族分布格局、族际通婚、个体交往等经过不断地适应和协调,同一家庭内部也开始出现分化,一个家庭内的成员不再一定同属一个阶层。其次,家庭成员虽然分工不同,但在经济生活中是一个利益整体。例如在少数民族农牧区,家庭仍然承担着各种社会保障的功能,每一个家庭成员可以由自身情况的不同而对家庭收入作出不同的贡献,尤其是女性的独特社会功能。如藏族女性为家庭经济生活创造的价值虽无法用劳动价格进行衡量,但不容忽视。家庭成员中的精英对于其所在家庭的提携作用也依然存在。最后,家庭在对外活动中是一个整体,在消费方面也是以整个家庭的利益和情况为出发点的。因此,家庭在社会分层中的作用依然存在,以家庭为分析单位、根据家庭的收入、家庭平均收入或消费为分层标准的社会分层对于少数民族成员的分化更具解释力。

---

❶ 马建福:《族际互动中的民族关系研究——以青海省循化撒拉族自治县为个案》,中央民族大学硕士学位论文,2007 年;敏俊卿:《甘南地区民族关系研究》,中央民族大学博士学位论文,2006 年。

（二）区域异质性（Regional heterogeneity）

一般说来，随着区域范围的扩大，区域内部各成分间的同质性会逐步降低，而异质性则会逐步增加。在我国，民族地区文化多样性往往与经济形态多元化有密切的内在联系，各民族的经济形态又与各民族所在的地理区域环境有密切的关系。因此，民族地区的界定所涵盖的地域范围愈大，异质性就会不断增大，同质性的考察难度就会加大，阶层结构的划分显然难于实现。这也是民族分层不易排除的影响因素。可见，在对民族地区进行研究时，若局限于分地域、分省区、分民族的探讨未免理想化和简单化，较难得出客观的结论。

同时，"异质性"（heterogeneity）在某种程度上反映某地区民族间相互渗透融合的程度，异质性越大，渗透和融合程度就越高，民族边界越模糊。民族之间的边界除了由于文化差异而清晰之外，结构性差异也能使民族边界变得清晰可辨，民族边界往往因民族间在行业、职业以及收入状况上的显著差异而清晰，这种情形下较容易出现民族分层现象。但是，如果某些民族文化上的异质性特征在散杂居格局的日益扩展中被逐渐弱化，放弃特色传统行业和过去一直从事的职业时，民族边界就会因为结构趋同变得模糊，群体间的层化现象瓦解，逐渐转向个体高流动性、多元的分化，那么，民族分层也就不存在了，取而代之的是各民族成员个体交往基础上的社会分化，由此形成以职业、收入分化为特征的社会阶层结构。

中国是以血缘—地域关系为纽带形成的民族社会，属于民族群体地域依附性的民族社会结构，即存在明显的民族聚居情况，并伴之以一定的民族杂居现象。而在边疆地区往往存在一些民族成分较为单一的民族聚居区（如青藏高原的藏族聚居区和新疆南部的维族聚居区等），在中心区和边疆区之间是一个多民族杂居的过渡带（如武陵走廊、彝藏走廊、河西走廊等）。❶ 截至1990年我国散杂居少数民族人口就有2900万人，约占少数民族总人口的三分之一，根据增长率，目前散杂居少数民族人口将达到3800万，630多个

---

❶ 严庆：《从民族、国家结构类型看民族问题与民族治理的差异性》，《黑龙江民族丛刊》2009年第3期，第14-21页。

城市都有少数民族流动，并形成了一个个城乡少数民族"聚落"。❶ 散杂居少数民族的居住形式决定了各民族在生活上的交融，在一定程度上，地域群体成为既与民族群体相关又与民族群体有别的社会单元，民族认同和民族边界日益模糊。如研究显示，湖北土家族地区农民收入差异主要是聚居区和散杂区的差异，在聚居区或散杂区内部，土家族与汉族之间的收入差异并不大。❷ 因此要考察民族结构或社会阶层结构，首先要对地域性差异作出客观判断，即根据不同的民族分布来确定和选择适当的分层研究视角和理论，避免"一刀切"。对于多民族交错杂居区等异质性大于同质性，或者说民族交往融合较为深刻的地区，民族分层理论就不再适用，那么就需要以散杂居地区社会分层的理论视角与方法进行研究。在实际问题中，还需要注意更多的情况。

不仅如此，城乡异质性也不容忽视。当一个特定地区或社区内有多个民族、多种行业、多种职业、多个社会阶层以及其他类别的"群组"时，多数"群组"的显著性将会随着"群组"类别的增多而不同程度地下降，这就是为什么我们常常会发现民族的显著性在城市较低，而在农村却较高，因为多数情况下，城镇的异质性要比农村的高。❸ 因此，在一些情况下，民族间的结构性差异可能与城乡分割的劳动力市场有关。例如广西的回族和新疆某些民族可能会有较高的收入，是因为某些民族更多地集中于高收入的城市劳工市场，而不是因为工作的不同报偿。如图 1、图 2 所示。

此外，跨区域民族在进行民族分层分析时是否还能作为一个整体？我国有些民族不但人口规模大而且地理分布比较分散，整体性结构特征很难准确描述所有具体区域内的民族，因为同一个民族内部居住在不同地区的人口之间的差距可能会比较大，如居住在沿海大城市的回族与居住在甘肃、宁夏的回族在教育结构、职业结构和收入结构方面就有着明

❶ 岳雪莲：《共生互补视角下中国散杂居民族关系的特点》，《广西民族研究》2010 年第 2 期，第 55-59 页。

❷ 程芳、沈再新：《少数民族农民收入差异的非正式制度因素分析——基于湖北省土家族聚居区、散杂区的调查》，《湖北民族学院学报》2008 年第 2 期，第 29-43 页。

❸ 梁茂春：《论族群内部的异质性：以广西大瑶山为例》，《广西民族学院学报》2004 年第 4 期，第 102 页。

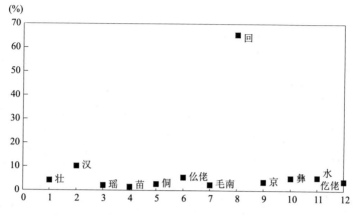

图 1　广西民族五市辖区人口所占比例%（1999）

资料来源：图 1 根据梁茂春《广西各民族间的结构性差异》（2001）数据整理制作。

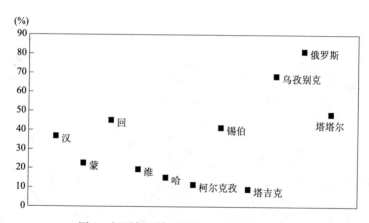

图 2　新疆各民族城镇人口比例%（2000）

资料来源：图 2 根据《2000 年全国人口普查各民族分城市、镇、乡村的人口》制作，市、镇、乡村人口根据人口普查的第二种口径统计。

显的差距。再者，多数学者在某一行政区划范围内讨论民族社会结构，这样做的风险是，不同民族的人口比例不同所带来的极差，很可能影响到结构性差异分析的结论。如图 3 和表 1 所示，哈萨克族在职业分布上的优势事实上是由比重较小的人口数量分布造成的。

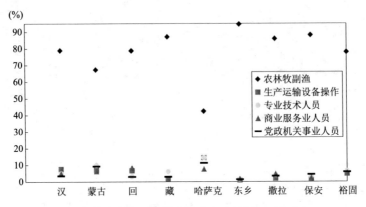

图3　甘肃省主要民族分职业人口统计%（2000）

表1　甘肃主要民族分职业人口统计

民族	民族总人口（人）	职业人数合计（人）
汉族	22 925 063	1 280 016
蒙古族	15 774	1070
回族	1 184 930	63 305
藏族	443 228	25 618
哈萨克族	2963	132
东乡族	451 622	26 133
撒拉族	11 784	626
保安族	15 170	871
裕固族	12 962	746

资料来源：根据马东平《甘肃民族社会分层现状分析》（2007）数据整理制作。

由此可知，无论是区域差异还是人口分布差异，民族分层都面临着解释的困境，而只有民族社会分层能够涵盖和考虑到民族地区的各种异质性特征，通过实证分析分辨这些因素的交叉作用，才能得出符合实际的解读。

（三）地位非一致性（Status inconsistency）

衡量社会分层的标准很多，大致有生产资料、社会地位、经济收入、社会职业、社会名望、受教育程度、消费方式、生活方式以及社会态度等。目前我国研究民族分层的学者主要以民族群体的经济收入、职业结构、就业状况、教育水平、城市化水平等一系列指标进行量化比较分析。一般来说，根据某一标准进行数据测量会得出在这一标准下的子阶层体系，例如以收入和财富为分层标准得到收入阶层体系，以职业为分层标准时得出职业阶层体系。美国学者格雷泽（N. Glazer）和莫尼汉（D. P. Moynihan）等人提出，民族分层应当是不同民族在不同维度上测量得到的地位具有一致性特征。❶ 也就是说，民族分层是根据不同分层标准确定民族群体在每一个分层体系中的位置，而且在各个体系中的位置基本一致；而现实中，更多的研究表明，事实并非如此。这些位置有时基本一致，有时部分一致，有时却完全相反。如新疆境内的俄罗斯族教育水平与其他民族相比最低，城市化水平却最高。❷ 如果这样的情形出现，那么，民族分层就不能等同于结构性差异性不平等，这些结构性差异也并非必然导致民族分层现象出现。

　　大多数美国社会科学研究的观点是，要么认为阶级和民族因素是阶层结构根源的两个互不相关的因素，要么认为民族只是包括在社会阶级中的一个次要类型。其中民族因素的意义与社会阶级因素相比都是次要的且暂时的。❸ 由此我们发现，民族因素与阶层因素之间存在着既相互联系又相互独立的复杂关系。一方面，民族不同于政治、经济、声望等分层维度，它是分析单位而不是分层标准，却与分层维度有着紧密的联系。如前所述，几乎在所有的多民族社会，人们的民族分类是决定社会资源分配的重要因素之一，简言之，人们得到有价值的资源如工作、教育、财富等的总量不同，其部分原因是他们属于不同的民族或族群。例如美国社会的分配体系就具有此类典型性，它表明美国的族群体系是从属于其他阶级体系的，但这是由美国移民背景下多民族社会的民族结构所决定的，参见图 4。实际上，在现代整体分配体系中，所谓的民族分层事实上是以其他形式的分层出现，如收入分层、职业分层、教育分层等，民族内部成员并非随机散布于整个经济和政治阶级体

❶ ［美］马丁·N. 麦格：《族群社会学》（第 6 版），祖力亚提·司马义译，北京：华夏出版社，2007 年版，第 34 页。
❷ 李静、王丽娟：《新疆各族群间的结构性差异现状分析》，《新疆社会科学》2007 年第 6 期，第 93-95 页。
❸ ［美］F. 科普林 &C. 格德沙尔德：《族群分层》，载马戎：《西方民族社会学经典读本——种族与族群关系研究》，北京：北京大学出版社，2010 年版，第 148 页。

系中，而是趋于簇集在某些特定的层级。❶ 不同于美国等移民国家，在我国"多元一体"的多民族社会，社会结构的特征更加凸显为人们在收入、职业、行业、教育、消费等方面的差距，而这些差距——并非是民族间的差异——构成了现阶段冲突与矛盾的潜在因素，尤其是就民族杂居地区而言，民族身份要素基本上是附属于各个阶层体系的。

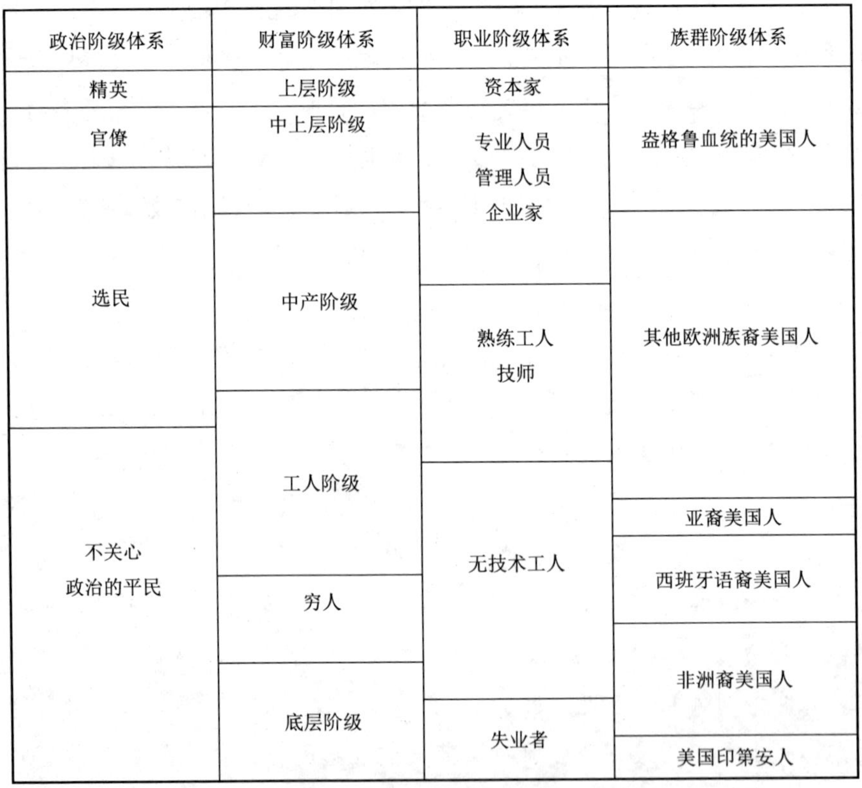

政治阶级体系	财富阶级体系	职业阶级体系	族群阶级体系
精英	上层阶级	资本家	盎格鲁血统的美国人
官僚	中上层阶级	专业人员 管理人员 企业家	
选民	中产阶级	熟练工人 技师	其他欧洲族裔美国人
不关心 政治的平民	工人阶级	无技术工人	亚裔美国人
			西班牙语裔美国人
	穷人		
			非洲裔美国人
	底层阶级	失业者	美国印第安人

图4　美国社会的分配体系

资料来源：摘自马丁·N. 麦格《族群社会学》（2007），第34页。

另一方面，对于民族成员来说，民族群体的身份并不意味着一个人被自动地与某一阶层的财富、职业、教育、政治等方面的等级地位联系起来。因此，我们不应该期望一个特定民族的所有成员都属于同一个经济和政治阶

---

❶ 马戎：《社会学的族群关系研究》，《中南民族大学学报（人文社会科学版）》2004年第3期，第87页。

层，或者具有同样的经济和政治的利益与态度。由于政治、经济、社会、文化等方面的多元化，行业、职业分化加剧，社会地位差异殊相，越来越难以用多个维度评价社会结构体系。虽然从民族文化与认同的角度来说，某一民族是一个整体，但是，任何一个民族内部不同民众在政治、经济等方面的地位已有了很大程度的差别，其从事的职业、受教育程度、生活方式、消费层次以及社会态度也不尽相同，将政治、经济地位、职业、受教育程度以及生活方式、消费层次各异的同一民族的民众划归为一个社会阶层的说法显然是不科学的。据图5至图8可知，新疆境内的回族、维吾尔族、哈萨克族和柯尔克孜族之间在教育结构、行业结构、职业分布以及城乡比例上基本趋同，但各民族在职业、教育、行业阶层体系中的高低排序并不一致，并未出现某一民族在各结构中的分布有较明显的集中。这一现象说明，各民族成员在各分层体系中的分布已相当分散，以民族之名进行社会分层面临困境。

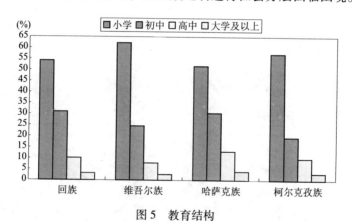

图5　教育结构

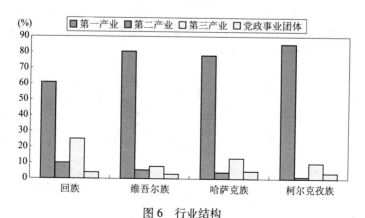

图6　行业结构

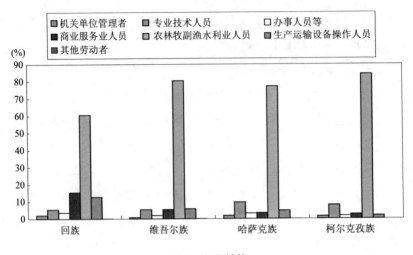

图 7 职业结构

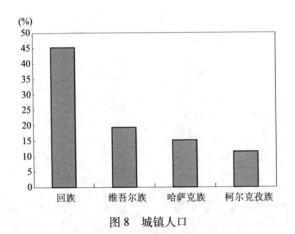

图 8 城镇人口

资料来源：根据李静《新疆各民族间的结构性差异现状分析》（2007）中《新疆维吾尔自治区 2000 年人口普查资料》的数据制作。

有学者质疑我国"不存在民族分层现象，而只存在民族内部的社会分化现象"，通过数据证明我国各民族成员在分层体系中处于"散点分布"状态而不是"集层分布"状态，即民族成员在社会各个阶层中均有一定比例分布，而不是明显地集中在某一特定的社会阶层。● 比如陆学艺划分的"十大阶层"就是同一社会分层内成员的职业、收入、受教育程度、社会地位、消费水平、社会态度等方面相同或者基本相似，即呈现集层分布。但笔者认为，无论是散点分布，还是集层分布，都没有充分理由断定只存在单一民族内部分化现象，否则，多民族杂居地区的社会分化又当作何解释？当然，也有学者用"碎片化"❷ 来描述"地位不一致"现象，即人们经济地位的高低排序与社会地位的高低排序并不始终一致，身份地位多元化；人们的行为方式和价值观念受多元身份影响，并表现出各阶层之间社会态度、阶层意识、阶层认同互不统属的异质性特征。❸ 显然，目前我国民族社会虽然出现了异质性变化趋势，分化出了各种不同的利益群体，但这些群体之间未形成明确的分层边界，群体的存在也不稳定，仍然是一些尚在变动中"模糊的身份群体"。这些情况表明，在社会阶层结构中，民族要素在某些范围内处于次要的、从属的地位，以民族社会分层的多层次研究视角来具体看待民族地区的发展差距，更具有客观的现实意义。

五、结语

一般来说，冲突论的观点认为，社会分层会引发社会冲突和矛盾，而民族间的分层有时不仅会给民族成员造成隔阂，还可能激起民族间的仇恨，因此，民族分层的理论和实践应当慎之又慎。那么，对于当前发展变化的民族社会环境，在政策实践中，如果我们无视我国民族社会的诸多差异，致使社会阶层距离拉大，那么就会引发严重的社会后果。经济学者对西部民族地区的考察发现，民族地区未能建立起具有区域特色、民族特色的本土化经济体系，在经济结构、发展模式上与内地汉族聚居区高度趋同，是少数民族区域

---

❶ 陈怀川：《中国民族社会结构："民族分层"抑或"民族内部分层"》，《广西民族研究》2010年第1期，第42-47页。

❷ 李强：《从"整体型社会聚合体"到"碎片化"的利益群体——改革开放30年与我国社会群体特征的变化》，《新视野》2008年第5期，第15-17页。

❸ 方长春：《断裂、碎片抑或结构化：对当前中国阶层分化的再认识》，《人文杂志》2008年第3期，第29页。

经济发展差距拉大、民族边缘化程度加剧的主要原因。❶ 因此，多民族地区社会结构应当立足于民族地区的异质性特征，立足于各类群体间差异，协调社会文化要素与结构性要素的互动和影响，努力缩小发展差距，从具体情况出发制定和实施民族地区经济社会发展的相关政策，才能有利于我国多民族社会的和谐共进。

（本文原载《西北民族大学学报》2012 年第 1 期）

---

❶ 胡鞍钢：《地区与发展：西部开发新战略》，北京：中国计划出版社，2001 年版。

族际健康分层研究概述

丁　娥[1]

一、族际健康分层的界定

在健康分层的标志性研究成果，1980 年英国《布莱克报告》（The Black Report）出版时，健康分层（health inequalities，health disparities，或称健康不均、健康不平等）议题就已深植于公共政策与学术研究之中。健康分层不是指所有的健康差异，而是指不同社会群体之间具有系统性差异的健康水平，如穷人、少数民族、妇女等群体比其他社会群体遭遇更多的健康风险和疾病的社会分层现象[2]。其中，与年龄、性别、职业、收入、教育程度等因素相关的健康分层已经被广泛讨论，但其他一些因素的探讨还不十分充分，其中就包括民族（ethnicity）因素。[3]

族际健康分层（ethnic health inequality）可以看作健康分层与民族分层的交叉研究领域，它揭示不同民族之间，尤其是少数民族与主体民族基本健康状况的差异性。族际健康分层研究主要考察健康指标在不同民族群体之间的差异和各民族医疗可及性的不平衡性，以及其产生的原因机制和减少差距的路径。

族际健康分层研究具有以下特征：第一，它是多民族社会中民族群体之

---

[1] 作者为中央民族大学世界民族学人类学研究中心、中国少数民族研究中心助理研究员。

[2] Braveman, Paula, *"Health Disparities and Health Equity: Concepts and Measurement"*, Annual Review of Public Health, 2006, p. 27.

[3] 许多学科已经证实，以生物特征分类的种族（race）之间的健康差异并不具显著性。目前民族或族群（ethnicity）作为文化、社会及政治的组合概念，被广泛用于健康差异的讨论。本研究所使用"民族"概念包括民族（nation, nationality）、原住民（aborigines, indigenous, natives）及族群（ethnic group）的各种含义，以便在更广泛的范围内表示那些因为社会历史、语言文字或宗教、出生国籍，在各种情景中都有较高可能性受到区别对待的群体。

间健康状况的系统性差异，而不是个别或个体的差别，它的证据来源于对不同民族群体健康指标的统计；第二，这种差异是有害差异，失去作为"最高物品"（笛卡尔语）和"一种重要的可行能力"以及"一种非常基本的自由"（阿玛蒂亚·森语）的健康作为前提，个人获得受教育的机会、参与社区生活的能力、心理愉悦的程度等都会在很大程度上受到限制，进而将民族群体固化在社会结构中的劣势地位，是一种深刻的社会不平等；第三，它通过一定的社会设置可以减少，须从国家的医疗体制和民族治理术两个方面来考量。

二、族际健康分层研究现状

1. 测量指标

迄今为止，族际健康分层的研究方法都不是十分复杂，从一般的调查统计和健康研究来看，常用的测量指标包括：

人均预期寿命（average life expectancy），即某个群体或年龄组的人预计能生存的年数。

死亡率（mortality rate），来自对死亡的确认，包括非标化死亡率（CMR，每10万人口中的死亡人数）；调整死亡率（即标化死亡率，SMR），即用年龄、性别、民族或地区标化的死亡率；婴儿死亡率，指同一年份中1 000个活产儿在1岁以内的死亡人数；非正常死亡率，如自杀率等。

疾病发病率（morbidity rate），一般用患某种疾病的可能性或一定时期生病的次数表示。数据一般来源于健康采访调查、医院出院调查以及国家流动医疗保健调查等。❶

自评健康（self-reported health status, self-perceived health），即来自人们对自己健康状况的总体评价，其优点是数据容易获得，但与个人偏好有关难免与客观情况有差异。SF-36健康调查量表（the 36-item Short Form Health

---

❶ 世界卫生组织（WHO）国际疾病分类标准（ICD）将疾病划分为三类：Ⅰ类疾病代表地收入国家疾病谱特征的疾病，包括传染病、孕产妇疾病、围生期疾病和营养疾病；Ⅱ类疾病指非传染性疾病和慢性病，如心脏病、高血压等；Ⅲ类疾病指有意或无意伤害。

Survey）是全球应用最广泛的生命质量测量工具，是一个多目的、简短形式的健康调查量表，包括36个问题、8个标度，形成2个健康总测量，即生理健康总测量和心理健康总测量。结果采用量化方法对生理和心理进行综合测量。

其他一些指标，如接受免疫的比例、药物或酒精依赖、体重指数、营养不良（低能量摄入、微量元素缺乏、体重超轻或超重）等也被用来做比较研究。

此外，医疗服务可及性是另外一个衡量健康分层的维度，可以从卫生人力资源和医疗卫生设施两方面进行考察。卫生人力资源一般以每千人执业医师数和每千人注册护士数衡量；医疗卫生设施主要的反映指标是每千人医院和卫生院床位数，住户家庭与最近的医疗单位之间的距离差异也从另一个侧面反映出医疗服务可及性。医疗体制的不平等还可通过对卫生资源的主要指标包括卫生总费用、政府预算卫生支出和卫生事业费进行考察。

从数据情况来看，在高收入国家，生命统计已经成为日常工作，并且可信度高；在中等收入国家，这些资料的信度和效度也在提高；在低收入国家，生命统计资料收集虽有提高但仍很不完整。如死亡率在官方统计中如果做得好的话，则在死亡记录资料的系统必须相当准确地记录已故者属于哪个民族，以及国家中不同民族的总人数为多少等。而在许多低收入国家，口头尸检是判断死亡原因的方式，因此掌握死亡构成比非常困难，这些信息往往需要专门调查或研究才能获得。族际健康分层研究，主要是将以上指标，按照民族进行统计，比较差异，建立模型，发现影响因素和因子，并根据阐释模型发展出消弭族际健康分层和促进少数民族健康的策略。实际上，在死亡率、发病率，包括在医院和临床中加强对民族分类的登记是认识族际健康分层的前提，但其中确实存在着诸多困难。总体来看，族际健康分层在发达国家得到较早重视，研究成果比较丰富，发展中国家则相对滞后。

2. 国外研究状况

英国2001年人口普查数据展示了其族裔的多样性，开始标榜其文化多样性：近8%的人口属于少数族裔，4%的人属于白人少数族裔。同时在1991—2001年十年内，少数族裔的人口数量增加了近50%。2011年人口普查数据显示少数族裔的比例已经增加到人口的 20%，主要有印度裔、巴基斯坦裔、不同种族的混血、加勒比黑人、非洲黑人和孟加拉裔。❶ 而族际健康分层研究则显示少数族裔预期寿命、死亡率和心血管病等疾病发病率、健康自评、健康求助方式和疾病认知都与白人有较大的差异。❷

美国卫生和公众服务部（Department of Health and Human Services, HHS）早在 1985 年出版了对黑人和少数民族健康的研究报告，之后出现利用 1991 年和 2001 年人口普查资料进行的大量研究。❸ 研究显示各种族或族群在死亡率、发病率、医疗可及性方面存在较大差异。如《美国民众医疗保健供给趋势年度报告》、《国家医疗保健质量报告》（National Healthcare Quality Report，NHQR）、《国家医疗保健不平等报告》（National Healthcare

❶ 数据来源：国际在线，http：//gb. cri. cn/27824/2012/12/13/6611s3957266. htm。

❷ 英国相关研究参见：① Marmot, M. G., Adelstein, A. M. Bulusu, L., and OPCS："*Immigrant mortality in England and Wales 1970-78：Causes of death by counry of birth*", London：HMSO, 1984；② Rudat, K.："*Black and minority ethnic group in England：health and lifestyle*", London：Health Education Authority, 1994；③ Harding, S. and Maxwell. R.："*Diffenrences in the mortality of migrants*", In："*Health inequalities：decennial supplement series DS no. 15*"（ed. F. Drever and M. Whitehead），London：The Stationery office, 1997；④ Nazoo, J. Y.："*Ethncity and mental health：findings from a national survey*", London：Policy Studies Institute, 1997；⑤ Nazoo, J. Y.："*Ethnicity and mental health：findings from a national community survey*", London：Policy Studies Institute, 1997；Nazoo, J. Y.："*Ethnicity, class and health*", London：Policy Studies Institute, 2001。

❸ 美国相关研究参见：① Department of Health and Human Services："*Report of the secretary on Black and Minority Health*", Washington. DC：US Depatment of Health, 1985；② Roger, R.："*Living and dying in the USA：sociodemographic determinants of death among blacks and whites*", Demography, 1992, 29（2），287-303；③ Sorlie, P. D., Backlund, E., and Keller, J., and Rogot, E.："*U. S. motiality by economic, demographic and social characteristics：the National Longitudinal Mortality Study*", American Journal of Public Health, 1995, 85, 949-56；④ Sorlie, P. D., Rogot, E., Anderson, R., Johnson, N. J., and Backlund, E："*Black-white mortality differences by family income*", Lancet, 1992, 340, 346-50；⑤ Rogot, E., Sorlie, P. D. Johnson, N. J., and Schmitt, C.："*A mortality study of 1. 3 million persons by demographic, social and economic factors：1979-1985. Felloe-up, US National Longtitudinal Mortality Study*". Washington：NIH, 1993；⑥ Krieger, N., Rowley, D. L., HermanA. A., Avery, B., and Philips, M. T.："*Racism, sexism, and social class：implications for studies of health, disease, and well-being*", Amerian Journal of Precentive Medicine, 1993, 9（suppl），82-122；⑦ Davey Smith, G., Neaton, J. D., Wentworth, Stamler, R., and Stamler, J.："Mortality differences between black and white men in the USA：contribution of income and other risk factors among men screened for MREIT", Lancet, 1998, 351, 934-9；⑧ Pamuk, E., Makuc, D., Heck, K., Reuben, c., and Lochner, K.："*Socioeonomic status and health chartbook health, United States 1998*", Hyattsville, Maryland：National Center for Health Statistics, 1998；⑨ Williams, D. R.："*Racial variations in adult health status：patters, paradoxes and prospect*", In："*America becoming racial trends and their consequences*"（ed. N. J. Smelser, W. J. Wilson, and E. Mitchell），Washington, DC：National Academy Press, 2001。

Disparities Report, NHDR) 等, 对于种族和少数族裔、低收入人群等有特殊医疗需求的群体给予重点关注。2002 年出版的《不平等待遇: 面对医疗保健中的种族和族群不平等》(Unequal Treatment: Confronting Racial and Ethnic Disparities in Healthcare) 更是成为种族和族群健康分层的标志性报告, 因此美国把种族或族群的健康分层作为重要的不平等形式来消解。

加拿大 2000 年被联合国列为最适合居住的国家, 但占总人口 4.3% 的第一民族 (印第安人)、因纽特人、梅蒂斯人 (约 140 万人, 2011 年)❶, 却与白人在平均预期寿命、发病率上存在较大差异, 长期处于劣势。加拿大卫生委员会 2005 年指出, 原住民的卫生措施和卫生状况几乎比每一个普通加拿大人都要差, 而且原住民的精神健康问题非常突出。❷

在英国人发现澳洲大陆之前, 澳大利亚原住民, 包括托雷斯海峡人在大陆上过着采集狩猎的部落生活, 殖民者摧残和外来疾病影响造成原住民人口锐减, 贾内德·戴蒙德在《枪炮、钢铁与细菌》中详述了原住民遭遇疾病侵袭的历史, 人类学家克尔克·胡夫曼从 1996 年开始寻访了 100 多个原住民部落, 在原住民社区居住了 18 年, 发现基督教的传播同时也伴随着感冒和水痘的传播。直至今天原住民在预期寿命、发病率和医疗可及性等方面与白人仍然存在很大差距。原住民经济政策研究中心 (Centre for aboriginal economic policy research) 使用 1991 年、1996 年和 2001 年进行的人口普查数据, 将全体原住民的绝对健康状况与非原住民进行比较, 结果表明原住民的平均预期寿命仍然很低, 比非原住民低了约 20 年。❸ 澳大利亚健康战略

---

❶ 数据来源: 加拿大统计局网站, http://www12.statcan.gc.ca/nhs-enm/2011/as-sa/99-011-x/99-011-x2011001-eng.cfm。

❷ 加拿大相关研究参见: ① John Kendal, 1: "*Circles of Disadvantage: Aboriginal Poverty and Underdevelopment in Canada*", The American Review of Canadian Studies, Spring/Summer 2001; ② Don Qunlan: "*Aboriginal People: Building for the Future*", Oxford University Press, 1999; ③ Statistics Canada, Aboriginal People Survey, 2001 和 Canadian Community Health Survey, 2000—2001; ④ Canadian life expectancy varies greatly depending on ethnic origin; ⑤ "*Aboriginal People Survey 2001-Initial Findings: Well-being of the Non-Reserve Aboriginal Population*", p.18, http://www.statcan.Ca; ⑥ Kirmayer, Laurence J, Brass, Gregory M, Tait Caroline L: "*The Mental Health of Aboriginal People: Transformations of Identity and Community*", in Canadian Journal of Psychiatry, voL.45, Issue 7, Sep. 2000。

❸ The Australian National University Library, http://caepr.anu.edu.au/sites/default/files/Publications/DP/2003_ DP254.pdf。

（National Health Strategy，1992）指出某些特定疾病或多或少地影响着澳大利亚居民，包括糖尿病、循环系统障碍、耳部疾病、癌症和受伤，尤其是Ⅱ型糖尿病等慢性病监测也在原住民和白人之间显示出了差异。❶

　　1996 年新西兰全国疾病负担研究显示，本土毛利人占人口总数的 9.7%，但疾病负担（burden of disease）却占到 15%。❷ 2011 年人口统计，毛利人有 66 万人，占人口 14.3%。《新西兰健康调查》（The New Zealand Health Survey）显示毛利人预期寿命比非毛利人少将近 20 年、死亡率高出 2~4 倍、患病率和接受医疗服务方面都存在很大差距。❸ 其他研究，如亚洲发展银行 2005 年对大湄公河次区域六个国家的研究显示，在柬埔寨、越南、老挝、缅甸、泰国和中国云南，少数民族的平均寿命普遍低于主体民族。❹ 对中部非洲俾格米人和南部非洲桑人的研究表明，非洲土著居民健康整体上比主体民族要差。❺

❶ B. Hunter：*"Three nations, not one: indigenous and other Australian poverty"*，1999. 资料来源 The Australian National University Libraury，https：//digitalcollections. anu. edu. au/bitstream/1885/40532/2/CAEPRWP1. pdf 澳大利亚的相关研究还可参见：① Ruth Euersley：*"Aboriginal children and their families: history and trends in western Australia"*，*"Youth Studies"*，Vo.l9，Issue 2. May 1990；② Colin Tatz. ：*"Genocide in Australia"*；*"Journal of genocide research"*，Vol. 1，No. 3，1999. ；③ Richard Broome：*"Aboriginal Victorians, a history since1800, Crows Nest"*，N. S. W. ：*ALLEN&UNWIN*，2005；④ 艾尔弗雷德·W. 克罗斯比：《生态扩张主义，欧洲 900—1900 年的生态扩张》，许学征译，沈阳：辽宁教育出版社，2001 年版；⑤ Robert Murray：*"Disease—the Real Invader: Quadrant Magazine History"*，Volume XLVIINumber10，Oct 2003. ；⑥ Richard Broome：*"Aboriginal Victorians, a history since 1800. Crows Nest"*，N. S. W. ：*ALLEN &UNWIN*，2005；⑦ B. Hunter：*"Three nations, not one: indigenous and other Australian poverty"*，1999；⑧ *Australian Institute of Health and Welfare 2011*. The health and welfare of Australia's Aboriginal and Torres Strait Islander people，an overview 2011. Cat. no. IHW 42. Canberra：AIHW。

❷ 数据来源：新西兰卫生部，*Burden of Disease and Injury in New Zealand*，2004 年 8 月 17 日，from http：//www. moh. govt. nz/moh. nsf/。

❸ 新西兰相关研究参见：① *Australian Institute of Health and Welfare 2011*. The health and welfare of Australia's Aboriginal and Torres Strait Islander people，an overview 2011. Cat. no. IHW 42. Canberra：AIHW；② *"The Health of Māori Adults and Children"*，22 March 2013；③ *"Health Needs Assessment Northland District Health Board"*，Centre for public health，centre for public health research，2007，等。

❹ Asian Development Bank：*"The states of ethnic minorities, Health and Education Needs of Ethnic Minorities in the Greater Mekong Subregion"*．

❺ Nyang'ori Ohenjo，Ruth Willis，Dorothy Jackson，Clive Nettleton，Kenneth Good，Benon Mugarura：*"Health of the indigenous people in Africa"*，the Lancet，Volume 367，Issue 9526，10 June 2006.

3. 国内研究状况

相对而言，中国的健康分层研究开始较晚，大致始于 21 世纪初。❶ 目前的研究主要关注与地区、城乡、收入、性别、年龄有关的健康分层。总体来说，中国的健康差距更宏观地体现在地区差距和城乡差别，同时与收入有很强的同构性，这些都给族际健康分层的实证分析造成很大困扰。中国的健康分层研究对民族因素的关注还很少，族际健康分层还处于初级阶段，但是人口普查等积累了预期寿命、死亡率等基本数据，民族人口学研究也做了有益探索。❷

中国在 1982 年第三次人口普查中增设"民族人口"专栏，并在随后的三普资料汇编中把民族人口数据专门单列出来，包括各民族人口数量、年龄状况、文化程度、行业职业及妇女活产子女数等数据，自此从人口普查数据可以比较各民族的预期寿命、死亡率等指标并积累了基本数据。2010 年人口普查首次将"身体健康状况"列入普查范围，但公布的结果未反映各民族之间健康状况的差异实为可惜。

中国历史文献资料中关于古代各民族人口的记载大都是估计的，且散见于各类书中，难以作为研究依据。20 世纪 80 年代后期，有学者开始注意到这一领域的研究，如秦和平撰写的《清代凉山彝族人口发展的原因及其相关的问题》、刘淑英的《两汉少数民族人口构成及特点》等文章，数量不多但开创了一个研究方向。在此之前，20 世纪 40 年代前后，一些社会学家、民族学家不同程度地涉及民族人口问题，是为数不多而又十分可贵的少数民族人口资料。如胡庆钧《川南叙永苗民人口调查》（1933 年）、张汉光的《我国边疆人口问题的提出》（1941—1942 年）、奋生编著的《西藏的人口统计》（1940 年）、吴文晖等人的《西藏人口问题》（1994 年）、杨汉先的《川南八十家苗民人口调查》、陶云逵的《云南几个土著的现代地理分布与人口估计》，以及俞湘文的《河曲藏区人口之研究》等。新中国成立后的 1949—

---

❶ 刘慧侠：《转型期中国经济增长中的健康不平等研究》，北京：中国经济出版社，2011 年版，第 18 页。
❷ 目前常用的数据库有国家卫生服务调查、中国健康与营养调查、中国综合社会调查数据、中国老年人健康长寿跟踪调查，以少数民族为对象的数据库只有"四川凉山彝族人群健康调查数据"，但未见利用该数据做的分析结果。

1976年期间，社会受到"左"倾思想的影响，人口研究成为学术"禁区"，少数民族人口研究更是无人过问。"文化大革命"结束后，人口问题得到高度重视，少数民族地区人口研究开始得到关注。❶ 20世纪80年代中期以前，少数民族人口研究主要是弄清少数民族人口的基本情况，如数量变化、地区分布、存在的主要问题等。1987年代以后，少数民族人口研究逐渐发展起来，包括创办了《中国少数民族人口》杂志、出版了一系列的少数民族人口研究专著，多次召开学术研讨会，"中国少数民族人口综合研究""中国少数民族人口与计划生育研究""少数民族人口家庭、婚姻、生育和节育情况调查""中国1990年人口普查民族人口资料分析""中国56个民族人口调研"等较大规模的科研项目也相继完成。❷ 总体看来，民族人口研究注重研究民族演讲与民族人口变动，以及人口数量变动、生育、婚姻、性别、年龄构成、人口政策中的民族因素。其中，对健康素质与民族因素的研究，通过对民族群体的平均预期寿命、人口死亡率、残疾人口比例、生活质量指数对研究那一时期族际健康分层状况可以提供一定的参考。但是，这一时期的民族人口研究对差异产生的原因，尤其强调民族文化产生的积极或消极作用，而对经济社会条件和医疗卫生服务的关注较少。这与当时中国社会分层、健康分层程度不深，整个社会的"低水平社会公正"状况有关。在新中国成立60多年，特别是经历了改革开放30多年的发展，中国社会剧变，民族分层加剧，新的情况需要新的阐释模式进行阐释。

三、族际健康分层的解释模型

关于健康和健康不良的社会成因理论，来源于社会学家对健康和社会因素之间关系的认识，也来源于现代社会医学的实践。福柯在分析18世纪法国医学实践时提出两种取向，即"局部空间医学"（medicine of the space of localization）和"结构空间医学"（medicine of the space of configuration）。前者是通过临床观察，在一个标准化的参照框架下观察和发现人体功能或正常

❶ 参见张天路编著：《民族人口学》，北京：中国人口出版社，1998年版。
❷ 陈长平：《民族学中的人口研究》，《中央民族大学学报》1999年第1期。

或失调的状态。后者把人体病因的观察范围在空间上扩大到社会和物理环境，在时间上扩展到个人以往的生活习惯。19世纪医疗诊所化后，局部空间医学在接下来的两个世纪占据压倒性优势。20世纪60年代，西方国家疾病谱发生了重大变化，慢性病替代传染性疾病成为健康的主要威胁，健康不再归因为单一的疾病因素。医生们越来越感到应该处理人的"结构空间"问题。在这个转变下，疾病的物理环境、社会环境、生活习惯都得到了关注。

早期的健康分层基于社会流行病学，通过试验检测量化分析并确定因生物基因、个体行为、社会经济因素而引起的个人健康差异。[1] 一直以来，很少有社会科学家认同社会及经济弱势者容易生病是由于遗传不好的基因造成的。[2] 首先，过去人们对基因及其技术没有像现在这样感兴趣，而且研究不深；其次，第二次世界大战中纳粹种族屠杀的悲剧在经历了"二战"的研究者心里留下深刻烙印，产生对基因或生物归因的排斥。事实是，伴随法西斯主义的失败，健康政策的倾向是向弱势群体提供更好的生活和工作环境，以及对社会分层做出更广泛的探究。

因此，在《布莱克报告》中，基因并不被认为是健康分层的根源。《布莱克报告》以来的研究将健康分层的解释分为物质模式、文化—行为模式、心理—社会模式、生命历程模式、政治经济模式，各种模式的主要观点见表1。

表1　健康分层的解释模型[3]

物质模型	文化—行为模型	心理—社会模型	生命历程模型	政治经济模型
个人所得决定饮食、居住品质、是否居住在受污染的环境，以及从事危险工作。	由于信仰、规范以及价值观的不同，社会劣势者，有较多的饮酒、抽烟以及较少的休闲与运动。	在工作及家庭的地位、控制及社会支持、努力与报酬的平衡都会经由对身体功能的冲击而影响健康。	出生前以及童年时期所发生的事情都会影响一个人的生理健康及维持健康的能力。而且健康和社会环境会随时间互相影响。	政治资源和权力分配会影响服务的供给、物理环境的品质及社会关系。

---

[1]　刘慧侠：《转型期中国经济增长中的健康不平等研究》，北京：中国经济出版社，2011年版，第13页。

[2]　该理论假设，一个人具有某些令他成为优势社会群体一员的特征，如更加健康的体魄是"受基因决定的"。

[3]　Md Bartley：《健康不均理论概念与方法》，李妙纯、江心怡、徐惠蘋译，台北：五南图书出版公司，2009年版，第18页。

需要注意的是这些解释并不互相排斥，而是对这些解释加以整合运用才能对健康分层有全面的理解。

随着基因研究的逐步深入，基因可能是健康差异的部分原因。用基因学理解族际健康差异，首先，要考量基因是如何影响健康的。临床观察发现，世居藏族的藏民在快速进入高原低氧环境后极少发生急性高原病。该研究的结论是世居藏族的藏民在进入高原后红细胞促粒细胞吞噬作用的早期增强，在防止和减少高原反应的发生中起到了一定的作用。另外，观察组进入高原后白细胞计数（WBC）变化不明显，与平原值比较无显著差异。其他的临床观察是当机体急性暴露在高原低氧、强紫外线下，WBC 应轻度增高。研究提示藏族对低氧的适应机制与细胞水平的早期适应有关。❶ 另一个利用染色体预测发病率的研究则呈现了相反的效果，那些有易患乳腺癌染色体的女性，1940 年之前出生的有 38% 的得此疾病，1940 年后出生的却高达 69%，其病因差异无法用基因解释，研究人员认为基因差异也受到快速变迁的环境或生活形态的影响。❷

基因归因（caused by gene）作为健康差异的一种解释模式不能完全摒弃，但基因/生物归因解释能力和范围是特定的。单一染色体的作用会受到其他各式各样的基因的影响，也会受到环境影响。而个人所生存的自然环境和生活环境的改变在很大程度上取决于行为和社会结构的改变。能够用基因解释的健康差异不能被看作健康分层：首先，由于基因运作的复杂性，因此很难宣称这些复杂的特性会因为遗传而更普遍存在于某个民族。其次，因基因产生的健康差异，不能发展出有针对性的政策，不能从社会安排上改变健康差异。

行为/文化归因（behavior/culture explanation）认为每个民族的文化都有自己的"原罪"（sin）、有害文化实践（harmful cultural pratice），如酒精滥用、不良饮食习惯，正是这些文化实践导致了健康不良。按此思路，各个社会群体之间与健康相关的行为差异，包括抽烟、休闲活动、饮食中的脂肪和

---

❶ 参见石泉贵等：《快速低氧致世居藏族红细胞促粒细胞吞噬作用改变》，《高原医学杂志》2000年第 4 期。

❷ Md Bartley：《健康不均理论概念与方法》，李妙纯、江心怡、徐惠蘋译，台北：五南图书出版公司，2009 年版，第 12—14 页。

糖盐摄取、药物滥用、性行为等不断被记载和放大。认为正是这些不良的文化和行为，造成少数民族健康不良，而且这种"短命的文化"一旦形成，就成为持久性健康不良的独立原因，即人们短命，是因为他们有一种有缺陷的文化。

饮食习惯影响健康差异的例证，如在欧洲或者南方地中海国家（西班牙、意大利、希腊），他们的健康分层程度似乎比较小。一般认为是这些国家的"地中海饮食"使然。当然，气候也有影响，比起其他国家，这些国家便宜的房屋对于居住者来说也不会特冷或太热。❶ 1983 年一项对吉林省延边朝鲜族自治州和龙县的朝鲜族及汉族医学人口调查的研究分析显示，朝鲜族在标化死亡率、预期寿命、死亡专率方面都高于汉族。但是，当地朝鲜族的社会经济条件都优于汉族。研究据此认为朝鲜族的相对健康不良状况"可能与本民族传统的生活习惯、行为有关"，是喜食辛辣刺激性食物、腌制咸辣食品、男性大量饮酒、妇女孕期及临产前从事家务或田间劳动所致。❷

行为/文化归因不能解释有关行为为什么会在不同民族之间有系统性的差异。这种解释的假设在于某些民族天生具有某些文化导致健康不良，认为这些不良人格特质与他们在社会结构中的位置不相关。一方面，这是一种"责备受害者"的立场，另一方面也意味着处于健康劣势的人，因缺少"自律"不能获得政府或健康专业者所提供的健康教育讯息，或者获得了也无法改变行为。

正如英国学者 James Y. Nazroo 指出的，基因并不能将具有相似外表的人归纳为特定的民族，而将某一民族或种族罹患某种疾病看成是不同的生物或文化因素所致的"传统流行病学取向"（traditional epidemiological approach），聚焦于特定疾病，并以族群间的生物和文化之变异情形作为了解病源的线索，这样等于变相"谴责"这些少数民族，认为他们比较容易得某些特定疾病。不同于传统的方式，"种族/民族关系取向"（race/ethnic relation approach）提出研究民族与健康关系的动机方法及其结果意涵都产生某些潜在具有歧视的结论。他

---

❶ Md Bartley：《健康不均理论概念与方法》，李妙纯、江心怡、徐惠蘋译，台北：五南图书出版公司，2009 年版，第 18 页。

❷ 董情等：《和龙县朝鲜族人口死亡研究》，载张天路主编：《民族人口学》，北京：中国人口出版社，1998 年，第 196 页。

因此认为与族际健康分层有关的原因，最好是从不同群体间的成员所处的社会结构来了解和分析，而非团体间的文化或生物的差异。❶

关于族际健康分层的社会结构因素的显著性——少数民族面临的社会经济不平等与健康的关系有三种看法：一些人认为社会和经济的不平等和族际健康分层没有关系，另一些人认为即使社会和经济不平等有影响，民族文化和基因也起部分作用，另外一些人就认为族际健康分层主要受到社会—经济不平等的影响。从一定程度上来说，这场关于社会经济不平等对族际健康差异的显著性的争论，来自族际健康分层实证研究的复杂性，包括很少的定量数据、研究的困难以及对研究结果的阐释。事实上，正是实证的困难导致了基于文化刻板印象和基因差异的解释长期占据主导地位。❷

对健康差异的决定因素的研究一直是跨学科研究的兴趣所在，传统的研究多集中在对经济因素、社会因素、文化因素以及遗传因素等可能影响实际健康水平的单因素作用的研究中。20 世纪 90 年代以后，健康的决定因素在多种因素之间的相互作用开始受到重视。"健康的社会决定因素"（socail determinants of health，SDH）除关注生物遗传因素之外，还关注影响健康的基本结构和社会条件。越来越多的数据和实证研究证明少数民族群体面临的明显的社会经济不平等成为造成其健康状况不良的最主要原因。如澳大利亚学者研究社会经济因素对不同民族人口的健康差异的影响程度，发现社会经济因素能够解释 1/3 甚至 1/2 的族际健康分层。认为族际健康分层不但是贫困问题、少数民族的健康不佳问题，而且是社会经济地位和社会分层结构问题。❸

少数民族的社会经济地位是由其收入水平、职业结构和受教育程度等因素决定，每种因素通过不同的方式作用于健康。收入水平直接决定物质生活

❶ James Nazoo：*"Gentetic, cultural or socio-economic vulnerability? Explaining ethnic inequality in health"*, Mel Bartley, David Blane, George Davey：*"The Sociology of Health Inequality"*, Blackwell Publishers Le \ td., 1998, pp. 151–170.

❷ James Y. Nazoo, David R. Williams：*"The social determination of ethnic/race inequality in health*, Michael Marmot"，Richard G. Wilkson：*"Social Determinants of Health"*, Oxford University Press, 2006, p. 238.

❸ Alison Booth, Nick Carroll：*"The Health Status of Indigenous and Non-Indigenous Australians"*, Centre for Economic Policy Research, DISCUSSION PAPER, March 2005.

条件，影响生存条件和生活状况，是决定人们健康与否的最重要因素；收入水平与消费能力、营养和医疗保健状况密切相关；收入差距通过社会地位、受教育机会、生活压力、心理影响对健康产生影响。职业结构反映群体在社会中的地位、职业范围活动和性质、工作压力和相关健康风险的情况，也决定了收入水平。受教育程度代表人群获得经济社会资源的能力，决定着人们的收入水平。教育能提高人接触到更多的健康知识，了解健康生活方式的优点和预防疾病的重要性，从而采取健康行为，降低风险。教育对文化知识、技术水平、解决实际问题的能力和价值观等都有影响。

对健康分层的各种解释模式在不同的国家和地区都找到了相应的经验证据，这些经验大都来自性别、年龄、阶级或阶层群体。与性别、年龄和种族都具有生物性内涵相比，民族更容易被看成"文化"群体，因此会认为正是群体文化和实践导致了族际健康差异。与健康差异归因于基因/生物特征的说法一样，这种看法忽视了少数民族在社会结构中的位置，他们长期被主流群体或较有权力的团体剥削的历史，以及成为社会中主流及权力团体既得利益的借口。社会结构归因因此在解释族际健康分层方面显示出更多优势。

族际健康分层的社会结构归因认识到以往的卫生政策模型只考虑直接导致疾病的生物原因和文化、行为因素是不够的，将经费及注意力都集中在健康服务上，忽视造成健康分层的原因是对减少族际健康分层的误导。还必须考虑健康的社会决定因素，即导致疾病的"原因的原因"，重视健康损益背后的社会机制，而健康服务难以改善这些风险因素。因此建立健康服务的"上游模式"，从健全族际健康分层的机制削减族际健康分层：一是改善少数民族的生活机会和物质资源的获得，促进就业、教育、体面的住房、医疗；二是提升少数民族社会凝聚的过程，互相帮助和更好的交流合作；三是关注潜在的民族冲突和民族关系对社会心理的作用，加强社会支持、加强对失望紧张的控制和提高工作保障等。

四、结语

族际健康分层是健康分层与民族分层研究交叉的议题，在国际公共卫生和国外民族研究领域已经有深入的研究并积累了丰富的成果。国内的健康分层起步较晚，且对民族因素的关注较少。而民族分层作为民族研究的重要内容，是现代社会分层研究的新趋势，把健康作为指标来考察国内民族分层也同样少见。❶ 从健康分层和健康公平、民族分层及民族平等研究角度来看，族际健康分层研究都有重要意义，通过严谨的研究，它必将能够推动公共卫生领域对民族因素的关注并促使民族研究领域向更专业化的领域拓展，还能把健康促进概念引入少数民族发展和反贫困战略中，倡导健康优先发展，以健康促发展，以健康反贫困的理念。

---

❶ 目前常用的指标包括劳动力行业结构、城市化水平、平均受教育水平、就业状况、职业分布、收入水平、消费模式、犯罪率、自我认定的社会等级及财富等。

城市与移民：西方族际居住隔离研究述论

郝亚明❶

居住隔离（residential segregation）是指群体在空间上的非随机分布，并且形成以某些社会特征为基础的系统性居住模式。❷这些社会特征通常包括阶级阶层、宗教信仰、文化认同、知识层次、年龄阶段、地域区划、种族族群等，其中，以种族、族群为边界的族际居住隔离，因其普遍性和顽固性及深刻的社会影响成为备受西方学界、政界和大众传媒关注的社会议题。❸ 从研究现状来看，族际居住隔离已经超越城市社会学和社会地理学成为一个跨学科的综合性研究领域，著名国际杂志《城市研究》甚至曾辟专刊对这一主题进行集中探讨。❹ 那么，这种族内聚集、族外隔离的居住模式是如何形成的？族际居住隔离会造成怎样的社会后果？居住空间隔离作用于这些社会后果的机制是什么？西方国家采取了哪些社会政策来应对族际居住隔离？本文力图在归纳西方相关研究的基础上对上述问题进行初步回答，并希望这些理论探讨和实践经验能为中国城市化进程中的族际空间融合（ethnic spatial integration）提供有益的借鉴。

一、族际居住隔离的形成原因

在全球化和市场化时代，族际居住隔离已逐渐成为世界性的社会景观。

---

❶ 作者为南开大学周恩来政府管理学院副教授，南开大学人权研究中心研究员。

❷ 参见 White Michael J.："American Neighborhoods and Residential Differentiation"，New York：The Russell Sage Foundation，1987，pp. 82-83。

❸ 有学者认为，在探讨隔离或融合主题时，种族、族群总是比阶级等概念更易成为人们关注的焦点。参见 Deborah Phillips，"Minority Ethnic Segregation，Integration and Citizenship：A European Perspective"，Journal of Ethnic and Migration Studies，Vol. 36，No. 2，2010。

❹ 参见 "Urban studies"，Vol. 35，No. 10，October 1998。

美国作为发达移民国家的典范，族际居住隔离被认为是其社会的基本组织特征。❶ 西欧各国在历史上普遍是以单一民族为基础建立起来的现代民族—国家，然而，随着前殖民地民众、外来劳工、难民和寻求庇护者的陆续进入，少数族群安置和居住隔离问题随之成为欧盟的中心政治议题之一。族际居住隔离现象具有丰富的历史及现实意涵，故在其成因上也形成了多种理论解释，大致可以归纳为四种视角：经济视角、文化视角、歧视视角、制度视角。

第一，经济视角。通常而言，住房价格与其所提供的生活机会和生活质量高低成正比，因而个体的居住选择直接受制于其经济实力。经济视角认为，族际居住隔离是阶级差异与族群差异相重合的表现，实质上体现的是少数族群与主体族群之间的经济水平差异。空间同化理论（spatial assimilation theory）蕴含了经济视角的基本观点。这一理论从新古典经济学的视角出发，将少数族群从居住隔离向居住融合的过渡看成是一个资源获取与转换的自然过程。在完成经济、社会和文化适应之前，少数族群无力支付主流社区相对高昂的房价，通常会选择居住在本族群聚居区来获取必要的社会网络和社会支持。在经历一定阶段的文化适应之后，少数族群居民建构了自己独立的社会网络，社会经济地位向上流动为他们提供了经济基础，得以将获取的资源转换成更高质量的居住条件，搬入具有良好医疗卫生和公共服务的主流社区，从而实现了与主体族群的空间同化。"文化适应产生了需求，社会经济地位向上流动提供了途径，少数族群由此也就实现了空间同化"。❷

第二，文化视角。文化视角认为每个族群都体现出以文化和相似性为基础的偏好，居住隔离与居住偏好存在密切关联。对此，谢林（Schelling）有一个著名论断："族群集中居住的微弱偏好也会导致严重的居住隔离。"❸ 在这一理论视野中，居住隔离是选择性而不是限制性的结果，其实质是自我隔

---

❶ 参见 Massey D. S. & Denton N. A.："American Apartheid：Segregation and the Making of the Underclass, Cambrige", MA：Harvard University Press, 1993, p. 9.

❷ Gideon Bolt & Ronald van Kempen："Ethnic Segregation and Residential Mobility：Relocations of Minority Ethnic Groups in the Netherlands", Journal of Ethnic and Migration Studies, Vol. 36, No. 2, 2010.

❸ Schelling, T. C.："Dynamic Models of Segregation", Journal of Mathematical Sociology, Vol. 1, No. 2, 1971.

离，"特定族群成员的高度居住集中可能是由于他们故意选择所造成的，他们期望自己能够居住在一起"。❶ 很多学者都赞同族际居住隔离的文化视角，但在居住偏好形成动因上却存在不同理解，从而形成了三个理论分支：族群认同理论（ethnic identity theory）认为，在多元族群环境中人们具有保持邻里文化和种族相似性的愿望，偏好与自己具有相同种族文化背景的人居住在一起，居住隔离是物以类聚、人以群分的结果；族群资源理论（ethnic resource theory）认为，聚居区能够提供大量的族群资源，成为少数族群应对生活挑战的一种策略和手段；庇护所理论（safe haven theory）指出，少数族群以文化为基础的聚居偏好实质是对外界歧视与偏见的一种主动的逃避性反应，隔离的居住区为边缘化的少数族群居民提供了庇护所。

第三，歧视视角。种族与族群歧视也被视作是族际居住隔离的主要肇因。"居住位置和隔离程度可以视作一个群体在社会中相对地位的指标"，❷ 种族与族群不平等内在地镶嵌于空间不平等之中。这种理论视角认为主体族群的偏见和歧视形塑了社会中少数族群的居住模式，少数族群的歧视性住房市场导致了族际居住隔离。❸这种类型的族际居住隔离在美国社会体现得最为典型：一方面，通过房地产经纪人的信息操控，房东的价格歧视，不平等地获取抵押贷款的机会，排斥性的城市规划，社区白人居民的敌意等手段，少数族群被排斥在白人社区之外；另一方面，当社区中少数族群超出一定数目并达到触发机制后，就会出现白人逃离（white flight）的现象，居住融合的区域再次回归居住隔离的状态。基于美国社会系统性存在的白人与非白人之间的居住隔离，有学者将其称为美国种族关系的"结构性关键"（structural linchpin）。❹

第四，制度视角。与上述三种视角相比，制度性因素对族际居住隔离的

---

❶ Bolt, G. & Van Kempen R. : "Escaping Poverty Neighborhoods in the Netherlands", Housing, Theory and Society, Vol. 20, No. 4, 2003.

❷ Park Robert & Burgess Ernest: "The City: Suggestions for Investigation of Human Behavior in the Urban Environment", Chicago, IL: University of Chicago Press, 1925.

❸ 参见 Alba, R. D. & Logan, J. : "Variations on Two Themes: Racial and Ehnic Patterns in the Attainment of Suburban Residence", Demography, Vol. 28, No. 3, 1991。

❹ 参见 Lawrence Bobo: "Keeping the Lincpin in Place: Testing the Multiple Sources of Oppostion to Residential Integration", International Review of Social Psychology, Vol. 2, No. 3, 1989。

影响通常为人们所忽视。然而，正如列斐伏尔（Lefebvre）指出的那样，空间的形成绝对不是一个自然而然的过程，相反，这种人为制造的空间环境是某些制度和意识形态的混合。❶社会制度和公共政策通常在一国范围内发生作用，因而其对族际居住隔离的影响效力需要在国别比较研究中才能得以体现。学者公认，英美等国的族际居住隔离要显著高于其他西方国家。这是由于盎格鲁—撒克逊国家普遍崇尚自由市场原则，能接受较高程度的两极分化和社会不平等；而欧洲大陆国家政府则更倾向于扮演干预者的角色，尽力消除社会不平衡因素。❷其他一些重要的制度性因素还包括社会福利制度的完备程度与覆盖范围，国家主流意识形态对少数族群社会融合的态度，住房市场、劳动力市场、医疗系统和教育系统对少数族群的开放与接纳程度，等等。

制度因素对居住隔离的作用在一些实证研究中得到了证实。梅西（Douglas S. Massey）和丹顿（Nancy A. Denton）在统计分析的基础上提出，造成美国族际居住隔离的普遍原因是制度和政策因素，其影响超过了经济状况和个体选择。"随着城市的重新开发、更新和公共住房计划的实施，政府的干预不仅增强了现有的隔离模式，也使得新的隔离比以前更能持久存在"。❸汉伦（James Hanlon）则以20世纪上半期美国肯塔基州列克星敦市的贫民窟清理计划为例来检验种族居住隔离的空间动力学，认为当代的居住隔离模式及其意涵内在地与数十年前由政府主导的以种族隔离为基础的社会空间秩序改造存在紧密关联。❹

需要指出的是，时至今日，西方学界在族际居住隔离的形成原因上仍然争论激烈。安德森（Andersson）认为就基本框架而言，美国学者为种族居住隔离提供了两种解释思路：一种是社会—经济的解释模式（socio - economic

---

❶ 参见［法］亨利·列斐伏尔著，王志弘译：《空间：社会产物与使用价值》，载包亚明主编：《现代性与空间的生产》，上海：上海教育出版社，2003年版，第50页。

❷ 参见 Sako Musterd & Marielle De Winter: "Conditions for Spatial Segregation: Some European Perspective", International Journal of Urban and Regional Research, Vol. 22, No. 4, 2002。

❸ Douglas, S. Massey & Nancy, A. Denton: "Trends in the Residential Segregation of Blanks, Hispanics, and Asians: 1970—1980", American sociological review, Vol. 52, No. 6, 1987。

❹ 参见 James Hanlon: "Unsightly Urban Menaces and the Rescaling of Residential Segregation in the United States", Journal of Urban History, Vol. 37, No. 5, 2011。

explanations），一种是文化—族群的解释模式（cultural-ethnic explanations）。❶ 一些欧洲学者跨越各种理论范式的边界，直接将众多观点的对立概括为选择—限制理论（choice-constraint theory）。选择理论将居住隔离归结为少数种族在信息充分条件下所做出的理性选择，体现为以族群性和文化偏好为基础的聚居模式;❷限制理论则认为居住隔离是因为少数种族面临各种社会经济限制，如经济不平等和制度性歧视等。❸ 在系统整理分析居住隔离相关理论的基础上，拉特克利夫（Ratcliffe）敏锐地指出，这些理论分歧实质上反映的是社会学上更深层次的结构—能动的二元对立（structure-agency dualism）。❹

二、族际居住隔离的负面效应

族际居住隔离会造成怎样的社会后果？尽管部分文献为族际居住隔离的必然性和必要性提供了正面辩护，但在其社会后果的负面性上大部分西方学者却有着坚定的共识，"隔离通常被视作引起分裂与不和的重要因素，它阻碍了社会交往并导致群体之间相互不信任和相互不理解"。❺大量实证研究证明，族际居住隔离不仅对少数族群的社会经济地位和群体发展造成不利影响，还会对宏观的种族/族群关系、社会凝聚力乃至国家认同形成威胁。族际居住隔离的负面效应成为这一领域研究的动力所在。

（一）族际居住隔离与生活机会（life chances）

族际居住隔离营造出一种对少数族群不利的资源配置和社会氛围，在一定程度上剥夺了他们的生活机会，从而系统性地损害了少数族群成员的社会

---

❶ 参见 Andersson, R.: "Socio-spatial Dynamics: Ethnic Divisions of Mobility and Housing in Post-palme Sweden", Urban Studies, Vol. 35, No. 3, 1998。

❷ 参见 Lewis, P.: "Islamic Britain, Religion, Politics and Identity among British Muslims", London: I. B. Tauris, 1994。

❸ 参见 Smith, S.: "The Politics of 'race' and Residence: Citizenship, Segregation and White Supremacy in Britain", Cambridge: Polity Press, 1989。

❹ 参见 Ratcliffe, P.: "Race, Ethnicity and Difference: Imagining the Inclusive Society", Maidenhead: Open University Press, 2004, p. 66。

❺ Peach, C.: "Good Segregation, Bad Segregation", Planning Perspectives, Vol. 11, No. 4, 1996.

经济福利。❶族际居住隔离对少数族群生活机会的影响主要体现在以下几个方面：

其一，隔离的族际居住模式切断了少数族群与主体族群之间的网络桥梁，社会网络的限制使得少数族群难以获得具有较高薪酬和社会地位的工作机会；其二，少数族群聚居社区在公共设施（如学校）和公共服务（如医疗）质量方面往往要低于主体族群社区，而这会直接影响到少数族群的个体素质和社会竞争力；其三，少数族群高密度集中居住造成语言学习困难，影响相关知识和社会资本的获得；其四，少数族群集中居住的社区可能被"污名化"，其居民被贴上"贫穷、懒惰、素质低下、无竞争力"的社会标签，在劳动力市场上处于被排斥的地位，而群体被排斥感又降低了他们获得职业的期望；❷其五，少数族群聚居区往往是边缘化社区，客观条件限制了工商企业的存在和就业机会的提供，就业空间和居住空间的不相匹配也会严重影响这部分民众社会经济条件的改善。❸

（二）族际居住隔离与社会化

族际居住隔离不仅对少数族群个体的社会经济流动产生不利影响，而且还可能通过社会化过程作用于下一代和整个族群。所谓社会化就是对社会规范的适应和社会价值的习得，而居住空间无疑正是社会化过程的重要场域。一些研究者指出，社区（邻里）榜样人物和成功人士对青少年社会化具有无可替代的示范作用，然而大量的少数族群聚居社区难以提供这种正面的角色示范。孩子在这里长大就是复制不良的社会环境，对高失业、教育低下、福利依赖等状况习以为常并无意做出改进，缺乏成功的榜样示范和社区的声名狼藉形成了一个恶性循环。❹社会不利（social disadvantage）与空间隔离的交

---

❶ 参见 Galster George："Residential Segregation and Interracial Economic Disparities：Simultaneous Equations Approach"，Journal of Urban Economics，Vol. 21，No. 1，1987。

❷ 参见 Musterd, S. &R. Deurloo："Unstable Immigrant Concentrations in Amesterdam：Spatial Segregation and Integration of Newcomers"，Housing Studies，Vol. 17，No. 3，2002。

❸ 参见 Kasarda, J. D., Friedrichs, J. &Ehlers, K. E.："Urban Industrial Restructuring and Minority Problems in the US and Germany"，M. Cross ed.："Ethnic Minorities and Industrial Change in Europe and North America"，Cambridge：Cambrige University Press，1992。

❹ 参见 Manuel B. Aalbers&Rinus Deurloo："Concentrated and Condemned? Residential Patterns of Immigrants from Industrial and Non—industrial Countries in Amsterdam"，Housing, Theory and Society，Vol. 20，No. 4，2003。

互作用，使得少数族群聚居区内进一步滋生出"贫困文化"和"犯罪文化"，对少数族群和整个社会都造成了持久的负面影响。更有学者指出，居住隔离作为结构性条件本身会产生"隔离文化"，在这种反主流文化中，工作、教育和家庭生活不再是核心价值。❶

（三）族际居住隔离与社会融合

空间融合是社会融合中的关键性步骤，"如果一个群体没有在物理上融入社会，结构同化及其随后的各种同化阶段，其发生将变得极为困难"。❷利伯森（Lieberson）的研究为此提供了实证支持，他通过统计资料分析发现高度隔离的少数族群成员不太可能成为美国公民，这些群体不讲英语且较少发生族际通婚。❸现有文献着重从几个方面探究了居住隔离对社会融合的影响。第一，族际居住隔离减少或隔绝了少数族群和主流社会的接触机会，进而导致社会分割。学术界用来表述这种状态的术语有分离的世界（worlds apart）、分裂的城市（divided cities）、二元城市（dual cities）以及平行社会（parallel societies）等，美国一些政府报告中也透露出此种论调。❹第二，高密度的族群聚居区促进了那些可能与主流社会价值规范不一致的文化传统的存留。芝加哥学派的社会学家认为，族群集中之所以不受欢迎是因为这种集中会使他们之前的认同长期存留并阻碍同化。❺第三，族际居住隔离从需求和机会两个层面抑制了少数族群对社会通用语言的学习，而社会参与和社会融合在很大程度上受制于个体语言技能。事实上，"所有的族群聚集与族际隔离都损害了社会凝聚"，这已经成为欧美学界和政界的一个共识。与之对应，很多西方国家也在政治实践中将"空间分散"视作少数族群社会融合的重要标志，

---

❶ 参见 Massey, Douglas S. &Denton, Nancy A. : "American Apartheid: Segregation and the Making of the Underclass"。

❷ 参见 Massey. D. S &Mullan B. P. : "Processes of Hispanic and Black Spatial Assimilation", American Journal of Sociology, Vol. 89, No. 4, 1984。

❸ 参见 Lieberson, S. : "The Impact of Residential Segregation on Ethnic Assimilation", Social Forces, Vol. 40, No. 1, 1961。

❹ 参见 "National Advisory Committee on Civil Disorders, Report of the National Advisory Commission on Civil Disorders Dutton", New York, 1968。

❺ 参见 Dunn, K. M. : "Rethinking Ethnic Concentrations: the Case of Cabramatta, Sydney", Urban Studies, Vol. 35, No. 3, 1998。

尽力通过社会政策消除居住隔离以促进社会融合。

（四）族际居住隔离与族群关系

居住模式蕴含着最深层次的社会结构，集中体现了种族、族群、文化、宗教、阶级等人类基本划分之间的社会关联和社会距离。族际居住模式既体现了族际关系，同时也会反作用于族际关系。在大量实证研究的基础上，西方学者提出了两种居住隔离作用于族际关系的理论路径。❶第一种路径称作"族际竞争理论"。族群之间在稀有物品的竞争上具有不同的利益，因而一个群体对其他群体的态度与其感受到的竞争大小有着直接关联。当一个社区中少数族群的绝对数量或相对比例超过一定界限，就会让主体族群感觉受到威胁；而当少数族群通过族内聚居形成人口、文化高度同质的纯化社区（purified community）时，这种心理威胁感上升到顶点。主体族群会改变对待聚居族群的态度，将其视作福利分享者、就业机会争夺者以及文化异类，进而在社会生活中歧视与排斥这些群体。第二种路径称作"族际接触理论"。这种理论认为，积极的日常接触能够增进群体间的相互理解和相互接受，减少对于其他群体的负面态度，对于建构良好的族际关系不可或缺。而族际居住隔离却削减了族群之间互动和沟通的机会，拉大了不同群体之间的社会距离和心理距离，导致群体偏见、刻板印象乃至敌对态度的产生。

（五）族际居住隔离与社会冲突

空间在现代政治动员中的作用越来越引人关注，族际隔离的居住空间被视作社会冲突的重要策源地。"移民聚居区从某种意义上说是一些稳定的区域，而且这些区域的文化也与周边区域存在着明显的差别，种族隔离与空间隔离从而形成了契合"，"这些区域也可能成为新型城市抗议运动的渊薮"。❷2005 年，法国巴黎郊区两名北非裔穆斯林男孩为躲避警察而触电身亡，引起

---

❶ 参见 Mérove Gijsberts & Jaco Dagevos：" The Socio—Cultural Integration of Ethnic Minorties in the Netherlands：Indentifying Neighborhood Effects on Multiple Integration Outcomes"，Housing Studies，Vol. 22，No. 5，2007。

❷ 参见 ［英］安东尼·吉登斯：《批判的社会学导论》，郭忠华译，上海：上海译文出版社，2007 年版，第 46 页。

本地青少年骚乱，随后蔓延至全国，并波及德国和比利时；英国 2001 年种族骚乱曾经造成大量的人员伤亡和财产损失，而 2011 年夏天伦敦再度爆发大规模骚乱，骚乱起源在于黑人社区和当地警察之间的紧张关系。无疑这些社会冲突背后都有深层次的经济、政治、社会原因，但族际居住隔离显然是不可忽视的空间因素。更有学者指出，空间隔离可能导致社会疏离感和异化，引起少数族群和年轻移民对主流社会的反叛。❶在骚乱发生之后，很多欧盟国家开始全面检讨和反思本国的少数族群安置政策，力图从空间上消除社会冲突的根源。

三、族际居住隔离的作用机制

对族际居住隔离作用机制的探讨是这一领域研究的重要学术资源。在西方学者眼中，族际居住隔离的作用机制在本质上可以归结为"邻里效应"（neighborhood effect），正是邻里效应将社区的特征传导到个体身上，形成相应的社会后果。邻里效应的核心观点是邻里环境对一系列社会后果具有重要且独立的效果，除个体特征、家庭背景以及宏观社会经济条件影响之外，人们生活和成长于其中的居住空间也会对他们自己未来的生活产生重要影响。❷

早期社会科学研究中较为关注微观个体因素和宏观社会因素，而中观层次的空间因素则在一定程度上被人们所忽略。科尔曼（Coleman）曾指出社会学的"社区研究传统"与"调查研究传统"之间存在分裂，因为后者主要以个体层次资料为基础，缺乏对空间背景的认识，损害了理解社会行动模式的能力。❸"社会或经济过程所处的情景（context）对这些过程本身具有举足轻重的影响"，随着人们对这一理念认识的深入，"地点因素"（place

---

❶ 参见 David Varady："Muslim Residential Clustering and Political Radicalism"，Housing Studies，Vol. 23，No. 1，2008。

❷ 参见 Susanne Urban："Is the Neighbourhood Effect an Economic or an Immigrant Issue? A Study of the Importance of the Childhood Neighbourhood for Future Integration into the Labour Market"，Urban Studies，Vol. 46，No. 3，2009。

❸ 参见 Coleman J.："Social Theory, Social Research and a Theory of Action"，American Journal of Sociology，Vol. 91，No. 6，1986。

matters）逐步发展为社会科学研究的基础变量。❶社会性地建构起来的居住空间，如邻里（neighborhood）和社区（community）被视作首要的情景变量，很多学者开始探寻这些空间变量与个体或群体社会结果之间的作用机制。

美国学者威尔逊（Wilson）于 1987 年出版的著作《真正的穷人》（The Truly Disadvantaged）引发了一场关于邻里效应的学术讨论。他在书中提出了一个著名的观点："贫民区（ghetto）里的居民产生各种社会问题，仅仅是因为他们居住在隔离的贫民区。"❷ Wilson 认为，全球竞争引起的经济结构调整在一定程度上创造了贫民聚集区，但贫民区的贫困集中也可以看作是自我生产的过程，进而导致了两极分化和下层阶级的产生。这种情形使得聚集区的人口和主流社会隔离开来，对于成年人会丧失各种就业机会，对于年轻人可能会习得越轨行为，进一步制约他们融入主流社会的机会。

邻里效应的内涵非常丰富，西方有大量文献进行探讨，可以将其作用路径大致归纳成六种机制。这些作用机制从不同角度阐述了社区如何影响居住于其中的人们，以及社区的特征如何转换成个体或群体的社会后果，也即回答了这样一个问题：边缘化的少数族群社区如何使得居住于其中的少数族群更加边缘化？

第一，网络机制（network mechanism）。社会融合有赖于与优势的、主流人群之间的联系，因为这些网络能够提供非常有用的信息和资源。富裕的主流社区能够提供更多的社会网络，而隔离的族群社区则很少能够提供这些网络联系。一些研究进一步指出，隔离的少数族群社区能够强化族群内部的强关系，而对于发展与主流社会相联系的弱关系则会起到限制作用。而 Granovetter 早在 20 世纪 70 年代就对弱关系在个体求职和自我发展过程中的作用有过经典的论述。❸

第二，污名化机制（stigmatization mechanism）。文化、宗教和族属上的

---

❶ 参见 Nick Buck："Identifying Neighborhood Effect on Social Exclusion"，Urban Studies，Vol. 38，No. 12，2001。

❷ Wilson W. J.："The Truly Disadvantaged：the Inner City，the Underclass and Public Policy"，Chicago，IL：University of Chicago Press，1987。

❸ 参见 Granovetter M. S.："Getting a Job：a Study of Contacts and Careers，Cambrige"，MA：Harvard University Press，1974。

差异及贫困集中等因素使得很多社区被贴上负面标签，其居民在劳动力市场和社会参与过程中面临歧视和不公平待遇。Galster 指出，当贫困的少数族群人口超过一定比例而被外部行动者认定为在社区中占据主导地位时，空间污名化就非常容易产生。❶ 一些重要的社会机构、政府部门和市场参与者就会对社区居民产生负面的印象，并减少相应区域的资源流入量。

第三，社会化机制（socialization mechanism）。社会化机制可以分为集体社会化机制（collective socialization mechanism）和传染机制（epidemic mechanism）两种，前者强调社区成年人对青少年社会化的影响，后者强调同辈群体对青少年社会化的影响。❷集体社会化机制认为正面或负面的社区角色对青少年社会化具有重要影响。在生存条件较差的少数族群聚居社区中，青少年通过对成年榜样人物的学习和模仿，极有可能在社会化过程中习得犯罪文化、贫困文化、隔离文化等价值规范，从而与主体社会格格不入。传染机制假定行为具有传染性，越轨行为的扩散主要是因为同辈群体之间的相互影响。由于贫困社区中越轨行为更为常见，可以预测家庭背景相似的青少年，在贫困社区中成长的将会比在富裕社区中成长的更有可能偏离主体社会规范。

第四，隔离机制（isolation mechanism）。物理距离和空间障碍使得族际隔离社区无法接近外部资源，从而对内部居民的社会参与和生活机会造成先天的劣势。少数族群社区的空间隔离加强了他们的社会经济隔离，居住在这种贫穷社区中将进一步减少穷人的生活机会。空间不匹配理论（spatial mismatch theory）就描述了隔离社区中少数族群居住空间与工作空间的不匹配，进而切断了他们获取工作和接受良好公共服务的机会。不安全机制（Insecurity mechanism）也可以视作是隔离机制的一种特例，主要强调犯罪行为和社会失序会严重危及该区域中全体居民的生活机会。一旦某社区被认定

---

❶ 参见 Galster G. : "Neighbourhood Mix, Social Opportunities and the Policy Challenges of an Increasingly Diverse Amsterdam, Wibaut lecture", Amsterdam: (AMIDSt), University of Amsterdam, 2005, p. 11。

❷ 参见 Jencks C. &Mayer S. E. : "The social consequences of growing up in a poor neighborhood", L. Lynn and M. McGeary eds. : "Inner City Poverty in the United States", Washington, DC: National Academy Press, 1990, pp. 114-116。

为动荡区域，本地居民都不得不以更少的资源来应对更多的社会风险。❶

第五，制度机制（institutional mechanism）。由于地方财政税收的不足或地方政府有意无意的忽视，很多少数族群聚居社区在公共机构的数量和公共服务的质量方面与主流社会社区存在较大差异；不少学者都特别强调了社区中公共机构工作人员，如小学教师和警察等对于青少年成长的作用。这似乎说明，以社区为单位，在公共服务和公共设施的质量，财政拨款数量，政府机构服务水平等方面，邻里效应依然间接地发挥着作用。

第六，心理机制（psychological mechanism）。邻里效应的心理机制主要由两个相互关联的理论所构成。期望机制（expectations mechanism）强调个体自我发展与自我期望紧密相关，而自我期望又由自己和邻居的社区生活经历所形塑。参照群体机制（reference group mechanism）强调个体主要通过与身边人比较来评估自己的处境和社会地位，而邻里是参照群体的重要构成部分。这些理论在某种程度上暗示了居住在隔离的族群聚居社区中的人口可能具有低水平的发展目标和参照群体，在进取心和社会经济地位方面表现较差，从而在社会竞争和个体发展中处于不利局面。

四、族际居住隔离的政策干预

从近几十年产生的大量文献来看，在很多国家和城市中，空间隔离和族群聚居被普遍认定为是不受欢迎的，甚至是危险的，是一种必须与之斗争的社会反常现象。欧美政治家通常秉持这样的理念：“居住隔离阻碍社会融合，制造社会不平等，并可能导致社会碎片化。”❷少数族群的居住隔离和社会融合已经成为西方社会重大的政治议题，诸多国家纷纷制定社会政策来干预人口的族际分布，以此削减种族与族群歧视、培养共同价值、确保社会稳定和国家统一。尽管政策干预已经成为应对族际空间隔离的共同选择，但各国在具体社会政策的制定和执行上却深受本国历史背景、现实因素和主流意识形

---

❶ 参见 Nick Buck：“Identifying Neighborhood Effects on social Exclusion”，Urban Studies，Vol. 38，No. 12，2001。

❷ Jennifer M. & Ade Kearns：“Living Apart？Place，Identity and South Asian Residential Choice”，Housing Studies，Vol. 24，No. 4，2009.

态的影响，因而在政策实践与政策后果上颇为不同。此外，值得关注的是，这些旨在消除社会分裂的政策干预在其实际效果、社会后果和价值判断上引起了持续不断的巨大争议，学界与政界之间、主体族群与少数族群之间时常出现迥异的评价和理解。

（一）干预方针：同化主义与多元主义

每个国家如何看待和对待族际居住隔离与其主流意识形态息息相关，这些意识形态从根本上决定了相关社会政策的价值取向和干预目标。意识形态直接关涉社会融合的界定及对少数族群社会文化权利的设定，通过这一问题上的差异可以将西方国家的族际空间政策分为三种类型。

第一种可称作"同化主义空间政策"，代表国家有德国、丹麦、奥地利、意大利、比利时和芬兰等。这些国家在公民权利上具有较为强烈的排外倾向，少数族群移民及其后代被视作外来者，其政治社会文化权利受到严格限制。此种意识形态将社会融合界定为"文化同化和空间分散"，族际居住隔离被视作缺乏社会融合的典型表现。❶这些国家的族际空间政策倾向于以社会交往极力减小文化差异，以居住融合尽量防止空间隔离。这种空间政策往往以牺牲少数族群的居住偏好和居住选择为代价，以空间同化促进文化同化，确保其社会融合进程的顺利完成。

第二种可称作"多元主义空间政策"，其代表国家主要有荷兰、加拿大、英国和爱尔兰等。这些国家将促进少数族群社会融合与维持社会多样性视作同一过程，其族际空间政策的目标包括培育良好社区关系，消除社会融合障碍，满足不同社会文化背景的人的多样性居住需求。英国的住房政策是恪守多元文化主义政策的范例，大体上体现了增加少数族群住房选择和满足文化多样性需求的原则，为英国建设"和而不同、平等有序"的包容性社会奠定了空间基础。❷

第三种可称作"去族群化空间政策"，其代表国家有美国、法国、葡萄

❶ 参见 Deborah Phillips："Minority Ethnic Segregation, Integration and Citizenship: A European Perspective", Journal of Ethnic and Migration Studies, Vol. 36, No. 2, 2010。
❷ 参见 Ratcliffe P.："Race, Ethnicity and Difference: Imagining the Inclusive Society", Maidenhead: Open University Press, 2004。

牙和瑞典等。这些国家将空间隔离视作社会分层和经济分化的后果，认为族
际居住隔离是阶级居住隔离的一种特例，是族际边界和阶级边界重合的表
现。因此，他们的空间政策并不明确涉及族群概念，而将调节对象设定为社
会经济隔离，力图通过不同阶级的空间融合达到族际空间融合。这种空间政
策表面看来没有明显的意识形态偏向，但它却可以通过政策实践达成同化主
义或者多元主义的社会后果。例如，法国和美国同属此种族际空间政策，在
政策实践过程中都强调经济手段调节和阶级空间融合。但在政策目标和政策
选择上，前者力图以阶级消解族群，具有隐性同化主义空间政策特质；后者
则对少数族群的文化和认同较为包容，体现出多元主义空间政策的意涵。

（二）干预途径：消除空间隔离与降低隔离影响

在对居住隔离本质属性的认识上，西方社会存在着两种视角，将其视作
剥夺问题或将其视作空间问题。❶前者认为隔离的本质问题不是空间分离而是
社会剥夺，大量被剥夺的人群聚居于被剥夺地区才造成了居住隔离；后者则
强调隔离社区本身会对居住于其中的个体和群体带来各种额外的负面影响，
居住隔离在本质上就是由空间失调引发的社会问题。在社会政策层面，剥夺
论支持者往往着眼于降低居住隔离的负面影响，消除社会剥夺状态；而空间
论支持者则致力于从根本上消除空间隔离，使各种特征的人口在空间中均匀
分布。

那些视居住隔离为剥夺问题的国家，如法国、英国、比利时、荷兰等，
将隔离的影响而不是隔离自身作为政策干预目标，主要通过向目标地区分配
大量的资源来消除普遍存在的社会剥夺状态。着眼于降低隔离影响的空间政
策通常有：（1）社区发展政策，旨在促进隔离社区居民的社会、经济和生活
条件改善，例如，对少数族群移民进行技能和语言培训，或者直接提供就业
机会等；（2）社区团结政策，在隔离社区内部社会凝聚的基础上，提供各种
互动与沟通条件，创造不同族群聚居社区之间的社会信任感；（3）社区再造
政策，通过防止犯罪、将青少年带回校园等社会服务，致力于改善隔离社区

❶ 参见 Sako Musterd & Marielle De Winter："Condtions for Spatial segregation：Some European Perspective"，International Journal of Urban and Regional Research，Vol. 22，No. 4，2002。

的居住环境和安全条件。为集中足够资源来消除隔离社区的剥夺问题，很多国家都设立了专门项目来推进这些空间政策，影响较大的有英国的单一再开发预算（Single Regeneration Budget）、荷兰的大城市政策（the big city policy）和法国的国家整合项目（programme nationale d'intégration）等。

将居住隔离视为空间问题的国家，如德国、丹麦和瑞典等，更可能推行空间分散政策，力图从根本上消除族际居住隔离状态。住房政策成为这一类型空间政策的首选，最常见的是通过住房分配实现族群分散（ethnic dispersion），或者通过公共住房改造实现族际混合（ethnic mixing）。为实现消除居住隔离的目标，欧美国家在住房市场上经常采用以下几种政策：积极市场政策，鼓励主体族群申请少数族群社区住房；族群配额制度，社区中某个群体比例超过一定限度时限制其成员继续入住；族群分散政策，通过公租房市场有计划地调节各族群成员的空间分布。

（三）干预手段：自由市场与国家力量

各国政府在消除族际居住隔离时所采取的干预手段上存在较大差异，从对自由市场的完全信任到对国家力量的充分运用。[1] 通常而言，现代社会政策的实施往往通过市场和政府力量相结合而完成，但由于政治传统的缘故，许多国家都体现出对自由市场或国家力量的偏好。以美国和德国为例，美国历来强调自由市场竞争的传统，政府和国家在社会生活中的作用受到高度的怀疑和限制；而德国作为西欧福利国家的典型代表，国家力量在社会生活中无处不在。相应地，在空间社会政策方面，美国选择依靠自由市场调节，德国却选择以国家力量直接干预。当然，自由市场与国家力量的划分并不是绝对的，而是指特定国家在对族际居住隔离调节过程中对某个方面更为倚重。

融合管理项目（integration management programmes）是美国干预族际居住隔离方面社会政策的集中体现，这个项目旨在保持社区的种族平衡和族群多样性，曾经在美国很多地区和城市中得到推行。[2] 首先，融合管理项目并

---

[1] 参见 Chih Hoong Sin："The Quest for a Balanced Ethnic Mix：Singapore's Ethnic Quota Policy Examined"，Urban Studies, Vol. 39, No. 8, 2002。

[2] 参见 Grant Saff："An Evaluation of Neighbourhood Integration Management Programmes in the United States"，Urban Forum, Vol. 4, No. 1, 1993。

非全国性项目，而是很多地方性或社区性干预项目的总称，其中国家力量涉入程度较低；其次，绝大部分地区在推行相关政策时对配额的运用都是非正式的，强制性程度较低；最后，融合管理项目中所运用的基本上都是市场导向型政策。波里科夫（Polikoff）在研究中全面总结了美国各地在推行这一项目时所采用的社会政策，❶ 可以看出这些政策基本上都是在自由市场的框架之下发生作用，而政策本身只是为了消除市场领域中的人为干扰因素，如种族歧视、内部交易、信息不透明等。此外，美国联邦政府也在全国范围内推行一些住房补贴计划和其他优惠政策，以促进不同种族族群之间的居住空间融合。❷ 总体而言，这些空间政策均可归结为自由市场导向的空间干预政策。

与美国主要依靠自由市场来调节不同，德国的政策制定者们将少数族群聚居社区视作空间排斥，力图通过直接控制来解决少数族群集中居住的问题。从 20 世纪 70 年代开始，德国政府推行"双层配额体系"。上层配额以城市为单位实施，对于那些外国人口比例超过 12% 的城市，以社会服务负担过重为由禁止再接纳外籍人员；下层配额以社区为单位，以影响社区安定和引起族群对立为由禁止少数族群进入其比例超过一定限度的社区中居住。到 20 世纪 90 年代，"双层配额体系"逐渐被保障性住房领域中的非正式配额制度所取代。这一政策要求，每个保障住房单元中分配一定的比例给外国移民，超过这一比例之后就不能再接受少数族群移民的申请。❸ 以法兰克福为例，其保障住房中的配额分配要求达成这样一种人口分布，其中非德国人占30%，德裔移民占 10%，且居民中还必须有 15% 的社会福利接受者。❹ 通过国家力量的直接干预，德国的少数族群在居住空间上呈现出相对分散的状态，与美国高度种族居住隔离的现状形成鲜明的对比。

---

❶ 参见 Polikoff A. : "Sustainable Integration or Inevitable Resegregation", J. Goering ed., Housing Desegregation and Federal Policy, Chapel Hil, NC: University of North Carolina Pres, 1986, pp. 44-45。

❷ 参见 Kirk McClure: "Deconcentrating Poverty Through Homebuyer Finance Programs", Journal of Urban Affairs, Vol. 27, No. 3, 2005。

❸ 参见 Anita I. Drever: "Separate Spaces, Separate Outcomes? Neighborhood Impacts on Minorities in Germany", Urban Studies, Vol. 41, No. 8, 2004。

❹ 参见 Sako Musterd & Marielle De Winter: "Conditions for Spatial Segregation: Some European Perspective", International Journal of Urban and Regional Research, Vol. 22, 2002。

五、族际居住隔离研究中的若干争议

族际居住隔离是一个多学科共同关注的课题，相关研究涉及族群、种族、空间地理、社会融合、文化宗教、城市规划和社会政策等诸多方面。在长期研究积累的基础上，西方学界逐渐在族际居住隔离领域形成了一系列主流认识。然而庞杂的研究内容，以及多学科的研究视角使得这一领域充满了争议，从理论到实践，从政策到理念，每一分共识都面临着分歧与挑战。

（一）族际居住隔离的负效应与正效应

族际居住隔离被视作社会反常现象引起广泛的关注，根源在于人们对其负面效应的判定，相关的理论和实证研究文献可谓汗牛充栋。然而一些学者认为，这些研究大多是从主流社会的立场出发，没有考虑少数族群的现实情况，"客位"而非"主位"的研究思路无法正确理解集中居住对于少数族群自身的意义——提供族群资源、维护文化认同、构建庇护空间。很多研究为族际居住隔离的正面效应提供了实证依据，例如，西斯威克（Chiswick B. R.）和米勒（Miller P. W.）研究发现族群聚居区能够提供特有的族群服务和族群商品；[1]威尔逊（Wilson）和波特斯（Portes A.）强调了族群聚居对于族群内部团结的重要性，族群社区的纽带和空间邻近性为边缘化的少数族群提供了心理缓冲区，并能够通过非正式网络为他们提供住房和就业信息；[2]皮蒂（Peattie L. R.）通过研究发现，在美国的一些城市中，族群聚居能够让某些族群通过选区选举制度获得自己的政治代表，维护族群政治权利；[3]周

---

[1] 参见 Chiswick B. R. & Miller P. W.："The Endogenity between Language and Learning: International Analyses", Journal of Labour Economics, Vol. 13, No. 2, 1995。

[2] 参见 Wilson K. & Portes A.："Immigrant Enclaves: an Analysis of the Labor Market Experiences of Cubans in Miami", American Journal of Sociology, Vol. 86, No. 2, 1980。

[3] 参见 Peattie L. R.："An Argument for Slums", Journal of Planning Education and Research, Vol. 13, No. 2, 1994。

（Zhou M.）等人还研究了族群集中居住对于族裔经济和族群企业的促进作用。❶

（二）居住空间与邻里效应的重要性

居住空间是人们成长与生活的主要场所，它通过各种邻里效应对个体和群体的生活产生影响。居住空间和邻里效应的重要性是西方国家高度重视族际居住隔离研究的理论前提，然而一些学者已经开始直接质疑这个基本假设。泽林斯基（Zelinsky）等人提出，交通和通信技术的发展已经使得空间地理的重要性迅速下降，空间集中与社会网络形成之间的关联被严重削弱，一些空间分离的族群社区也逐步发展起来。❷ 弗里德里希（Friedrichs）则进一步指出，居住空间在社会融合过程中的地位被过分强调了，相对于工作空间（工厂）和教育空间（学校）中的社会接触而言，邻里之间的接触和交往在社会融合中的作用并不那么重要。❸ 在邻里效应方面，有研究者认为政治人物和大众媒体都容易夸大邻里效应的作用，而实证研究中其影响往往并不特别突出。有关邻里效应的实证研究大多都不能将"选择效应"（select effect）所代表的家庭背景和父母特征的影响分离出来，从而造成邻里效应被系统性地高估。❹ 此外还有学者指出，即使在族际居住隔离社区中，邻里效应的影响也主要是基于其邻里的阶级结构而不是族群构成。❺

（三）族际混居与族际接触的真实效果

族际混居作为族际居住隔离的对立面，几乎成为所有国家应对族际空间

---

❶ 参见 Zhou M., Chinatown："The Socioeconomic Potential of an Urban Enclave", Philadelphia, PA: Temple University Prss, 1992。

❷ 参见 Zelinsky W.："The Enigma of Ethnicity：Another American Dilemma", Iowa City, IA：University of Iowa Press, 2001。

❸ 参见 Friedrichs J.："Interethnische Strukturenund stadtische Beziehungen", H. Esser and J. Friedrichs ed., Generation and Idetitat, Opladen：Westdeutscher Verlag, 1991, pp. 305-320。

❹ 参见 Evans, W., Oates, W. & Schwab, R.："Measuring Peer Group Effects：A Study of Teenage Behavior", Journal of Political Economy, Vol. 100, No. 5, 1992。

❺ 参见 Susanne Urban："Is the Neighbourhood Effect an Economic or an Immigrant Issue? A Study of the Importance of the Childhood Neighbourhood for Future Integration into the Labour Market", Urban Studies, Vol. 46, No. 3, 2009。

分化的主要思路。人们假设族际混居必然导致族际交往，从而促进少数族群的社会融合并进而改善他们的社会经济状况。一些学者对族际混居促进族际交往的假设提出挑战，他们发现在文化差异和种族差异相当明显的场景下，即使在多族群高度混居的社区，人们可能还是只接触本族群的成员。还有研究进一步指出，邻居中只有一小部分少数族群的时候，社区里的族际交往会增加；一旦少数族群超过某个比例，这种跨族群交往就会减少。❶ 而对于族际交往必定会带来正向社会后果的假设，很多学者认为是过于乐观且幼稚的想法。事实是，族群交往可以消除偏见，也可以增强偏见。一方面，社会认同会形成有关自我与他者的区分，在交往接触过程中导致社会竞争的产生，尤其是面对种族文化差异明显的他者时，社会竞争感会进而发展成偏见、歧视和社会排斥。主体族群中的弱势群体由于对竞争更为敏感，因而也更容易在社会交往过程中对少数族群持有负面态度。❷ 另一方面，过分追求族际混合居住还可能导致相反的结果。如果社会学中的基本原理——人们都期望自己生活环境中的人群之间保持相对较小的社会距离——成立的话，那么多族群共同生活在一个小的社会空间就增加了事实上的居住隔离，使群体距离进一步拉大，因而是损害了而不是增进了社会融合。❸大量生活方式和文化传统迥异的人口生活在一起会导致很多家庭逃离这种社区，去寻找具有更多同质性人口的居住场所。

（四）空间干预政策的相关争议

首先，空间干预政策是族际居住隔离研究中争议最为集中的领域，第一方面的争议是正当性问题。族际居住隔离的形成有其心理学、社会学和经济学上的必然性，主流社会站在主体族群的角度将其视作社会反常现象并予以政策干预。这些社会政策往往以牺牲少数族群的居住选择和文化偏好为代价来追求社会融合，通常都无法兼顾他们的心理、社会和经济需求，这激起了

---

❶ 参见 Sako Musterd & Wim Ostendorf："Residential Segregation and Integration in the Netherlands"，Journal of Ethnic and Migration Studies，Vol. 35，No. 9，2009。

❷ 参见 Peer Smets："Community Development in Contemporary Ethnic—pluriform Neighbourhoods：a Critical Look at Social Mixing"，Community Development Journal，Vol. 46，No. S2，2011。

❸ 参见 Sako Musterd & Wim Ostendorf："Residential Segregation and Integration in the Netherlands"，Journal of Ethnic and Migration Studies，Vol. 35，No. 9，2009。

人们对其正当性的质疑。第二方面的争议集中于空间干预政策的社会效果。很多实证研究发现，空间干预政策并不能达到预期的社会效果，而那些旨在提高少数族群教育水平、放宽劳动力市场准入制度和扩大社会福利保障范围的社会政策，却在促进他们的社会融合方面体现出更加明显的效果。还有学者以南欧地区为例，指出很多城市通过分散外围安置等空间干预政策实现了低度的族际居住隔离，但其背后却掩盖了少数族群居住边缘化的事实，这不仅无助于他们的社会融合，还恶化了他们的生存条件。❶ 第三方面的争议主要针对空间干预政策的指导方针。同化主义空间政策限制了少数族群居住选择权，以空间融合促进文化同化，不仅激起少数族群的不满，各国内部不同政治阵营对此也持有不同观点。多元文化主义因其宽容的态度一直占据着道德的制高点，然而在美国"9·11"事件之后，面对恐怖主义袭击、种族骚乱、宗教冲突、族群分离主义倾向等问题的出现，很多西方国家在社会政策方面开始出现了转向。❷ 政府开始质疑多元文化主义的融合模式，将其视作居住隔离和族际隔阂的肇因，进而恢复到赞同同化主义的空间。

（本文原载《民族研究》2012 年第 6 期）

---

❶ 参见 Sonia Arbaci："（Re）Viewing Ethnic Residential Segregation in Southern European Cities：Housing and Urban Regimes as Mechanisms of Marginalization"，Housing Studies，Vol. 23，No. 4，2008。

❷ 参见 Musterd S. & De Vos，S.："Residential Dynamics in Ethnic Concetrations"，Housing Studies，Vol. 22，No. 2，2007。

试论民族宽容

冯　润❶

一、对民族宽容的界定

民族宽容（ethnic tolerance），或称族裔宽容、族群宽容，广泛分布于政治学、社会学和心理学等领域，没有统一界定。美国当代政治哲学家沃尔泽（Michael Walzer）在《论宽容》一书中，分析了五种"宽容体制"，将宽容理解为一种态度或心境，并进一步将民族（群体）宽容分为五个层次：第一，为了某种价值而接受差异性，如 16 世纪和 17 世纪为了和平而产生的宗教宽容；第二，对差异性被动、随和、无恶意的冷淡，其本质是共和主义群体宽容；第三，对差异群体的权利给予原则上的认可，并让他们以某种默默的方式实现；第四，表现为对差异性的尊重，甚至愿意向其学习；第五，积极拥护差异性，将差异性视为人类昌盛的必要条件。❷ 民族宽容不仅是一种道德上的责任，也是一种政治和法律上的需要。民族宽容是个人、群体和国家应采取的态度。因此总的来说，民族宽容涉及的是一种当文化、宗教以及生活方式表现出民族群体差异性时的宽容态度。而此种对民族群体差异性的宽容又具体体现为国家层面的制度安排和个体层面的个人态度。

（一）作为制度安排的民族宽容

作为制度安排的民族宽容主要在自由主义、共和主义、多元文化主义范式下展开讨论。自由主义民族宽容要求国家权力限制在公共领域，民族群体在私人领域享受充分的自由，试图为多元的利益和文化共存提供一个可靠的

---

❶　作者为广东技术师范学院民族学院讲师。

❷　［美］迈克尔·沃尔泽：《论宽容》，袁建华译，上海：上海人民出版社，2000 年版。

制度环境。尽管有学者将自由主义民族宽容称为权宜之计（modus vivendi），是一种实用主义的民族宽容，但这种实用主义的价值不可低估，因为通过这种方式，民族宽容为和平生存和放弃暴力创造了一个开端，它仍然不失为一种不同制度、不同种族、群体和平共处的良好方案。

共和主义民族宽容通过认可外来民族或少数群体的合法地位赋予其相应的权利，使其弱势地位得到某种补偿和平衡，但这种认可往往是象征性的，国家的共同体利益仍然置于个人或群体利益之上。"共和国公民通过融合少数民族，不管其宗教信仰或种族背景如何，一概把他们视为同胞公民，对他们施予宽容，对其形成的群体也以宽容待之——这些群体按照最严格的含义来理解，他们是二等社团。"❶ 在共和主义者看来，完全的自由意志和竞争基础与维护国家利益相冲突，因为民族宽容大多数时候仅仅作为一种公民美德在个人生活中存在。

多元文化主义民族宽容主张国家采取积极行动，"通过承认与尊重社会不同民族成员间文化差异构建一种和谐的民族关系与文化共存，促进社会融合。"❷ 多元文化主义首先承认少数民族身份上的合法性及其民族文化的特殊性，即少数民族也是国家这个共同体的重要成员；其次，强调民族成员可以同时保持对民族身份的文化认同和对国家的认同，当然，国家认同居前；最后，多元文化主义表明一种认可民族差异长期存在的观念，认为"多元社会就应该是音乐会上交响乐团的合奏，而不是主体民族的独奏。"❸

（二）作为个人态度的民族宽容

作为个人态度的民族宽容是一种对待差异性的态度，分为四个层次：第一，为了各民族间的和平相处，愿意顺从地接受差异性，本身没有任何价值，具有实用主义的功能；第二，具有道德的意义，作为一种全社会倡导的公民美德而存在。在这样的美德感召下，个人对民族差异性持随和的态度，并不对其提出异议或表示反对；第三，对差异性的合法身份表示认可，尊重

❶ ［美］迈克·沃尔泽：《论宽容》，袁建华译，上海：上海人民出版社，2000 年版。
❷ 熊坤新、裴圣愚：《关注世界 聚焦热点：2011 年世界民族热点问题解析》，《民族论坛》2011年。
❸ 关凯：《族群政治》，北京：中央民族大学出版社，2007 年版。

其权利的实现，并认为每种不同都有其存在的恰当理由；第四，对差异性采取一种积极态度，认为多样性才是现实世界的真实反映，是人类社会繁荣昌盛的必要条件。并认为应该学习差异文化的先进之处。

此外，民族宽容常被理解为一种族际态度（inter-ethnic attitude），指的是"某一民族群体的某些或是全体成员对外族成员的看法"。[1] 表现为对异民族在各个方面的看法，比如说，首先，对外族邻居的态度。当与外族成员毗邻而居，邻里关系的好坏就是民族宽容与否的最好体现；其次，交外族朋友的态度。如果某一民族成员愿意与其他民族成员交朋友，那至少可以说他是一个认可并尊重民族差异性的人；再次，参加外族节日庆典的态度。每个民族都有自己丰富多彩的民族文化，而节日庆典正好是对民族文化的最好诠释。愿意参加外族的节日庆典活动，则表示一种积极的学习态度；最后，与外族通婚的态度。接纳外族成为家庭成员是较高层次的民族宽容，是各民族交融共生的体现。总之，以上四个方面仅为最常见的民族宽容态度，时间地点的转换将衍生出各种特定的态度表达。

归纳起来，民族宽容可作为一种制度安排或个人态度而存在。制度安排涉及的是国家宏观层次的机制、法律和规范等方面的一系列政治设置，是意识形态与实现形式的结合；而作为个人态度的民族宽容，则描述了一种个人对民族差异性的容忍与承受，它既是个人美德的体现，也是从不同侧面对个人民族宽容程度的表达。

二、民族宽容的特性

（一）一种容忍的美德

与普通意义上的宽容相似，民族宽容是一种容忍，一种对其他生活方式、习俗、传统、道德、思想、感觉上的容忍。容忍与某人的价值模式相冲突的事物从来都被视为一种古典美德。对待"另类"不必剑拔弩张，而是直

---

[1] Mary R. Jckman: "Prejudice, Tolerance, and Attitudes toward Ethnic Groups", *Social Science Research*, 1977, p. 6.

面相向；尊重外族的价值观和生活方式，并竭力通过对话使他们相信"更好"的观点或者引导他们过一种不同的生活。● 这种形式的民族宽容可以在多元社会派上很大的用场，乃至出于对外族生活方式和个人自主性的尊重，人们将克制自己，不再企图改变他们所讨厌的事物或者导致他们发生变化。如今，民族宽容将被视为多元文化社会中的美德，生活在其中的人们甚至不再允许对差异悬殊且极为多元化的价值体系提出质疑。

（二）通过认可，实现评判的平衡

在多元社会，各民族群体要达成和平共处，首先要得到身份上的认可，之后随着交往和熟悉程度的增强，获得更加正式的地位。宽容的民族制度和政策因此成为多元社会各民族群体的共同诉求。国家通过公开支持各民族群体的平等权利，给予其在公共生活中一种承认的宽容，实现社会评判体系的平衡，形成和谐的民族氛围。除了身份地位的认可，民族宽容还表现在对外族行为的认可，即对外族的观念和行为都不予以干涉，尊重其与主流群体同等享有的自由权。这类似于孔子强调的"己所不欲，勿施于人"的思想，是宽容的一种表现，在尊重他人想法的同时，不能干涉他人的行为。

（三）和平共处，相辅相成

中世纪持续了三十多年的宗教战争，使我们得来不宽容的血的教训，敌对和暴力只会带来惨重代价，宽容才是和平共处的一剂良方，多元社会需要民族宽容。民族宽容从来都是首先为和平共处服务的。不同文化背景的民族能够在同一个国度或地区长久共存，必须达成某种限度的妥协，保证彼此之间相安无事。这样的妥协并不要求民族成员放弃本民族的文化和信仰，也不要求各种不同的群体成为朋友，只要能达成最低形式的民族宽容，就能为和平生存开辟一条光明之路。在这条光明之路上，各民族并非此消彼长，而是互相扶持，相辅相成，最终发展成各民族繁荣共生之路。

● ［荷兰］杜威·佛克马、弗朗斯·格里曾豪特：《欧洲视野中的荷兰文化》，桂林：广西师范大学出版社，2007年版。

三、民族宽容产生的条件——多样性

人口迁移、战争的爆发打破了原本处在封闭状态下的各个社群，多样性的民族文化构建了世界文明。正如房龙在经典著作《宽容》中所说的那样："世界上绝大多数有用的东西都含有不同成分"，民族多样性促进了民族宽容的产生。因为只有当不同的价值观、行为规范、宗教信仰的民族被杂糅在一起，不断碰撞、冲突、适应、共生，才会产生真正意义上的民族宽容。

（一）民族文化的多样性

民族的多样性首先表现为民族文化的多样性。民族文化是民族语言、文字、习俗、观念等民族属性的总和。各民族人民在几百年，甚至上千年的历史进程中，靠自己的勤劳与智慧创造了各具特色的民族文化，它是各民族价值体系与民族形式相结合的产物。文化多样性具有开放、包容的特质。它强调不同文化之间的相互适应、学习的过程，在逐渐认识、了解异质文化的基础上包容、接纳差异成分，形成一种"和而不同"的文化模式，促进民族的繁荣发展。中国是一个拥有 56 个民族的共同体。56 个民族承载了 56 种不同的民族文化，为了使这 56 个民族能够在同一片土地上长期和谐共处，只有在相互尊重、接受差异的前提下，坚持保护和丰富民族文化资源，将不同民族文化的独特风格与国家主流文化相结合，才能达到民族文化的持续健康发展，实现各民族的大团结。

（二）民族利益的多样性

在多民族国家中，不同的民族代表了不同的利益主体，不同的利益主体提出多样化的利益诉求。各种利益诉求在利益主体关系中相互交错、相互作用，构成各种民族利益的矛盾和冲突。然而，民族利益的矛盾和冲突具有二重性。一方面，如果民族的根本利益不一致，那么民族利益冲突就很可能由于利益结构的不稳定而引起民族危机，甚至爆发民族战争。但另一方面，在民族利益不存在根本性对抗的情况下，利益的矛盾和冲突就不是一件坏事，因为从某种程度上来说，民族利益的多样性可以促使各民族群体主动调整本民族的适应性，采取相对谦和、忍让的姿态，协调各方利益，使各民族利益相得益彰、共同促进、繁荣发展，带动整个多民族社会的进步。在整个人类历史进程中，所有民族的行为都与利益相关，而整体民族的根本利益是获取并维护同类生存和发展利益。随着社会的发展，追逐的利益越多，利益冲突也就越多，这里就有一个调整相互利益关系的问题。在民族根本利益一致的前提下，各利益主体做出有益的让步，强调维护根本利益的重要性，因为民族矛盾只会损害各方利益，无益于民族的发展。所以，我们可以在协调民族利益过程中获得一种现实的民族宽容。这样的民族宽容以维护国家稳定和疆域完整为根本指向，是民族关系和谐的保证。

（三）民族信仰的多样性

民族信仰的多样性，决定了多民族国家不会因为宗教问题而像中世纪的欧洲那样发生惨烈的宗教战争。它避免了某一种宗教独自壮大，成为一方霸主，而是采取兼收并蓄的态度，给各个民族以信仰自由的空间，在自由并相互尊重的氛围中增进对彼此文化的了解，从而更进一步地推动信仰的多元化，形成民族信仰多样性与民族宽容的良性循环。印度是一个典型的信仰多样性的国家。不仅地方性宗教，如印度教、锡克教、耆那教等能够在印度传播，而且世界三大宗教在这里也可以找到传播的对象，佛教还是在这里产生，伊斯兰教在这里的影响也很大。地方性宗教并不排斥外来宗教的进入，也不排斥新生宗教的产生，而是发挥自身的宽容精神，把与己不同的东西融于其中，吸收其特点并将其同化，在同化的过程中也改变自己，使地方宗教与外来宗教能够互相补充，共同发展。正是由于这种宽容的精神，才使多种宗教能够在印度同时并存。❶ 多种宗教并存意味着信仰的广泛，信仰不同，说明这个民族的文化、习俗、生活方式、经济发展水平就不甚相同，对宗教的宽容，标志着对这诸多不同的宽容，表明印度的宽容精神比以往容纳了更为广泛的内容，从而促进了宽容精神的发展。但是一味的容纳，也给印度带来了许多坏的东西，这是在所难免的。我们不能因为容纳了一些坏的东西就对这种宽容的精神持批驳的态度，如果没有这种宽容精神，印度就不会有这

---

❶ 栾凡、王振辉：《世界史精览·多情调的拼盘》，长春：长春出版社，1995 年版。

样多姿多彩的文化，也不会具有如此独特的多样性。

四、民族宽容与和谐的民族关系

民族宽容是现代多元社会的时代产物。各民族成员渴望生活在一个平等权利不受践踏、民族文化得以传承、风俗习惯得到尊重、各民族和谐发展的现代多元社会。然而，现实的民族多样性则有可能影响到多民族地区的民族关系，以及和谐社会的构建与发展。民族宽容则响应现实的呼唤，成为和谐民族关系的前提。只有宽容的制度，才能保证各民族的权利得到充分保护；只有宽容的个人态度和精神，才能维护和谐的民族关系，构建长治久安的多元社会。

（一）宽容的民族制度是构建和谐民族关系的政治基础

宽容从包容他人的一种美德，扩展到保护各民族平等的制度安排，形成了一个宽容的民族制度框架，是社会公共领域民族个体的独立法权和彼此自由的限度。首先，实现民族地位平等是民族宽容的首要表现。民主制度发展到今天，它保证的是所有公民的地位平等，不论种族、血统、宗教、民族的差异性。民族地位平等表现为政治身份合法化、文化得以延续、信仰得以尊重、经济利益得到保障、社会文化生活实现自由。

其次，建立和完善通畅的沟通机制是民族宽容的保证。民主沟通机制是民族制度中不可或缺的一个重要环节。在现代化的民主国家中，政治自由不是少数主体民族精英分子的特权，各少数民族群体也享有同等的表达自己观点的权利。为了保证上传下达信息的顺畅，建立良好的民族协商、沟通机制尤为重要。自由意志不是一种宣言式的口头表达，它需要强有力的法律公正体系作保障，使真正的民族自由与民族平等得到实际落实。同时，在国家与民族群体、民族群体与民族群体之间的关系协调上，宽容的沟通机制使不同利益有了合法的表达途径，各种利益得到切实落实。

（二）宽容的民族态度是多民族地区各民族和谐共生的心理条件

宽容的民族态度是保证人际关系、民族关系、社会关系和谐的心理条件。改革开放30多年来，各民族利益形成了一个复杂格局，此时唯有彰显宽容的高尚品格，才能消除民族隔阂，增进民族友谊。只有具备宽容的民族心理素质，才能真正认识到民族差异性，以宽广、包容、忍让的心态去增进各民族间的交往活动。一方面，宽容的民族态度能够有效地化解民族差异引起的民族矛盾。在多民族国家或多民族地区，许多民族矛盾是由于缺乏尊重、宽容才产生的。原本只是某个具体问题上的意见不合，如果没有宽容的民族态度，就很可能使局势恶化，扩大为两个民族之间的敌对情绪，使问题变得复杂起来。在多数（主体）民族与少数（弱势）民族对比明显的地区，多数民族往往处于主导地位，而少数民族处于从属地位。多数民族被要求对少数民族施以尊重，对少数民族宽容相待。如果多数民族确实能够用较为宽容的态度和行为对待少数民族，那么民族关系就能够保持较为和谐的状态；但同时，少数民族也应该具备宽容的民族心理，避免狭隘的民族中心主义，懂得尊重其他民族的文化传统。在各民族力量对比均势的地区，许多民族矛盾是由于民族心理不平衡引起的。随着社会物质财富积累到一定程度以后，民族间的相处更多地追求心理上的平衡感。另一方面，宽容的民族态度也有利于消除民族内部成员间的矛盾，增强民族凝聚力。民族成员常常倾向于与本民族成员进行交往活动，这就导致了民族内部其实存在更加频繁的人际交往，在此，宽容品质作为一种美德的作用尤为凸显。尽管民族内部成员间的差异性较民族间的差异性小很多，但每个人都有自己的个性和特点，民族内部的摩擦在所难免。于此，民族宽容就在民族内部成员间发挥积极作用，协调民族成员间的人际关系。

（三）民族宽容是多元社会良性运行的保障

个体的差异性造就了社会的多元。多元社会不是各种利益和文化简单地杂糅在一起，而是不同观念信仰、文化传统、生活方式的相互影响、相互渗透、相互融合、相互冲突的存在状态。为了保证多元社会的良性运行和协调发展，维持多民族共存的利益格局和文化关系，我们有必要坚持民族宽容的原则和机制。

在社会组织形式上，国家是统筹全局的主体，各民族团体是社会组织和社会生活的主要参与者。国家与民族团体、民族团体与民族团体之间应该在平等、互信的基础上，建立起一种宽容的沟通、协商和妥协的机制；在文化价值观上，应该摒弃文化中心主义，主张民族文化的传承与繁荣。民族文化并不是只属于某一个民族，它是整个多元社会的共同财富。国家不仅要赋予各种民族文化合法地位，还需要保护并鼓励其发展。因为多元社会应该是"一个交响乐团演奏一个共同的旋律"，而不是主体民族的独奏。在经济利益上，随着市场经济的不断成熟发展，各民族也参与到现代社会的竞争机制中来。在市场机制的调节下，各民族充分利用各自传统中的有效资料进行市场整合，发挥其竞争潜力，成为市场化条件下不可或缺的一股力量。各民族利益应该相互协调、平等互利，只有这样，才能防止发生影响民族关系的利益冲突。

（本文原载《贵州民族研究》2014 年第 6 期）

俄语"民族"（нация）概念的内涵及其论争

何俊芳　　王浩宇❶

俄语中有不少与汉语"民族"概念相关的术语，其中最直接相关的有
нация（nation）、национальность（nationality）、народ（people）、народность
（narodnost）、этнос（ethnos）等。在上述概念中，除 этнос❷ 外，其他几个词
曾长期作为同义词使用，在含义上差别微小。20 世纪 20 年代以后，随
着斯大林"民族"（нация）定义的广泛应用，在这几个词之间逐渐形成
了不甚相同的含义。苏联解体后，俄罗斯学界再次围绕"нация"的内涵展
开了长期的激烈论争，在当今的俄罗斯已逐渐形成了把"нация"理解为
"公民民族"（гражданская нация）和"族裔民族"（этнонация）❸ 两种内涵并

---

❶　作者何俊芳为中央民族大学民族学与社会学学院教授，王浩宇为中央民族大学民族学与社会学
　　学院 2013 级在读博士生。

❷　этнос（ethnos）一词的使用与著名的俄国民族学家、人类学家史禄国（С. М. Широкогоров）
　　有关，为了避开现代英语中的 nation 一词同时具有国家的含义，他在 1920 年开始率先将该词应
　　用于民族研究领域并进行了相关研究。1923 年，他的《族体：族体现象和民族志现象变化的基
　　本原则研究》（Этнос: Исследование основных принципов изменения этнических и этнографических
　　явлений）一书在上海出版，在这部著作中，他对 этнос（族体）进行了界定，认为"族体是
　　那些讲一种语言、承认自己的统一起源、具有一整套习俗与生活方式、以传统来保持和被人
　　尊崇并以传统而同其他同类者区别开来的人们的群体"。之后，随着斯大林民族理论的广泛
　　应用，该术语基本停用。从 20 世纪 60 年代开始，随着族体理论在苏联逐渐形成，该词可表
　　示不同历史时期的各类族裔群体，如既可以表示现代的各类大小民族，也可表示前资本主义
　　时期的各类族裔群体如氏族、部落、部族等。该词语在我国被译为广义的民族。详见何俊芳：
　　《俄语中的族类概念》（上），《中国民族报》2011 年 5 月 6 日；《俄国学者史禄国对"族体"诸
　　问题的研究述评》，见载（其他下同）《民族研究文集》，中央民族大学出版社，2012 年版。

❸　"公民民族"的理念源自卢梭以古希腊城邦民主制为参照构建其理想的"政治社会"即民族国
　　家，后被应用于法国大革命进而影响到整个世界，并成为民族主义的核心内容；"族裔民族"
　　观念的产生与 18—19 世纪德国的种族主义及民族主义者——浪漫主义者们有关"民族精神"的
　　观点相关。1944 年，汉斯·科恩（Hans Kohn）明确把民族主义区分为公民民族主义和族裔民
　　主主义，与此相应，民族可被区分为以地缘权利（soil right）为根据的公民民族和（转下页）

存的话语体系。本文拟主要对"нация"一词的内涵演变及其相关论争进行论述，以便国内学界同仁了解俄语中"民族"概念使用情况的发展动态。

一、与"нация"相关的几个术语的内涵

根据 19 世纪末 20 世纪初俄国一般工具书对"民族"（нация）等词语的解释，上述几个词语都作为同义词使用。如在圣彼得堡 1916 年出版的《新百科辞典》中解释："нация""表示以独特的共同民族意识联系起来的人们群体，这种民族意识使这些人与其他民族相对照"，"作为民族学和社会学的术语，нация 与 народ，甚至 национальность 和 народность 在其本来的和主要的含义上几乎作为同义词使用，彼此间只有微妙得几乎捕捉不到的色彩差异……"。❶对于这一点，苏联著名民族学家勃罗姆列伊也曾指出："在俄语文献中，'нация'，'национальность'，'народность'这些词本来是直接作为同义词使用的，只要看一看 19 世纪和 20 世纪初的一些俄语详解辞典，便很容易确信这一点。顺便说一下，这一点也反映在列宁的著作中（特别是革命前的著作）"❷。其他学者也证实列宁总是把 нация、национальность、народ、народность 这几个词作为同义词来使用。最典型的是，列宁在《关于民族问题的提纲》（1913 年）中写道："社会民主党承认一切民族（национальность）都有自决权，但绝不是说社会民主党人在每

（接上页）以血缘权利（blood right）为根据的族裔民族。在公民民族中，人们因为共同的法律和权利而团结在一起，而不论其族裔血统，民族成员被视为个人，他们自由地、全权地、独立地在关于自己命运的问题上作决定；相反，族裔民族可视为族裔群体的延伸。参见成小明：《公民身份与民族国家的构建——简析卢梭的公民民族理念》，《合肥工业大学学报》2009 年第 4 期；张淑娟、黄凤志：《"文化民族主义"思想根源探析——以德国文化民族主义为例》，《世界民族》2006 年第 6 期；黎英亮：《论近代法国民族主义的理论蜕变——从公民民族主义到族裔民族主义》，《世界民族》2004 年第 4 期等。

❶ ［俄］《新百科辞典》圣彼得堡：1916 年，第 28 卷 119 页。转引自贺国安：《勃罗姆列伊的探索——关于"民族体"与"民族社会机体"》，《民族研究》1991 年第 1 期。

❷ ［苏］IO. B. 勃罗姆列伊：《论民族问题概念术语方面的研究》，《苏联民族学》1989 年第 6 期。转引自贺国安：《勃罗姆列伊的探索——关于"民族体"与"民族社会机体"》，《民族研究》1991 年第 1 期。

一个别情况下就不对某一民族（нация）的国家分离是否适宜给予单独的估计"❶。在 1919 年的俄共（布）第八次代表大会关于党纲报告的结论中，我们也可以看到这些术语的同义用法："在民族（национальность）自决权问题上，问题的本质在于，不同的民族（нация）走着同样的历史道路……"；在谈到犹太人的地位时，列宁先后称他们为 нация、национальность、народ、народность。❷苏联学者认为，以前之所以把这些词作为同义词使用是因为："研究民族问题的那部分社会科学在 20 世纪初还不够发达，因而许多重要的术语还没有确定并加以区分；……例如，毫无疑问，在社会民主工党的民族纲领的基本点即关于民族自决权的提纲中 нация 一词包含的正是这种扩大的含义，它包括那些尚未形成为民族（нация）的民族（народ）"❸。可见，列宁在表述党的民族问题纲领时对 нация 等概念没有进行区分。

在苏联时期，随着人们对斯大林有关氏族（род）、部落（племя）、部族（народность）、民族（нация）这几种人们共同体历史类型的了解，使俄语中的这几个概念特别是在 нация 和 народность 的区别逐渐清晰化。

在当代的俄语文献中，对与 нация 相关的几个术语可做如下的概括性界定。

Национальность（nationality，民族或民族成分）：该术语源自"нация"一词，主要使用于两层含义：第一，说明个人属于某个特定的族裔共同体，相当于汉语中的"民族成分"，如在人口普查、日常的身份登记时一般使用这一术语。在这种情况下，该术语实际上指的是一个民族所有成员的总和；当使用于国际话语时，也指属于同一民族所有的人，且不管他们居住在哪里，如所有居住在世界各地的乌克兰族人。第二，该术语还用于对当代族体形式的总称，如 2012 年 12 月出台的《2025 年前俄罗斯联邦国家民族政策战

---

❶ 〔苏〕М·В.克留科夫：《重读列宁——一位民族学者关于当代民族问题的思考》，贺国安、蔡曼华译自作者手稿，《世界民族》1988 年第 5 期。

❷ 同上。

❸ В·Н.科兹洛夫：《论列宁著作中民族问题的某些方面》，《苏联民族学》1969 年第 6 期，第 18 页。转引自〔苏〕М·В.克留科夫：《重读列宁——一位民族学者关于当代民族问题的思考》，贺国安、蔡曼华译自作者手稿，《世界民族》1988 年第 5 期。

略》中指出，在俄罗斯联邦居住有 193 个民族（национальность）❶，指的就是族裔共同体所有形式的总和；而根据 2010 年全俄人口普查资料，在这 193 个民族中人口最少的科列克人（Кереки，科里亚克人的别称）仅有 4 人❷。

Народ（people，人民，民族）：在俄语中该词是一个多义的术语，其中包括四个方面的含义：（1）从广义上讲，指主要与居住地相联系的人们群体，从指一般的人群到整个国家的居民；（2）从社会哲学和历史意义上讲，指历史的主体，社会发展的主导力量，本社会各阶级、民族、社会群体的总和，他们有着共同的历史命运；（3）各种族类共同体，可指历史形成的所有民族共同体的类型，如部落、部族、民族（如非洲民族等）❸；（4）在民族政治含义上，指不同国家社会、经济、文化关系中相互接近的族体（如印度人民，俄罗斯多民族的人民、美国人民等）。

无论是苏联时期还是现在的俄联邦，在其官方文件中实际上一直广泛使用"народ"的复数形式"народы"用于说明各类族裔共同体，因为这一概念是"非区别性的"，即不区分族体类别的（从这一用法看不出各族之间有社会发展程度之分）。我国学界将该术语翻译为"各族"，实际指各族人民，也许译为"族民"更恰当。

Народность（narodnost，部族）❹ 一词有两种含义：一是表示早期阶级社会处于部落和现代民族之间过渡阶段的族体类型；二是表示现代那些虽已丧失了部落特征，但还没有形成为现代民族的族体（特别是非洲和亚洲国家的一些族体）。这些现代族体之所以被称作部族，主要是由于其人口数量少，

---

❶ 参见俄罗斯联邦信息分析杂志《CEHATOP》，http：//www. minnation. senat. org/Strategiya - 2025. html。

❷ 2010 年全俄人口普查结果，见官方网站，http：//www. gks. ru/free_ doc/new_ site/perepis2010/croc/perepis_ itogi1612. html。

❸ 如勃罗姆列伊在《族体和族体过程》一文中指出，在稳定的共同体当中，称为 народ（族、人民）的人们共同体占有特殊地位。在现代科学中，当这个词是指部落、部族和民族一类历史共同体时，人们往往使用"族体"（этнос）这一概念。汤正方译自苏联《社会主义国家的科学》一书，莫斯科 1980 年，载《民族译丛》1983 年第 2 期。

❹ 该术语在英语中无直接对译词，俄罗斯学者季什科夫在其英文著作中将该词音译为 narodnost，参见姜德顺译：《苏联及其解体后的族性、民族主义及冲突——炽热的头脑》，北京：中央民族大学出版社，2009 年版，第 8 页。

没有能力发展现代工业生产，也无法以自己的本族干部为主导来全面发展本族文化。在与其他更发达民族有了紧密联系后，他们只能部分地保留自己的文化、语言，而有时则可能完全与大民族融合❶。

二、斯大林及苏联时期民族（нация）概念的内涵

俄语中的 нация 一词源于拉丁语 natio❷，与英语中的 nation、德语的 Nation、法语的 nation 等有着共同的来源。拉丁词"natio"最早何时被引入俄文以"нация"的面目出现，作者暂未见到相关考证。根据一些学者的论述，18 世纪时"нация"一词出现于俄语的政治词汇中，但早在 17 世纪下半叶时该词已主要通用于外交领域。在彼得一世执政时（1682—1725）这一术语已牢固地扎根于官方文件、政论作品、报纸、文艺作品、学术论文及私人书信中。在当时，单词"民族"的含义通常与术语"人民、人们"（"народ，люди"）的含义完全一致。如在那些应该通知欧洲宫廷的俄罗斯官方文件中，有目的地翻译成不同的语言，比如说德语，单词"民族"（"нация"）被译为"die Nation"或者"das Volk"。但是在一些史料中，被记录使用的术语"нация"具有狭义阶层（阶级）的含义。❸就是说，在 20 世纪之前这一术语在俄罗斯主要使用于"人民、人们"的含义，有时也

---

❶ 在斯大林的《马克思主义和语言学问题》问世后，在苏联出现了把国内各族划分成民族（нация）和部族（народность）的论点，并运用到苏联的社会实践中。如从 20 世纪 50 年代开始，该术语主要用于北方、西伯利亚、远东、高加索的人口较少民族，即那些过着传统生活的族体。苏联的一些学者认为：且不说这种划分在理论上没有根据，在实践上也是有害的，它导致产生本身并无现实基础的民族矛盾。因为苏联的一些人口较少民族的成员有时是十分尖锐地看待这一问题：他们到底算是民族还是"部族"——某种尚未达到民族水平的群体？从人们分属于民族和"部族"这个臆造的观点出发，把苏联一些民族与另一些民族对立起来，这是与社会主义革命的最重要成果是相抵牾的，因为社会主义革命保障苏联各民族（不论其数量、种族成分以及过去的民族历史等如何）享有事实上的平等。因此在 1986 年进行的讨论中，苏联学界提出了必须放弃"苏联各民族和部族"的提法，而要恢复使用以前"苏联各民族（народы）"的用法。苏联解体后，在俄联邦对国内各族已基本停用"部族"概念，而是普遍使用术语"народы"。

❷ Natio 在俄语文献的解释中属于一个多义词，就其民族语义而言，一般表示泛指的"民族"，如在马林宁编纂的《拉丁文俄语词典》（1961）中，把该词解释为："племя；народность；народ；нация"。参见蔡富有：《斯大林的 нация 定义评析》，《中国社会科学》1986 年第 1 期。

❸ 参见 В. А. Тишков. Российская нация и российские национальности//ЭТНИЧЕСКИЕ КАТЕГОРИИ И СТАТИСТИКА. http://www.valerytishkov.ru/engine/documents/document1257.pdf。

使用于"阶层"（阶级）的含义，并没有形成完全一致的用法。如前所述，列宁也把该词视为"人民"的同义词，没有给它添加特殊的（阶段性的或其他的）含义。

众所周知，1913 年斯大林在其《马克思主义和民族问题》一书中对"нация"进行了界定。中文对斯大林民族定义的原译文是："民族是人们在历史上形成的一个有共同语言、共同地域、共同经济生活以及表现于共同文化上的共同心理素质的稳定的共同体。"❶ 实际上，这一经典译文并没有完全忠实于原文，对照原文❷，斯大林的民族定义可直译为：民族是历史上形成的稳定的人们共同体，它产生于语言、地域、经济生活以及表现于共同文化上的心理素质的共同性基础之上。我国学者金天明也有与本人类似的看法 ❸。

从斯大林对其民族定义的限定（四个特征缺一不可）及举例看，1913年时他所定义的民族明显带有政治实体（即国族）的含义。如斯大林指出："北美利坚人"是一个民族，又称"现今的意大利民族是由罗马人、日耳曼人、伊特剌斯坎人、希腊人、阿拉伯人等等组成的。法兰西民族是由高卢人、罗马人、不列颠人、日耳曼人等组成的。英吉利民族、德意志民族等也是如此，都是由不同的种族和部落的人们组成的。"❹ 可见，他在这段话中所列举的"民族"都是以国家形式出现的政治民族（политическая нация）或公民民族。斯大林也曾强调指出："民族不是普通的历史范畴，而是一定时代即资本主义上升时代的历史范畴。封建制度消灭和资本主义发展的过程同时就是人们形成为民族的过程"❺。也就是说，斯大林民族定义中的"民族"是西欧资本主义上升时代构建民族国家而产生的结果，指的是"现代民族"，而非前资本主义时代的人们共同体。也正因为如此，他把一些尚未发

---

❶ 斯大林：《斯大林全集》第 2 卷，北京：人民出版社，1953 年版，第 294 页。

❷ 斯大林民族定义的原文为："Нация — это исторически сложившаяся устойчивая общность людей, возникшая на базе общности языка, территории, экономической жизни и психического склада, проявляющегося в общности культуры." // Сталин И. В. Марксизм и национальный вопрос. Сборник избранных речей и статей. М., 1935. С. 6. 转引自 В. Р. Филиппов: советская теория этноса. М.: Институт Африки РАН. 2010. С. 32。

❸ 金天明：《关于斯大林的民族定义和译文问题》，《民族研究》1986 年第 6 期。

❹ 斯大林：《斯大林全集》第 2 卷，北京：人民出版社，1953 年版，第 291 页。

❺ 斯大林：《斯大林全集》第 1 卷，北京：人民出版社，1955 年版，第 29 页。

展到资本主义阶段的族体称作"部族"（народность）。这类"现代民族"
是在王朝国家时代，国家通过对国内居民进行强有力的政治整合，以及在王
朝国家基础上促成的经济整合和文化整合，逐渐塑造出的一个新的民族共同
体。……最终，民族与国家的二元关系又通过民族与国家融合的方式得到协
调，形成了一种以民族对国家的认同为基础国家形态，并取代了王朝国家。
这种全新的国家形态，就是民族国家。❶因此，"现代民族是'大众民族'。
也就是说，它们适合所有人，当它们把'人'提升到民族意义上时，理论上
讲，它们包括主权民族特定人口的所有阶层……在现代'大众民族'里，每
一个成员都是公民……现代民族的外在方面体现在自治与主权概念中。现代
民族在与其他民族相连而实施自我管理和自治时，是一个'政治共同体'，
无论是在多民族联邦内部还是在作为其他类型主权国家中的一个民族国家都
是如此。"❷

可见，斯大林对现代民族的界定有其科学性，他认识到了现代民族在语
言、地域和文化等方面的共同性是在前资本主义时期逐渐形成的，而且认识
到这些当时还处于萌芽状态的共同性要素需要在资本主义发展起来以后形成
民族市场、经济和文化中心的条件下才能形成民族，但是，无论出于何种考
虑，斯大林在其定义中对政治性、公民性等现代民族最本质特征的忽视，使
其民族定义成为一个难以捉摸的概念。其"难以捉摸"性体现在：一方面，
正如郝时远教授所充分论证的，我们完全可以把斯大林民族定义中的"民
族"（нация）理解为民族国家时代的"民族"（nation），即国家民族❸；另
一方面，我们也可以用此定义解释像俄罗斯族、乌克兰族这样一些具体的族

---

❶　周平：《对民族国家的再认识》，《政治学研究》2009 年第 4 期。

❷　[英] 安东尼·D. 斯密斯：《全球化时代的民族与民族主义》，龚维斌、良警宇译，北京：中央
　　编译出版社，2002 年版，第 62-64 页。

❸　郝时远认为，斯大林所讲的四个特征中共同的语言就是全国通用语言（或官方语言、国语），
　　共同的地域就是民族国家的领土，共同的经济生活、经济上的联系就是全国统一的经济体制及
　　其所形成的地区、行业分工和相互间依存的密切联系（统一市场），共同心理素质就是认同国
　　家（state）、民族（nation）的自觉意识（爱国主义/民族主义），而且用这样一种对应关系来分
　　析当代世界的民族国家，认识代表这些民族国家的任何一个民族（nation），如"法兰西民族"
　　"中华民族"等，它们无疑都具备了上述要素，而且确实是"缺一不可"。郝时远：《重读斯大
　　林民族（нация）定义——读书笔记之一：斯大林民族定义及其理论来源》，《世界民族》2003
　　年第 1 期。

裔民族。正因为如此，由于受到对斯大林民族定义理解局限性的影响，在苏联的学术界实际上把"民族"（нация）看作是在社会经济方面比较发达的"族裔民族"，或勃罗姆列伊所讲的"民族社会机体"；在我国的民族识别过程及民族研究中，除郝时远、马戎等极少数学者外❶，实际上绝大多数学者也一直把斯大林民族定义中的"民族"解读为"族裔民族"。

具体地讲，在苏联的民族研究中，曾根据"族类共同体"以"部落（племя）—部族（народность）—民族（нация）"为基本公式的演进顺序，把"民族"解释为发展程度上最高级别的族体类别。"民族"是处于资本主义或社会主义发展阶段的族类共同体，是族体的最高类型❷。而在苏联的学术话语中，学者们把国内的各族区分为"民族""部族"和"族群"（этническая（национальность）группа）❸ 等类别。"民族"一般指那些在人口数量上超过 10 万，并具有自己的加盟共和国或自治共和国的族体。可见，在社会实践中，苏联认定的"民族"与西欧"民族—国家"（nation-state）中的民族（nation）并不相同，并非整个国家（全苏联）层面的全体国民构成的民族，也不是各加盟共和国或自治共和国的全体国民，而是每一个基于自然、历史形成的具有一定人口规模和建立了政治实体的民族。从本质上讲，这些民族仍属于由一定的血亲纽带联系着的并具有共同文化特征的历史文化共同体，即"族裔民族"（этнонация）。

正因为如此，提议在俄罗斯联邦把"民族"理解为"同一国籍的人"（согражданство，即"公民民族"或"政治民族"或"国族"）内涵的首倡者季什科夫教授在接受媒体采访时认为，苏联曾犯下了严重错误，即把可作为用于形成和巩固共同国家认同的隐喻之术语"民族"，界定为族裔共同

---

❶ 马戎：《民族社会学——社会学的族群关系研究》，北京：北京大学出版社，2004 年版，第 47 页。

❷ 在这种看法流行的同时，苏联有些工具书仍坚持了对 нация 的传统解释，如 1930 年版的《小百科全书》、1935 年版《俄语详解辞典》以及 1958 年版《现代俄语标准辞典》中的有关词条。贺国安：《勃罗姆列伊的探索——关于"民族体"与"民族社会机体"》，《民族研究》1991 年第 1 期。

❸ 在俄语中，"族群"（即族裔群体或民族群体）一般指的是各类族体的部分，由于迁移、移民、驱逐、边界变迁等原因从其族体的核心分离了出来，生活在外族环境中，如俄罗斯的保加利亚人、希腊人、波兰人、捷克人、匈牙利人、芬兰人等被看作是族群。

体而非全民共同体，且把"苏联民族"不恰当地表述为"新的历史共同体"。❶ 季什科夫还指出，在俄罗斯，由于苏联时期进行的社会主义式的民族构建将"民族"概念严格界定在"族裔民族"的框架内，导致了整个社会民众，包括学者群体对民族概念认识的僵化❷。

可见，在苏联，"民族"被看作是一个新时期所特有的族体类型（即族体发展的高级形式），在把它与之前的族体类型"部族"区分的特征中，其社会经济的发展程度被予以了特别的重视，并赋予以这些民族为主建立某政治种实体的权利，但同时并没有把民族与同一国家的人完全等同起来。

1986 年，苏联学者克留科夫率先发表了批评苏联把现代族类共同体按社会发展程度区分为"部族"和"民族"的论文，并指出了这种区分的相对性❸。随后学者们围绕此问题特别是"民族"概念展开了持久的讨论，有关民族概念的论争延续至今。

从 20 世纪 80 年代末、90 年代初的理论探讨看，一些学者认为，把某个人民认定为"民族"，为提高其地位至民族的国家水平（即成为加盟共和国）或者民族区域的水平（在一些加盟共和国内成为自治共和国）提供了可能性。因为正是把民族理解为族类共同体的高级形式，特别是在苏共的纲领性文件中民族被赋予"民族自决权"之后，这一术语还具有了政治的负荷。在苏联及俄罗斯联邦各共和国的民族运动中，各民族正是以这一权利为依据，掀起了脱离苏联和俄罗斯联邦的浪潮，增加了国家解体的危险性。在当时的情况下，"公民民族"思想的提出，实际上有着维护国家统一和尝试削弱民族或者它们的精英希冀拥有自己尽可能最大的或完全独立的国家的

---

❶ Александр Механик. О строительстве российской нации. Эксперт, 17 января 2005 года. http：//www. demoscope. ru/weekly/2005/0187/gazeta025. php.

❷ *В. А. Тишков* Россия как национальное государство // Независимая газета. 1994. 26 янв. № 15. С. 1, 3.

❸ 当时划分民族和部族时参考的指标除经济发展程度外，还有本族的工人阶级、知识分子的比重以及城市化水平等。但这些指标的参考价值是相对的，如哈卡斯族人有自己的自治州，但还是被认为是部族，而哈卡斯族人当时在工业、交通和通信等行业中所占的比例（如城市化的综合水平和工业中工人阶级的比例），曾不少于有自己国家的白俄罗斯人。在这些方面日耳曼人与鞑靼人也没有什么不同。在民族运动高涨的浪潮中，哈卡斯、阿尔泰、阿提盖、卡拉恰耶夫-切尔克斯等自治州宣布自己为共和国并得到了俄罗斯联邦政府高层机构的承认。这些决定再次说明了区分民族与部族的相对性。参见克留科夫：《再论民族共同体的历史类型》，《苏联民族学》1986 年第 3 期，第 63 页。

意图。

正是在这次讨论过程中，季什科夫和他的很多同事建议对民族概念进行重新界定，赋予民族"公民的"而不是"族裔的"内涵，即把原来的民族概念当作"同一国籍的人"（即"公民民族""政治民族"）来看待。这一路径的依据是，整个国际实践和很多现代国家都在政治共同体和公民共同体的含义上使用术语"民族"；另外，在俄语中"нация"这一词语有时也使用于国家政治层面，如俄文中的联合国（Организация Объединенных Наций）、国家安全（национальная безопасность）、国民收入（национальный доход）等词组中的国家、国家的就是"民族""民族的"一词，在这种情况下"民族"与"国家"是同义词。实际上，在一些俄语词典中"国家"也是"нация"一词的第二个词义❶。因此，季什科夫等关于重新看待民族概念作为公民的而不是族裔内涵的建议，是对原有术语体系的巨大挑战，被认为是一种战略性的转变。

三、苏联解体后围绕"нация"的论争："族裔民族"还是"公民民族"？

在季什科夫提出要"忘记"原有"нация"的内涵，而是把它理解为"同一国籍的人"即"公民民族"的内涵之后，并不是所有的人支持这一观点。在中央、各共和国都有这一路径的支持者和反对者。无论是来自哲学家、国家法专家（государствовед）还是来自族体理论传统研究领域民族学家的批判至今仍在进行。

很多国家法专家和哲学家坚持把民族视为族类共同体高级形式的原有认识，认为民族形成于资本主义时期，是建立在经济联系、地域和语言的统一、文化和心理特殊性基础之上的共同体。这一观点的赞同者认为，保存民族的国家性是解决民族问题的民主方式❷。

1994 年 4 月在给叶利钦总统写信汇报有关制定民族政策纲领的相关情况

---

❶ С. И. Ожегов. Словарь русского языка. М. : русский язык. 1982. С. 350.
❷ Ю. В. Арутюнян. Этносоциология М. , Аспект пресс 1999. С. 29.

时，时任俄联邦委员会副主席的阿布杜拉基波夫（Р. Г. Абдулатипов）写道：来自莫斯科的一些学者建议用什么"同一国籍的人"代替民族……俄罗斯很久已经不是"民族志学原生体"（этнографическая протоплазма）……一些"顾问"推动并继续推动您把联邦建设成这样一种模式，在其中找不到针对民族、有关他们特殊利益的位置。在族际关系中，我们的不幸全然不是因为俄罗斯联邦包括共和国和其他自治实体，就像一些人对此所全面阐述过的。……族民（народы）猜测着作者们这类讨论的逻辑：俄罗斯需要车臣、图瓦、卡尔梅克，但不需要车臣人、楚瓦什人、图瓦人、卡尔梅克人。❶

不仅是命名民族共和国的精英，而且还有不少早就在中央研究民族问题的专家表达了类似的想法。如巴戈拉莫夫（Э. А. Баграмов）、陀孝卡（Ж. Т. Тощенко）等表示要捍卫术语"民族"的传统含义❷。

在有关使用术语"民族"的讨论中，哲学、国家法、社会学领域的专家更常使用政治实践的论据，民族学学者则更多地关注苏联的学术传统。民族学家科兹洛夫（В. И. Козлов）写道：至少在20世纪时期内单词"нация"和由它派生的"национальность"的使用，在俄语中通常用于族裔的含义，与是否具有国家无关。这反映在大量的著作中，并进入了数千万人们的心灵。❸

如何理解"民族"的讨论，还走出了科学院机构和中央的学术中心之外，在鞑靼斯坦积极地、建设性地讨论了这一理论问题。如时任鞑靼斯坦总统的国家顾问哈基穆（Р. С. Хаким）不同于本共和国的很多人，曾准备接受把术语民族作为"同一国籍的人"来理解❹。

目前，无论是在中央还是地方，已有不少学者和政界人士转向在"同一国籍的人"的意义上使用概念民族，但是从苏联范围内发表的大多数论著看，更多的人仍然在传统意义上使用这一概念。在"同一国籍的人"含义上使用"民族"概念的首倡者季什科夫明白，在原有含义上使用该术语有着深

---

❶ Р. Г. Абдулатипов. Россия на пороге X XI века. Состояние и перспективы федеративного устройства. М., 1996. С. 232–233.

❷ Э. А. Баграмов. Нация как согражданство? //Независимая газета. 1994. 15марта. Ж. Т. Тощенко. Концепция опять не состоялась//Независимая газета. 1996. 4 июня.

❸ В. И. Козлов. Национализм и этнический нигилизм Свободная мысль. 1996. №6. С. 98, 104.

❹ Р. С. Хаким. Сумерки империи. К вопросу о нации и государстве. Казань. 1993. С. 30–32.

厚情感上的和政治上的合法性，因此不能用任何禁止的法令取消它。季什科夫写道："没有人禁止共和国的领袖们或者文化团体的积极分子，甚至专家们在族裔的含义上使用术语民族，但联邦政府为了公民民族建设的进程有义务留出一些理论空间，否则任何一个国家都不可能存在。"❶

四、新时期俄罗斯官方话语中"民族"（нация）概念内涵的重构

自季什科夫等提出把"民族"理解为"同一国籍的人"即"公民民族"的内涵后，虽然一些人对此有不同的看法甚至有不少反对的声音，但这一思想得到了高层领导的重视和支持，如普京、梅德韦杰夫曾在很多场合发表演讲时，以"公民民族"的含义使用"民族"一词。如普京在 2000 年的就职演说中曾提到：我们拥有共同的祖国，我们是一个民族。2004 年 2 月普京在切博克萨雷市谈到族际关系、宗教间关系时强调指出："早在苏联时期我们就讲统一的共同体——苏联人民的问题，并为此建立了一定的基础。我认为，今天我们有充分的理由讲俄罗斯人民（российский народ）是统一的民族（единая нация）。我个人认为，正是这种统一的精神将我们联系在一起。我们的前辈付出艰苦的努力正是为了让我们深深地感受到这种统一。这就是我们的历史以及我们今天的现实。"❷ 2008 年 6 月 28 日，梅德韦杰夫总统在汉特—曼西斯克出席第五届芬兰—乌戈尔族民国际会议时指出："俄罗斯民族的历史发展本身在很大程度上建立于精神财富及族裔文化和多信仰环境的保持之上，建立于居住在同一国家内的 160 多个族民多个世纪和平共处的经验之上。因此，俄罗斯民族的统一经受住了众多的考验"。❸另外，值得关注的是，在 2012 年颁布的重要官方文件《2025 年前俄罗斯联邦国家民族政策战略》中，十分明确地将"民族"（нация）使用于"公民民族"的内涵，

---

❶ В. А. Тишков Этнология и политика Москва　Наука 2005.　63.

❷ Президент　В. В. Путин　на　рабочей　встрече　по　вопросам　межнациональных　и межконфессиональных отношений в г. Чебоксары 5 февраля 2004 года. Российская газета, 6 февраля 2004г.

❸ Из выступления Президента Д. А. Медведева 28 июня 2008 г. при открытии V Всемирного конгресса финно-угорских народов в Ханты-Мансийске. http：//www. admhmao. ru/obsved/ Znam_ sob/27_06_08/priv1. html.

并把俄联邦"多民族的人民"（многонациональный народ）❶ 明确界定为
"俄罗斯民族"（российская нация），而在指称国内的各族时使用"族民"
（народы）一词，并界定为族裔共同体（этнические общности），同时把
"强化俄联邦多民族人民（俄罗斯民族）共同的公民意识和精神同一性"作
为该时期内战略的首要目标❷。

目前，俄罗斯已明确将公民民族建设视为政府和社会的一项长期工程，
为此政府还专门设立了"俄罗斯民族"（российская нация）网站，发行
《俄罗斯民族》（российская нация）杂志，为社会各界人士探讨建设俄罗斯
公民民族的思想搭建平台。学术界也不时举办各类学术会议，进行专题研
究，为这一思想的推行提供理论指导。公民民族的观念已逐渐被大多数的政
治界精英所接受，也已逐渐渗透到俄罗斯大众的意识之中。

实际上，在国际上很久就存在对民族的上述两种理解：一种源自把民族
作为公民民族（政治民族）的西欧式的理解❸，另一种是奥地利马克思主义
者观点中的文化民族（культурная нация，即族裔民族）❹。这两种理解一直
并存于现代国家的范围内，它们的使用并不具有相互排斥的特点。前者产生
于法国并传播到英语国家中，目前在国际上"民族"主要被看作是国家的构
成物，即同一国籍的人；但同时，还存在另一种传统，把民族作为文化共同
体，这一传统产生于东欧并传播到苏联，现在在亚洲及非洲的一些国家也在
这一含义上理解民族，甚至在欧洲也有它的拥护者。就是说，使用词语"民

---

❶ 1993 年 12 月 12 日经全民公决通过的《俄罗斯联邦宪法》第 1 章第 3 条第 1 款明确规定：俄罗
　斯联邦主权的体现者和权力的唯一源泉是其多民族的人民。参见：Конституция российской
　федерации. М. : проспект，2005，с. 3.
❷ 参见俄罗斯联邦信息分析杂志《СЕНАТОР》，http：//www. minnation. senat. org/Strategiya-
　2025. html.
❸ 现代意义及政治意义上的民族，是相当晚才出现的。如根据《新英文词典》的记载，在 1908 年
　之前，"民族"的意义跟所谓族群单位几乎是重合的，不过之后则愈来愈强调民族"作为一政
　治实体及独立主权的含义"。参见［英］埃里克·霍布斯鲍姆：《民族与民族主义》，李金梅译，
　上海：世纪出版集团、上海人民出版社，2006 年版，第 17 页。
❹ 如奥地利社会民主党人、民族理论家鲍威尔认为："民族就是那些在共同命运的基础上形成了
　共同性格的人们的全部总和。"就是说，鲍威尔把民族界定为以共同文化的特殊形式出现的性
　格共同体，在他看来，民族的决定性的基础乃是共同的文化。Бауэр. О. Национальный вопрос
　и социал-демократия. СПб.，1909. С. 2. 转引自 В. Р. Филиппов：советская теория этноса.
　М. : Институт Африки РАН. 2010. С. 14.

族"两种不同的传统——民族作为族群和民族作为一个国家的公民一直是并存的。正因为如此，才引起了很多的混淆。目前，在民族概念的界定难以达成共识并面临困境的情况下，在国际学术界出现了对民族从全景式界定向类型化界定的转向，如出现了诸如人种民族与公民民族、国家民族与文化民族、政治民族与文化民族、现代民族与传统民族等，而俄罗斯学界有关"公民民族"（гражданская нация）与"族裔民族"（этнонация）的区分，实际上是对"民族"（нация）概念内涵争持不下的一种妥协。这种类型化处理，不仅使"нация"这一原有词语在这两个术语中得以保留，而且还使其内涵明晰化，在一定程度上化解了民族概念内涵争持不下的困局。

　　总之，在围绕术语"民族"讨论的过程中，在俄罗斯的学术及政治话语中逐渐形成了把民族作为公民共同体和把民族作为族裔共同体并用的局面。与此同时，两个新术语"公民民族"（гражданская нация）和"族裔民族"（этнонация）在俄语中也广泛传播开来。但从苏联范围内发表的论著看，在传统意义上使用民族概念的人至今仍占多数，因此要完全把"民族"的内涵从族裔民族转向公民民族的理解，还需要经历一个漫长的过程。

（本文原载《世界民族》2014 年第 1 期）

宗教、文化与语言研究

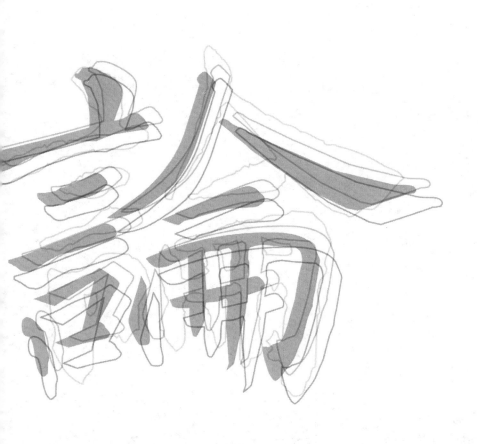

内蒙古伊金霍洛旗宗教工作的
民族社会学考察

色　音❶

伊金霍洛（汉意为"圣主的院落"）旗，地处呼和浩特、包头、鄂尔多斯"金三角"腹地。位于鄂尔多斯高原东南部，毛乌素沙地东北边缘，东与准格尔旗相邻，西与乌审旗接壤，南与陕西省榆林市神木县交接，北与鄂尔多斯市政府所在地康巴什新区隔河相连。系鄂尔多斯市城市核心区的重要组成部分，是一代天骄成吉思汗的长眠之地。

1958年11月5日经国务院82次会议批准，札萨克旗、郡王旗合并，暂称"札郡旗"。1959年1月15日，经内蒙古自治区人民政府批准，取旗名"伊金霍洛旗"。旗址驻地设在新街镇，1964年7月1日迁往阿勒腾席热镇。

2005年，伊金霍洛旗撤并调整8个苏木乡镇，整合新组建7个镇，即保留阿勒腾席热镇；撤布连乡、布尔台格乡、乌兰木伦镇，设乌兰木伦镇；撤公尼召乡、伊金霍洛苏木，设伊金霍洛镇；撤新街镇、台格苏木，设札萨克镇；撤新庙镇、纳林陶亥镇，设纳林陶亥镇；撤纳林希里镇、红庆河镇，设红庆河镇；撤台吉召镇、苏布尔嘎苏木、合同庙乡，设苏布尔嘎镇。❷

伊金霍洛旗现今总面积5600平方公里，辖7个镇138个行政村。根据第六次人口普查，全旗人口状况如下：

---

❶　作者为中国社科院民族学与人类学研究所研究员。
❷　行政区划网，http://www.xzqh.org/html/show.php? contentid=3919。

图 1　鄂尔多斯市行政地图

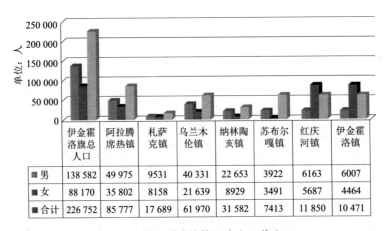

	伊金霍洛旗总人口	阿拉腾席热镇	札萨克镇	乌兰木伦镇	纳林陶亥镇	苏布尔嘎镇	红庆河镇	伊金霍洛镇
男	138 582	49 975	9531	40 331	22 653	3922	6163	6007
女	88 170	35 802	8158	21 639	8929	3491	5687	4464
合计	226 752	85 777	17 689	61 970	31 582	7413	11 850	10 471

图 2　伊金霍洛旗第六次人口普查

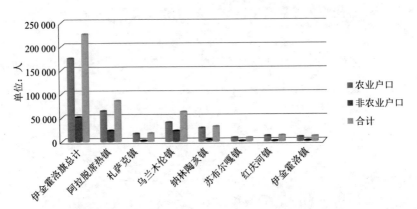

图 3　伊金霍洛旗农业户口、非农业户口人口数

21 世纪初，伊金霍洛旗已成为内蒙古自治区经济发展速度最快、效益最好的地区（如图 4）。伊金霍洛旗经济以工业为主体，从该旗工业发展历程可以看到"鄂尔多斯经济现象"的形成过程。2012 年，伊金霍洛旗在全国县域经济基本竞争力百强县的位次由第 29 位跃升至第 23 位，荣获"全国最具投资潜力区县级城市"和"全国生态文明示范工程试点旗"等荣誉称号。肯定成绩的同时，我们也要清醒地认识到经济发展过程中还存在一些发展不平衡、不协调、不可持续的问题。经济发展对能源市场的依存度过大，容易受宏观经济形势波动的影响；现代服务业和高新技术产业没有形成规模，三大产业互动能力不强，产业之间、区域之间、城乡之间统筹协调发展任务艰巨；招商引资虽然成效显著，但是签约项目落地率低、开工项目进展缓慢；地方可用财力不足，财政增长速度放缓，政府性债务压力加大等现实问题。

图 4　伊金霍洛旗 1992—2012 年生产总值

2012 年全年农牧民人均纯收入 11 452 元，比上年增加 1354 元，增长 13.4%；城镇居民人均可支配收入 34 586 元，比上年增加 4020 元，增长 13.2%（如图 5）。全年农牧民人均生活消费性支出 10 170 元，比上年增长 3.3%，其中食品消费支出 3663 元，占消费总支出的比重为 36.0%；城镇居民人均消费支出 28 959 元，增长 4.7%，其中食品消费支出 7681 元，占 26.5%。

进入 21 世纪以来，在伊旗委、政府的领导下，伊金霍洛旗经济社会建设不断向前发展，少数民族群众生产生活水平不断提高，全旗呈现出民族团结、社会稳定、宗教和顺的良好局面。旗委、政府在 2007 年和 2012 年被自治区党委、政府两次评为自治区民族团结进步先进集体；旗民族宗教事务局在 2012 年自治区党委、政府被评为自治区民族团结进步先进集体、鄂尔多

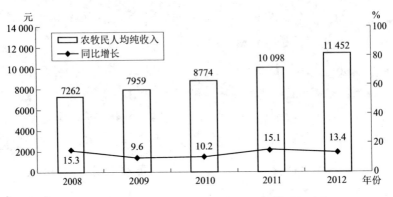

图5　2008—2012年农牧民人均纯收入及其增长速度

斯市学习使用蒙古文先进集体荣誉称号。

近年来，伊金霍洛旗认真贯彻落实民族政策评议工作，加大了对少数民族聚居地区基础设施、生态建设以及民族教育事业和蒙古语言文字发展等的扶持力度，伊金霍洛旗呈现出民族团结、社会稳定、社会各项事业全面进步的良好局面。伊金霍洛旗比较重视民族政策和宗教政策的落实工作，为少数民族群众办实事、做好事、解难事。

2008年，伊金霍洛旗民族事务局在旗委、政府的正确领导和市民委的工作指导下，深入学习贯彻党的十七届三中全会精神，以科学发展观统揽全局，以宣传贯彻各级民族工作会议精神，以《民族区域自治法》《宗教事务条例》《内蒙古自治区蒙古语言文字工作条例》为主线，以各民族"共同团结奋斗、共同繁荣发展"为主题，以贯彻落实区、市、旗三级《关于进一步加强民族工作的决定》为重点，按照年初制定的工作思路，结合伊金霍洛旗实际，抓住重点，实事求是、开拓创新、拼搏进取，各项工作有条不紊地进行着。2008年9月8日伊金霍洛旗旗委组织部、统战部、旗民族事务局联合举办了民族宗教知识专题报告会，报告会上邀请了内蒙古自治区党校吉尔嘎拉教授作了《民族宗教与社会和谐》为主题的讲座❶。2010年出版了《乌兰活佛史传》等书籍。

伊金霍洛旗现有宗教活动场所10处，其中佛教活动场所7处，基督教活动场所2处，天主教活动场所1处。目前，全旗共有教职人员200多名，

---

❶　伊旗民族事务局：《伊金霍洛旗民族事务局二〇〇八年工作总结》。

信教群众近5000人。近年来，伊金霍洛旗宗教工作在旗委、政府的正确领导下，在上级有关部门的精心指导下，认真贯彻党的宗教政策和《宗教事务条例》，创新管理宗教事务的方法，加强宗教教职人员队伍建设，积极引导宗教与社会主义社会相适应，全旗宗教领域呈现出团结、和谐、稳定的良好局面。

在依法加强宗教事务管理方面，伊金霍洛旗民族事务局组织人员深入基层，积极协同有关部门，加大打击非法宗教工作力度，召开专题会议研究打击非法邪教组织，对工作进行了再部署、再动员，对发生过邪教组织活动的地区，配合公安部门进行重点监控，保证了伊金霍洛旗的社会稳定。

伊金霍洛旗近年来宗教工作基本情况如下：

（1）认真贯彻执行宗教政策法规，依法加强宗教事务管理。近年来，伊金霍洛旗将加强宗教事务管理工作与贯彻执行各级党委、政府关于加强宗教工作的政策、法规有机地结合起来，经常向宗教界人士和信教群众宣传国家的宗教政策和法律法规，提高他们抵御境外势力利用宗教进行渗透的能力和警惕性，并积极协同有关部门大力开展了非法宗教集会活动和乱建宗教活动点的查处工作，确保了正常宗教活动的有序开展。

（2）加大寺庙投入力度，确保安全寺庙建设工作。伊金霍洛旗多处宗教活动场所不仅是信教群众集会、朝圣的场所，也是全旗重点文物保护单位。为确保各宗教活动场所的安全与稳定，近年来旗财政每年为全旗各宗教活动场所安排消防安全经费3万元，2011年又将该项经费提高至5万元，并对各寺庙用电、用火设施进行了改造，杜绝了安全隐患，提高了活动场所的自救能力。

（3）加强宗教人士培训工作。近年来，伊金霍洛旗坚持以建设高素质的爱国宗教团体和爱国宗教人士队伍为目标，以提高宗教人士思想素质为重点，在全旗宗教界积极开展"爱国主义教育""双文明活动""三支队伍"建设等培训工作，并聘请全市宗教界知名人士来伊金霍洛旗进行讲课交流，通过宗教人士之间的交流与沟通，对构建和谐社会与宗教发展之间的必然关系达成了共识，为促进伊金霍洛旗宗教界的稳定工作起到了积极作用。

（4）为提高境外宗教渗透的防范力度，伊金霍洛旗出台了《关于处理涉及民族、宗教群体性事件的紧急预案》《社会稳定风险评估机制》等预警防范措施，通过将公安局国保大队队长挂职到民族事务局担任挂职副局长的方法，加强了宗教部门与公安部门的联系与协作，对可能危害国家和信教群众利益的可疑分子进行重点防范，实时监控，必要时依法采取有效行动。

（5）十二世乌兰活佛培养教育工作。随着十二世乌兰活佛洛桑加样僧格于 2008 年 9 月 23 日在吉祥福慧寺正式坐床，历经 1 年多的活佛转世灵童寻访工作正式宣告结束。其间，伊金霍洛旗多次派专人参加了转世灵童的寻访工作。在活佛坐床仪式中，旗财政投入 250 万元用于建设通往吉祥福慧寺的专线油路、寺院硬化等设施，为活佛坐床仪式的顺利完成起到了积极作用。在活佛坐床仪式结束后，伊金霍洛旗根据市政府《关于对十二世乌兰活佛培养教育实施意见》出台了十二世乌兰活佛培养教育方案，每年投入 20 多万元，用于支付活佛及活佛父母生活补助、吉祥福慧寺住持、副住持、贴身管家的生活补助和活佛专任教师工资等各项开支并为活佛配备了专用车辆。同时，伊金霍洛旗还在活佛家庙吉祥福慧寺安装了数十组摄像头、震动传感仪、红外线报警装置等安全设备，安排 6 名责任心强、经验丰富的安全警卫人员常驻吉祥福慧寺，为活佛营造了安全、优越的学习成长环境。

为营造伊金霍洛旗宗教界团结、稳定的良好局面，切实做好宗教教职人员的生活保障工作，伊金霍洛旗通过实施少数民族帮扶工程，将全旗宗教教职人员纳入新农合、养老保险等社会保障体系中。从 2005 年起，每年投入 18 万元，为全旗 92 名年老喇嘛每人每月发放 168 元生活补助。2007 年将这一标准提高到每人每月 340 元，享受人数增加到了 123 人。2011 年又将这一标准提高到 600 元，享受人数达到 192 人（经费投入力度和享受人数均为全市最高）。

在加强基层基础宗教工作方面，伊金霍洛旗在全旗各镇配备了分管民族、宗教工作的负责领导和专职或兼职干事，形成了镇、村、社区、民族、宗教工作管理"三级网络"机制，并在 2010 年，在全旗各镇设立了民族、宗教工作办公室，配备了电脑和专职工作人员，专门处理民族、宗教事务。通过各镇民族办公室的设立，既提高了民族部门的工作效率，也为伊金霍洛旗宗教教职人员提供了高质量的服务和就地解决问题的便利条件，体现了党的执政为民的服务宗旨，进一步巩固了政府与广大教职人员之间的联系。

伊金霍洛旗还建立健全宗教教职人员档案，不断完善寺庙管理机制。伊金霍洛旗结合宗教界教育培训工作的开展，对全旗宗教教职人员进行了建档立卡工作，对教职人员是否存在生活困难，有无错误宗教思想等情况进行了排查和统计，并对各宗教活动场所佛事活动日期、参与人数等情况进行了掌握。与此同时，在伊金霍洛旗民族事务局的支持与协助下，各寺庙管理委员会建立和完善了本寺庙的消防安全、财务管理、卫生防疫、文物保护等各项规章制度，做到了管理有序，责任到人。

十二世乌兰活佛的培养教育工作是伊金霍洛旗宗教工作的重要内容。如前所述，2008年伊金霍洛旗民族事务局开展了第十二世乌兰活佛坐床庆典仪式相关筹备工作。同时，伊金霍洛旗民族事务局全体干部职工分批到吉祥福慧寺负责后勤事务。2009年继续开展十二世乌兰活佛培养教育工作。为了将十二世乌兰活佛培养成为爱国爱教、受广大人民群众爱戴的高僧大佛，伊金霍洛旗民族事务局继续开展了十二世乌兰活佛培养教育工作：一是投入25万元，购买了一辆专用汽车，方便活佛的出行；二是为了细心照顾活佛的日常生活，合理制定饮食起居，投入20万元，安排了十二世乌兰活佛贴身管家、吉祥福慧寺主持、副主持等人照顾活佛的日常生活，并为他们每月发放1500元的生活补助，为活佛父母每人每年发放1.5万元生活补助，同时为了提高活佛的生活条件，每月为活佛发放3000元生活补助。2010年十二世乌兰活佛的培养教育方面重点抓了三项工作：一是聘请幼儿教学经验丰富的老师担任活佛专职教师，进一步为活佛教授蒙语、汉语、藏语、数学等课程；二是对第十二世乌兰活佛和吉祥福慧寺有关人员发放生活补助费，其补助标准与2009年相同；积极协助鄂尔多斯市民委做好了十一世乌兰活佛在青海塔尔寺的家庙"鄂尔多斯嘎日瓦"的搬迁工作。在"鄂尔多斯嘎日瓦"的搬迁工作中，伊金霍洛旗民族事务局先后3次赴实地检查了工程准备情况，并安排148万元用于寺庙的搬迁。

2011年认真开展了活佛培养教育工作，为活佛家庙重新安装了电子监控及防盗设备，协调有关部门为活佛配备了专业安保人员，为十二世乌兰活佛提供了安全、优越的生活、学习环境；2012年进一步完善了活佛的探亲、出访、接待等十一项管理制度；邀请青海省塔尔寺格桑索南为活佛经师、聘请3名资深教师担任活佛专任教师，从小抓好活佛的文化教育工作；继续坚持

24 小时活佛安全保卫制度，升级和更新吉祥福慧寺电子监控和防盗设备，为活佛精心营造安全、温馨的学习生活环境；适时调节活佛的作息时间，协调旗委统战部、旗公安局等部门陪同活佛赴青海塔尔寺、锡林郭勒盟、呼伦贝尔市等地学习考察，开阔视野，帮助小活佛健康、快乐成长。2013 年履行活佛 9 年义务教育课程，按照小学教学大纲的标准对活佛学习情况进行了考评，小活佛各科成绩均为优秀；全年 2 次陪同活佛赴青海省塔尔寺参加格嘉活佛灌顶仪式；协助有关部门完成了活佛院建设工作，完成了活佛院内部装修、佛像定制、购置家具等工作；向社会各界筹集善款 100 多万元，将青海省塔尔寺乌兰活佛院（鄂尔多斯嘎日瓦）按照保持原貌的宗旨整体搬迁至伊金霍洛旗吉祥福慧寺，使这一拥有二百多年历史的国家二级文物得到了妥善保护。

2013 年伊金霍洛旗民族事务局在落实宗教政策方面做了如下工作：

一是落实经费，强化寺庙管理力度。按照每个宗教活动场所 5 万元标准，安排宗教工作经费 50 万元，用于各活动场所的日常管理，并要求各寺庙管委会设立了独立账户，对各项收支账目进行及时核对，做到了账目清晰、公开透明。二是强化宗教活动场所安全生产工作。坚持安全生产工作每月自查和每季度联合检查的工作机制，定期检查、更换灭火器材，确保了各宗教活动场所及人员的安全。三是强化教职人员培训，提高僧众的爱国爱教意识。重新向自治区民委申报了全旗 225 名喇嘛的认证许可，完善了全旗教职人员的个人信息。并投入 138.24 万元，按照每人每月 600 元标准，为全旗 192 名喇嘛发放了生活补助金，让他们感受到党的宗教政策关怀；全年组织举办了 2 次宗教教职人员培训，并选送各寺庙、教堂负责人 17 人参加了市级培训班，进一步提高教职人员的爱国爱教意识，并收到了良好成效。在四川雅安地震发生后，全旗宗教界积极行动，自发募捐善款 5 千多元，体现了教职人员的博爱精神，进一步巩固了伊金霍洛旗社会和谐、宗教和顺的良好局面。

由于伊金霍洛旗各寺庙管理人员多数为年老喇嘛，对寺庙管理和防火防盗工作中所起到的作用有限，为解决以上问题，伊金霍洛旗应采取以下措施：

（1）今后伊金霍洛旗应采取集中培训、派出学习等方式，有针对性地开展宗教活动，做好财务公开及管理、消防安全知识培训工作，确保各寺庙安全与宗教和顺。

（2）在现有的年轻喇嘛中选派合适人员到佛学学校进修，提升教职人员的综合素质。

新疆墨玉县群众文化活动调查

李晓霞❶

我发言的题目是"墨玉县群众文化活动调查",这是我 8 月做的一个调查,就是想通过这样一个调查报告,向大家展示现在新疆正在做的一些事,主要是南疆基层文化活动的一些现象和行为。

开展群众性文化活动,是丰富人民文化生活、满足人民文化需求的重要途径。在新疆,开展群众性文化活动更有倡导国家主流文化、发扬民族优秀传统文化、推动现代世俗文化、抵御宗教极端思想渗透、实现长治久安的重大现实意义。也因为这样,各级政府对群众性文化活动很重视,投入很大。

一、墨玉县的经济社会发展状况

墨玉县经济社会发展的基本状况:

(1)人口数量大,耕地面积少。墨玉县是新疆的一个人口大县,有 50多万人口。人均耕地面积不到 1 亩,农业种植可保温饱难促增收;

(2)农业生产为主,第一产业增加值占生产总值的 41.3%。比自治区同类水平高出 23.9 个百分点。城镇化水平低,墨玉县非农业人口仅占总人口的 9.7%;

(3)县公共财政预算收入少,支出多。2013 年墨玉县财政自给率仅为6.1%,公共服务支出主要依赖国家转移支付和项目支持;

(4)人口民族构成单一,维吾尔族人口占 99.1%。在人口统计年鉴上显示的数值是 97% 左右,它实际上是包括兵团的人口。这里所指的 99.1% 是县里面的人口,非兵团人口;

---

❶ 作者为新疆社会科学院社会学所研究员。

（5）伊斯兰教的社会影响巨大。现有宗教活动场所 1040 座，有宗教人士 1267 人，信教者数量众多；

（6）农民收入来源中林果业生产和打工收入比重较大。与之前有所不同，以前农民的收入是建立在土地、农耕基础上，现在南疆的林果业已经初具规模，所以林果业的收入在逐年增长。但是，由于今年整个林果价格在下跌，同时又受到新疆局势的影响，林果业现在面临一个增产不增收的事实；

（7）农民人均收入低，贫困人口比重大。2013 年墨玉县农村居民人均纯收入 4155 元，只有自治区平均水平的 56.9%。享受低保的人数占全县总人口的 18.3%；

（8）社会稳定形势复杂，社会管理任务重、支出大。2013 年，墨玉县财政支出中 5.95% 用于公共安全，其数值相当于全县当年财政预算收入的 98%。也就是说，如果按照财政收入来算的话，它的 98% 都用于公共安全。

在这样的一个条件下，由于技术条件较弱，经济发展缓慢，墨玉县一直是国家和自治区重点扶持的贫困县，居民收入低，公共服务水平低，发展问题多，维稳压力大，是这里的基本特点。

二、文化设施建设

该县经济社会发展基本情况决定了该地区的群众文化活动的发展状况以及群众对文化需求的一些基本状况。实际上这几年国家在该地区文化建设方面的投入非常大。县城的文化建设有免费开放的图书馆、博物馆、青少年文化中心等；乡镇有文化站、广播站等；行政村均建有文化室，一般设图书阅览室、广播室、文体活动室（配备电视机、乒乓球桌）、影视播放室（配投影机），室外标准篮球场（基本上每个村都有灯光篮球场，晚上可以打篮球），配有乒乓球、羽毛球、篮球，条件好的文化室还有台球桌、棋牌桌等。

三、资金及项目支持

南疆在这样的一个状况下，资金及项目的支持是非常大的。

建设公共文化设施的资金，主要来源于国家及自治区的各类项目经费，如乡镇文化站建设项目、村文化室建设项目、篮球场建设项目等。乡镇文化建设项目从 2005 年就开始了，一个乡镇文化站的建设国家最初会拨款 40 万元，后面还有追加，还要提供相应的配套设施。村文化室建设设施也是国家拨款资助的；农村文化室内的设施，如数字投影机是"农村放映工程"配置以及北京市援助的；影视光盘以自治区"万村千乡"项目和"东风工程"项目配置为主；图书室报刊以"东风工程"项目书刊和新闻出版部门的"农家书屋"项目书刊为主。"户户通工程"给农户提供地面卫星接收设备。

芒来乡是墨玉县的一个乡，自 2012 年后实施了两批"户户通"工程，全乡 2540 户农牧民群众免费看上了卫星广播电视；免费发放收音机 5397 台，保证每户一台收音机。还免费发放了电视机。乡村图书室是由一些项目支持的，有援疆的也有三民工作队的支持。文化活动室，乒乓球桌、台球桌、棋盘等活动设备也很丰富。

四、文化活动的内容及形式

（1）加强地方广播建设，发挥其在政策宣教和文化建设中的传播作用。以地方广播建设为例，在一个镇上，像喀尔赛镇，全镇有 804 个大喇叭，这里面包括了县级的 200 多个，镇上 300 多个，村级 164 个，因为各种喇叭不能够同一个频道播出，所以，这一个村里要有县级的喇叭，也要有镇的喇叭，也要有村级的喇叭，这样才能够全覆盖，这种喇叭的设置是非常普遍的。而且它是定时播出，早、中、晚各播出半个小时。

（2）利用节庆活动平台，传播中华多元文化。该县 2013 年利用元旦、春节、元宵节、古尔邦节、国庆节等这些不同的节日，来开展节日活动，不管是国家的节日，还是汉族群众的文化节日，还是维吾尔族的文化节日，在这里都会开展多种多样的文化活动，包括一些春节的舞龙、舞狮等，虽然这个地方汉族人口比例很低，但是这种文化活动还是不能少的。

（3）以广场文化丰富群众文化生活，聚合并展示群众文化队伍。像墨玉县的巴扎文化活动，因为人群比较密集，所以会有专门的文化政策宣传队，包括一些农村合作医疗、法律宣传等，在巴扎专门设一个摊位，进行一些宣传活动。

（4）推动多样化的群众性体育活动，着力发挥其健身、娱乐、参与等特点。

（5）开展多种校外及课外文化活动，丰富未成年人的业余生活。奎牙镇一中的少年宫配置了器械，都是有专项资金拨款的。

（6）保护民族优秀传统文化，发挥其在群众文化中的影响作用。

（7）树立道德模范，弘扬、彰显社会正气。

（8）规范文化市场管理，发展健康群众文化活动。

五、文化队伍建设

群众文化队伍，包括专职文化工作人员和民间艺人两个层面。专职文化工作者是指政府机关事业单位在编的专职文化管理人员、技术人员、表演人员等。

民间艺人生活在民间，是活跃乡村文化氛围、丰富农牧民精神生活的重要力量。墨玉县已建立了 300 人的民间艺人人才库，各乡镇组建有 10 至 15 人的民间艺人演出团队。芒来乡有一个演出队，一共三个人，政府正在考虑给他们生活补贴的问题。其中的一人双腿瘫痪，现在拄着拐杖能走，他治病的钱就是政府提供的，他非常感谢政府，自己写词谱曲来赞扬共产党，赞扬政府。在另一个镇的一个民间艺人团体中，一名老艺人手中拿的热瓦普乐器已经有 150 年了，是热瓦普的第五代传人，也是国家文化遗产的继承人。在喀尔赛镇，有一位农民叫吐尔洪·吾吉阿布都拉，他坚持 24 年升国旗，32 年放广播。

六、近期群众文化活动新特点

（1）今年新疆开展严打专项活动以正社会风气，群众参与文化活动的社会压力减弱。当地人说，近几年跳舞唱歌在民间是受到排斥的。一些活动是关着窗户，关着院门去唱歌跳舞。如果在室外唱歌跳舞被大家知道之后，他们在社会中就会受到排斥。今年开展专项严打活动以后，他们可以开着窗户，开着院门去跳舞了。

（2）"三民"工作组的管理示范及资金支持，对乡村群众文化活动起到丰富和保障作用。所谓"三民"工作组就是我们新疆要求 20 多万干部下基层活动，今年是 7 万干部下基层，在墨玉县，有自治区的、有地区的、有县里的干部都在基层，每个村里面都有工作组，他们在村里面起到了资金保障、活动示范作用。他们采用了一些新的方法、新的手段来推动群众文化活动的建设。

（3）大力推动婚庆活动，发挥"去极端化"的示范和引领作用。婚庆活动也是新疆重要的一个内容，近期受极端宗教影响的氛围，婚礼不能唱歌跳舞，葬礼不能哭。改变这种情况是"去极端化"工作的一个重要内容。政府这两年就在推动这样的婚礼。比如今年，政府为各乡镇提供一万元的婚礼活动专项经费。只要是农民家里面办婚礼，就可报告到村，再由村报告到乡。婚庆的支出，是由政府来出的，一般是 300~500 元。刚开始时还有奖励，比如冰箱、洗衣机。

七、对墨玉县群众文化活动的基本评价

总体看，乡村两级的文化基础设施建设有了极大改观，政府对群众文化活动的投入大，活动形式多样，但群众的主动参与性较低。政府提供的公共文化产品中一部分已被群众接纳甚至喜爱，一部分因各种原因处于不同程度的闲置状态。

（1）在各类群众文化活动中，最受欢迎的是群众性体育项目，篮球是最受农村青少年欢迎的，他们有"乡村 NBA"比赛，当地人称，过去村里面

根本见不到年轻人，但是有了篮球活动以后，年轻人有的回到村里了。

（2）乡村阅览室基本都是维吾尔文字的书籍，图文并茂，装订非常精美，内容涵盖历史、文化、科技等，但喜欢阅览图书者有限，书基本上都很新。图书阅览室主要吸引在校学生群体，其次是少数年轻人。

（3）电影队下乡吸引力日益下降。原先电影队下乡时有两三百人看，现在只有十多个人看，这与现在多种多样的文化形式有关，电影队下乡一个是内容能不能吸引人，再一个原因是电影并不是唯一的文化形式。

（4）广播是宣传政策、教育群众的重要方式，实际更多发挥着乡村通知和信息传播作用。

（5）网络是文化传播的重要形态。在墨玉县，电信、联通宽带用户为3694户，手机用户为18.99万（总人口50多万），基本上有年轻人的家庭都有手机。很多人利用手机上网或用手机看视频，手机成为一个重要的文化传播平台。

八、墨玉县群众文化活动的特点

（1）活动组织多自上而下，政府推动、组织并出资，乡村基层干部动员和落实，群众被组织参与活动。

（2）活动内容多寓教于乐，重宣传、重教育引导，政治性强。

（3）文化活动的季节性明显，与农村社会生产活动的特点相统一。

（4）宗教活动在群众社会生活中占有重要位置，信仰成为很多人的精神依托，以文化活动填补生活空闲的需求有限。文化活动场所主要吸引部分青少年，在外打工及做生意的村民很少参加各类文化及宣教活动。娱乐化的方式、草根化的内容、以传统包装的文化理念，更易受到群众的喜爱。

九、墨玉县开展群众文化活动困难及问题

（1）群众文化工作"说起来重要，做起来次要"，重视程度不够。

在现实中，负责群众文化工作的人越来越少，墨玉县维稳任务很重，一有维稳任务，工作人员必须要奔赴到工作一线，所以文化工作基本上没有专

人负责。

（2）基层文化活动组织管理人员缺失，资金得不到保障。

由于缺乏专门的人员管理基层文化活动，有很多的村级设施，如篮球场、播放室、图书阅览室，有的门都开不了。有些地方发放很多报纸，由于缺乏人员管理，有时一个月的报纸成捆摆在那里，也没有人去看。所以现在提出村级文化室要有一个专门的人来负责，由政府提供固定的生活补贴或工资津贴。

（3）文化队伍较弱，培养力不足 。民间艺人短缺、老化、断代现象很明显。

参加文化队伍的基本上都是50岁以上的人，年轻人能弹能唱能跳舞的人不多。现在有的村专业打手鼓的人都找不着了，大家都担心这些人去世之后，这些民间文化活动就没有人做了。目前和田民间艺人缺乏，与这些年宗教极端思想渗透、民间文艺活动衰退、民间艺人不受社会尊重、文艺表演者和观赏者减少有关。

（4）群众文化活动以政府自上而下的组织为主，民间自发的活动较少。"群聚危机"的防控预设和"玩物丧志"的道德隐患影响活动组织及效果。

因为新疆开展维稳工作的原因，大家群体性聚集在一起是政府比较戒备的。如90年代中期，在伊犁一些人利用足球赛等活动进行非法聚会、非法宗教宣传，最后酿成了很大的事端，所以一般群聚性民间活动受到了影响。

（5）群众参与文化活动的主动性、参与性不足。

我们去参加了政府组织的一个文化活动日，村民都被召集来了，然后他们就都坐在广场上，活动参与性很低，让人感觉非常不协调。

政府由上到下组织的活动，政府动员力很强，民众的自主参与性还是相对欠缺。

十、对文化影响和作用的认识

墨玉县是新疆南部典型的农业人口大县，处于传统社会向现代社会转型的初始阶段，文化转型也在起步中，目前明显表现出多种文化现象共生并存与交流冲突的特点。

（1）以农业文化为底色的民族传统文化在民间社会居主导地位，同时国家倡导的主流文化、现代文化的影响力在逐渐上升，表现为以各类组织化的行为使现代文化进入群众文化，国家文化渗入民间传统文化。

（2）伊斯兰教文化影响巨大，并因社会转型过程中诸多难解的社会矛盾加剧传统文化与现代文化、地方民族文化与国家文化冲突的可能性，外来的宗教极端思想渗透有社会和文化基础，世俗文化在民间社会推动所遇阻力较大。

（3）文化多样性是新疆文化的特征，也是文化转型过程中的特点。由于目前新疆特殊的社会政治形势，文化多样性的自然发育受到诸多影响，尤其是因极端思想渗透加剧和政府管控力度加强并行，文化的政治意义更加突出。

（4）群众文化活动在新疆的社会稳定和经济发展上起着特殊的作用：丰富群众的业余生活和精神世界；倡导世俗化的生活方式，让群众能够远离宗教极端；引导群众正确认识政策法规，做守法公民。

当前，"去极端化"是当务之急，事关新疆的社会稳定和长治久安，工作目标主要是对宗教传统知之不多、又易受宗教极端思想影响的年轻人，以文体活动让他们玩起来，能玩、爱玩、会玩，将他们的业余时间充分利用起来，并在体育竞技、游戏活动中培养纪律、时间观念和团队精神，以及正常的人际交往，是群众文化活动的主要方式和目标。

（本文根据作者发言录音整理而成）

社区环境与语言适应

——北京少数民族社区语言专题调查研究综述

丁石庆❶

一、引言

北京作为我国的首都，不仅是全国的政治文化中心，同时也是各民族散杂居之地。据全国第六次人口普查统计数据，北京市有 56 个民族，全市常住人口中，汉族人口为 1881.1 万人，占常住人口的 95.9%，各少数民族人口为 80.1 万人，占常住人口的 4.1%。与 2000 年第五次全国人口普查相比，汉族人口增加 582.7 万人，增长 44.9%；少数民族人口增加 21.6 万人，增长 36.8%。数据显示，北京各少数民族人口中排在前五位的依次是满族、回族、蒙古族、朝鲜族和土家族，占少数民族人口的 90.2%。其中，满族人口最多，为 33.6 万人，占 41.9%；其次是回族人口，为 24.9 万人，占 31.1%；蒙古族、朝鲜族和土家族人口分别为 7.7 万人、3.7 万人和 2.4 万人，在少数民族人口中的比重分别为 9.6%、4.7% 和 2.9%。与 2000 年人口普查相比，排在前五位的民族排位顺序没有变化，但比重有所变动。❷ 北京少数民族人口的迅速增加并不是靠人口的自然增长，而是机械增长，即主要得益于少数民族人口的流迁。

总之，在北京生活着包含了全国所有民族成分的各个民族。各民族生活的社区也可根据其迁居时间与特征分为世居社区、单位社区、散居社区与流动社区等。不同社区的少数民族居民在诸多方面存在差异，但都必须面临社

---

❶ 作者为中央民族大学少数民族语言文学学院教授。
❷ 据新华网北京 2011 年 5 月 30 日电：《北京市第六次人口普查 56 个民族在北京聚齐》。

区环境适应等一系列问题，而最重要的就是语言适应问题，诸如汉语普通话的学习与适应、母语与传统文化的保持与适应、双语及多语的适应及多元文化环境的适应等。语言适应是文化适应的重要基础，如果语言适应不顺利，会导致生活、学习、工作等一系列的不适应，甚至还会形成社会的不安定因素。因此，城市少数民族的语言适应问题极富理论探讨价值与实践应用意义。

近年来少数民族迁居都市的各种问题虽受到学界的广泛关注，也有相关的人类学与民族学方面的研究报告和课题成果，但焦点集中于社区环境与语言适应问题的学者较少，尤其关注国际大都市环境下少数民族族裔为适应此环境而产生的各种语言适应策略的研究视角及相关研究成果比较少。

由凯尔斯（Haward Giles）等在 20 世纪 70 年代提出的言语适应理论（Speech Accommodation Theory）（也译为言语调节理论）因其独特新颖的视角和极富交叉性而被广泛应用在社会学、语言学、跨文化交际等研究领域。该理论借用社会心理学诸如相似吸引原则、社会交换原则、归因原则、群体特征等建构了探究人们交际心理的动机模型。❶ 该理论以同一种语言在内部的交际过程中发生的事项为焦点，认为言语适应的方向具有趋同、趋异和保持等发展方向。趋同指向交际对方的言语靠拢，趋异则指交际个体刻意强调其言语特征以凸显差异，而保持则指其本身所操言语的基本特征不变。该理论经著名语言学家维索尔伦提出的语用学理论的补充，在一定程度上得到了完善。本文所说的语言适应除了包括上述核心概念，同时还将其内涵拓展至不同语言间的适应性调整，以及根据社区环境的不同所发生的语言选择、语码转换与语言变异等现象。

本课题以北京市少数民族社区与家庭语言调查研究的系列工程立项，数年来对多个社区环境开展了语言专题层面的调查研究，阶段性成果呈现了课题组前期积累的材料与思考，同时客观上也达到了培养专业人才、突出学科特色等效果。

---

❶ Giles. H. & Powesland. P.："Accommodation Theory"，in Coupland &Jaworski："Sociolinguistics"，New York：Macmilan Press，1977.

二、北京少数民族社区的历史及现状

北京因历史上曾被契丹、女真、蒙古、满洲等多个北方少数民族统治并定为国都而经历了无数次大的人口迁移，这些为北京少数民族社区的历史形成奠定了基础。

最早进入北京建都的乃是契丹贵族阶层，其在此建立了辽朝。之后，女真人将燕京改名为中都，于1153年正式定为金朝国都。元代，蒙古族统治了中国北方，这里是元大都。清代，满族贵族统治中国。其间，大批北方少数民族入住中原与北京，尤其清代统治的近三个世纪里，满洲、蒙古八旗官兵携眷驻防，并长期在稳定的区域内生活，逐渐形成了民族聚居村落及沿袭至今的具有民族特色的满蒙旗人社区。新中国成立后，从1957年始，北京市先后成立了六个满族乡：喇叭沟门满族乡、转山子满族乡、七道河满族乡、长哨营满族乡、东黄梁满族乡和檀营满族蒙古族乡，后因成立人民公社，这些满族乡曾一度被撤销。改革开放后，檀营满蒙民族乡恢复，随后恢复了喇叭沟门和长哨营满族乡。

北京回族社区的形成源自中亚和西亚一些信仰伊斯兰教的民族东迁，穆斯林就是自那时起开始大规模定居现北京的。回族一般是围寺而居。围绕着清真寺就形成了一个个回族聚居区。北京市有回族聚居比较多的乡2个，村50个，街道9个，社区居委会13个，共有大小清真寺69座，其中牛街清真寺规模最大，居住的回族有1万余人。

新中国成立之前，以上几个北方民族都因历史原因形成了较为聚居且沿袭至今的世居社区。而其他少数民族的进京各有不同的历史原因，但因人数较少，没有形成聚居的社区，只有相对集中的生活区域，他们大多散杂居于各民族尤其是汉族社区之中。如满族在清朝入关以前，就与西藏地方的格鲁派（黄教）寺院势力集团有着密切的关系。清朝历代皇帝都曾在北京会见前来朝觐的达赖等藏族宗教领袖及重要人物，甚至雍正皇帝尚未登基之前，就将自己的王府分出一半，作为西藏黄教的上院。待其继承皇位后，更是将这座庙宇扩建重修，建成了如今的雍和宫。雍和宫的落成，为藏族百姓进京朝觐提供了极大的便利，也在一定程度上促进了藏族人迁入北京。此外，清代称新疆为"回疆",统治者为方便回疆觐见者,朝廷专在北京西郊设"维吾尔村",后改称为"魏公村"供进京朝觐者歇息。如今,北京少数民族居住历史超过百年的世居社区有六个,分别是:北京市密云县满族蒙古族社区,怀柔区长哨营乡满族社区,怀柔区喇叭沟门乡满族社区,宣武区牛街回族社区,通州区于家务回族社区,海淀区门头村苗族社区。人口较多的回族和满族各有自己的以街道、乡村为单位的聚居社区。城区有:回族聚居的宣武区牛街社区、马甸回族社区以及满族聚居的海淀区蓝靛厂火器营社区等。还有一些郊区、县的少数民族聚居社区,如朝阳区的长营回族乡,通州区的于家务回族乡,怀柔区喇叭沟门满族乡,怀柔区长哨营满族乡,密云县檀营满族蒙古族乡。全市共有 112 个民族村,门头村是北京市唯一的有祖居苗族居住的村落,也是海淀区唯一的民族村。他们虽人数不多,但对自己的民族有着深厚的感情。他们已在这里居住两个半世纪有余。门头村的苗族人原来住在西山的绝地。后来移居至山下。现有 14 户苗族,共计 80 余人。

与上面提到的几个民族不同,许多少数民族的大量迁入北京主要发生在新中国成立尤其是中国改革开放以后的近些年。如朝鲜族是北京目前几个超万人的少数民族之一,而世居的东北朝鲜族大量涌入北京、上海等大城市则是 20 世纪 80 年代之后。在京朝鲜族一般与其他民族杂居,但也有几个较为集中的生活区域,如海淀区魏公村、中关村和朝阳区和平里一带,这两个区的人口占全市朝鲜族的 58%。丰台区、昌平区居住的朝鲜族也分别达到千人以上。如今北京的望京地区集中分布着诸多韩国公司,其职员绝大多数是朝鲜族。此外,近十余年来北京出现的数十家韩国料理店的服务人员也大多为朝鲜族。这些掌握着中朝两国语言的朝鲜族同胞为增进中国与韩朝两国的友谊、促进两国的文化交流起到了重要的桥梁作用。

新中国成立之后,北京的部分少数民族因工作关系集中于国家民委属下的包括中央民族大学、中国民族翻译局(中心)、民族出版社、中国国际广播电台等多个重要部门,并长期从事与少数民族语言文字相关的教学研究、新闻出版、编译编播等工作,形成了一种兼具多种性质的社区类型,我们暂称作单位社区。这几个少数民族单位社区都属国家民委管辖的特殊部门,是中央政府在民族地区实施国家民族政策的重要渠道。他们的工作内容涉及新疆、西藏、延边、广西、四川、云南、贵州等少数民族省区的民族事务及民族语言文字的教学与研究工作，他们承担了为民族地区培养高素质现代化人才的历史任务，也承担了将党和国家政府的声音和书面文献传达到边疆少数民族家家户户的重要使命。在这几个单位社区工作和生活的少数民族工作人员均为各民族的高层精英群体，绝大多数来自我国边疆少数民族地区。因此，他们与少数民族地区有着千丝万缕的联系，他们的言行及其态度对民族地区的稳定、团结、社会和谐具有不可忽视的作用。

具有流动性的少数民族社区主要是指学生在校上学形成的语言社区以及经商人员聚居形成的社区。如每年都有大批少数民族中的佼佼者考入北京上学，组成具有流动性的少数民族语言社区。因为学校是他们暂时的居所，几年之后当他们学成毕业，就会离开学校。然后，又会有新的成员进入学校学习。因此，在校生形成的社区具有流动性。此外，改革开放以来，大量的少数民族青壮年走出偏僻的民族村寨，纷纷涌入城市，从事经商、务工等活动，形成一支少数民族人口流动大军。这些进城经商、务工的少数民族人员组成另一种流动性的少数民族语言社区。他们在北京已形成一定的集中地，经营也达到一定规模，例如甘家口、魏公村的"新疆村""新疆街"。这些流动性的少数民族社区中的成员，一方面保持浓厚的本民族文化传统，最直接、最频繁地与当地文化接触碰撞。另一方面，他们不仅与同一城市的本民族成员和本民族地区有着密切的联系，而且与城市中的其他民族成员也有广泛的联系，他们之间互相传递的不仅仅限于经济信息，还互相传递着包括民族关系信息在内的各种信息。这些少数民族同胞在北京工作生活，为首都经济文化的建设和发展做出了重要贡献。

三、少数民族社区环境与语言适应

（一）世居社区环境与语言适应

我们所调查的北京少数民族世居社区的满族、蒙古族、苗族早在 20 世纪末就已经失去了母语能力。仅有京郊檀营地区的满族在亲属称谓上还保持着一些残余形式。例如，称父亲为"阿玛"，称父亲的祖父（母）为"老祖儿"，称父亲的嫂子为"大大"，称父亲的弟妹为"婶妈"，称祖父的姐妹为

"姑太太",称母亲为"额娘、奶奶",称岳父为"亲阿玛"。檀营虽然早已没有人使用满语,但在檀营的个人、家庭、社区的语言使用中,满语的遗迹犹存。檀营社区少数民族语言文字的使用主要体现在乡人民政府及民族小学等社区机构牌匾、标牌、公文的满语文、蒙古语文使用上。这些世居社区的少数民族普遍受到城市化的强大影响和汉族文化的包围,各少数民族的生活习惯已趋同于汉族,有关本民族的历史知识缺乏,民族意识普遍淡漠。

由于宗教信仰的关系,回族世居传统文化保持完好,尤其是回族聚居的通州区于家务回族乡和牛街的回族民族认同感非常强烈,仍在某种程度上遵守着族内的宗教习俗。绝大多数回族村民熟悉和掌握具有回族文化特色的语言,并在一定程度上强烈认同其为一种有别于汉语的独具特色的民族语言。回族虽然现在通用汉语,但其母语并没有完全消失而是形成了回族语言的底层。回族汉语中夹杂的大量阿拉伯语、波斯语借词是最为突出的表现。在语音方面轻声词、儿化词比较多,很多声调与汉字有很大差别,甚至很多没有声调只有词重音。这些可能都是底层语音特点的遗留。同时,北京回族在使用汉语的同时又进行了创造,形成了独具风格的语言。

门头村苗族的语言全部为汉语。调查中,曾有人回忆说老人在唱歌时使用的一些语言跟汉语不同,但由于无文字记载,现在已经不可考。由于姓氏具有一定的稳定性,所以门头村苗族村民的姓氏还具有本族的特点。苗族有两种姓氏,一种是苗姓,一种是汉姓。苗族的姓氏原本是固有的,并有自己严格的传承方式,汉姓是后来与汉族密切接触并深受其影响才从汉族逐渐输入的。因为过去苗族没有文字书写自己的苗姓,基本上用汉字音写苗姓,加上后来又借入一些汉族的姓氏,致使外人误认为苗族只有汉姓,而不知有苗姓。门头村的苗族至今还延续着包括"龙""伊""杨""萨"等具有苗族特点的姓氏。

(二) 单位社区环境与语言适应

在上述几个单位社区工作和生活的少数民族精英群体主要涉及民族语、汉语等语言文字的教学科研、新闻出版、编译编播等工作,尤其是蒙古、藏、维吾尔、哈萨克、朝鲜、壮、彝等几种少数民族语言是社区内部和工作中使用频率极高的语种,在北京这个国际大都市中形成了特殊的少数民族

"语言岛"。因为各种特殊原因，以上几个单位社区的少数民族的总体情况为学历高、整体素质高、配偶为本民族成员的比例高；就语言使用情况来看，母语水平及兼用语言水平较高，许多还兼通多种语言。上述几个单位社区的少数民族的工作语言为双语双文，其中，以汉语为被翻译语言，民族语为翻译语言，工作语言多数情况下以民族语为主。

（三）散居社区环境与语言适应

调查数据显示，北京市散居的少数民族与单位社区的少数民族个体在京居住背景有很大的相同之处，如普遍都具有大学及以上文化水平，大多都是因上学和工作等原因留京，属各少数民族中的精英群体。但散居的少数民族各行各业的都有。另外，配偶多为其他民族，以汉族居多。由于缺少母语环境，散居少数民族的社区及绝大多数家庭一般都是用汉语，他们的子女也因各种原因均已转用汉语，但他们普遍都对自己的母语保持着深厚的感情，调查数据显示在对子女学习母语的态度下，期望子女学习母语的占绝大多数。调查数据还显示，北京市散居少数民族对子女不懂母语的态度虽然在不同程度上都认为"不应该"，但与单位社区的少数民族不同的是态度更为宽容和开放，总体上，在京散居少数民族普遍都有较开放的文化心态。

北京市散居的少数民族的语言使用情况及其成因较为复杂。由于没有类似上述几个社区少数民族的聚居形式，由于母语的使用机会较以前大大减少，母语的社会功能正在逐渐减弱，他们或他们的下一代已有部分人开始转用汉语，文化观念也随之发生了不同程度的变化。不同民族的家庭母语环境也因各种原因出现了缺失，甚至从小在同一民族成员构成的家庭环境成长的年青一代也已经出现语言转用现象。

（四）流动社区环境与语言适应

自 20 世纪 80 年代中期以来，随着我国改革开放的大潮涌动，边疆地区少数民族人口向内地流动现象持续发展，尤其是移居诸如北京、上海这样的国际大都市的少数民族人口在逐年增加。少数民族离开本土来到北京后，尤其是那些以本民族语作为主要交际用语的少数民族，要融入北京这个汉文化占优势的大环境，在民族语和汉语之间不断进行适应是他们必然面临的问题。流动社区的少数民族的语言适应问题较为复杂。他们在语言适应上首先要面对对汉语普通话的适应，这也是任何一个个体均需面对的问题。对他们来说，汉语作为第二语言或从小习得，或中小学后才学，甚至有的从来没有学过。其次，还有个别的少数民族流动人口需面对民族语方言或标准语甚至外语的适应。据调查材料显示，少数民族个体初来北京，每个人适应汉语普通话或北京话的时间是不同的。其中，"一来就适应了"的大多生活在城市中，汉语基础较好；但大多数都有一个月到半年的适应阶段；少数人"一年以上"才适应，甚至有极少数"至今还未适应"，他们通常来自农村，生活在乡村或民族聚居区，有些甚至高中后才开始接触汉语，教他们汉语的大多是民族教师，自身汉语水平有限，所以教出来的学生汉语水平也比较差。所以，这部分人到北京的当务之急就是要尽快地学好汉语，以便满足学习、生活中的各种需要。其中，维吾尔族流动人口具有明显的代表性。从适应情况来看，南方一些少数民族的适应程度较高，他们在北京生活一段时间后，被调查者的语言使用状况与来京之前相比有很大提高。但是，由于普通话毕竟不是被调查者的母语，而且来北京的适应时间有限，他们所说的普通话与标准的普通话相比仍有一定的差别。

在我国少数民族流动人口中，朝鲜族的人口流动独具特色，具体表现为人口流动的数量多、区域广，且具有跨国移居的情况。在京的朝鲜族流动人口中，人数最多。个体文化程度较高，整体素质比较高、语言能力强，其中双语双文人较为普遍，公司职员或白领中还有许兼通多语或多门外语者。他们视野开阔，文明程度高，接受信息渠道较广，此外，对本民族语言文化具有深厚的感情，同时对不同文化的差异具有较强的包容性。他们语言适应情况最好，表现为适应周期短，适应程度深，尤其对汉语普通话的掌握也最好。当然，朝鲜族的语言适应除了对汉语普通话的适应外，还要面对韩国语的适应。在京的部分朝鲜族流动人口分布于韩国的某些公司或企业，担任着中韩翻译、文秘、经纪人等重要工作。他们除了要掌握标准的汉语普通话外，还要校正自己的朝鲜语口音以适应韩国语。

四、小结

少数民族群体在北京这一国际大都市工作、生活的过程中，在固守自己民族传统文化的同时也经受着各种文明的冲击和洗礼，他们也努力地适应着国际大都市和现代社区的文化环境及氛围。毋庸置疑，很多少数民族的语言观及其母语在城市中的功能已经有所变化，但其作为维系亲情和民族精神、情感、心理的重要纽带也在这些民族心目中具有重要地位。因此，他们语言适应进程中所使用的各种语言间的关系及语言适应中的语言选择是一个兼具学术与应用价值的时代新课题。

（一）对北京少数民族语言适应情况的整体认识

语言适应是一个动态发展过程，其反映所操语言的族群与集团所处的时代及社区环境。人类社会在不断发展，生活在社会变迁中的人们也会不断地适应时代和环境的变迁，语言都需经历不断适应的过程，适应顺利的语言可能会继续保持其传统结构及使用功能，并形成良性循环的发展态势，不能满足社会发展的语言有可能因各种原因而出现语言趋同，进而出现语言转用或语言消亡等现象。语言适应是一个动态发展的过程，动力源自复杂的社会因素，发展方向大致为趋同、趋异或保持，其中以趋同为主流方向。从北京少数民族在不同社区环境下的语言适应层次来看，大致有不同的适应结果：或语言转用、语言兼用、母语保持与强化等。其中语言转用可以从转用范围上分为整体转用和局部转用两种类型。显然，满族已基本整体转用汉语，满语已经接近消亡。呈现在我们眼前的檀营就是一个满族世居社区语言转用的活标本。从我们的调查结果看，檀营满语在语言使用功能上已经发生了质的变化，这是不容置疑的，但在语言结构中仍保留了部分残余形式，而这些残余形式将在一定时期内伴随着檀营满族的语言使用，并成为其重要的特点之一。局部转用的情况普遍存在于在京各社区的少数民族的子女及后代中。而母语的保持与强化的现象则出现在北京市少数民族单位社区的少数民族中，这是一种"语言岛"现象，其形成有各种必备的优越条件，其中包括政府的行政与法律保护行为，也包括不同语言间的和谐相处与共同发展，尤其是语言适应者要有高度的母语忠诚与对其他语言包容的语言观念。

（二）对影响语言适应诸因素的认识

影响在京少数民族语言适应的因素很复杂，但大致有以下几个方面的主客观因素：在京居住时间、民族文化差异、年龄、性格、文化程度、语言能力、语言态度等，有时还涉及个体的综合素质等。但其中最重要的是语言态度。调查数据显示，在京少数民族对母语普遍保持着较深的感情，绝大多数被调查者都希望子女能够学会本民族语言以及用母语进行一般的日常交际。面对汉语的冲击，对于少数民族转用汉语或使用双语的现象，在京少数民族普遍持理解包容的态度，其中南方的诸少数民族更为突出。同时，与身处边疆的同胞们相比，在京少数民族普遍都有较开放的文化心态，在继续保持本民族文化传统的同时，对于其他民族的文化兼容并蓄的态度包容度普遍较高。

（三）对其他语群的认识

生活在诸如北京这样的国际大都市的各类社区环境下的少数民族群体及其后代，由于受到环境的影响而逐渐成长为本民族中的"另类"群体，关注他们的语言生活，研究他们的母语、汉语、双语使用特点及发展趋向等是学界亟待深入探讨的论题，尤其需要重视的是，他们与边疆民族地区有着千丝万缕的联系，对这部分人群的安抚也具有巨大的现实意义，是维稳中不可忽视的重要群体。重视他们的工作、生活和民族感情，并解决他们在大都市生活中遇到的各种困难和问题是政府和相关部门需要计划单列的迫切任务。因此，对此类人群进行全方位多角度、多学科的研究也兼具特殊的理论价值和现实意义。

语言是一种独特的文化资源和人类的文化遗产，任何一种语言的消失都将可能是一种文化资源和文化财富永久或不可恢复的消失。语言适应论题涉及语言传承、语言保持、语言认同、语言兼用、语言濒危、语言转用、语言观念的重新建构等一系列复杂问题，前期获取材料和后续研究难度较大，其中还触及一些敏感的社会问题，尤其后续的综合研究已超出语言学研究范畴，急需多学科集体攻关和团队规模推进。摆在我们面前的一个不可回避的问题是：相关学科间如何进行合作攻关和集体规模推进的问题。

新疆乌鲁木齐市维吾尔族、汉族城市居民的语言使用与族际交往

孟红莉❶

乌鲁木齐市是新疆维吾尔自治区的首府，位于新疆的中北部，是新疆政治、经济、文化、交通的中心。乌鲁木齐市是一个有着两百多万人口的多族群共同居住的大城市，其中汉族人口有 187 万多（约占 72%），维吾尔族人口有 33 万多（约占 13%），回族人口近 26 万（约占 10%），哈萨克族人口近 9 万（约占 3%），还有其他各族人口 4 万多。❷

在这样的多族群社会中，族群之间相互交往的状况会对族群关系的性质有较大的影响，进而影响到社会的稳定和安全。乌鲁木齐市作为新疆的首府，它的稳定会关系到整个新疆的发展形势，也会关系到各族群的和谐安宁。因此，了解乌鲁木齐市各族群的族际交往状况，从而准确把握族群关系的态势，这成为非常重要的议题。

语言是族群之间相互交往的重要工具。语言能力制约着各族群之间相互交往的广度和深度，各族群使用语言的实际情况又能够在一定程度上揭示出族群关系的状态。本文从语言能力、语言使用的角度出发，运用调查数据，在初级群体内的交往、次级群体内的交往、群体之外对象不特定的交往等三个层次上，对乌鲁木齐市的维吾尔族和汉族这两个主要族群之间的族际交往进行详细分析。

一、调查方法

乌鲁木齐市辖有天山区、沙依巴克区、新市区等七个区和乌鲁木齐县，

七个城区的人口是 251 万多，乌鲁木齐县人口近 6 万。❶ 我们的研究总体是乌鲁木齐市的城市居民，具体就是指居住在七个市辖区中的由社区居委会管理的常住居民，不包括乌鲁木齐县由村民委员会管理的居民。

针对乌鲁木齐市城市居民的族群结构特点，为了能够抽取到足够数量的少数民族样本量以便对比研究，我们采取了分层的概率与规模成比例的抽样方法（Stratified PPS）。首先，将乌鲁木齐市的所有社区按照族群结构分层，并给每一层分配要调查的社区数（见表 1）。2008 年 9 月时乌鲁木齐市总共有 498 个社区居委会，按照少数民族人口在社区总人口中所占的比例将它们分成五种类型。从表 1 中可以看到，乌鲁木齐市的绝大多数社区都是汉族聚居区，少数民族人口比例在三分之一以下的社区有 410 个，少数民族人口比例在三分之二以上的少数民族聚居区只有 26 个。在 498 个社区中共抽取 25 个社区进行调查，其中汉族聚居区 11 个，少数民族聚居区 7 个，混居区 7 个。

表 1　乌鲁木齐社区分类个数及抽取的社区个数

社区类型	人数（人）	社区个数（个）	抽取的社区个数（个）
少数民族人口占 10% 以下	908 045	188	3
少数民族人口介于 10%~20% 之间	601 779	139	4
少数民族人口介于 21%~34% 之间	333 664	83	4
少数民族人口介于 35%~67% 之间	227 865	62	7
少数民族人口占 67% 以上	81 837	26	7
总　　计	2 153 190	498	25

资料来源：根据内部资料《乌鲁木齐社区概况》❷ 中的内容整理而成。

接着在以上所划分出来的五个层当中分别进行 PPS 抽样，具体做法是：先将每一层中的所有社区按少数民族人口比例从小到大排序，用系统抽样方法从中抽取出所规定的社区数；再到所抽取的 25 个社区，用系统抽样方法从这些社区的常住居民名册中抽取 50 名 16 岁以上的调查对象。考虑到居民名册中存在的人户分离现象，根据每个社区的不同情况抽取了若干样本作为

❶　乌鲁木齐市统计局等：《乌鲁木齐统计年鉴 2013》，北京：中国统计出版社，2013 年版，第 99 页。
❷　乌鲁木齐市委基层建设领导小组办公室：《乌鲁木齐市社区概况》，2008 年 9 月。

后备调查样本。

在抽取了确定的居民样本之后，我们运用结构式访问法进行调查，调查员按照统一的问卷向调查对象询问，然后填写并回收问卷。在调查过程中，要求调查员的族群身份和调查对象的族群身份是一样的，并且要求使用调查对象的母语进行询问，只有在调查对象母语不熟练时才能选用别的语言。

2009 年 3 月至 7 月初，我们陆续完成了对旭东社区、昌乐园社区等 12 个社区的调查。由于"七五"事件对乌鲁木齐的影响，我们的调查一度中断。直至 2010 年 10 月、11 月，我们才完成了对扬子江社区、东干渠社区等其他 13 个社区的调查。2011 年 5 月我们又在一些社区中进行了补充调查。对 25 个社区的调查结束之后，最后回收的有效问卷是 986 份，其中汉族 426 份，维吾尔族 382 份，回族 102 份，哈萨克族 76 份。❶

因为我们采用了严格的概率抽样并较为规范地控制了调查各环节，所以能够用这些样本的情况来推论乌鲁木齐市城市居民的整体情况。但是，由于采用的是分层的 PPS 抽样，因此在由样本推论总体时需要对数据资料进行相应的加权处理：$W = W_层 \times W_{无应答}$，其中 $W_层$ 指的是样本所在层的权数，$W_{无应答}$ 指的是针对每个社区问卷回收情况的无应答调整权数。

维吾尔族问卷共回收有效问卷 382 份，汉族问卷共回收有效问卷 426 份，对样本数据进行加权之后可用来推论乌鲁木齐市维吾尔族和汉族城市居民的整体情况。后面有关维汉城市居民的百分比等数值，如果没有特别说明一般都是经过加权处理之后的数值。乌鲁木齐市维吾尔族城市居民和汉族城市居民在性别、年龄等方面没有太大差异，男女性别比例基本均衡，平均年龄都在 45 岁左右。维汉城市居民的文化程度总体上都较高，绝大多数人都是高中及高中以上文化程度，但汉族城市居民中具有大学及大学以上文化程度的人所占的比例要比维吾尔族城市居民的高近 16%。从职业构成来看，二者当中党政机关和社会团体的工作人员、企业中的普通职工、离退休人员等汉族城市居民所占比例都略高，维吾尔族城市居民中的下岗、失业、待业人员所占比例（9.5%）比汉族城市居民中的相应比例（4.4%）高一倍多。

---

❶　哈萨克族居民在乌鲁木齐市居民总体中所占的比例很低。为了使哈萨克族居民的样本量达到一定数量，我们对其进行了过度抽样（oversampling）。

二、族际交往的三个层次

社会交往，可以泛指人们在社会生活中所发生的一切交往，它是社会成员以面对面的方式或者通过某种媒介所发生的互动。面对面的社会交往仍然是社会交往中的主要形式，它是交往双方以语言、表情、动作等为基础所进行的有目的、有意识的直接面对面的相互作用过程。本文研究的主要是这种面对面的社会交往。

族际交往，也就是不同族群之间的社会交往，可以分为初级群体内的交往、次级群体内的交往、群体之外对象不特定的交往等三个不同的层次。以往有关族际交往的研究，或是把族际关系作为一个整体性概念来讨论，❶ 或是关注某些族群在家庭等初级群体内的交往情况，❷ 或是关注一些族群在特定的次级群体内的族际交往，❸ 或是侧重族际交往中的心理因素。❹ 而实际上，要准确而全面地认识多族群社会中族际交往的状态，很难从一个整体性概念来解释，也很难用某个侧面来说清楚，这需要对族际交往做出更细致、深入的层次划分。

首先，初级群体内的交往。初级群体（primary group）是一种规模较小、情感亲密、关系持久的社会群体。❺ 家庭和朋友圈子是典型的初级群体。❻ 人们在初级群体内的交往，主要是出于亲情的满足、心情的愉悦等情感需要，而不是基于功利的、实用的目的，这种交往一般会长期持续存在。

其次，人们还会进行次级群体内的社会交往。次级群体（secondary

---

❶ 束锡红、聂君：《西北地区民族关系的实证研究》，《民族研究》2012 年第 5 期；马戎：《西部开发中的人口流动与族际交往研究》，北京：经济科学出版社，2012 年版。

❷ 李晓霞：《新疆民汉混合家庭研究》，北京：社会科学文献出版社，2011 年版。

❸ 祖力亚提·司马义：《学校中的族群融合与交往的族群隔离》，《社会科学战线》2008 年第 6 期。

❹ 李静、刘继杰：《影响族际交往的心理因素分析》，《新疆社会科学》2012 年第 5 期。

❺ 初级群体是由美国社会学家库利（Charles Horton Cooley）创造，用来指相互依存、亲密与共的小团体。后来学者发展出"次级群体"一词，用来指称正式的、事务性的团体，其成员较少私下往来，彼此之间也没有太多了解。具体见［美］理查德·谢弗：《社会学与生活》（第 9 版），刘鹤群、房智慧翻译，世纪图书出版公司北京公司，2006 年版，第 154 页。

❻ 邻居，在传统社会中曾是很明显的初级社会群体。但在现代社会，尤其是在城市生活当中，邻居的初级社会群体特征已经很少了。

group）是一种规模较大、有明确目标、正式的、非个人性的社会群体，例如学校和工作单位。人们在次级群体内的交往是正式的而非情感的，交往各方彼此关系并不密切，交往的准则是组织的制度和规范，交往时通常是基于某种实际的事务性需要。❶

最后，人们除了在所属的初级群体和次级群体内进行社会交往，还需要与社会上的不特定的其他人发生为满足某种需要而进行的社会交往，可以将其称为群体之外对象不特定的社会交往。这是一种在陌生人之间发生的、暂时性、表面性的社会交往，其内容是广泛而多样化的，例如在餐馆就餐、商场购物、医院看病、政府部门办事等各种场合中发生的交往。

将族际交往区分为以上三个层次是很重要的，因为三者交往发生的条件、交往目的、交往内容、交往频率、交往深度上都有着非常大的差异。在多族群共存的社会中，各族群在日常生活中的社会交往会频繁发生，而且族际之间在次级群体内的交往显然会先于在初级群体内的交往。族际之间的社会交往最先也最容易发生在群体之外的日常社会生活当中，为了满足各种生活所需这种交往是必不可少的，它并不需要族群之间有了文化上或心理上的认同之后才能发生。次级群体内族际交往的发生会受到多种因素的制约，例如在实行民族隔离政策的国家，政治、经济、教育等主要机构内权力分配不平等，某些族群被限定在特定职业之内，这样在次级群体内的族际交往就很难发生。初级群体内族际交往的发生，则不仅需要不同族群能够相互接纳彼此在宗教、文化、语言、生活方式等方面的差异，而且彼此之间在心理上不存在任何偏见和歧视。

三、维吾尔族和汉族城市居民的语言能力对比分析

在多族群共同居住的地方，讲不同语言的各族群如果要能够顺利发生交

---

❶ 美国学者麦格（Martin N. Marger）在分析族群关系的同化模式时，认为不同族群在结构维度的同化，可以发生在初级的和次级的这两个社会交往的不同层次上。初级关系指的是在相对较小且亲密的群体内发生的关系，次级关系主要发生在大的、非个人的机构中。这两种区分很重要，各族群可能在次级结构同化水平上达到了显著的程度，但是却没有进入初级结构同化。具体见 [美] 马丁·N. 麦格：《族群社会学：美国及全球视角下的种族和族群关系》，祖力亚提·司马义译，北京：华夏出版社，2007 年版，第 95-96 页。

往，除了受到人口比例、居住格局等因素的影响外，能否懂得彼此的语言也是一个非常重要的制约因素，而且是最为关键的基础性因素。

语言能力是指个体正确地使用语言的能力，这需要语言使用者学习和掌握一整套运用语言的复杂技能，包括对言语或文字刺激做出正确反应；运用适当的语法模式和词汇，把一种语言翻译成另一种语言；听说读写几方面的能力。听力是分辨和理解语言的能力，说的能力是指口头表达和说话交际的能力，阅读能力指辨认和理解书面语言、将书面语言转化为有意义的语言的能力，写作能力指用惯用的、可见的符号把语言记录下来。❶对于语言能力这个抽象的概念，我们将它具体操作化为听、说、读、写四个层面的技能，对每一个层面又进一步做了高低层次的划分。

乌鲁木齐市维吾尔族居民和汉族居民的语言能力存在一定的差异，维吾尔族居民普遍能够运用维吾尔语和汉语两种语言，汉族居民则普遍只会汉语。表2描述了乌鲁木齐市维汉城市居民对各种语言的掌握情况，表中的百分比分别是维吾尔族调查总体、汉族调查总体中达到某种语言能力程度的人所占的比例。从表中可以看到，维吾尔族居民当中有92.2%的人会维汉两种语言，而且有82.2%的人能够用汉语进行日常生活的交流，有近六成的人能够熟练使用汉语。汉族居民绝大多数只会汉语，有86.9%的人完全不懂维吾尔语，会英语的比例要比会维吾尔语的比例高；会维吾尔语的汉族居民对维吾尔语的掌握程度较低，多数只是能听懂简单的用语，很少有人能够用维吾尔语交流。

表2　乌鲁木齐市维吾尔族居民和汉族居民对各语言的具体掌握程度（%）

		维吾尔族			汉族		
		维吾尔语	汉语	英语	汉语	维吾尔语	英语
	完 全 不 懂	0.0	7.8	89.8	0.0	86.9	71.9
听	能听懂简单的日常用语	100.0	92.2	10.2	100.0	13.1	28.1
	能听懂日常对话	100.0	89.0	8.3	100.0	12.6	27.6
	基本上都能听懂	99.9	82.2	4.7	100.0	1.4	9.5

❶　高寿岩编写，梁志燊主编：《中国学前教育百科全书·教育理论卷》，沈阳：沈阳出版社，1995年版，第37页。

续表

		维吾尔族			汉族		
		维吾尔语	汉语	英语	汉语	维吾尔语	英语
说	会讲简单的日常用语	100.0	87.6	6.6	100.0	4.0	20.2
	能进行简单的对话交流	100.0	82.2	4.2	100.0	1.3	12.7
	能深入进行思想交流	99.8	57.2	3.9	100.0	0.1	4.4
读	能看懂一些简单的文字	95.4	65.8	5.8	98.7	0.3	13.4
	能读懂所有的内容	89.6	49.9	3.8	93.5	0.1	3.9
写	能够写简单的文字	92.5	58.8	4.3	94.0	0.3	8.3
	能够熟练写作	86.1	40.1	2.6	79.6	0.1	1.2

进一步来看看他们在维吾尔语和汉语习得途径上的差异。对于乌鲁木齐市维吾尔族城市居民来讲，维吾尔语作为其母语，口语习得主要是在家庭中，阅读和写作能力的培养主要是在学校；汉语是多数维吾尔居民的第二语言，会汉语的维吾尔居民当中有 84.1% 的人选择的主要习得途径是学校教育，还有 42.8% 的人也选择了日常生活交流。对于汉族居民来讲，他们的汉语多是在家庭和学校中学会的；在那些不多的会维吾尔语的汉族居民当中，有近半数的人习得维吾尔语的主要方式是日常生活交流，还有就是在工作场合中学会了一些维吾尔语。

从语言习得途径上的不同可以看出维汉城市居民语言能力存在差异的主要原因是来自学校教育。从 20 世纪 50 年代开始，新疆的各级各类学校按照民族语言分校分班进行教育，汉族学生进入汉族学校就读，少数民族学生根据本族群的语言进入民族学校或民族班就读。汉族学校的教学模式是全部用汉语授课再加授一门英语，民族学校教学模式主要是用民族语言授课再加授一门汉语课。20 世纪 90 年代初，一些民族学校或民族班开始进行双语教育实验，有些用民族语和汉语两种语言授课，有些用汉语授课并加授母语。调查总体中的汉族城市居民几乎全部都是在汉族学校就读的，维吾尔族城市居民中的绝大多数是在民族学校就读的，且其学校授课语言类型主要是所有课程用维吾尔语授课再加授一门汉语。

四、维吾尔族和汉族城市居民的语言使用情况

语言使用是人们实际运用语言的外在行为，通常情况下指的是口语运用情况，有时也和文字的使用结合在一起研究。在多族群共同居住地区，当存在双语或者多语现象时，对各族群语言使用情况的分析要在具体的语言使用领域中来进行，❶ 还要再结合交谈对象、场合、情境等因素。我们选择了家庭、友谊、学校、工作、日常生活等五个领域进行调查，对这五个领域又做了进一步细分，它们刚好能够和族际交往的三个层次相对应。与家庭成员、朋友、邻居的交谈，是初级群体内的社会交往；❷ 与同学、同事的交谈，是次级群体内的社会交往；日常生活当中的商场购物、集市（巴扎）买东西、政府部门办事、医院看病等活动，是群体之外的对象不特定的社会交往。

首先，乌鲁木齐市维吾尔族和汉族城市居民在家庭、朋友等初级群体内主要使用的是本族群语言（见表3）。调查数据显示，无论是和祖父辈、父辈交谈，还是和配偶、兄弟姐妹或者子女交谈，汉族城市居民全部都是用汉语，维吾尔族城市居民则是有95%以上的人用的是维吾尔语。在和朋友交谈时，维吾尔族居民中有48.7%的人主要用的是维吾尔语，有46.9%的人用的是维吾尔语和汉语两种语言。在和邻居交谈时，维吾尔族人使用汉语的比例有所增加，有三分之一的人主要使用汉语，有近四成的人使用的是维汉双语。汉族居民在和朋友或邻居交谈时，始终用的都是汉语。

其次，在学校中本族语的使用占据优势，在工作单位中汉语的使用占据优势。乌鲁木齐市汉族居民在学校和工作单位这两个次级群体的社会交往中几乎用的都是汉语。维吾尔族居民在上学期间主要还是用维吾尔语和同学交谈，但是随着小学、初中、高中、大学不同教育阶段的变化，使用维吾尔语

---

❶ 乔舒亚·费希曼（Joshua A. Fishman）认为"领域"这个概念能够将人们在具体微观环境中个人语言的选择和宏观的社会文化、制度环境连接起来。领域是由共同行为准则的集合所特别约束的社会情景组合，他论证了家庭、友谊、宗教、教育、就业等五个领域的构念有效性。见乔舒亚·费希曼（Joshua A. Fishman）：《研究"谁在何时用何种语言向谁说话"过程中微观与宏观语言社会学之间的关系》，载祝畹瑾：《社会语言学译文集》，北京：北京大学出版社，1985年版，第87-97页。

❷ 这里暂且仍然将邻居归类到初级社会群体当中。

的比例逐渐降低，使用汉语的比例逐渐增加（见表3）。在小学和初中阶段，维吾尔族居民有85%左右的人主要用维吾尔语和同学交谈；在高中（包括中专和技校）阶段，主要使用维吾尔语的比例下降到67%；到了大学阶段，维吾尔语和汉语都成为同学之间交流的主要语言。在那些上过大学的维吾尔族居民当中有37.1%的人主要用汉语和同学交谈，33.2%的人主要使用维吾尔语，其余的人则是使用维汉双语。

表3　乌鲁木齐市维吾尔族和汉族城市居民与朋友、
邻居、同学交谈时的语言使用情况（%）

	朋友		邻居		小学同学		初中同学		高中（技校、中专）同学		大学同学	
	维族	汉族	维族	汉族	维族	汉族	维族	汉族	维族	汉族	维族	汉族
维吾尔语	48.7	0.0	27.8	0.0	88.4	0.0	84.4	0.0	67.0	0.0	33.2	0.1
汉语	3.8	99.7	33.6	99.9	6.0	100.0	7.1	100.0	11.8	100.0	37.1	99.9
维吾尔语和汉语差不多	21.4	0.1	14.3	0.0	2.5	0.0	3.8	0.0	8.3	0.0	12.9	0.0
以维吾尔语为主，汉语次之	24.5	0.0	15.6	0.0	0.3	0.0	2.8	0.0	5.5	0.0	10.9	0.0
以汉语为主，维吾尔语次之	1.0	0.2	8.3	0.1	2.6	0.0	1.8	0.0	7.2	0.0	5.8	0.0
以维吾尔语为主，哈萨克语次之	0.2	0.0	0.0	0.0	0.1	0.0	0.1	0.0	0.1	0.0	0.0	0.0
维吾尔语和哈萨克语差不多	0.1	0.0	0.2	0.0	0.0	0.0	0.0	0.0	0.0	0.0	0.2	0.0
其他	0.5	0.0	0.2	0.0	0.1	0.0	0.1	0.0	0.1	0.0	0.0	0.0
有效样本数（人数）	375	410	373	419	360	407	300	388	220	308	119	190

　　汉语在维吾尔族居民的工作领域中被广泛使用（见表4）。当和同事聊天时，在那些现在有工作或者曾经工作过的维吾尔居民当中，有51.3%的人用维汉双语和同事交谈，28.1%的人用汉语和同事交谈，仅使用维吾尔语的比例是18.1%。同样是这些人，当他们和同事谈工作时，汉语成为使用最多的语言，43.3%的人使用汉语，只有7%的人是使用维吾尔语。

表4　乌鲁木齐市维吾尔族和汉族城市居民的在
工作、日常生活中的语言使用情况（%）

	和同事谈工作		和同事一般性交谈		集市（巴扎）买东西		大商场买东西		医院看病		政府部门办事	
	维族	汉族	维族	汉族	维族	汉族	维族	汉族	维族	汉族	维族	汉族
维吾尔语	7.0	0.0	18.1	0.0	27.2	0.0	10.0	0.0	9.9	0.0	10.1	0.0
汉语	43.3	99.9	28.1	99.8	7.0	93.1	39.6	100.0	41.3	100.0	49.4	100.0
维吾尔语和汉语差不多	12.7	0.0	19.8	0.0	39.1	0.3	25.7	0.0	19.5	0.0	15.1	0.0
以维吾尔语为主，汉语次之	9.5	0.0	14.4	0.0	20.4	0.0	11.0	0.0	10.5	0.0	5.5	0.0
以汉语为主，维吾尔语次之	26.7	0.1	17.1	0.2	4.3	2.0	8.7	0.0	16.6	0.0	17.3	0.0
以维吾尔语为主，哈萨克语次之	0.2	0.0	0.0	0.0	0.0	0.0	0.0	0.0	0.0	0.0	0.0	0.0
维吾尔语和哈萨克语差不多	0.3	0.0	0.0	0.0	0.1	0.0	0.0	0.0	0.0	0.0	0.0	0.0
其他	0.3	0.0	2.5	0.0	1.9	4.4	5.0	0.0	2.0	0.0	2.6	0.0
有效样本数（人数）	287	397	274	398	381	417	378	423	382	424	377	425

最后，在日常生活的各种场合中，汉族居民仍然是一如既往地用汉语来应对所有的场合，维吾尔族居民则多是使用维汉双语或有时主要是使用汉语（见表4）。在集市（巴扎）买东西这个场景中，维吾尔族居民最主要的语言使用模式是维汉双语；在大商场购物的场景中，他们主要使用汉语的比例增加到近四成，使用维汉双语的人也占到了45.4%；在医院看病、政府部门办事这两个场景中，汉语的使用比例继续增加，有近半数的维吾尔族居民主要使用的是汉语。

五、维汉城市居民之间语言使用的不对等与族际交往的相对隔离

以上有关语言使用情况的分析似乎表明，对于乌鲁木齐市维吾尔族和汉族城市居民来说，除了在家庭内部、朋友之间，其他在工作场所发生的社会

交往当中，以及在商业服务、公共服务、政府部门等地方发生的对象不特定的交往当中，他们都能够自由地使用本族群的语言，即汉族居民能够自由地使用汉语，维吾尔族居民能够自由地使用维吾尔语。由于乌鲁木齐市汉族人口占有较大比例，维吾尔族居民使用维汉双语或者汉语也就会多一些。

然而，如果我们继续引入语言能力这个因素来进一步分析，就会发现实际上在次级群体内的社会交往、日常生活中对象不特定的社会交往当中，乌鲁木齐维汉城市居民的语言使用是不对等的，也就是说：汉族人是使用汉语和各族群的人进行交往；维吾尔族人虽然维吾尔语和汉语都用，但是基本上是和维吾尔族人交往时使用维吾尔语，和汉族人交往时使用的是汉语。前文的分析表明，在乌鲁木齐市汉族居民当中，对维吾尔语掌握到能够进行简单对话交流程度的人极其少；而维吾尔族居民在熟练掌握了本族语的同时，绝大多数人都能够用汉语进行简单对话交流，还有相当比例的人能够熟练使用汉语进行思想交流。由于这样的语言能力的事实，在多数维吾尔族人能够用汉语和汉族人交流时，汉族居民却不能够用维吾尔语和维吾尔族人对话。

再结合维汉城市居民在医院看病、政府部门办事这两个场景中专门找本族群的医生、办事人员的情况，会发现维汉城市居民语言能力的差异不仅导致了语言使用中存在不对等性，甚至已经导致一定程度上的族际交往的相对隔离。在调查问卷中，我们询问了"在医院看病的时候，您会专门找本民族的医生看病吗？"以及"去政府部门办事的时候，您会专门找本民族的办事人员吗？"这样两个问题。调查数据显示，乌鲁木齐市维汉城市居民当中有相当数量的人会因为语言交流问题而专门找本民族的医生和办事人员：在医院看病时，维吾尔族居民和汉族居民当中选择了"会的，因为都讲本民族语言，比较容易交流。"这个选项的比例分别是31.3%和39.7%；在政府部门办事时，维汉居民选择该选项的比例分别是34.4%和33.5%。

以上这些情况表明，语言确实在一定程度上成为乌鲁木齐市维汉城市居民进行交往的障碍，他们之间的族际交往存在一种相对隔离的状态。在学校、工作单位等次级群体内，隔离状况是较为明显的。由于新疆的少数民族教育政策实行的是汉族学生和民族学生分别就读于汉族学校和民族学校，这样在学校中维吾尔族学生和汉族学生的交往就处于相互隔离的状态；在工作场所中，由于语言能力的制约，除了工作交往之外，其他经常性的互动可能仍然主要是发生在本族群成员之间。对于群体之外对象不确定的社会交往，在理想状态下，应该是各族群在各个场合中能够自由地使用本族群语言，但是现实中却是有相当一部分人会专门找本族群的医生或者办事人员，而且汉族是用汉语来应对所有族群的人，多数维吾尔族人则是根据交往对象的族群身份使用维吾尔语或者汉语。

六、强调地位平等、文化多元的民族政策与族际交往的现实

中国民族政策的基本原则是坚持民族平等，各民族在政治、法律、经济、文化、社会生活等所有领域一律平等。[1] 这种平等，体现在各民族能够平等地享有管理国家事务的权利、享有宗教信仰自由、享有使用和发展本民族语言文字的自由、享有保持和改革本民族风俗习惯的自由等。《宪法》对这些内容做出了明确的规定。[2]

为了能够体现使用和发展本族群语言文字的平等和自由，《民族区域自治法》在语言使用和教育制度上都做出了具体规定。在语言使用上，规定自治机关在执行职务时使用当地通用的一种或者几种语言文字。在教育制度上，民族自治地方可以自主发展民族教育，招收少数民族学生为主的学校（班级）采用少数民族文字的课本并用少数民族语言讲课，根据情况从小学低年级或者高年级起开设汉语文课程。[3]

新疆根据本地的实际，也制定了相应的具体政策来保障各民族都有使用和发展本民族语言文字的自由。《新疆维吾尔自治区语言文字工作条例》规定：各级自治机关执行职务时，同时使用维吾尔、汉两种文字，也可根据需要同时使用其他民族的语言文字；机关、团体、企业和事业单位召开会议，

[1] "在中国，各民族一律平等包括三层含义：一是各民族不论人口多少，历史长短，居住地域大小，经济发展程度如何，语言文字、宗教信仰和风俗习惯是否相同，政治地位一律平等；二是各民族不仅在政治、法律上平等，而且在经济、文化、社会生活等所有领域平等；三是各民族公民在法律面前一律平等，享有相同的权利，承担相同的义务。"具体见中华人民共和国国务院新闻办公室：《中国的民族政策与各民族共同繁荣发展》，北京：人民出版社，2009年版，第8页。
[2] 中华人民共和国国务院新闻办公室：《中国的民族政策与各民族共同繁荣发展》，北京：人民出版社，2009年版，第10-12页。
[3] 国家民委文化宣传司：《民族语文政策法规汇编》，北京：民族出版社，2006年版，第4页。

根据与会人员情况使用一种或几种语言文字；各级国家机关、司法机关、人民团体应当使用来访者通晓的文字或为他们翻译；与居民生活密切相关的商业、邮电、交通、卫生、金融、税务、工商、公安等部门，应当对工作人员进行少数民族语言和汉语培训，使他们能够掌握和运用当地通用语言。❶

中国的民族政策是一种强调地位平等、文化多元的民族政策，它在充分尊重和保障各族群文化多样性的基础上努力实现各族群之间的地位平等。各族群的文化差异是可以识别的，有时候甚至是受到鼓励并可以得到一些优惠，各个族群可以保持文化和结构的完整独立。这种多元主要是文化的多元，在政治和经济领域各族群是一体的，所有族群参与的是一个共同的经济体系、效忠于一个共同的政治体系。

这样的民族政策是要保障各族群能够保持和发展自己文化的独立性，同时能够平等地参与到政治、经济、社会生活当中。譬如对于语言的使用和发展，开办用民族语言授课的民族学校，尤其在几个主要的少数民族自治地区，形成了完善的以少数民族语言进行教学的教育体系，这保证了少数民族语言的传承和使用。在社会生活的各个方面，各项政策规定试图营造出双语或多语环境，保障各族群都能够自由地使用本族群的语言。

在多族群社会中，民族政策如果强调的是地位平等、文化多元，那么各族群之间的族际交往在三个层次上会表现出不同的特点。对于初级群体内的交往，各族群倾向于在本族群内部进行，实行族内通婚，在本族群内部寻找亲密关系，以维护共同的族群意识和族群身份。虽然是在本族群内部维持和发展初级关系，但这是出于维护族群文化传统的自愿选择，它也不会影响各族群平等地参与共同的政治、经济、社会生活。学校这个次级群体内的族际交往状况，则主要受到学校教育制度的影响。如果国家实行民汉分校或者民汉分班政策，那么学校内的族际交往也主要是发生在族群内部。对于工作单位内的族际交往、群体之外对象不特定的族际交往来说，由于各族群的人都有可能分布在由现代社会分工所形成的各类职业当中，从而导致不同族群之间在工作和日常生活中的全面接触成为常态。

人们在与商业服务和公共服务有关的日常生活中、在政府各部门和公检

---

❶ 国家民委文化宣传司：《民族语文政策法规汇编》，北京：民族出版社，2006 年版，第 370–373 页。

法等机关办事时接触到的人几乎都会是陌生人，可能遇到的服务人员或者办事人员的族群身份是不确定的，那么社会中各族群的语言能力状况就成为制约族群之间交往的方向、交往的广度和深度的最重要因素。在工作单位当中，虽然经常接触的同事相对固定，但是语言能力同样也是制约不同族群的同事之间交往程度的主要因素之一。

在乌鲁木齐市，不论是维吾尔族居民还是汉族居民，初级群体内的族际交往主要是发生在本族群内部。对于家庭内部的族际交往情况，调查数据显示出，几乎全部是发生在本族群内部。❶ 朋友圈子内的族际交往，也基本上都是本族群的成员或者本族群成员占大多数，而且关系越亲密越以本族群成员为主。对于"你的朋友主要是什么民族的？"这样一个问题，乌鲁木齐市维吾尔族居民当中 25.9% 选择的是"全部是本民族的"，36.6% 选择的是"本民族占大部分"，汉族城市居民选择这两个选项的比例分别是 46.5% 和 48.6%。进一步再来看他们关系最亲密的朋友的族群构成情况，对于"您最亲近的五位朋友的民族身份依次是什么？"这个问题，维汉居民的回答见表 5。从表中可以看到：在维吾尔族居民当中，他们非常亲近的朋友七成以上都是维吾尔族的；在汉族居民当中，他们非常亲近的朋友有八成以上都是汉族。

表 5　乌鲁木齐市维汉城市居民最亲近的朋友的族群身份（%）

朋友亲近程度的排名顺序　朋友的族群身份	维吾尔族城市居民					汉族城市居民				
	第一位	第二位	第三位	第四位	第五位	第一位	第二位	第三位	第四位	第五位
维吾尔族	92.8	67.7	72.8	70.4	70.3	4.8	9.2	6.8	4.5	5.4
汉族	6.4	21.6	10.0	19.1	18.9	91.7	80.0	82.2	85.2	88.2

---

❶ 在维吾尔族居民的调查样本当中，有 1 人的父亲是回族，有 1 人的母亲是回族，有 1 人的母亲是乌孜别克族，经过加权后在维吾尔族调查总体中都只占到 0.2% 及以下；对于配偶的族群身份，共有 5 人选择了除维吾尔族之外的其他族群，分别是 2 人回族、1 人汉族、1 人哈萨克族、1 人乌孜别克族，加权后总共占到了近 3%。在汉族居民当中，只有 1 人父亲是维吾尔族，9 人的配偶是除了汉族之外的其他族群（5 人回族、2 人满族、1 人蒙古族、1 人锡伯族），加权后占到了调查总体的 1%。

续表

朋友亲近程度的排名顺序 / 朋友的族群身份	维吾尔族城市居民					汉族城市居民				
	第一位	第二位	第三位	第四位	第五位	第一位	第二位	第三位	第四位	第五位
回族	0.0	5.7	3.8	1.0	3.2	1.9	7.5	6.3	5.6	3.8
哈萨克族	0.6	4.2	11.3	5.2	5.0	1.2	2.2	3.8	2.6	1.1
其他族群	0.2	0.7	2.2	4.4	2.7	0.4	1.2	1.0	2.2	1.6
有效样本数（人数）	375	371	365	356	337	420	415	398	378	372

接着来分析乌鲁木齐市维汉城市居民在次级群体内的族际交往情况。在学校这个次级群体内，他们的族际交往也多数是发生在本族群内部：表6显示出七成以上的维吾尔族居民的小学、初中、高中（技校、中专）的同学全部都是维吾尔族，在大学这个阶段这一比例也还有56%；在汉族居民当中，有60%以上的人在各阶段的同学全部都是汉族，有30%多的人同学大部分是汉族，这主要是因为汉族班当中会有回族同学，或者有个别维吾尔族、哈萨克族、蒙古族等一些少数民族同学。

在工作单位这个次级群体内，对于维吾尔族居民来讲，有25.9%的人经常打交道的同事主要是维吾尔族，有45.1%的人经常打交道的同事是汉族，还有27.8%的人的同事是维吾尔族和汉族差不多（见表6）。我们结合乌鲁木齐市的族群人口结构情况、维吾尔族居民的语言使用情况来分析这些数据究竟意味着什么。乌鲁木齐的人口情况是汉族人口占到72%、维吾尔族人口占到13%、回族人口占10%，也就是说如果各族群人口在不同行业领域中能够均匀分布，始终都是汉族同事所占比例最大。然而维吾尔族城市居民有近26%的人经常是和维吾尔族同事打交道，并且在与同事一般性交谈时则有32%的人主要是使用维吾尔语。这可能是因为维吾尔族人聚集在一些特定职业领域中，也可能是因为不少维吾尔族人在工作单位里会主动寻找维吾尔族人进行交往。这样的现象在乌鲁木齐市汉族居民当中也同样存在。

表6 乌鲁木齐市维吾尔族城市居民的同学、同事的族群身份情况 （%）

	小学同学	初中同学	高中（技校、中专）同学	大学同学	经常打交道的同事
全部是本民族	86.4	85.3	72.9	56.0	6.2
全部是汉族	6.0	6.8	7.7	8.7	4.3
本民族占大部分	2.0	1.4	4.6	16.0	19.7
汉族占大部分	4.9	5.4	10.1	12.7	40.8
本民族和汉族差不多	0.1	0.2	3.9	5.4	27.8
其他少数民族占大部分	0.4	0.7	0.5	0.6	0.6
其他	0.2	0.2	0.3	0.5	0.6
有效样本数（人数）	363	307	213	123	296

在日常生活的各个领域当中，维汉城市居民的全面接触成为可能。虽然有相应的法律和条例来要求营造出双语环境，但是提供相应服务的汉族工作人员几乎都不会维吾尔语，这样族际之间的交往就由于语言能力的限制形成了交往的单向性和相对隔离，也就是前文所分析的维吾尔族居民用维吾尔语和维吾尔族交往，用汉语和汉人交往，而且现实中是有相当一部分人会因为语言交流问题而专门找本族群的医生或者办事人员。

各族群居民在自己的生活中也感受到了族群之间的隔离。在访谈调查中，有的汉族居民说：平时和维吾尔族人很少打交道，工作中也有维吾尔族同事，但是他们彼此之间都是用维吾尔语交谈，我们也听不懂，所以除了谈工作之外，与他们很少交流。有的维吾尔族居民说：生活中维吾尔族人和汉族人很少有什么交往；我的邻居和朋友都是维吾尔族的，和汉族人的来往也就是出门买东西或者办事的时候，他们不会维吾尔语，我就用汉语和他们说。这样的隔离状态显然不利于维吾尔族和汉族城市居民之间的交流，无助于建立团结和谐的族群关系。

实际上在调查中还发现，维汉居民都很希望能够加强彼此之间的交往，比如在对学校族群结构的期待上，有相当数量的人希望民汉合校，甚至是民汉合班。如果让调查对象自己选择新疆地区什么样的学校最好，乌鲁木齐市汉族居民当中有四成多的人赞同民汉合校，更有近三成的人认为民汉合班较好；维吾尔族居民当中有77.9%的人认为民汉合校比较好，有50.1%的人赞同民汉合校且民汉合班。这表明乌鲁木齐市维汉城市居民当中的多数人是并不认可按族群身份分学校、按族群语言分班级的教育制度，这样的教育制度在一定程度上造成了各族群之间的隔离，隔断了各族群之间的相互交往。

七、结语

考察多族群共同居住地区的族际交往情况，可以从初级群体内的交往、次级群体内的交往、群体之外对象不特定的交往等三个不同层次进行。初级群体内的交往是以感情为纽带而长期持续存在，不同族群如果要在初级群体内发生族际交往，则彼此之间必须要有各种价值观的相互认同和接纳。在强调地位平等、文化多元的民族政策下，初级群体内的族际交往主要发生在本族群内部是很正常的事情，这并不会对社会的稳定构成威胁。而且，当各族群之间在宗教信仰、生活方式、礼仪习俗等文化模式上还没有发生大规模的相互认可、接受和趋同的时候，通过外在的金钱诱惑或者其他强迫手段来加强族际之间在初级群体内的交往，常常会适得其反。

但是在强调地位平等、文化多元的情况下，次级群体内的族际交往和群体之外对象不特定的族际交往应当是频繁而全面的，双向的、良性的互动能够加强各族群之间的沟通，推进各族群之间的理解和交融。如果在这两个层次的族际交往存在着某种隔离状态，或者交往的频率较低，或者是交往的方向是单向的，那么族群之间的关系就有可能出现问题。

前文的分析表明，乌鲁木齐市的两个主要族群维吾尔族和汉族之间的在次级群体内的交往和日常生活中的交往确实存在着一定的单行性和相对的隔离。在具体的教育实践中，民族政策导致新疆形成了民族教育和汉族教育两种不同的教育体系。学校教育对现代人来讲是非常重要的，学校是人在成长当中主要的与同龄人互动和深入交往的场所。以族群、语言来分校分班教学的教育制度是为了保证各个族群都有使用本族群语言文字的权利，但是在实践中却把各个族群之间在儿童时期、少年时期、青年时期可能发生的交往人为阻隔了。

在民汉两种教育体系当中，多数维吾尔族人同时学会了维吾尔语和汉语两种语言，而汉族人却没有学到任何维吾尔语的知识。这样，由于语言能力的差异就导致了在工作单位中，族际之间的经常性交往主要也局限在本族群内部。在社会生活的各个方面，虽然有很多政策规定试图营造出双语或多语环境以保障各族群能够自由使用本族群的语言，但是现实中由于汉族的办事人员、服务人员并不具备双语能力，所以事实上并没有形成维汉两种语言能够自由使用的双语环境。因此，在群体之外对象不特定的族际交往中，汉族人始终使用汉语，维吾尔族人则根据交往对象的族群身份使用维汉两种语言，而且他们也都有特意寻找本族群人进行交往的倾向。

以上的分析表明由于维吾尔族和汉族语言能力的差异，导致了相互之间的交往形成了一种相对隔离的状态。当然，隔离状态的形成也有其他原因，比如居住格局、人口结构、风俗习惯、宗教观念、交往意愿等，但语言能力是不同族群之间能够发生交往并深入交往的前提基础和关键因素。

如果各族群成员普遍都是只会本族语的单语人，那么各族群之间的交往就会存在较大障碍，相互之间的隔阂会一直存在。如果只是少数族群普遍掌握了社会中占优势地位的族群的语言，而优势族群并没有掌握少数族群的语言，并且在多数场合都主要是使用优势族群的语言，那么虽然这个社会呈现出族群多元化社会的许多特征，但可能会导致两种不同的结果：一是少数族群逐渐转用优势族群的语言；二是由于语言使用的不对等导致族群间矛盾的深化。当然这里并不是强调优势族群的成员都要普遍成为双语人，而是强调可以通过规定具体场合中各种语言的平等使用、完善双语教育、提供双语或多语服务等各种方式来保障语言使用中的真正平等。更进一步，如果各族群成员普遍掌握了双语或者多语，族群之间的顺利交往就成为可能，再加上社会政策能够保证各族群语言都得到真正的平等应用，那么这就为实现团结和谐的族群关系奠定了最良好的基础。

（本文将刊载于《青海民族研究》2016 年第 1 期）

少数民族人口城镇化
与流动研究

中国少数民族人口的城镇化水平
及其发展趋势

焦开山❶

一、引言

当前及今后一段时期，关于中国的城镇化是政府和学术界的一个关注热点。与一般人口的城镇化过程不同，少数民族人口的城镇化过程涉及民族关系、民族融合、民族文化传承以及保持社会稳定等问题。随着我国经济社会的快速发展，少数民族人口的城镇化过程也会随之加快，与之相关的问题也会越来越复杂。

2014 年 3 月初，中共中央、国务院印发了《国家新型城镇化规划（2014—2020 年）》，提出到 2020 年中国的常住人口城镇化率将达到 60%，标志着中国的城镇化进入了一个快速发展的阶段。加快推进少数民族人口新型城镇化建设，首先，需要合理分析和比较准确地判断少数民族人口城镇化的现状和发展趋势，只有这样才能为相关政策的制定和调整提供一个基础的信息，从而更好地有效推进少数民族人口城镇化，特别是在国家已经把积极稳妥地推进城镇化作为今后若干年的主要任务之一的情况下，更是具有重大的现实意义。其次，由于人口流动往往是在不同地区之间展开的，一个地区的城镇化现状与邻近地区的城镇化现状之间有可能相互影响，因此，我们需要从一个区域发展的角度考虑城镇化问题。《国家新型城镇化规划（2014—2020 年）》中也提出新型城镇化建设要"优化提升东部地区城市群、培育发展中西部地区城市群、建立城市群发展协调机制"。因此，了解各个地区

---

❶ 作者为中央民族大学民族学与社会学学院副教授。

之间在少数民族城镇化水平及其发展趋势等方面的相互关联状况，可以为建立和完善跨区域城市发展协调机制奠定基础。

二、研究现状与研究问题

以往对少数民族人口城镇化的研究主要集中在三个方面：（1）少数民族人口的城镇化状况及其发展过程；（2）影响少数民族人口城镇化的因素；（3）少数民族人口城镇化的方向及其对策。

在少数民族人口城镇化状况方面，以往研究发现少数民族人口的城镇化总体上较低，低于全国和汉族人口的水平，[1] 而且在不同地区和不同民族之间存在显著的差别。一般而言，东部地区少数民族人口的城镇化水平较高，比如上海少数民族人口城镇化率达到了90%左右，西部地区的少数民族人口城镇化较低，比如四川地区只有17%左右。不过，少数民族人口的城镇化水平也在不断提高，城镇化率从 2000 年的 23.36% 提高到 2010 年的 32.84%。[2] 也有研究对一个区域内的少数民族人口城镇化过程进行了考察。比如，有研究发现东北地区少数民族人口城镇化进程较快，尤其是吉林省，城市少数民族人口比重由 1982 年的 23.91%，迅速提高到 2000 年的 52.59%。不过，从 90 年代以来，东北少数民族城市化步伐减缓，黑龙江省甚至出现了城市少数民族人口比重减少的趋势。[3] 除此之外，对其他区域内少数民族人口城镇化水平的研究还很少见。关于少数民族城镇化的形式，有研究指出主要有两种：一种是少数民族地区的城镇化，另外一种是少数民族人口的城镇化。[4] 所谓少数民族地区的城镇化，主要是通过当地经济的发展，实现从农业为主的传统农村社会向以工业和服务业为主的城镇社会转变，可以称为"离土不离乡"。而所谓少数民族人口的城镇化，则是少数民族人口从农村流向城镇，并在城镇居住和工作，这可以是从少数民族地区的农村流

---

[1] 参见张善余、曾明星：《少数民族人口分布变动与人口迁移形势——2000 年第五次人口普查数据分析》，《民族研究》2005 年第 1 期。

[2] 参见郑长德：《2000 年以来中国少数民族人口的增长与分布》，《西北人口》2013 年第 2 期。

[3] 参见卢守亭：《城市化进程中东北少数民族人口迁移流动状况分析》，《满族研究》2009 年第 1 期。

[4] 参见骆为祥：《少数民族人口分布及其变动分析》，《南方人口》2008 年第 1 期。

向少数民族地区的城镇，也可以是从少数民族地区的农村流向非少数民族地区的城镇，即所谓的"异地城镇化"。

在少数民族人口城镇化的影响因素方面，以往研究大都从借用人口迁移的"推拉"理论进行解释。由于西部少数民族地区城市规模发展不足导致城市吸收和容纳人口的能力有限、❶ 产业聚集度低导致吸纳农民转化为市民的能力差，❷ 以及自然环境条件的制约❸等因素的影响，少数民族人口本地城镇化受阻，在东部发达地区区别优势的吸引下，表现出大尺度异地城市化模式。❹ 比如，有研究发现广西外出流动的农村劳动力只有不足 40% 在广西境内，绝大部分在广西境外的省份，他们的流动半径基本上形成以经济社会比较发达的广东为核心并逐渐向海南、福建、浙江以及北方地区递减的圈层分布。❺ 不过，也有研究发现西北民族地区的少数民族一般是就近流入邻近的大中城市，其原因有四：一是在农忙时可及时返乡不误生产；二是随时往返家庭照看家人；三是较短路途可降低流动成本；四是相对于落后的民族地区而言，西北大城市具有获得就业和较多经济收入的拉力和易于融入的宗教、文化环境。❻ 此外，西北地区的城市数量明显高于西南地区，❼ 这使得西北地区的农村人口可以在邻近的大中城市就业。

在少数民族人口城镇化的发展方向及其对策方面，大部分的研究认为少数民族人口的城镇化水平较低，需要加快推进少数民族人口新型城镇化建设。少数民族人口的新型城镇化建设需要保护和传承少数民族特色文化，内容包括经济建设、政治建设、文化建设、社会建设和生态文明建设等方面。❽

---

❶ 参见何景熙：《我国西部小城镇非农就业的产业基础研究——基于镇区人口普查数据的经验分析》，《民族研究》2004 年第 1 期。

❷ 参见曹大明、黄柏权、刘冰清：《武陵民族地区城镇化问题调查研究》，《三峡大学学报（人文社会科学版）》2014 年第 1 期。

❸ 参见蒋焕洲：《贵州少数民族地区农村人口城镇化的制约因素及发展路径》，《安徽农业科学》2010 年第 9 期；沈茂英：《少数民族地区城镇化问题研究——以四川藏区为例》，《西南民族大学学报（人文社会科学版）》2010 年第 10 期。

❹ 参见俞万源：《欠发达地区人口城市化模式——以梅州市为例》，《经济地理》2007 年第 3 期。

❺ 参见鲁奇等：《少数民族地区农村劳动力转移的调查研究——以广西壮族自治区为例》，《山西大学学报（哲学社会科学版）》2007 年第 4 期。

❻ 参见杨军昌：《论西北少数民族人口流动问题》，《黑龙江民族丛刊》2007 年第 2 期。

❼ 参见刘玉、冯键：《中国区域城镇化发展态势及战略选择》，《地理研究》2008 年第 1 期。

❽ 参见王平：《民族地区新型城镇化的路径与模式探究——以甘肃省临夏回族自治州临夏市为个案》，《民族研究》2014 年第 1 期。

也有研究提出在中西部一些发展条件较好的地区，加快培育新的城市群、形成新的增长极，减少人口长距离大规模流动，同时，创造条件让中西部地区县城和重要边境口岸逐步发展成为中小城市，❶以吸纳本地人口的聚集。考虑到少数民族地区经济发展相对落后，地方财政收入较少，有研究建议进一步加大对少数民族地区城镇化建设的财政投入和政策倾斜。❷

综上所述，以往有关少数民族人口城镇化的研究成果主要集中在对全国性的少数民族人口或者对某一个地区的少数民族人口的城镇化水平进行描述及对其背后的影响因素进行分析和讨论，但是对少数民族人口城镇化的发展趋势研究不多。此外，以往研究很少考虑到少数民族人口城镇化过程的空间关联性，即一个地区的城镇化水平可能与其邻近地区有关。因此，在进行相关研究时必须把空间因素考虑进来，充分考虑到地区之间的相互影响。基于以上考虑，本文从区域视角出发，利用空间统计分析方法对各地区少数民族人口城镇化水平及其发展趋势进行分析和讨论。研究问题主要包括以下三个方面：

（1）整体而言，少数民族人口的城镇化水平及其发展趋势在不同地区上是否存在明显差异以及产生这些差异的原因是什么？

（2）少数民族人口的城镇化水平及其发展趋势与汉族人口是否存在显著的差异？这种差异在不同的地区是否也不一样？

（3）一个地区的城镇化水平、发展趋势是否与其邻近地区有关联？这种空间相关性对于我们制定相关政策有何启示？

三、数据与分析方法

本研究的数据来源是 2000 年第五次人口普查资料和 2010 年第六次人口普查资料中的民族人口数据资料。在本研究中，少数民族人口指的是除汉族之外的其他少数人口数总计（包括未识别的民族和外国人加入中国籍）。在

---

❶ 参见李克强：《协调推进城镇化是实现现代化的重大战略选择》，《行政管理改革》2012 年第 11 期。

❷ 参见李坤、殷朝华、龚新蜀：《边疆多民族地区城镇化发展模式的构建》，《生态经济》2010 年第 11 期。

本研究中，少数民族城镇人口❶包括居住在城区里的和居住在镇区里的少数民族人口。衡量城镇化水平的高低和发展速度，本研究与普遍的做法一样，都是主要采用城镇化率这个指标，用城镇化率的高低来衡量城镇化水平的高低，用城镇化率在一定时期内变动的多少来衡量城镇化的增长速度。

本研究还将使用探索性空间数据分析方法（Exploratory Spatial Data Analysis，简称 ESDA）了解少数民族人口城镇化水平及其增长速度的空间分布与空间相关性。首先，对不同地区少数民族人口城镇化率及其变动情况进行考察，同时把这些指标与汉族人口的相应指标进行比较分析。其次，为了考察少数民族人口城镇化水平和增长速度的空间相关性，计算空间自相关（spatial autocorrelation）的测量指标，包括全局空间自相关（global spatial autocorrelation）和局部空间自相关（local spatial autocorrelation）。全局空间自相关指标用于验证整个研究区域（在本研究中指的是除台湾、香港、澳门之外的中国大陆地区）的空间关联模式，主要的测量指标是 Moran I。局部空间自相关指标则用于反映一个区域单元（在本研究中指省域单位）与邻近地区的关联性，主要的测量指标是 Local Moran I_i。除此之外，我们还采用 Moran 散点图对局部空间自相关聚集情况进行深入考察。

四、结果与分析

（一）少数民族人口城镇化水平及其变动趋势

表 1　分地区少数民族人口城镇化水平、变动情况

地区	少数民族总人口数 (2010)（万）	少数民族城镇人口数（2010）（万）	少数民族城镇化率 (2010)（%）	少数民族城镇化率变动（%）
全国	11 197	3 677	32. 84	9. 48

---

❶ 根据国家统计局《统计上划分城乡的规定》（国务院于 2008 年 7 月 12 日国函［2008］60 号批复）：城镇包括城区和镇区。城区是指在市辖区和不设区的市，区、市政府驻地的实际建设连接到的居民委员会和其他区域。镇区是指在城区以外的县人民政府驻地和其他镇，政府驻地的实际建设连接到的居民委员会和其他区域。乡村是指本规定划定的城镇以外的区域。

地区	少数民族总人口数（2010）（万）	少数民族城镇人口数（2010）（万）	少数民族城镇化率（2010）（%）	少数民族城镇化率变动（%）
东北地区	340	160	47.09	5.63
辽宁	664	292	44.01	7.01
吉林	219	128	45.7	5.94
黑龙江	137	60	43.80	0.86
东部地区	110	65	58.79	15.78
北京	80	71	88.75	5.45
天津	33	29	87.88	5.88
河北	299	129	43.14	15.31
上海	28	25	89.23	-6.94
江苏	38	26	68.22	5.60
浙江	121	73	59.90	21.93
福建	80	40	50.81	16.73
山东	73	52	71.58	7.86
广东	207	166	80.06	18.87
海南	143	36	25.40	5.18
中部地区	180	64	35.72	12.27
山西	9	8	84.57	8.30
安徽	40	26	66.52	11.03
江西	15	6	39.10	9.04
河南	112	75	66.73	11.51
湖北	247	79	31.83	13.41
湖南	655	192	29.23	12.39
西部地区	666	180	27.06	8.52
西北地区	425	134	31.42	7.41
内蒙古	506	246	48.70	11.90
陕西	19	16	86.65	3.67
甘肃	241	70	29.17	12.04

续表

地区	少数民族总人口数 （2010）（万）	少数民族城镇 人口数（2010） （万）	少数民族城镇化率 （2010）（%）	少数民族城镇化率 变动（%）
青海	264	83	31.31	13.48
宁夏	221	72	32.69	10.54
新疆	1299	313	24.10	3.76
西南地区	908	227	25.02	8.79
广西	1711	529	30.94	10.53
重庆	194	61	31.25	20.18
四川	491	82	16.61	6.46
贵州	1240	296	23.85	8.40
云南	1535	347	22.62	8.03
西藏	276	48	17.48	1.92

表1显示，从全国范围看，少数民族城镇人口数在2010年已经达到3677万，城镇化率已经达到了32.84%，比2000年增加了9.48%，年均增加近1个百分点。根据美国城市地理学家诺瑟姆，[1] 一个国家的城镇化过程一般需要经过三个阶段：（1）初期阶段，即城镇化率在30%以下，这一阶段是城镇化缓慢发展的阶段；（2）中期阶段，即城镇化率在30%~70%之间，这一阶段是城镇化快速发展的阶段；（3）后期阶段，即城镇化率在70%~90%之间，这一阶段是城镇化趋于平缓稳定阶段。因此，我们可以说少数民族人口正处于城镇化中期阶段的开端，城镇化过程开始加速。同时，我们也应该看到当前的这个城镇化水平是在过去10年中以年均增加1个百分点的速度达到的，是一种"低水平，高速发展"的模式。

有研究认为，我国人口的城镇化率年均增加1个百分点，应该说是一个比较适中的速度，也是一个比较合理的速度。[2] 考虑到当前少数民族人口的城镇化水平大大低于汉族或者全国的水平，在接下来的10年（2010—2020年）

---

[1] Ray M. Northam：" Urban geography"，Wiley New York，1975.

[2] 简新华、黄锟：《中国城镇化水平和速度的实证分析与前景预测》，《经济研究》2010年第3期。

中，我们预计少数民族人口的城镇化还将是一种高速发展的状态，城镇化率每年可能会增加1.5到2个百分点，只有这样在2020年时少数民族人口的城镇化率才能达到50%以上，不过这仍然低于《国家新型城镇化规划》所设定的常住人口城镇化率达到60%左右的目标。不过，一些研究认为城镇化率连续多年每年增加1个百分点以上是一个非常高的发展速度了，❶ 是一种"冒进式"城镇化，必须充分考虑到由此带来的风险。❷

（二）少数民族人口城镇化水平、变动趋势的地区差异

表1也显示，少数民族人口城镇化水平具有明显的地区差异。在少数民族人口的城镇化率方面，东部地区最高（58.79%），其次是东北地区（47.09%）、中部地区（35.72%）、西北地区（31.42%），而西南地区最低，只有25.02%。

关于少数民族人口城镇化率的地区差异，我们主要从以下两个方面进行解释。

（1）工业化发展水平的差异。世界各国城镇化的发展历史表明工业化推动了城镇化的发展。东部地区是我国工业化最为发达的地区，高水平的工业化一方面推动了本地农村的城镇化进程，另一方面吸引了大量的其他地区农村人口的涌入和聚集。东北地区的工业化起步较早，这导致东北地区少数民族人口的城镇化进程起步也比较早且基础较好，但是东北地区的工业化以重工业发展为主，其对人口的聚集能力有限，从而也限制了东北地区城镇化的进一步发展。中部地区的工业化水平低于东部地区和东北地区，但是高于西部地区，因此其少数民族人口的城镇化率低于东部地区和东北地区但是高于西部地区。西部地区的工业化起步最晚，工业化基础也最为薄弱，产业结构不合理，因此对农村人口的吸纳能力较弱。

（2）城镇体系的发育和城镇规模上的差异。与东部地区相比，西部地区缺少作为区域性经济中心的中等规模的城市，城镇短缺问题显而易见。与东

---

❶ 周一星：《城镇化速度不是越快越好》，《科学决策》2006年第8期。

❷ 陆大道、姚士谋、李国平、刘慧、高晓路：《基于我国国情的城镇化过程综合分析》，《经济地理》2007年第6期。

部地区相比，西部地区的城市首位度❶过大。我国城市首位度偏高的地区几乎都集中在西部地区。首位度偏高不仅反映人口分布的不合理，而且还说明地区的产业过分集中于首位城市，从而使城市负载量过重，城市空间和环境容量制约着城市的可持续发展，同时还说明首位城市与周边地区缺乏其他各级规模的城镇作纽带、桥梁以达到互相配合，极大地影响了大城市的辐射作用。❷此外，从城市密集程度上讲，中国城市群紧凑度呈现出由东向西、由南向北逐渐降低的分异态势。比如，有研究发现，1997 年西北地区的城市密度只相当于东部的 6.47% 和全国的 21.43%，建制镇密度只相当于东部的3.38% 和全国的 10.81%❸，如此稀疏的城镇分布，大大限制了城镇的辐射能力。

从表 1 中，我们也看到少数民族人口城镇化水平变动方面也具有明显的地区差异。东北地区的少数民族人口城镇化率 10 年间只增加了 5.63 个百分点。导致东北地区少数民族人口城镇化率提升较慢的主要原因就是人口流动。从 2000 年到 2010 年，东北三省的少数民族人口总数都出现了下降，❹一个重要原因就是受限于本地城镇的人口吸纳能力，农村地区的少数民族人口大规模流动到东北以外的区域（包括其他省份和国外）。由于少数民族人口总数的减少，即使少数民族城镇人口数出现了负增长，城镇化率仍然是增加的，但是幅度很小。相比而言，其他地区的少数民族人口城镇化率增加较快，比如东部地区年均增加 1.6 个百分点，中部地区年均增加 1.2 个百分点，西部地区年均增加 0.9 个百分点。

有研究指出，城镇化水平一年提高 0.6~0.8 个百分点比较正常，超过0.8 个百分点就是高速度。❺据此可以说，除东北地区外，少数民族人口的城镇化处于一个高速发展的水平。东部地区少数民族人口城镇化的快速发展

---

❶ 城市首位度是指首位城市人口和第二位城市人口的比例关系。一般而言，其指数越高，区域城镇人口越相对集中于首位城市，城镇人口分布也就不平衡，正常的首位度是 2。
❷ 王国发：《对民族地区城镇化的思考》，《贵州民族研究》2004 年第 4 期。
❸ 高新才、毛生武：《西北民族省区城镇化战略模式选择与制度创新》，《民族研究》2002 年第 6 期。
❹ 从 2000 年到 2010 年，黑龙江少数民族人口总数下降了 22.44%，吉林少数民族人口总数下降了10.91%，辽宁少数民族人口总数下降了 1.12%（根据第五次人口普查资料和第六次人口普查资料计算而来）。
❺ 周一星：《城镇化速度不是越快越好》，《科学决策》2006 年第 8 期。

与其工业化发展阶段和城镇发展水平有关。当工业化接近和进入中期阶段之后，城镇化的演进不再主要表现为工业比重上升的带动，而更多地表现为非农产业比重上升的拉动，尤其是服务业为主体的第三产业比重上升对城镇化进程产生了更大的影响。❶ 到 2000 年时，东部地区的工业化发展已经达到了一定的水平，从而能够提供大量的就业机会，推动少数民族人口快速向东部城镇转移。西部地区少数民族人口城镇化率的快速增加，一方面与政府主导的"西部大开发"有关，另一方面与政府的行政区分变动导致城镇人口增加有关。从 2000 年的"西部大开发"战略实施以来，西部地区城镇化的驱动力表现为城市扩容、大型项目投资、兴建工矿、资源开发等方式，从而在短时间内推动了西部地区城镇化的发展。不过，这样一种资源开发驱动的城镇化，在经历初期的快速发展以后，会出现一系列的阻碍城镇化进一步发展的因素。❷ 此外，在西部城镇化发展的过程中政府的推力还表现为行政区划变动，比如"县改市""乡改镇"等区划变动引起了城镇人口的增加，这种方式增加的城镇人口是一种"有水分"的增加，因为有大量的所谓城镇人口从事的还是农业生产活动。

（三）少数民族人口城镇化水平、变动趋势的省际差异

除了地区之间的差异之外，不同省、市、自治区之间的少数民族人口城镇化水平及其发展趋势也有明显差异。在东北地区，吉林省的少数民族人口城镇化率是最高的，比辽宁和黑龙江高出 14 个左右的百分点。而在少数民族人口城镇化发展方面，辽宁是最快的，其次是吉林，最慢的是黑龙江。导致这种结果的一个重要原因就是区域经济社会发展不平衡以及人口流动导致的。有研究发现东北少数民族人口的分布重心越来越偏向辽宁，东北少数民族人口的迁移流动方向主要是从黑龙江、吉林流向辽宁。❸

在东部地区，少数民族人口城镇化率最低的是河北省和海南省，前者还没有达到 50%，后者则只有 25.4%，主要原因就是这两个省份的工业化发展

---

❶ 美国经济学家、世界银行前副行长钱纳里在研究各个国家经济结构转变的趋势时，曾概括了工业化与城镇（市）化关系的一般变动模式。

❷ 比如，城镇基础设施建设落后、对生态环境的破坏、城镇发展规划落后等。

❸ 卢守亭：《城市化进程中东北少数民族人口迁移流动状况分析》，《满族研究》2009 年第 1 期。

水平相比其他省份落后。在城镇化率提升方面，最明显的是浙江省和广东省，前者的城镇化率提升了近22个百分点，后者的城镇化率提升了近19个百分点。如此超常规的发展速度和这两个省份的工业化和城市化发展水平密不可分。浙江省和广东省可以说是中国工业化、产业化发展最为迅速的地区，而且产业集群程度相当高，从而有效地推动了农业的工业化、城镇化进程，也吸纳了大量的外来劳动力人口。

在中部地区，少数民族城镇化率最低的省份是湖北省和湖南省，在2010年时只有30%左右。湖北省和湖南省的主要少数民族聚居区（湖北恩施和湖南湘西）与邻近的西部地区比较相似，在城镇化发展过程中面临的障碍也比较相似，但是两个省份的非民族地区城镇化发展的条件要好于大部分西部地区，这导致两个省份少数民族人口的城镇化水平整体上要好于西部的大部分省份，但是远低于东部的大部分省份。但是，在少数民族人口城镇化率提升方面，湖北和湖南又是中部地区最快的，这与前文所述的"西部大开发"战略密切相关❶。

在西部地区，陕西省少数民族人口的城镇化水平最高，达到了87%。由于陕西省少数民族人口规模很小，也不是传统的少数民族人口聚居地，加上又是西部地区经济社会发展和城市发展最好的地区之一，导致少数民族人口绝大部分生活和工作在城市。内蒙古自治区作为少数民族人口聚居区，城镇化水平是西部地区相对较高的，已经接近50%了，城镇化率的提升幅度也比较大，究其原因可能和国家的资源投资、生态移民以及城乡区划调整有关。需要注意的是，重庆少数民族人口城镇化水平不高，但是城镇化发展速度很快，城镇化率提升的速度全国第二。作为中国的直辖市，重庆市经济实力相对较强、交通较为发达、人口密集，因此农村城镇化程度相对较高。另外，重庆市城镇化率的快速提升与户籍制度改革以及城乡区划调整有关。与西部地区省份相比，新疆和西藏自治区的少数民族人口城镇化水平很低，而且城镇化发展速度较慢。首先，新疆和西藏少数民族人口所占比重超过了50%，且大都居住在农村或者牧区，其城镇化的基础非常薄弱；其次，新疆和西藏幅员辽阔，城镇之间的距离过于遥远，加大了人口流动的成本，也造成城市

---

❶ 2000年开始的西部大开发的范围中包括了湖北恩施和湖南湘西。

的辐射功能无法覆盖到很多农村地区；最后，新疆和西藏自治区的人口密度很低，城镇规模很小，加上交通不便利，对人口的聚集功能有限。

（四）少数民族人口和汉族人口城镇化水平、变动趋势的差异

表2 各地区汉族人口城镇化水平、发展速度及其与少数民族人口的比较

(%)

地区	汉族人口城镇化率（2010）	汉族人口城镇化率变动	少数民族城镇化率和汉族的差距	少数民族城镇化率变动和汉族的差距
全国	51. 87	13. 69	19. 03	-4. 21
东北地区	58. 76	5. 09	11. 67	0. 55
辽宁	65. 40	7. 06	21. 39	-0. 05
吉林	52. 91	3. 54	-5. 62	2. 40
黑龙江	56. 10	4. 13	12. 30	-3. 27
东部地区	59. 72	14. 00	0. 93	1. 78
北京	85. 83	8. 55	-3. 19	-3. 10
天津	79. 19	7. 51	-9. 72	-1. 63
河北	43. 98	17. 71	0. 85	-2. 40
上海	89. 30	1. 03	0. 07	-7. 97
江苏	60. 18	18. 00	-8. 03	-12. 41
浙江	61. 68	12. 91	1. 79	9. 01
福建	57. 23	15. 13	6. 42	1. 60
山东	49. 55	11. 57	-22. 03	-3. 72
广东	65. 89	10. 32	-14. 17	8. 55
海南	54. 46	9. 49	29. 07	-4. 31
中部地区	43. 79	14. 33	8. 08	-2. 06
山西	47. 96	12. 88	-36. 61	-4. 58
安徽	42. 83	16. 30	-23. 69	-5. 27
江西	43. 77	16. 09	4. 67	-7. 05
河南	38. 18	15. 14	-28. 55	-3. 64
湖北	50. 50	9. 02	18. 67	4. 40
湖南	44. 87	16. 17	15. 63	-3. 78
西部地区	45. 52	13. 95	18. 47	-5. 43
西北地区	48. 86	13. 88	17. 44	-6. 47
内蒙古	57. 29	13. 04	8. 59	-1. 14

地区	汉族人口城镇化率（2010）	汉族人口城镇化率变动	少数民族城镇化率和汉族的差距	少数民族城镇化率变动和汉族的差距
陕西	45.49	13.60	-41.15	-9.93
甘肃	36.64	12.03	7.47	0.01
青海	56.60	11.92	25.30	1.56
宁夏	56.23	18.35	23.54	-7.82
新疆	70.28	16.66	46.18	-12.90
西南地区	*43.79*	*13.89*	*18.77*	*-5.10*
广西	45.39	12.40	14.45	-1.87
重庆	54.59	19.98	23.35	0.19
四川	41.76	13.77	25.15	-7.31
贵州	39.29	10.15	15.44	-1.75
云南	40.79	12.99	18.17	-4.96
西藏	81.04	1.54	63.57	0.39

比较表 1 和表 2 显示，从全国范围看，少数民族人口城镇化率在 2010 年时远低于汉族人口的城镇化率，前者要比后者低近 20 个百分点。另外，从 2000 年到 2010 年少数民族人口城镇化率的增长幅度仍然低于汉族人口，前者比后者年均低 4 个百分点。具体到每个地区，少数民族人口和汉族人口在城镇化水平和发展速度上的差异也不同。在西南地区，少数民族人口的城镇化率要比汉族人口的城镇化率低了 19 个百分点，前者的城镇化率提升幅度也比后者低了 5 个百分点。在西北地区，少数民族人口的城镇化率要比汉族人口的城镇化率低了 17 个百分点，前者的城镇化率提升幅度也比后者低了 6 个百分点。同样，在中部地区，少数民族人口的城镇化率及其提升幅度也比汉族人口低，前者比后者的城镇化率低了 8 个百分点、城镇化率提升幅度低了 2 个百分点。在东北地区，少数民族人口的城镇化率仍然低于汉族人口，前者比后者低了近 12 个百分点，不过前者城镇化发展速度要比后者快。在东部地区，少数民族人口和汉族人口在城镇化水平上差距不大，前者只比后者低近 1 个百分点，不过前者的城镇化发展速度仍然比后者快。

关于少数民族人口和汉族人口在城镇化水平上的差异，我们可以从传统上的人口分布差异和人口流动机制来解释。由于历史和传统因素的影响，西部地区是我国大部分少数民族的传统聚居地，东北地区也是某几个少数民族的传统聚居地。在民族聚居地区，少数民族人口传统上大都生活在农村，当地的城市中大都生活的是汉族人口。因此，从传统意义上说，西部地区和东北地区少数民族人口的城镇化水平要低于汉族人口。另外，由于汉族人口的整体文化素质要高于少数民族人口，加上城市中的主流文化使得流入的少数民族人口可能会出现适应上的问题，这就导致了汉族人口从农村到城镇化的迁移率要高于少数民族人口，进而加大了汉族人口和少数民族人口在城镇化水平上的差距。如上文所述，由于西部地区的工业化和城镇化发展水平低，农村地区的少数民族人口在本地城镇化的路径受阻，因而选择了所谓的"异地城镇化"，即从西部地区农村往中东部城镇化流动。在中部和东部地区，世居的少数民族很少且规模很小，这导致中东部农村地区的少数民族人口规模很小，加上城镇又吸纳了来自其他地区的少数民族流动人口，从而使中部和东部地区的少数民族城镇人口占少数民族总人口的比例相当高。

（五）少数民族人口城镇化水平、变动趋势的空间相关性

表3　城镇化率及其变动的全局空间自相关测量

变　量	Moran I	p-value *
少数民族人口城镇化率（2000）	0.321	0.002
少数民族人口城镇化率（2010）	0.368	0.000
汉族人口城镇化率（2000）	0.184	0.032
汉族人口城镇化率（2010）	0.227	0.014
少数民族人口城镇化率变动	-0.07	0.378
汉族人口城镇化率变动	-0.013	0.431

如前文所述，少数民族人口的城镇化水平及其增长速度具有明显的地域特征，不同地区之间可能存在显著的关联性。为此，我们计算了空间相关性指标 Moran I，如表3所示。我们看到，2010年少数民族城镇化率的 Moran I 估计值是0.368，大于2000年的相应数值，这说明少数民族城镇化水平具有显著的空间相关性，并且随着时间的推移空间相关程度在增加。从整体上看，一个地区的少数民族人口城镇化水平高（或低），则其邻近地区的少数民族人口城镇化水平也可能较高（或低）。同样，我们也

看到汉族人口城镇化率也具有显著的正向空间相关性，不过其相关性程度要低于少数民族人口。从 Moran I 估计值及其显著性检验结果看，少数民族人口和汉族人口的城镇化率变动情况都不具有空间相关性，说明整体上各地区城镇化的发展速度上没有显著关联。其中一个重要原因就是，从 2000 年到 2010 年全国大部分地区的城镇化率都有大幅增加，因此整体的空间差异性不显著。

表4　少数民族人口城镇化率及其变动的局部空间自相关测量

	少数民族人口城镇化率		少数民族人口城镇化率变动	
	Moran I_i	P 值	Moran I_i	P 值
北　京	1.204	0.035	−0.149	0.431
天　津	1.205	0.035	−0.112	0.453
河　北	−0.234	0.274	−0.170	0.338
山　西	0.769	0.043	−0.037	0.497
内 蒙 古	−0.003	0.461	−0.099	0.413
辽　宁	−0.008	0.482	−0.117	0.437
吉　林	−0.062	0.479	0.253	0.296
黑 龙 江	−0.043	0.494	0.076	0.435
上　海	1.069	0.054	−2.123	0.001
江　苏	0.773	0.042	0.081	0.401
浙　江	0.261	0.237	−0.788	0.029
安　徽	0.218	0.247	0.121	0.333
福　建	0.030	0.454	1.605	0.001
江　西	−0.070	0.460	−0.037	0.495
山　东	0.480	0.136	−0.065	0.472
河　南	0.468	0.086	0.046	0.412
湖　北	−0.126	0.400	0.251	0.214
湖　南	0.350	0.148	0.381	0.124
广　东	−0.785	0.033	0.430	0.123
广　西	0.339	0.213	0.101	0.384
海　南	−1.324	0.095	−1.134	0.124
重　庆	0.375	0.160	−0.117	0.417
四　川	0.858	0.004	−0.036	0.497

续表

	少数民族人口城镇化率		少数民族人口城镇化率变动	
	Moran I_i	P 值	Moran I_i	P 值
贵 州	1.056	0.004	−0.055	0.478
云 南	1.295	0.002	0.084	0.398
西 藏	1.462	0.001	0.276	0.248
陕 西	−0.310	0.203	−0.407	0.125
甘 肃	0.389	0.102	−0.032	0.499
青 海	0.884	0.025	−0.393	0.214
宁 夏	−0.167	0.404	−0.001	0.476
新 疆	1.052	0.024	0.013	0.465

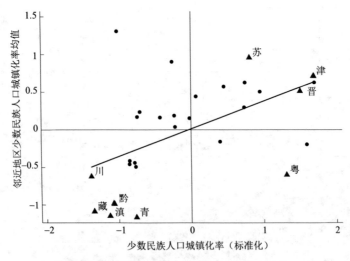

图 1　少数民族人口城镇化率的局部空间自相关 Moran 散点图

全局空间自相关可能是两种不同方向相关（正相关、负相关）的混合，它是真实空间自相关的一种粗略测量，有必要进一步进行局部空间自相关分析。表 4 给出了各地区的局部 Moran I_i 估计值，它表示的是每个地区与其邻近地区在少数民族人口城镇化率及其变动上的相关程度及方向。图 1 显示了少数民族人口城镇化率的局部 Moran I_i 值统计上显著的地区与各自邻近地区的加权平均值。

在少数民族人口城镇化率方面，新疆、西藏、青海、四川、云南和贵州等地区的局部 Moran I 估计值分别是 1.052、1.462、0.884、0.858、1.295 和 1.056，这说明每个地区与其邻近地区的少数民族人口城镇化率具有显著的正相关，但是图 1 显示这些地区都处于 Moran 散点图的第三象限，这说明每个地区的少数民族人口城镇化率较低，各自邻近地区的城镇化率也较低。这一连片区域的面积已经接近中国国土面积的一半，也是中国少数民族人口最为集中的地区，但是这个区域的少数民族人口城镇化率在全国是最低的。表 4 显示广东省的局部 Moran I 估计值是 -0.785，这说明广东省的少数民族人口城镇化与其邻近地区存在负相关。通过图 1，我们知道广东的少数民族人口城镇化率较高，但是其邻近地区的少数民族人口城镇化率较低。同样，我们从表 4 和图 1 也看到，江苏省及其邻近地区、北京市及其邻近地区、天津市及其邻近地区以及山西省及其邻近地区都存在正相关，且各自的少数民族人口城镇化率都较高。总之，京津地区、长三角地区以及珠三角地区是少数民族人口城镇化率水平较高的三个区域。

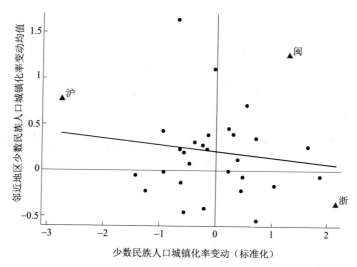

图 2　少数民族人口城镇化率变动的局部空间自相关 Moran 散点图

在少数民族城镇化率变动方面，主要有三个显著的区域：上海、浙江和福建。上海的局部 Moran I 估计值为 -2.123，这说明上海与邻近地区在城镇化率变动方面存在负相关，图 2 也显示上海处于 Moran 散点图的第二象限，即本地区少数民族人口城镇化率是减少的，而其邻近地区的城镇化率是增加的。与此对应，浙江省的城镇化率是增加的，而其邻近地区（主要是上海）的城镇化率是减少的。福建省的局部 Moran I 估计值是 1.605，且处于 Moran 散点图的第一象限，这说明福建省及其邻近地区的少数民族人口的城镇化率都是显著增加的。

少数民族人口的城镇化率具有显著的空间聚集性，这也进一步说明了一个地区的人口分布与周围区域有明显的关联性。之所以存在周围区域少数民族人口城镇化率的一致性是因为这一空间区域内具有某种相似的特性，比如地理环境特征、工业化发展水平、产业结构、城镇规模等。同时，我们也应该看到，某些地区与其邻近地区的差异性很大，比如广东与其邻近的海南省、广西壮族自治区、湖南省等，其主要原因就是前者的工业化发展水平要高于邻近地区。

五、结论与建议

城镇化是伴随工业化发展，非农产业在城镇集聚、农村人口向城镇集中的自然历史过程，是人类社会发展的客观趋势，是国家现代化的重要标志。改革开放以来，尤其是 2000 年以后，我国城镇化经历了一个起点低、速度快的发展过程。以往研究有关这一发展过程主要集中在国家层面或者某一个地区上，很少有研究集中讨论少数民族人口在 2000 年以来的城镇化发展进程。基于这种考虑，本研究利用 2000 年第五次人口普查和 2010 年第六次人口普查数据，借助空间统计分析方法对我国少数民族人口的城镇化发展水平以及发展趋势进行了分析。

首先，少数民族人口整体的城镇化水平在 2010 年时已经达到了 33%，开始进入了城镇化快速发展阶段。而且，自 2000 年以来，少数民族人口的城镇化经历了一个快速发展阶段，年均增加近 1 个百分点。如此快的增长速度，必然会带来一系列的问题，比如生态环境的破坏、城镇基础设施严重滞后、资源被过度消耗、对民族文化保护不足等问题。要实现《国家新型城镇化规划》所设定的常住人口城镇化率在 2020 年达到 60% 左右的目标，少数民族人口的城镇化率必须年均增加 2.7 个百分点，这在某些人❶❷看来是一个超高的速度，如此"冒进"的城镇化进程，可能会带来很大的风险。因此，合理的城镇化发展规划就显得非常重要。此外，在城镇化高速发展的同时，也要注意城镇化的质量，防止出现所谓的"隐性城市化"。❸

其次，少数民族人口的城镇化水平及其发展速度具有显著的地区差异。东部地区的少数民族人口城镇化水平已经接近 60%，而且发展速度最快，年均增长 1.6 个百分点。东北地区的少数民族人口城镇化水平也比较高，已经接近 50%，不过其发展速度相对较慢。对于这些地区少数民族人口城镇化的未来发展应该以注重质量为主，加大少数民族流动人口的市民化过程，使其能够充分享有基本的公共服务。同时，从民族关系、民族融合以及社会稳定的方面加强城市地区民族工作。中西部地区的少数民族人口城镇化水平普遍较低，尤其是四川、西藏和新疆等地，因此未来的城镇化发展既要速度也要质量。从 2000 年以来，西部少数民族人口的城镇化水平经历了一个相对快速的增长，主要得益于国家的西部大开发战略。这种国家主导型的城镇化战略需要继续成为中西部地区城镇化发展的主要动力。同时，我们也应该看到区域东西部之间的发展差距不会短时间内缩小，有可能还会加大，因此西部地区少数民族人口还会大规模地流向东部。由于外出人口大都是青壮年，留下来的是老人和儿童，因此少数民族地区，尤其是农村地区的人口老龄化问题将日趋严重。另外，大量青壮年少数民族人口的外出，使得少数民族地区的传统文化继承和发展面临很大挑战，这些都是城镇化发展过程中所面临的重要问题，需要未雨绸缪，提前规划应对。

最后，与以往研究把空间因素排除在外相比，本研究利用空间统计的方法考察了少数民族人口城镇化发展的空间关联性。结果发现，少数民族人口的城镇化水平及其发展具有显著的空间关联性，这一方面说明了邻近地理单元之间具有某种相似的特性，比如自然环境条件、人口结构、经济发展水平等；另一方面也反映了一个地区少数民族人口的城镇化发展过程受到周围区

❶ 周一星：《城镇化速度不是越快越好》，《科学决策》2006 年第 8 期。
❷ 陆大道、姚士谋、李国平、刘慧、高晓路：《基于我国国情的城镇化过程综合分析》，《经济地理》2007 年第 6 期。
❸ 仇保兴：《我国城镇化的特征，动力与规划调控》，《城市发展研究》2003 年第 1 期。

域的影响。因此，我们需要从一个区域发展的角度考虑未来的城镇化发展问题。由于本研究的地理单位是省份，并没有分析和讨论一个省份内部不同地区之间的关联性问题。既然在以省为单位的分析中都能发现空间关联性，在一个省份内部更有可能存在所谓的空间关联性。因此，未来少数民族人口的城镇化既要坚持以省份为单位的区域发展视角，同时也要坚持以省份内部不同地区之间区域发展的视角，尤其是在中西部地区，打造若干个规模较大的城市群，同时加强不同地区之间的协调机制，可能是少数民族人口新型城镇化的一个重要方向。

（本文原载《民族研究》2014 年第 4 期）

当前中国城市少数民族流动人口基本特征

——基于中、东部地区穆斯林群体的调查

李吉和❶ 马冬梅 常 岚

少数民族流动人口既有一般流动人口的特征，也有其特有的社会、文化、心理等方面的自身特征。过去笔者曾就此进行过论述，认为城市少数民族流动人口具有流动人口规模增大、流动原因的经济性强、流动的季节性和无序性明显、流动人口劳动适龄人口居多但受教育水平相对较低、从事职业具有民族经济文化特点且以体力劳动为主、居住大分散小聚居等特点。❷ 当前，随着我国经济社会不断发展，包括少数民族流动人口在内的全国流动人口特征也在不断发展变化。掌握这些特征，对处理好少数民族流动人口问题，特别是保障其权益，建立和谐城市民族关系有重要意义。

据 2010 年全国第六次人口普查，我国 10 个信仰伊斯兰教民族人口数为 2314 万，占全国总人口的 1.74%，占少数民族总人口的 20.34%。其中人口较多的民族主要有回族（1058 万人）、维吾尔族（1007 万人）、哈萨克族（146 万），其他信仰伊斯兰教民族从数千到数十万不等。穆斯林流动人口由于其社会、文化差异，其特点更有代表性。本文基于 2012、2013 年对广州、武汉穆斯林流动人口问卷调查和访谈、观察，概述其基本特征。在广州共发放问卷 140 份，收回有效问卷 136 份，有效率为 97.1%；在武汉市共发放问卷 160 份，收回有效问卷 151 份，有效率为 94.4%。

一、大多数城市的少数民族流动人口数量超过了世居少数民族

随着我国经济社会不断发展，交通条件改善，信息交流便捷，传统的安

---

❶ 第一作者为中南民族大学南方少数民族研究中心教授。

❷ 李吉和：《我国城市少数民族流动人口特点探析》，《西南民族大学学报》2008 年第 11 期。

土重迁思想观念改变，再加上不同地区、不同民族间存在一定的发展差距，人口在全国各地流动已成常态，流动人口在全国总人口中所占比例不断增高。据统计，1982 年，我国流动人口仅占总人口的 0.66%，2000 年上升到 7.9%，2010 年达到 17%，超过 2.2 亿，❶ 2011 年达到了 19.6%，并且流动人口每年以 800 万左右的速度在增加。

东西部地区、城乡、民族之间的发展差距成为流动人口从西部流向东部、从农牧区流入城市的重要推力。西部大开发战略实施 12 年后，占全国总面积 71.5%、总人口 27.9% 的西部地区，2011 年的平均人均 GDP 为 28 783 元，仅为东部沿海地区平均值的 1/2。迁出地的"推力"，使全国大多数流动人口涌入东部地区的城市。据统计，2011 年在东、中、西部务工的农民工分别为 16 537 万人、4438 万人和 4215 万人，分别占农民工总量的 65.4%、17.6% 和 16.7%。❷

东部地区经济社会发展较快，对劳动力需求增加，收入水平相对较高，成为吸引人口流动的重要"拉力"。今天，我国区域经济呈现出以城市群为中心的发展基本格局，主要包括京津冀、辽东南、山东半岛、长三角城市群、哈长地区、海峡西岸经济区、中原经济区、长江中游地区与成渝地区在内的中国 10 大城市群，以占全国 15% 的国土面积，聚集了全国 48% 的人口，创造了 72% 的地区生产总值。❸ 这些城市群主要集中在中、东部地区。流动人口绝大部分进入了京、津、沪和广东、浙江、江苏、山东等省的城市。❹ 2012 年末，广东作为全国第一人口流动大省，共有流动人口 3100 万；在北京市常住人口中，外省市来京人员为 773.8 万，外来人口比重 37.4%；上海市常住人口中，外来人口为 950 万人，外来人口比重 40.1%。人口流动有利于缩小城乡差距。2012 年末的数据显示，农村居民家庭人均纯收入年均增长 13.3%；而城镇居民家庭人均可支配收入年均增长仅 9.6%。人口流动对于城镇化水平提高的贡献率约为 45%。人口流动带来了城镇化的提高，而城镇

---

❶ 翟振武、张现苓：《引导流动人口融入城市》，2012 年 1 月 12 日《人民日报》。
❷ 张桂文：《农业转移人口市民化的困境与出路》，2013 年 2 月 22 日《光明日报》。
❸ 张学良：《中国区域经济增长的五大趋势》，2013 年 3 月 6 日《中国社会科学报》。
❹ 张桂文：《农业转移人口市民化的困境与出路》，2013 年 2 月 22 日《光明日报》。

化是缩小城乡居民收入差距的必然选择。● 党的十八大报告明确提出："坚持走中国特色新型工业化、信息化、城镇化、农业现代化道路，推动信息化和工业化深度融合、工业化和城镇化良性互动、城镇化和农业现代化相互协调，促进工业化、信息化、城镇化、农业现代化同步发展。"❷ "新四化"必然带动包括少数民族流动人口在内的人口大量流动。

我国的少数民族主要分布在西部地区，聚集在西部地区的少数民族人口占全国少数民族总人口的 75%。由于自然环境、社会历史等原因，西部地区与东部地区相比，经济社会发展存在一定差距。为了改变这种状况，众多少数民族凭借着自身人力资本和民族传统文化优势，通过不同的方式，进入中、东部地区大中城市工作。大量少数民族流动人口的涌入，正在改变着城市民族分布格局。对今天众多城市，特别是西部大城市、中、东部地区城市来说，城市少数民族成分增多，人口绝对数量增加，使各城市真正成为民族大家庭。从 1990 年的第四次人口普查到 2010 年的第六次人口普查，东部地区绝大多数省份及城市少数民族人口大幅增加。如浙江省少数民族人口由 39.5 万人增加到 121.5 万人，广东省由 126.9 万人增加到 206.7 万人，北京市少数民族人口由 58.5 人增加到 80.1 万人，上海市少数民族人口由 10.4 万人增加到 27.6 万人。❸ 少数民族增加的人口，除了自然增长外，主要还是流动人口进入。截至 2013 年 1 月，浙江省有流动人口 2403 万，其中少数民族流动人口 209 余万，占全省流动人口的 8.72%。全省流动少数民族人口包含 55 个少数民族成分，其中少数民族流动人口数 10 万人以上的有 6 个，有清真饮食习惯的 10 个少数民族的人口达 7.7 万余人，其中新疆维吾尔族人口 7600 余人。❹ 再如宁波市，1953 年全国第一次人口普查时，少数民族人口仅为 6 人，1964 年全国第二次人口普查时为 548 人，1982 年全国第三次人口普查时为 1175 人，1990 年全国第四次人口普查时为 3980 人，2000 年全国第

❶ 《走得出农村，还应容得进城市》，2013 年 3 月 6 日，http://view.news.qq.com/zt2013/rkqx/index.htm。
❷ 胡锦涛：《坚定不移沿着中国特色社会主义道路前进为全面建成小康社会而奋斗——在中国共产党第十八次全国代表大会上的报告》，2012 年 11 月 8 日《光明日报》。
❸ 徐世英：《少数民族已进入素质提高适度增长的良好发展阶段》，2012 年 7 月 13 日《中国民族报》。
❹ 《加强服务 创新管理 积极应对》，2013 年 2 月 22 日《中国民族报》。

五次人口普查时为 3.37 万人，其中流动少数民族人口有 6 万多人，而到了
2011 年，宁波市常住少数民族人口只有约 4 万人，而流动少数民族人口就接
近 20.7 万人。❶ 2010 年，在广东 210 万城市少数民族人口中，外来少数民
族人口 200 万，占总数的 95%。❷ 东莞在改革开放之初没有少数民族人口，
2000 年第五次人口普查时，全市有 18 万少数民族流动人口，而 2010 年已经
有 52 个少数民族成分、25 万多人，其中常住人口只有 5000 多人，绝大多数
为外来流动人口。佛山市少数民族人口也从 2005 年的 20 万人增长到 2010 年
的 30 万人，绝大部分也是外来人员。同样，深圳、惠州等珠三角城市近年
来外来少数民族流动人口均迅猛增长。❸

作为流动人口重要部分的穆斯林流动人口向中、东部地区迁徙的趋势更
加明显，人口数量与日俱增。截止到 2008 年，我国约有 300 万流动穆斯林
人口，占全部穆斯林人口的 10% 左右。而根据第五次人口普查的数据，广州
市有常住穆斯林人口 9800 人，流动穆斯林人口在 25 000 到 40 000 左右。❹
2005 年，东莞市由青海、新疆等地回族、维吾尔族群众开设的拉面店还只有
600 多家，现在增长到 1200 多家，翻了一番。有近千名维吾尔族群众通过新
疆有关区县劳动部门组织集体过来打工。到水果旺季，又有 1500 多人自发
前来贩卖葡萄干、哈密瓜等。哈尔滨市少数民族外来流动人口约 4000 余人，
民族成分以维吾尔族和藏族居多，其中维吾尔族外来流动人口有 3000 余人，
大部分来自新疆喀什、和田等南疆地区，约占少数民族外来流动人口总数的
90% 以上。❺

从笔者在武汉、广州等地调查情况看，在中、东部地区的穆斯林流动人
口也主要以回族、维吾尔族为主。根据对广州 136 份、武汉市 151 份调查问
卷的民族成分统计，广州穆斯林流动人口中，回族占 82.4%，维吾尔族占

❶ 农贵新：《宁波少数民族流动人口服务和管理研究》，2011 年 5 月 23 日，http：//fz. ningbo. gov. cn/detail_ 23776_ 48. html。

❷ 陈绿平：《广东省：把握主题　创新机制　推进城市民族工作创新发展》，2010 年 6 月 25 日，http：//www. seac. gov. cn/gjmw/zt/2010-06-25/1277366389217627. htm。

❸ 汤耀国、王攀、宋常青：《少数民族人口"东南飞"稳定成珠三角管理难题》，《瞭望新闻周刊》2010 年第 49 期。

❹ 赵逸男：《穆斯林流动人口挑战城市宗教服务不足》，2010 年 12 月 9 日《中国日报》。

❺ 金乃京、白俊彪：《我市少数民族外来流动人口管理及服务工作存在的问题亟待解决》，2009 年 11 月 5 日，http：//zwgk. harbin. gov. cn/auto336/auto369/200911/t20091105_ 45184. html。

3.7%，东乡族占 2.2%，撒拉族占 9.6%，其他信仰伊斯兰教的少数民族占 1.5%；武汉市穆斯林流动人口中，回族占 78.8%，维吾尔族占 7.3%，撒拉族占 12.6%，其余为其他民族。穆斯林流动人口中，回族主要来自青海、甘肃和宁夏等省、自治区；维吾尔族则来自新疆。穆斯林流动人口从业方式主要分为两类，一类以自营为主，主要从事兰州拉面、烧烤、水果、干果零卖、牛羊肉批发、土特产贩运等；一类是由输出地政府培训后输送到东部地区企业进行集体打工。

少数民族流动人口的数量不断增长，对城市提出了更高的要求和挑战。原来针对世居户籍少数民族的政策，已不能解决少数民族流动人口增加而带来的问题。相关政策与服务管理需适时调整，以应对少数民族流动人口带来的问题，如少数民族流动人口文化、生活习俗、法律法规与民族宗教政策的宣传教育等问题，否则会影响民族关系甚至社会和谐与稳定。特别是 20 世纪 90 年代颁布的《城市民族工作条例》，涉及少数民族流动人口的内容很少，亟须修订完善。

二、少数民族流动人口中男女两性比例趋于平衡

人口流动有其自身的规律，性别差异是流动人口的基本特征之一。有些西方学者认为，在人口迁移中，男性比女性更易于迁移。[1] 20 世纪 90 年代初，我国城市流动人口性别基本表现为以男性为主，尤其是远距离流动中其性别比高于常住人口。进入 21 世纪以后，流动人口中育龄妇女人数在不断增加，1982 年只有 187 万人，2005 年达到了 5656 万人，育龄妇女在流动人口中所占的比重由 1982 年的 28.47% 提高到 2005 年的 38.39%。[2] 近几年，更多的已婚农村女性进入城市，流动人口呈现出家庭化流动趋势，促使性别比趋于均衡。2010 年全国流动人口监测数据显示，已婚流动人口中有 84.5%

---

[1]　李竞能：《现代西方人口理论》，上海：复旦大学出版社，2004 年版，第 170 页。
[2]　杜丽红：《中国城市流动人口管理问题研究》，成都：四川大学出版社，2011 年版，第 81 页。

与配偶一同流动。❶ 2011 年，全国流动人口男性农民工占 65.9%，女性占 34.1%。❷

根据 2011 年国家人口计生委流动人口动态监测数据，少数民族流动人口中，男性占 50.9%，女性占 49.1%，性别比为 103∶67。❸ 穆斯林流动人口性别比例，根据笔者对广州 136 名穆斯林流动人口的统计，男性 107 人，占 78.7%，女性 29 人，占 21.3%；对武汉市 151 名武汉穆斯林流动统计，男性 133 人，占 88.1%，女性 18 人，占 11.9%。从调查的数据来看，男性明显要多于女性。但是，由于笔者采用的是偶遇和滚雪球的调查方法，一般在拉面馆接受调查的是男性当家人，因此，这并不能反映整个穆斯林流动人口性别比列。通过笔者观察，由于现在穆斯林流动人口很多是全家一起出动，在拉面馆从事工作的男女比例差不多，或者说男性稍多一些。因此，少数民族流动人口女性人数逐年增多是值得关注的特征。

三、家庭化迁移和定居化趋势增强，但少数民族流动人口在城市长期居住意愿并不高

在工业化初期，主要是男性重体力劳动流动人口迁居到城市谋工求职，具有明显的非完整家庭流动特征。到工业化中期阶段之后，流动人口尤其是女性在城市的就业需求增加，使得流动人口的家庭式迁移开始表现为夫妻携带子女的迁移。最近几年，伴随城市公共资源向流动人口逐渐开放，家庭化候鸟式迁移的数量越来越多，这从流动人口子女数量的增加上可以明显感知到。❹ 另据一项对新生代农民工的调查，近六成子女随父母在城市生活。❺ 目前全国举家迁徙到城镇的外来农村人口就有 4000 万人。❻ 如上海市外来人

---

❶ 翟振武、张现苓：《引导流动人口融入城市》，2012 年 1 月 12 日《人民日报》。

❷ 国家统计局：《2011 年我国农民工调查监测报告》，2012 年 4 月 27 日，http：//www. stats. gov. cn/tjfx/fxbg/t20120427_ 402801903. htm。

❸ 国家人口和计划生育委员会流动人口服务管理司：《中国流动人口发展报告 2012》，北京：中国人口出版社，2012 年版，第 56 页。

❹ 张翼：《流动人口内部结构的新变化》，2012 年 4 月 18 日《北京日报》。

❺ 李星文：《给新生代农民工以更温暖的呵护》，2011 年 12 月 12 日《北京青年报》。

❻ 降蕴彰：《城镇化规划将涉及 20 余城市群 1 万个城镇》，2013 年 1 月 5 日《经济观察报》。

口的家庭成员规模也在不断增加，根据推算，2005 年到 2010 年，外来人口增加了 320 万，其中近 50%来自流动人口家庭成员的自身增长。❶

与全国流动人口家庭化迁移特征相一致，全国少数民族流动人口以夫妻共同流动为主的特征也越来越明显。据调查，在流入地居住的少数民族平均家庭规模为 2.39 人（汉族为 2.36 人），以夫妻共同流动为主。其中，少数民族个人流动比例为 32.1%，高于汉族 3.2 个百分点；少数民族与配偶共同流动的比例为 60.5%，低于汉族 4.1 个百分点；少数民族夫妻双方与子女共同流动的比例为 40.5%，汉族为 40.6%，相差不大。❷ 通过对广州穆斯林流动人口调查，已婚占 66.9%，未婚占 31.6%。在已婚者当中，其家眷随之迁移的占已婚者人数的 94.1%。在调查的拉面馆中，绝大多数都是举家迁移。在武汉市穆斯林流动人口中，已婚者有 130 人，占总数的 86.1%；未婚者仅 21 人，占 13.9%。在已婚者中带家眷一起生活的占已婚人数的 91.5%。根据笔者观察，扩大家庭迁移来的也不少，且这类扩大家庭来了以后，再分为各个核心家庭在不同城区或城市从业。

随着家庭化迁移增多，全国流动人口中近一半有在城市长期居留意愿。人力资源和社会保障部劳动科学研究所课题组在北京、四川、广东、陕西、湖北和浙江的调查显示，愿意定居城镇的 54.9%，不愿意定居城镇的 24.2%，20.9%说不清楚。说明有一半人愿意定居城镇。在"您准备在这座城市继续住多长时间"一题中，61.95%的农民工选择"能待多久就待多久"，31.09%的农民工选择"如果可能就在这儿安家住下去"，还有 6.96%的农民工选择"住上几年"。农民工愿意定居城镇的原因，排第一位的是"城市就业机会多，收入有保障"，占 55.70%，排第二的原因是"子女能进城上学"，第三是"能学技术长见识，有发展前途"，第四是"享受城镇公共服务"，"城市看病方便"排第五。不愿意定居城镇的原因里，排第一位的是"买不起房"，占 65.29%，第二位原因为"城市生活成本太高"，第三、四位原因分别是"能与家人在一起，孝敬父母"和"农村有地有房子"。约有 13.71%的农民工选择"我们根本不属于这里，迟早要回去"。调

❶ 赵勇、王泠一：《如何看待流动人口理性化沉淀》，2011 年 11 月 10 日《解放日报》。
❷ 国家人口和计划生育委员会流动人口服务管理司：《中国流动人口发展报告 2012》，北京：中国人口出版社，2012 年版，第 57 页。

查同时显示，"没有住房"是农民工在城市工作生活的最大困难。一半多的农民工认为在城市工作生活的最大困难是"没有住房"，占55.12%。[1] 通过对上海市的抽样调查，农民工打算长期居留的比例为41.8%，学历越高长期居留意愿越明显，研究生学历的达到了71%。[2] 2011年12月8日，全国妇联宣传部和中国家庭文化研究会在京发布新生代进城务工者生存状态调查结果，有57%的被调查者希望定居城市，而只有4.1%的被调查者计划"回乡当新农民"[3]。

少数民族流动人口长期居留当地城市的意愿比较低。大部分少数民族流动人口离开原籍时间都比较长。据调查，广州的穆斯林流动人口，第一次外出时间一年以下的占25.7%；2~4年的占36.8%；5~8年的占19.1%；9年以上的占17.6%。其中在广州居住一年以下的占32.4%，2~4年的占41.9%；5~8年的占15.4%；9年以上的占8.8%。在武汉市的调查表明，外出9年以上的占38.4%；5~8年的占23.2%；2~4年的占23.8%，一年以下的有22人，占14.6%。由此可见，穆斯林流动人口是在2000年以后大量外出的。尽管穆斯林流动人口外出时间较长，但是与全国流动人口在城市留居意愿相比，在当地定居意愿不强烈。据问卷调查，广州仅有16%的人有长期居住意愿，42%没有，42%还拿不定主意。愿意在武汉市留居的35.9%，不愿意的35.9%，不一定的23.9%，未回答的4.3%。这说明，穆斯林流动人口由于自身条件限制，如文化水平、宗教习俗差异、谋生技能单一等，对这些城市生活虽然有初步的适应，但距离融入还遥遥无期，长期定居愿望并不强烈。

四、少数民族流动人口以青壮年为主，但受教育程度比较低

有的西方学者认为，20~30岁的人最具流动性。[4] 从2011年对全国流动

[1] 白天亮：《人社部劳科所调查显示：过半农民工很想当市民》，2013年4月12日《人民日报》。
[2] 《18省市调整最低工资标准　深圳最高江西垫底》，2012年8月10日，http://biz.cn.yahoo.com/ypen/20120810/1240848.html.
[3] 李星文：《给新生代农民工以更温暖的呵护》，2011年12月12日《北京青年报》。
[4] 李竞能：《现代西方人口理论》，上海：复旦大学出版社，2004年版，第69页。

人口监测情况看，农民工以青壮年为主，16~20 岁占 6.3%，21~30 岁占 32.7%，31~40 岁占 22.7%，41~50 岁占 24.0%，50 岁以上的农民工占 14.3%。❶ 2010 年上海常住外来人口中，20~34 岁的青壮年人口为 422 万，占常住外来人口的 47%；劳动年龄人口为 783 万，占 87.3%，主要从事二、三产业中的制造加工、建筑施工、运输操作、商业服务、餐饮服务、居民生活服务等。❷

全国少数民族流动人口中，平均年龄为 26.4 岁，其中 15~59 岁占 76.9%。❸ 从广州穆斯林流动人口的调查情况看，18 岁以下占 6.6%，18~21 岁占 19.9%，22~31 岁占 45.6%，32~41 岁占 11.8%，42~51 岁占 10.3%，52 岁及以上的占 5.1%。武汉市穆斯林流动人口 18 岁以下的占 6%，18~21 岁的占 9.3%，22~31 岁的占 23.2%，32~41 岁的占 30.5%，42~51 岁的占 18.5%，52 岁及以上的占 12.6%。年龄主要集中在 "22~41" 这个年龄段，占受访者总数的 53.7%。从整体上来看，广州、武汉市穆斯林流动人口以青壮年为主，这一点与全国和少数民族流动人口特征差异不大。

由于青壮年出生或成长于改革开放时期，因此外出流动人口受教育程度比较高。1982 年流动人口平均受教育年限是 5.58 年，全国平均水平为 5.5 年；2000 年流动人口平均受教育年限是 8.66 年，全国平均水平为 7.62 年；2005 年流动人口平均受教育年限是 8.89 年，全国是 8.3 年。这主要是由于流动人口群体相对年轻，基本都接受或完成了九年制义务教育。另外，流动人口中接受过高等教育的人越来越多。目前流动人口中具有本科学历的人数已超过 300 万人，拉升了流动人口平均受教育年限水平。❹ 根据 2011 年监测，农民工以初中文化程度为主，青年农民工和外出农民工文化程度相对较高。在农民工中，文盲占 1.5%，小学文化程度占 14.4%，初中文化程度占 61.1%，高中文化程度占 13.2%，中专及以上文化程度占 9.8%。外出农民

---

❶ 国家统计局：《2011 年我国农民工调查监测报告》，2012 年 4 月 27 日，http：//www. stats. gov. cn/tjfx/fxbg/t20120427_ 402801903. htm。
❷ 赵勇、王泠一：《如何看待流动人口理性化沉淀》，2011 年 11 月 10 日《解放日报》。
❸ 国家人口和计划生育委员会流动人口服务管理司：《中国流动人口发展报告 2012》，北京：中国人口出版社，2012 年版，第 56 页。
❹ 翟振武、张现苓：《引导流动人口融入城市》，2012 年 1 月 12 日《人民日报》。

工和年轻农民工中初中及以上文化程度分别占 88.4% 和 93.8%。❶

但少数民族流动人口受教育程度则比全国平均水平低。主要原因与少数民族流动人口输出地自然条件艰苦，教育基础薄弱有很大的关联。全国少数民族流动人口受教育状况，16 周岁及以上少数民族流动人口中，未上学的比例高于汉族 3.6 个百分点；接受小学教育的比例为 24.4%，高于汉族近 10 个百分点；接受初中教育的比例最高为 49.1%，但略低于汉族；接受高中及以上教育的比例则远低于汉族，为 20.4%，相差近 10 个百分点。少数民族平均受教育年限为 8.6 年，比汉族（9.6 年）少 1 年。52.6% 的少数民族农村户籍流动人口仅完成初中教育。32.2% 受教育程度为小学及以下，这个比例比汉族流动人口高出 13.8 个百分点；15.2% 接受过高中及以上的教育，比汉族低 7.8 个百分点。非农户口少数民族流动人口受教育程度与汉族差别不大，但少数民族流动人口大都为农村户籍，他们的受教育程度有待提高。从教育的角度看，15～19 岁组流动人口尤其值得特别关注。这一年龄段大部分人应在户籍地就读高中。调查发现，汉族流动人口 15～19 岁组的比例为 6.0%，少数民族的相应比例更高，为 7.2%。在受教育程度方面，15～19 岁组的汉族与少数民族流动人口均以初中毕业为主，但汉族高中学历的比例远高于少数民族，两者相差 10.7 个百分点。在就业状况方面，15～19 岁组少数民族流动人口的就业比例高于汉族 2.9 个百分点，而就学比例则比汉族低了 7.8 个百分点，15～19 岁组少数民族流动人口的受教育状况应加以重视。❷据对宁波少数民族流动人口抽样调查资料，在城市少数民族暂住人口中，小学至初中文化程度的占 80.2%；年龄在 18 岁至 55 岁的占 83.2%。❸

穆斯林流动人口受教育程度更低。广州穆斯林流动人口中，文盲占 15.4%，小学占 29.4%，初中占 27.9%，高中或中专占 14.7%，大专占 5.9%，本科及以上仅占 4.4%；武汉市穆斯林流动人口，文盲达 31.1%，小

---

❶ 国家统计局：《2011 年我国农民工调查监测报告》，2012 年 4 月 27 日，http：//www. stats. gov. cn/tjfx/fxbg/t20120427_ 402801903. htm。

❷ 国家人口和计划生育委员会流动人口服务管理司：《中国流动人口发展报告 2012》，北京：中国人口出版社，2012 年版，第 58 页。

❸ 农贵新：《宁波少数民族流动人口服务和管理研究》，2011 年 5 月 23 日，http：//fz. ningbo. gov. cn/detail_ 23776_ 48. html。

学占 40.4%，初中占 16.6%。初中及以下文化程度的总百分比高达 88.1%，而大专及以上文化程度的仅占 2.6%。

五、少数民族流动人口经济收入略低于全国平均水平

2011 年，城镇居民人均可支配收入 21 810 元，农村居民人均纯收入 6977 元。国家统计局数据显示，2010 年和 2011 年，全国城镇非私营单位在岗职工年平均工资分别为 37 147 元、42 452 元。[1] 2011 年，外出农民工月均收入 2049 元。分地区看，在东部地区务工的农民工月均收入 2053 元，在中部地区务工的农民工月均收入 2006 元，在西部地区务工的农民工月均收入 1990 元。2011 年城镇私营单位分地区就业人员年平均工资，东部地区 26 800 元，中部地区是 20 677 元，西部地区是 22 313 元。[2]

据调查，少数民族流动人口雇员平均月收入为 2310 元，有一半的人超过 2000 元，汉族雇员平均月收入为 2551 元，二者相差 241 元。少数民族流动人口女性雇员平均月收入为 1997 元，比男性低 547 元。[3] 通过对珠三角和长三角问卷调查，流动人口的月平均工资为 2012 元，其中汉族流动人口的月平均工资为 2034 元，少数民族流动人口的月平均工资为 1717 元，相差 360 元，表明在总体上少数民族流动人口的工资收入显著低于汉族流动人口。[4]

穆斯林流动人口中，少数有技术、懂经营，或者靠政府有组织进行工作的人员收入较高。如 24 岁的热汗古丽·依米尔是十二届全国人大代表，被动员组织去浙江的阿克陶籍"打工妹"有 1000 余人。她自己的月工资从最初 600 元一路上涨到 2700 元左右。[5] 来自新疆疏附县的维吾尔族姑娘依尔提

---

[1] 《18 省市调整最低工资标准　深圳最高江西垫底》，2012 年 8 月 10 日，http：//biz. cn. yahoo. com/ypen/20120810/1240848. html。

[2] 国家统计局：《2011 年城镇私营单位平均工资实际增长 12.3%》，2012 年 5 月 29 日，http：// news. xinhuanet. com/fortune/2012-05/29/c_123207355. htm。

[3] 国家人口和计划生育委员会流动人口服务管理司：《中国流动人口发展报告 2012》，北京：中国人口出版社，2012 年版，第 59 页。

[4] 孟祥远、吴炜：《少数民族流动人口的权益保护——基于珠三角和长三角的问卷调查》，《特区经济》2012 年第 12 期。

[5] 杨明方、胡仁巴：《"打工妹"热汗古丽的梦圆了》，2013 年 3 月 14 日《人民日报》。

古丽·玉素甫在东莞一家鞋厂打工，月收入有 1700 元左右，这相当于原本全家半年的收入。她每个月都要汇 800 元回家供两个姐妹读高中。新疆每年有 14 万各族农牧民到东部和中部经济发达地区从事各种产业，年收入不足 2000 元提升到上万元。❶ 经商者的收入更高一些。东莞一千多家清真拉面店中，有 90% 是盈利的，每间店年收入 8 万到 10 万元不等。❷ 全国 210 个大中城市遍布化隆拉面的身影，常年在外从事拉面经营的人员稳定在 1.1 万户 7 万人，收入达 7.2 亿元，拉面经济收入占创业经济总收入的 70%。❸

广州、武汉穆斯林流动人口的收入情况，不同的阶层、不同的工作，在工资收入上有很大的差异。据调查，穆斯林流动人口在流动前平均月收入在 800～1200 元之间。而到广州后，月收入在 2500 元及以上的占 69.8%，在 5000 元以上的占 17.8%。69.8% 的穆斯林流动人口的经济收入已经达到外出前月收入的三倍，甚至更多。武汉市穆斯林流动人口中，收入在 5001 元以上的人数达到 25.2%，2000 元以上的 58.3%，而收入在 800 元以下的仅有 7 人，占总数的 4.6%。收入比较高的流动人口主要是从事拉面经营的老板和有技术专长的人，而拉面馆中有拉面技术的人员工资比较高，每月 3000 元，一般的杂工则只有 1500～2000 元。

六、少数民族流动人口找工作的途径以亲友介绍为主，自己寻找为辅，且从业特征具有高度的同质性

从全国情况看，80.7% 的流动人口当前是通过自己或家人/亲戚、同乡/同学等社会关系找到工作的。❶ 农村户籍流动人口通过本地朋友、企业招聘会、互联网等社会网络资源找到工作的比例为 17.0%。穆斯林流动人口从流出地到流入地首先要经过亲友介绍才能最快地熟悉城市的环境和生活，其次

❶ 毛咏、赵春晖：《新疆少数民族农民工从封闭迈向开放 迎来新的蜕变》，2010 年 1 月 21 日，http://www. xinhuanet. com/chinanews/2010-01/21/content_ 18830299. htm。

❷ 汤耀国、王攀、宋常青：《少数民族人口"东南飞"稳定成珠三角管理难题》，《瞭望新闻周刊》2010 年第 49 期。

❸ 郜晋亮、李玉峰：《化隆县扎二村拉面"拉"出"小车村"》，2012 年 9 月 6 日《农民日报》。

❶ 国家人口和计划生育委员会流动人口服务管理司：《中国流动人口发展报告 2012》，北京：中国人口出版社，2012 年版，第 20 页。

就是进行人际关系网络的重构，如何高效地重组自己的人脉关系，获得准确真实可靠的信息来源，让自己尽快在陌生的城市中生存下来，只有通过亲戚和老乡了，这样一种相对可靠的人力资本网络有助于新来的穆斯林在城市中尽快找到工作和就业途径，更快适应城市的生活。广州穆斯林通过亲友介绍工作和自己找到工作，分别是50%和44.1%。武汉市穆斯林流动人口在获得就业的途径上，亲缘、地缘、族缘等传统人际关系渠道仍然是主要途径。由亲友介绍来武汉找到工作或经营餐馆的达59.6%，自己找的占33.8%，通过政府、用人单位和私人中介等渠道就业的仅占6.6%。这说明穆斯林流动人口在城市就业所依靠的仍是族群、民族和地域认同而非自己的知识、技能等人力资本，反映出他们对于城市劳动力就业市场的适应性不强。

流动穆斯林在流入城市之初，这种社会资本网络人力资本的强关系确实是对他们融入城市起到重要的引导作用，但是如果流动穆斯林仅仅依靠这种强关系维持着自己的人际网络，不能在当地建立自己新的人际网络，他们的社会融入会陷入自己的包围之中，从而阻碍融入城市生活的进程。

由于受到文化教育因素的影响，政府层面制度设计的缺陷，少数民族流动人口缺乏技术培训，或者是培训种类单一，结果造成从业的工作同质性很高，内部竞争激烈。最有代表性的是遍布东部地区大街小巷的"兰州拉面"馆。由于民族、宗教信仰、生活习惯等诸多特殊的原因，穆斯林只能从事像经营拉面或者卖清真食品，或开清真商店等这类与穆斯林相关的行业，导致了穆斯林的行业同质度极高，也势必会导致更为激烈的市场竞争。武汉市穆斯林流动人口中，认为同行业竞争非常大的占29.7%，比较大的29.7%，一般的21.6%，比较小和非常小的仅仅18.9%；广州穆斯林流动人口中，认为竞争非常大的25.2%，比较大的26.5%，一般的29.4%，比较小和非常小的11.8%。在笔者对拉面老板访谈中，都认为单一的拉面经营，竞争非常激烈，并且经常因为面馆开设距离发生矛盾甚至冲突。为此，武汉市、广州市民族宗教部门为了减少冲突，成立了拉面协会，原先规定拉面馆开设彼此之间距离是500米，后来又减少到300米。尽管如此，这种没有法律约束的规定，后来者与先开者之间经常发生冲突。

在广州的穆斯林流动人口中还有一部分人从事现代的具有挑战性和职业发展的行业，如翻译、货币兑换、教师、汽车维修、外贸公司、送货等。虽然人数少，但说明其从事工作领域在逐步扩大。随着穆斯林流动人口受教育程度的提高，他们选择的行业范围也会增多，技能和文化的提高也将使他们有更多的择业机会。

七、少数民族流动人口社会保障缺失

首先，流动人口工作时间超长。2011 年外出农民工平均在外从业时间是9.8 个月，平均每个月工作 25.4 天，每天工作 8.8 个小时。每周工作超过 5天的占 83.5%，每天工作超过 8 个小时的占 42.4%，32.2% 的农民工每天工作 10 小时以上。与上年相比，尽管外出农民工劳动时间偏长的情况略有改善，但是每周工作时间超过劳动法规定的 44 个小时的农民工仍高达84.5%。❶ 少数民族流动人口雇员日均工作 9.4 个小时，周均工作 57.3 个小时。少数民族流动人口雇员平均每周工作 6.1 天，每天平均工作 9.4 个小时。有一半的人工作时间在 9 个小时以上，高于流动人口中汉族雇员平均每天工作时长。❷ 广州穆斯林流动人口由于大多数从事餐饮业，因此，每天工作时间更长。工作时间在 16 个小时以上的占 11%；13～15 个小时占 36.8%；9～12 个小时的占 23.5%；工作时间在 8 小时以内的占 14.7%，工作时间不固定的占 8.1%。可见穆斯林流动人口的工作时间主要集中在 13～15 个小时。70.7% 的人一周工作 7 天，而仅有 7.5% 的人工作 5 天。武汉穆斯林流动人口中，工作 5 天的 2.6%，6 天的 2.6%，7 天的 88.7%，不一定的 6%。超长的工作时间使得穆斯林流动人口的生活变得简单又单调，除了工作外，基本上没有什么其他的娱乐活动，而且由于经济的关系，也限制了他们的消费，这样就更加减少了穆斯林流动人口与外界主动接触的机会，他们生活在自己狭小的生活圈子当中，甚少与外界接触，使得他们融入社会的步伐又变得更加迟缓。

其次，社会保障参与程度很低。从全国情况看，2011 年雇主或单位为农

❶ 国家统计局：《2011 年我国农民工调查监测报告》，2012 年 4 月 27 日，http://www.stats.gov.cn/tjfx/fxbg/t20120427_402801903.htm。
❷ 国家人口和计划生育委员会流动人口服务管理司：《中国流动人口发展报告 2012》，北京：中国人口出版社，2012 年版，第 59 页。

民工缴纳养老保险、工伤保险、医疗保险、失业保险和生育保险的比例分别为 13.9%、23.6%、16.7%、8% 和 5.6%。❶ 2011 年少数民族流动人口社会保障程度较低。19.5% 的少数民族流动人口在现居住地至少参加了一项社会保险；未参加任何保险的比例达到 68.9%。❷ 对珠三角和长三角地区的调查表明，少数民族流动人口的养老保险购买比例为 32.79%，比汉族流动人口低 12.78 个百分点；在医疗保险上，少数民族流动人口的购买比例为 42.72%，比汉族流动人口低 7.68 个百分点；在工伤保险上，少数民族流动人口的购买比例是 45.95%，比汉族流动人口低 6.04 个百分点；在失业保险上，少数民族流动人口的购买比例是 13.59%，比汉族流动人口低 14.24 个百分点；在生育保险上，少数民族流动人口的购买比例是 12.94%，比汉族流动人口低 12.46 个百分点。民族差异对流动人口的养老医疗失业和生育保险购买率有显著影响，少数民族流动人口低于汉族流动人口。❸ 对广州穆斯林流动人口的调查表明，参加社会保险的占 8.1%，91.9% 没有参加社会保险；武汉市参加社会保险的 15.2%，没有的 84.8%。

最后，少数民族流动人口签订劳动合同的比例较低。2011 年全国农民工签订劳动合同的比例略有提高，但仍有一半以上农民工没有签订劳动合同。外出受雇农民工与雇主或单位签订劳动合同的占 43.8%。分行业看，从事建筑业的农民工没有签订劳动合同的比例最高，占 73.6%，从事制造业的占 49.6%，从事服务业的占 61.4%，从事住宿餐饮业和批发零售业的分别占 64.6% 和 60.9%。❹ 全国少数民族流动人口三分之一以上未签订劳动合同，比例较高。签订劳动合同方面，就业的少数民族流动人口雇员签订有固定期限劳动合同的比例为 43.6%，比汉族低 8.3 个百分点；签订无固定期限的劳合同的比例为 14.4%，比汉族高 3 个百分点；而未签订劳动合同的比例高达

❶ 国家统计局：《2011 年我国农民工调查监测报告》，2012 年 4 月 27 日，http：//www. stats. gov. cn/tjfx/fxbg/t20120427_402801903. htm。

❷ 国家人口和计划生育委员会流动人口服务管理司：《中国流动人口发展报告 2012》，北京：中国人口出版社，2012 年版，第 60 页。

❸ 孟祥远、吴炜：《少数民族流动人口的权益保护——基于珠三角和长三角的问卷调查》，《特区经济》2012 年第 12 期 。

❹ 国家统计局：《2011 年我国农民工调查监测报告》，2012 年 4 月 27 日，http：//www. stats. gov. cn/tjfx/fxbg/t20120427_402801903. htm。

35.9%，高于汉族5.5个百分点。❶ 对广州穆斯林流动人口的调查显示，签订劳动合同的只有13%，87%没有签订劳动合同；武汉市签订合同的5.3%，未签订的94.7%。

（本文原载《云南民族大学学报》2013年第5期）

---

❶ 国家人口和计划生育委员会流动人口服务管理司：《中国流动人口发展报告2012》，北京：中国人口出版社，2012年版，第59页。

"压缩型城市化"下的民族共同体"离散危机"与"重构运动"
——基于对朝鲜族城市化进程的考察

朴光星❶

一、引言

（一）问题的提出

城市化是人类社会进入工业社会以后必经的发展阶段，目前我国正处在快速发展的城市化阶段。根据全国人口普查资料，1990 年的中国城镇化率为 26.41%，2000 年为 36.22%，2010 年为 49.68%。2011 年，我国的城镇化率首次超过了 50%，达到 51.3%❷。与 2000 年人口普查相比，2010 年，我国东部地区的人口比重上升 2.41%，中部、西部、东北地区的比重都在下降，其中西部地区下降幅度最大，下降 1.11%❸。2011 年，东部地区城镇人口比重 61.0%，中部和西部城镇人口比重分别为 47.0% 和 43.0%，与 2010 年相比，东中西分别上升 1.1、1.7 和 1.6 个百分点，中西部地区城镇化呈现提速态势❹。

中西部地区的城市化提速意味着，我国的少数民族也正进入城市化的加速阶段。城市化会改变我国的民族人口分布，尤其会带来东部地区少数民族

---

❶ 作者为中央民族大学民族学与社会学学院副教授。
❷ 《我国结构发生历史性变化城镇化率首次突破 50%》，2012 年 11 月 4 日《人民日报》。
❸ 马建堂：《第六次全国人口普查主要数据发布》，2011 年 4 月 28 日。
❹ 《我国结构发生历史性变化城镇化率首次突破 50%》，2012 年 11 月 4 日《人民日报》。

人口的增加。第六次人口普查（以下简称"六普"）资料显示，2010年，北京的少数民族人口为80.1万人，与2000年第五次人口普查（以下简称"五普"）相比，少数民族人口增加了21.6万人，年均增长率为3.2%；上海的少数民族人口为27.56万人，比"五普"相比增加17.17万人，增长1.7倍，少数民族数目从"五普"的53个增加到55个；东莞在改革开放之初没有少数民族人口，2000年"五普"时，全市已有18万外来少数民族人口，而2010年有52个少数民族、25万多人❶。

这预示着，城市化必定会给我国的民族关系、民族地区的发展、城市民族关系带来巨大的改变。我国目前的民族理论和民族政策是在新中国成立后少数民族居住在传统的居住地而且人口流动率低的社会背景下建立的，即民族政策与地域相挂钩，所以包括民族区域自治政策、民族地区平等发展政策、少数民族文化保护和发展政策都表现出强大的政策效力。但是随着快速的城市化进程，这种社会环境正在发生着变化。少数民族人口流动越来越活跃，走出传统聚居区的人越来越多，原来东部城市的少数民族人口很少，随着社会环境的变化也随之增多。再者，为了推动民族地区的发展也需要加快城镇化的步伐。这说明，现阶段城市化研究在我国民族工作中具有重要的价值及意义。

基于上述的问题认识，本文选择东北朝鲜族为个案，结合文献和实地调查资料，探讨朝鲜族在城市化进程中所经历的变化、所面临的问题以及应对的策略。本文探讨的具体问题有：① 朝鲜族在城市化过程中所经历的变化，主要考察城市化率、区域人口分布、从业结构等；② 所面临的问题，主要考察人口、社区、文化事业、教育等；③ 面对社会环境的变化，朝鲜族所采取的应对策略；④ 朝鲜族的城市化过程所折射的理论和政策意涵。

（二）核心概念界定

本文的"压缩型城市化"是指一个地区或群体在比较短的时间内完成"高度城市化"的现象。对于"高度城市化"并没有统一的界定，但鉴于高度工业化在发达国家的城市化率普遍达到或超过80%的事实，一般把城市化

---

❶ 王攀、宋常青：《民族"东南飞"》，《瞭望新闻周刊》2010年第50期。

率超过 80% 看作是进入"高度城市化"阶段。在城市化的经典理论里，一般认为西方的城市化经历了一个世纪以来的创新和经济社会发展相伴的过程❶，但东亚新兴工业国家或地区仅用 30 年左右的时间就完成了这一过程，因此，有的学者用"压缩型现代性"（compressed modernity）概念来解释这一社会变革过程❷。在本文中，"压缩型城市化"指的是中国朝鲜族利用 20 年左右的时间完成"高度城市化"的进程。

"民族共同体离散危机"指的是在城市化过程中，一个少数民族因人口大规模流动而经历的民族共同体"离散危机"或"文化危机"。

"民族共同体重构运动"指的是面对城市化过程中出现的民族共同体"生存危机"或"文化危机"，少数民族群体自觉地为维护本民族共同体所做的群体内外的"重构"努力。

二、1990 年后朝鲜族的人口流动与"压缩型城市化"

到 20 世纪 80 年代末为止，东北朝鲜族地区的人口流动率相对较低。但进入 90 年代以后，这种状况发生了变化。1992 年中韩建交以后，朝鲜族利用中韩经济文化交流不断扩大的契机，积极流向城市寻找就业机会，从此迈入了快速的城市化阶段。

表1　第4、5、6次人口普查资料显示的朝鲜族

及全国城市、镇、乡村人口比例（%）

年份 地区	1990 年			2000 年			2010 年		
	城市	镇	乡村	城市	镇	乡村	城市	镇	乡村
朝鲜族	34.59	15.61	49.80	45.86	16.12	38.02	54.58	14.81	30.61
全国	18.68	7.51	73.80	23.55	13.37	63.08	30.29	19.98	49.73

表 1 显示，朝鲜族的城市人口比例从 1990 年的 34.59% 上升到 2010 年的 54.58%，20 年内城市人口比例提高 19.99%，几乎每年增加 1%。同时可

❶　[美] 布赖恩·贝利：《比较城市化》，顾朝林等译，北京：商务印书馆，2010 年版，第 32-33 页。
❷　[韩] 张庆燮：《压缩型现代性的微观基础》，首尔：创作与批评出版社，2009 年版，第 15-17 页。

以看到，乡村人口比例从 49.80% 下降到 30.61%，20 年内下降 19.19%，这表明朝鲜族流动人口几乎都是流向城市。至此，2010 年朝鲜族的城镇化率为 69.39%，比全国平均水平高 19.12%，几乎达到发达国家的水平。但这里需要强调的是，2010 年的普查数据只能反映朝鲜族国内的人口流动，没能反映朝鲜族的国外人口流动（公布的资料里没有相关的统计数据）情况，因此，城镇化率被低估。流动人口的普查数据是核对流出地和流入地人口数据的产物，国内的流动可以用这种方式核对，但国际流动却不能，因此，统计时一般把国外流动人口算在户籍所在地的人口里，所以很难客观地反映实际的流动状况。

表 2　东北三省 20 个朝鲜族农村人口流动状况调查统计（2009 年 8 月）

分类	户籍人口	实有户籍人口	流出户籍人口	国内流动	国外流动
总计（人）	17 245	5890	11 355	6603	4752
百分比（%）	100	34.15	65.85	38.30	27.77

为了探讨实际流动状况，可以参考 2009 年 8 月笔者用配额抽样方法进行的对东北三省 20 个朝鲜族农村流动人口状况的调查结果。调查对象包括黑龙江省 5 个、吉林省 10 个（延边 5 个，其他地区 5 个）、辽宁省 5 个朝鲜族农村，样本几乎遍布了东北三省的朝鲜族人口聚居地区。其调查结果（表 2）显示，这 20 个农村的户籍人口流出率为 65.85%，其中国外流动率占总人口的 27.77%，占很高的比例。4752 人出国人员当中，4272 人在韩国，207 人在日本，36 人在美国，237 人在其他国家或地区，这些人流向国外的大城市区域长年打工或居住，但仍保留着中国国籍和户籍。"六普"资料显示的朝鲜族乡村人口为 560 494 人，按上述调查的 27.77% 的国外流动率计算，可以推算约 16 万朝鲜族农民在国外打工或居住。另据韩国行政安全部 2011 年 6 月 24 日发表的《2011 年地方自治团体外国人居民现况》，以 2011 年 1 月 1 日为准，在韩的中国籍朝鲜族人口为 488 100 人，其中 93.6% 来自中国东北地区。因此，16 万人以上的朝鲜族农民流向国外城市地区是完全有根据的。按照这种推算，朝鲜族实际的城镇化率也应该在 80% 左右，可以说进入了高度城市化阶段。

表 3　第 4、5、6 次人口普查资料显示的朝鲜族分地区人口比例（%）

地区＼年份	1990 年		2000 年		2010 年	
	人口数（人）	百分比	人口数（人）	百分比	人口数（人）	百分比
吉林省	1 183 567	61.54	1 145 688	59.55	1 040 167	56.81
黑龙江省	454 091	23.61	388 458	20.19	327 806	17.90
辽宁省	230 719	12.00	241 052	12.53	239 537	13.08
北京市	7710	0.40	20 369	1.06	37 380	2.04
天津市	1820	0.09	11 041	0.57	18 247	1.00
上海市	742	0.04	5120	0.27	22 257	1.22
江苏省	963	0.05	5048	0.26	9525	0.52
内蒙古自治区	22 173	1.15	21 859	1.14	18 464	1.01
广东省	611	0.03	10 463	0.54	17 615	0.96
山东省	3362	0.17	27 795	1.44	61 556	3.36
其他	17 603	0.91	46 949	2.44	38 375	2.10
全国	1 923 361	100	1 923 842	100	1 830 929	100

　　快速的城市化改变了朝鲜族原有的人口分布，这在表 3 中可以得到确认。表 3 显示，东北三省的朝鲜族人口占朝鲜族总人口的比例从 1990 年的 97.14% 下降到 2010 年的 87.80%，20 年内下降了近 10%。但考虑国际流动的因素，东北三省的朝鲜族人口比例还会更低。从"六普"资料中可以看到，2010 年中国朝鲜族的总人口为 1 830 929 人。但考虑到至少 50 万左右的东北籍朝鲜族人口长年居住在国外，实际上在东北三省居住的朝鲜族人口大约在 1 300 000 人，其比例也应该在 71% 左右。另外，资料也显示了朝鲜族国内人口分布的变化，东部沿海省市的朝鲜族人口比例明显上升，比如，北京的朝鲜族人口占朝鲜族总人口的比例从 1990 年的 0.40% 上升到 2010 年的 2.04%；天津从 0.09% 上升到 2010 年的 1.00%；上海从 0.04% 上升到 2010 年的 1.22%；山东从 0.17% 上升到 2010 年的 3.36%；广东从 0.03% 上升到 2010 年的 0.96%。在东北三省内，吉林省和黑龙江省的朝鲜族人口比例大幅降低的同时，辽宁省的朝鲜族人口比例 2010 年比 1990 年上升了 1.08%，这与沈阳、大连等大城市对朝鲜族人口的吸引力有关。

表4 第4、5、6次人口普查资料显示的朝鲜族及

全国分职业的人口比例状况（%）

各次普查年份 分类	1990年		2000年		2010年	
	朝鲜族	全国	朝鲜族	全国	朝鲜族	全国
国家机关、党群组织、企业、事业单位	4.07	1.75	3.67	1.67	3.86	1.77
专业技术人员	12.15	5.31	11.98	5.70	13.45	6.83
办事人员及有关人员	3.07	1.74	5.34	3.10	6.53	4.32
商业、服务人员	9.62	5.41	17.05	9.18	32.97	16.17
农、林、牧、渔、水利业生产人员	51.65	70.58	46.94	64.46	26.36	48.33
生产、运输设备操作人员及有关人员	19.27	15.16	14.81	15.83	16.73	22.48
不便分类的其他从业人员	0.15	0.05	0.22	0.07	0.09	0.10
合计	100	100	100	100	100	100

城市化还改变了朝鲜族的从业结构。表4显示，从事农、林、牧、渔、水利业生产的人口比例从1990年的51.65%下降到2010年的26.36%，20年内下降了25.29%。相反，商业和服务人员的比例从1990年的9.62%上升到2010年的32.97%，商业、服务业取代农、林、牧、渔、水利业成为朝鲜族最主要的从业领域。另外，与1990年相比，2010年专业技术人员比例提高1.30%，办事人员及有关人员比例上升3.46%。与此相比，从事生产、运输设备操作人员及有关人员比例下降2.54%，国家机关、党群组织、企业、事业单位负责人的比例只发生微小的变化。

做一个梳理的话，在过去20年内，朝鲜族的城镇化率从50.2%提高到80%左右。可以说，这样的城市化速度在世界城市化的历史上也是罕见的，朝鲜族在20年内完成了西方国家利用一百多年、新兴工业化国家和地区利用三四十年时间完成的城市化进程，经历了一个"压缩型城市化"的过程。

在这种城市化的过程中，朝鲜族的区域人口分布发生了很大的变化，传统聚居地的人口比例大幅降低，居住在国内沿海省市和国外的人口比例大幅上升。这说明，朝鲜族的城市化不是由原居住区域的工业化带动的，它的城市化动力来自传统聚居区以外的国内或国外地区的人口吸力。城市化过程中，朝鲜族从传统的"农耕民族"转变成城市的"商业民族"。

三、"压缩型城市化"与民族共同体的"离散危机"

随着快速的城市化，保持民族文化得以延续和发展的社会基础发生了根本性变化，在城市中能否继续维持民族文化传统，已成为朝鲜族研究中最值得关注的问题。其实，这一问题并不是新问题，传统的共同体能否在城市生活中得以维持，早就成为西方族群社会学或城市社会学关注的对象。芝加哥学派的代表人物帕克（Park）通过研究移民到芝加哥的有色人种提出同化论的观点，戈登（Gordon）进一步发展了帕克的同化论。对这种同化论不少学者予以反驳，如甘斯（Gans）通过对美国意大利裔移民的研究提出，移民虽然会出现结构性同化的现象，但是很难被完全同化，尤其在群体认同方面。兹列尼（Szelenyi）支持甘斯的观点，他认为城市生活中移民的血缘和地缘等传统共同体不会被瓦解；费舍儿（Fisher）强调，在大城市生活的各族群通过构建亚文化来维持他们的初级社会关系；沃尔曼（Wellman）则引入社会网络概念，主张初级社会关系不仅不会被消解，反而会通过社会网络形式扩展到更大的地理范围。

虽然"同化论"和"维持论"观点针锋相对，但对少数族群来说城市化无疑是一次严峻的挑战。快速的城市化过程给朝鲜族带来了文化与共同体领域的挑战，因此从 20 世纪 90 年代起，"文化危机论"一直成为朝鲜族社会内部的主流话题，在社会生活领域也发生了一些值得关注的现象。

（一）人口的"散居化"与传统聚居社区的"空巢化"

与我国少数民族人口分布总体情况类似，朝鲜族人口分布也呈现"大散居，小聚居"的特点。"小聚居"的人口分布有利于朝鲜族享受国家的民族区域自治政策，到 1990 年东北三省有一个朝鲜族自治州、一个自治县、44个朝鲜族乡镇，这些自治地方成为朝鲜族文化教育事业的重要基地。

但城市化改变了这样的"聚居"格局，东北三省的朝鲜族人口占朝鲜族总人口的比例从 1990 年的 97.14% 已下降为 2012 年的 60% 左右。根据 2009年 8 月对东北三省 20 个朝鲜族农村流动人口的调查（参见表 2），这些农村户籍人口的 65.85% 离开了原居住地。经过 20 多年的高强度流动，朝鲜族人口在国外分布在韩国、日本、美国、俄罗斯等国❶，在国内已扩散到珠三角、长三角、山东半岛以及京津地区。

人口扩散的直接后果是传统聚居社区的急剧"空巢化"。据统计，1990年黑龙江省有 22 个朝鲜族乡镇，491 个朝鲜族村，但到 2007 年通过撤并朝鲜族村只剩下了 233 个，258 个村落消失，其比例达到 52.55%；辽宁省原有 13 个朝鲜族乡镇，现只留下 2 个乡镇❷；吉林省舒兰市原有 33 个朝鲜族村，3 万多朝鲜族人口，但到 2012 年只剩下 14 个朝鲜族村。这 14 个村有户籍的户数是 5081 户，其中实住户数是 916 户，占总户数的 18%；户籍人口是 19 282 人，其中实住人口是 1971 人，占户籍总人口的 10%❸。

朝鲜族人口的最大聚居地吉林省延边朝鲜族自治州（以下简称延边州）面临着同样的问题。农村地区的"空巢化"现象特别突出。例如，总面积为 30.75 平方公里的龙井市白金乡，朝鲜族人口最多时候的 986 户、7694 人，2007 年下降为 480 户、1310 人，人口流失高达 83%，人口密度连 5 人/平方公里都达不到❹。城市也出现同样的情况，据延吉市教育局 2008 年对所属 6 所朝鲜族中学和 14 所朝鲜族小学的调查统计，15 538 名学生中，父母一方或双方不在身边的留守学生数为 10 030 人，比例占总数的 64.6%。另据延边统计局发布的统计数据，该地区从业人员总数由 1994 年的 1 147 074 人，减少到 2006 年的 835 782 人，12 年间共减少了 311 292 人❺。

（二）民族基础教育体系的萎缩

新中国成立后在国家的民族政策支持下，朝鲜族以聚居地区为依托，建立了完备的民族基础教育体系。朝鲜族的各级学校星罗棋布地分布在各朝鲜族聚居地区，为朝鲜族文化的传承和发展起到了重要的作用。

但城市化过程中的"散居化"，直接冲击了原有的朝鲜族民族教育体系。

---

❶ 朴光星：《跨国人口流动与朝鲜族的全球性社会网络》，《中央民族大学学报》2009 年第 5 期。
❷ 李秀峰等：《东北朝鲜族农村"空洞化"现象严重》，2012 年 9 月 14 日《黑龙江新闻（朝文）》。
❸ 参见金宗权：《从统计数据看舒兰朝鲜族农村现状》，2012 年 8 月 27 日，朝歌网（www.zoglo.net）。
❹ 管延江：《延边对韩劳务研究》，延边：延边人民出版社，2010 年版，第 167-170 页。
❺ 延边朝鲜族自治州统计局：《统计年鉴（1949—2009）：延边 60 年》，北京：中国国际图书出版社，2009 年版，第 77 页。

以辽宁省为例，1980 年有 221 所朝鲜族小学、34 所朝鲜族中学，但到 2010 年只剩下 35 所朝鲜族学校。比如，开原市 1980 年有 13 所朝鲜族小学 1106 名学生，到 2010 年只剩下 1 所学校 170 名学生❶。以吉林省延边州为例，2000 年到 2010 年间基础教育阶段的朝鲜族在校生人数减少 5 万人左右，减幅达 63%，朝鲜族教育在整个基础教育阶段所占份额从 2000 年的 36% 下降到 2010 年的 20.8%。比如，图们市朝鲜族小学生数 2009 年比 2008 年减少 245 人，初中生减少 89 人，高中生减少 148 人；2010 年比 2009 年小学生又减少 47 人，初中生减少 89 人，高中生减少 134 人❷。在东北三省，黑龙江省朝鲜族的人口流出率是最高的（参考表 3），因此，基础教育的萎缩会比其他省份更为严重。传统聚居地的民族教育快速萎缩的同时，朝鲜族在新的流入地又无法重建民族教育机构。迄今为止，流入沿海城市的朝鲜族，共办过三所民办民族学校，但两所迫于经营的压力都先后关闭，现只留下青岛一所朝鲜族民办小学。

（三）民族文化发展"平台的缩小"

在 20 世纪 80 年代末，东北三省有 4 种朝文报纸、20 多种各类期刊、4 家朝文出版社，每个省的广播电台都有朝语广播，延边州电视台录制各类朝语节目，活跃期仅延边州就有近 10 个朝鲜族专业文艺团体。

人口的"散居化"改变了这种状况。随着观众的减少，再加上文化事业单位的市场化改革，多数单位面临着诸多困难。比如，延边作家协会的会刊《延边文艺（朝文）》1980 年代初发行量达到 7 万多份，但到 2005 年其发行量下降到 3 千份左右。迫于各类朝文期刊社经营的压力，2007 年延边州决定将七种朝文期刊社并入延边人民出版社统一管理，但其发行量都下降到高峰时期的一半以下。报纸的发行面临同样的困难，《辽宁朝文报》发行量从以前的 3 万多份下降到目前的 1 万多份，《黑龙江新闻》和《吉林新闻》都面临同样的困难，延边州党委的机关报《延边日报》靠政府的全额资助发行 1 万多份。

---

❶　《需要扶持少数民族教育》，2012 年 3 月 2 日《辽宁朝鲜文报》。
❷　延边州教育局：《在民族教育专题规划纲要编制工作座谈会上的汇报》，2010 年 8 月 19 日。

人才流失是朝鲜族文化事业机构面临的又一个难题。据有关部门统计，从 2009 年到 2010 年，高校毕业的延边籍学生数为 35 298 人，其中回到家乡的人数为 8789 人，只占总数的 25%❶。据延边州广电局 2010 年的一份工作报告，从 2000 年到 2010 年，该局有 100 多名各类专业人才外流，其中朝鲜族占相当大的比例，报告称朝鲜族人才的缺乏直接影响朝鲜语广播电视事业的发展。在 2011 年 1 月的访谈中，延边州文化局的一位负责人说："延边的文化发展面临很多困难。比如以朝鲜族歌舞闻名全国的延边歌舞团很难引进朝鲜族艺术人才，40 岁以下的朝鲜族演员很少。像舞蹈队前几年全是朝鲜族演员，现在一半以上是汉族。"

上述的事实表明，"压缩型城市化"下的人口"散居化"，直接导致了传统聚居地区的"空巢化"，民族人口的急剧减少严重影响了以聚居为依托建立起来的民族教育和文化事业的可持续发展。与此同时，因人口的"散居化"，在流入地也很难形成此前的聚居格局，再加上城市的民族工作还在摸索中，暂无法对少数民族流入人口提供有力的政策支持，所以朝鲜族在流入地也无法建立起与之前相似的民族教育或文化机构。这样一来，民族共同体面临"离散危机"或"同化危机"。

四、"离散危机" 与民族共同体的 "重构运动"

围绕着少数族群在新的城市生活中能否发展自己的文化和如何发展文化的问题，目前有同化论、族群文化论、文化生成论、族群经济社区论、社会网络论等代表性的理论视角。这些理论视角中，除了同化论，其他理论都支持城市生活中少数族群能够传承本民族文化的观点。这些理论的基本依据是：首先，族群具有工具性，为了在竞争激烈的城市社会中生存，成员有必要利用族群资源；其次，族群具有价值性，作为具有文化传统的群体单位，族群具有自我认同，并且不愿意轻易丢掉传统；再次，信息技术的发展为成员之间的互动提供了便利条件；最后，支持文化多元发展已成为世界各国的共识。面对城市化当中的人口"离散"和共同体危机，朝鲜族同样也尝试着

❶ 李哲洙：《75% 的延边籍大学毕业生在外地就业》，2012 年 8 月 9 日《吉林新闻（朝文）》。

各种共同体"重构运动"。

(一)建设"民俗文化园",举办"民俗文化节"

与东北三省朝鲜族人口急剧减少相比,进入21世纪后,特别是近几年,国家重视文化建设,支持和保护各民族的物质文化和非物质文化,朝鲜族传统聚居地悄然兴起了一股"朝鲜族民俗园"建设热潮。比如,作为自治州成立60周年的献礼工程,延边州在延吉市郊区投入20亿元,兴建占地20万平方米的、展现朝鲜族各种民俗文化的"延边中国朝鲜族民俗风情园",至2012年第一期工程已经完工。龙井市的动作更大,龙井市提出了建设朝鲜族民俗文化城的构想,市委宣布把龙井市建设成富有朝鲜族文化气息的城市。又如,2011年黑龙江省牡丹江市决定,在朝鲜族居民集中的江南启动该市历史上规模最大的少数民族文化项目"江南民族文化区",计划兴建3万平方米的民俗园与7万平方米的生活文化区。再如,2012年8月沈阳市和平区决定,投资2000万元把西塔改造成"朝鲜族文化特色街"。此外,乡镇及村级的"民俗园"项目更是不计其数,比如吉林市龙潭区的阿拉底村力图以打造"中国朝鲜族第一民俗村"为目标,已投资2000万元完成了第一期工程。可以说东北朝鲜族传统聚居区,几乎都在兴建类似的"民族园"。东北朝鲜族人口聚居地区的"民族园"建设热潮是当地政府整合文化资源推动经济发展,进而支持少数民族发展的工作思路和当地朝鲜族群众想通过"民族园"的建设提高家乡人气,进而改变"空巢化"趋势,维护家乡的愿望相结合的产物。

与东北的朝鲜族地区热衷于搞各类"民族园"项目相比,流入沿海城市的朝鲜族却办起了各种"民俗文化节"。如果说前者靠政府推动的话,后者主要靠民间推动。青岛的朝鲜族是一个典型。青岛是流动人口比较集中的城市,从2000年起青岛的朝鲜族在自发组织的企业家协会的主导下,每两年举办一次"青岛市朝鲜族民俗文化节",到2012年已举办六届。除了全市范围的文化节以外,各郊县还举办自己的文化节,而且各同乡会轮流主持两年一届的体育运动会,届时每个同乡会(到2012年青岛朝鲜族组织了20个东北同乡会)都组队参加,为了取得更好的成绩,他们甚至花钱请来老家的体育能手参加比赛。在访谈中,文化节举办者介绍,每次的活动都云集了在当地生活的好多朝鲜族,场面越来越大,仿佛是一个盛大的民族节日。举办一次文化节所需经费 100 万元左右，全部在企业家协会的主导下通过捐款、捐物来解决。谈到组织活动的目的时，这位组织者说："作为外地人我们对当地比较陌生，本地人对我们也缺乏了解，通过这样的活动一是想凝聚我们的力量，二是通过展现我们的文化，让本地人了解我们。总之，更好地融入城市生活，更好地展现我们的文化是我们组织活动的初衷。"目前除了青岛之外，在朝鲜族流动人口比较集中的北京、广东、大连、烟台等地也定期举办类似的朝鲜族民俗文化节活动。朝鲜族在沿海城市通过组建民间网络，自发组织"文化节"活动，实际上是在面对新的城市生活中的共同体"重构运动"，意在通过活动重新组建族群共同体来融入城市生活。

(二) 整理历史资料、编撰民族史

另一个值得关注的现象是民族历史资料的收集、整理工作和各类民族史和生活史编撰热的兴起。进入 21 世纪，特别是最近几年，有关朝鲜族历史和生活史研究的成果陆续出版，这些工作有的是官方资助的，有的则是民间力量推动的。2002 年在国家新闻出版总署的批准下，延边历史学会立项组织编撰《中国朝鲜族史料全集》，根据项目计划到 2020 年出版 100 卷的朝鲜族历史文献资料集，系统地整理和收集清末到新中国成立之初的朝鲜族历史资料和文献（到 2012 年末已出版 50 卷）。另外，在民族出版社朝鲜族编辑部的主导下，2010 年出版了六卷的《新中国 60 年朝鲜族变迁史》（朝文），该丛书系统地收集和整理了新中国成立后 60 年朝文报纸报道的、能反映朝鲜族社会变迁的新闻，让人一目了然地了解各地朝鲜族 60 年的社会变迁史。此外，学界的朝鲜族历史研究最近几年也特别活跃，超过了以往的任何时期，这些研究主要由朝鲜族学者来推动。近几年出版的代表性成果有《中国朝鲜族移民史》《中国朝鲜族通史》《中国朝鲜族革命斗争史》《延边朝鲜族史》《中国朝鲜族 100 年略史》（朝文）、《中国朝鲜族革命烈士略传》（共60 卷）等。

除了上述的编撰及研究之外，民间层次的民族史写作也特别活跃。这些主要以编写地方民族志为目标，主要参与者是退休的官员和学者，他们通过组成编撰小组，收集本地的民族志资料组织编写，其经费也主要来源于民间。最近几年的代表性成果有《哈尔滨朝鲜族百年史话》《延寿县朝鲜族百

年史》《密山朝鲜族百年史》《尚志市朝鲜族百年史》《沈阳朝鲜族史话》《桓仁朝鲜族史话》等。这些书都用朝文编写，有的书不仅详细记载了历史脚印，还详细记载了境内的各朝鲜族村和朝鲜族学校的发展变化过程，能够让人清晰地了解人口流动之前的当地朝鲜族状况。

上述成果与最近几年政府加大科研及文化事业的投入是分不开的，但同时需要强调的是，这也是面对城市化过程中"人口离散危机"的朝鲜族知识界和民间的一种反应。面对快速的社会变迁，他们感觉到历史记载的重要性，这在民间主导编写地方民族志的热潮中表现得淋漓尽致。在社会变革最激烈的时期出现民族历史研究热潮，这并不是偶然现象，它反映了一个群体对变化的能动反应，即朝鲜族对共同体和文化重构的一种"应对"。

（三）媒体的跨区域网络化服务

朝鲜族共同体"重构活动"中又一个值得关注的现象是朝文媒体建构跨越区域的服务网络。这些朝文媒体原来是为聚居地区的朝鲜族服务的，即它是地方性的少数民族媒体。但随着人口流动聚居地区的观众越来越少，经营上都面临着不同程度的困难；而在流入地的观众又需要媒体服务，这就为媒体的发展提供新的机会。在这样的背景下，一些朝文媒体开始争取有关部门的支持，在人口流入地设立工作站，开始为当地的朝鲜族群众提供信息服务。

《黑龙江新闻》是一个典型。1996 年《黑龙江新闻》得到山东省新闻出版局的批准，在青岛设立了第一个外省记者站，他们以支社的形式派遣记者常驻青岛，在当地朝鲜族中进行采访活动，并每周出一期《黑龙江新闻·沿海城市版》。报纸的存在加强了当地朝鲜族之间的联系，报纸成为相互沟通和信息交流的重要纽带。报纸的作用并没有停留在信息交流的层次，作为得到当地政府批准的唯一机构，记者站起到了一个民间组织者的作用，比如青岛市朝鲜族企业家协会就是在记者站的联系下成立的。目前青岛朝鲜族的民间组织化程度很高，已成为名副其实的城市族群群体，这与记者站的组织作用是分不开的。按照这样的模式，黑龙江新闻社先后在北京、上海、广东等地设立了记者站，2011 年到韩国首尔开设支社，发行《黑龙江新闻·海外版》。朝文报纸当中《吉林新闻》也做了类似的尝试。

除了报纸之外，电视台也实施了"走出去工程"。延边广播电视台是地区级电视媒体，2004 年 9 月国家正式把延边朝鲜语广播电视节目覆盖项目纳入"西新工程"，2006 年 8 月 10 日延边卫视作为我国首家地区级卫星电视媒体开播。截至 2010 年 2 月，延边卫视已在国内 17 个地区和 37 个县通过当地有线电视网络实现落地。另外，在朝鲜、俄罗斯远东地区、韩国、日本等国和地区也有许多散户落地❶。

地方少数民族媒体的跨区域服务是新的社会现象，到底如何看待这一现象似乎还没有明确的说法。但这是朝鲜族媒体迫于观众流动带来的"生存压力"，为了适应变化的环境所做出的全新尝试。实践表明，延伸民族区域自治地方的文化功能，在重构城市化进程中的民族共同体方面具有不可忽视的影响，其经验值得学界进一步关注和探讨。

（四）组建形形色色的"民间社团"

朝鲜族没有统一的宗教信仰，所以宗教因素在共同体建构方面所起的作用有限。这就带来了流入城市的朝鲜族依靠何种中介"相聚"的问题，实践表明"民间社团"在这方面起了重要的作用。朝鲜族文化具有重视"群体性"的特点，朝鲜族把被群体冷落看成是屈辱。这种重视"群体性"的文化特点在城市化过程中成为组织各类民间社团的动力，"民间社团"成为朝鲜族"重聚"的重要形式。

青岛的朝鲜族是一个典型。青岛市的朝鲜族自发地组建了形形色色的联谊性的民间社团。例如，青岛市朝鲜族企业家协会（12 个分会/300 多名会员）、青岛市朝鲜族老人总协会（40 个分会/1600 多名会员）、青岛市朝鲜族女性协会、青岛市朝鲜族贸易者协会、青岛市朝鲜族同乡总会（20 个分会）、朝鲜族青岛市朝鲜族文人协会、青岛市朝鲜族老教师联谊会、青岛市朝鲜族足球协会、青岛市朝鲜族高尔夫球协会、青岛市朝鲜族登山协会、青岛市朝鲜族大学生联谊会、青岛市阿里郎艺术团、青岛市朝鲜族金达莱艺术团等。目前青岛的朝鲜族当中流传着一种说法，说生活在青岛的朝鲜族当中没有一个不加入民间协会的，民间团体在组建新型的城市族群共同体方面起

---

❶ 延边州广电局：《关于贯彻落实国发［2009］28 号文件精神的情况汇报》，2010 年 12 月。

了重要作用❶。青岛只是一个缩影，在朝鲜族居民集中的城市中都能看到类似的情况。

另外值得一提的是，进入 21 世纪以后在朝鲜族流入的城市中雨后春笋般地出现了"企业家协会"。"企业家协会"对朝鲜族来说是一个新生事物，1997 年在青岛成立了第一个"朝鲜族企业家协会"，然后在其他城市里陆续出现，近几年扩展到东北的城市。组织"企业家协会"的初衷是企业之间的相互合作与信息交流，即具有建构"族群经济"的意思，但成立后它的功能并没有停留在企业交流层面，而是迅速扩展到族群共同体的"重构"方面。目前，"朝鲜族企业家协会"在所在的城市举办民俗文化节、运动会等各类群体文化活动，而且还参与组织各种公益活动，俨然成为族群共同体的民间组织者。2007 年，24 个省市的朝鲜族企业家协会联合成立了"中国朝鲜族企业家协会"，会员企业数达到 3000 多家，为了扩大交流，他们还每年举办一次年会。2012 年 6 月，在青岛召开了第六届年会，300 多名企业家参加了会议，会议不仅有相互之间的交流，而且还探讨能否通过合作成立民营银行等事项。

对少数民族来说，流动意味着离开聚居区、离开熟悉的政策环境，进入陌生的、市场化城市。这种在"政府主导的生活环境"转向"市场主导的生活环境"的过程中，群体需要一种调适。朝鲜族利用组建民间组织的方式，实现"自我组织化"，通过"自我组织化"嵌入城市生活中，由此实现民族共同体的"重构"。

（五）构建网络空间的互动平台

网络社会的来临给人的互动带来了新变革，人可以通过建构虚拟网络空间，超越时空的制约进行互动。随着人的地理流动性的增强，网络空间将会取代地理空间成为人类互动的主要平台，网络共同体也会取代地缘共同体成为人类组建共同体的主要形式。

在人口"离散"的城市化过程中，朝鲜族办起了各类网站，据"朝鲜族综合新闻网"（www.korean3040.com）的粗略统计，目前国内外有 43 个中

---

❶ 李秀峰、朴永万、金明淑：《民间社团，青岛朝鲜族社会的火车头》，2012 年 6 月 1 日《黑龙江新闻》。

国朝鲜族办起并为其交流服务的朝文网站。这类网站中既有东北朝鲜族居住区的朝文文化机构（如报纸、期刊、电视广播）办的官方网站，也有民间办的新闻、社交、商务类网站。这些网站不仅遍布在国内各个城市，也遍布在朝鲜族海外打工者比较多的韩国（4个网站）、美国（2个网站）、日本（4个网站）等国。有关朝鲜族的任何新闻，都可以通过网络空间迅速传播到朝鲜族生活的不同地方，不管个人生活在什么地方，只要自己留意，都能迅速地了解到民族社会发生的各类事情。从这一点上可以说，与地理空间的共同体"离散"相反，网络空间的族群共同体正在形成，虚拟空间的网站正成为朝鲜族重构民族共同体的一种手段。

面对城市化过程中的"离散危机"，朝鲜族展开了一场方兴未艾的民族共同体"重构运动"。这种"重构运动"不仅有来自原居住地的地方政府和机构，也来自民间。政府层位的"重构"注重通过整合文化资源，促进当地发展，以此重塑地方社会；民间层位的"重构"更注重传承文化传统，加强社会纽带，组建网络，重塑民族共同体。这里能看出"地方"和"民族"之间的张力，原本联系在一起的两者，面对城市化进程表现出不同的"认识及反应"，如何克服这种"张力"，将会成为对中国未来民族政策的一次考验。

五、结语

朝鲜族的城市化只是我国少数民族城市化进程中的一个案例，不同民族会有不同的城市化模式。但从朝鲜族的城市化案例中可以得出几个结论：一是我国少数民族地区的城市化更具有"外生型"的特点，并不是"就地城市化"为主，因此，城市化过程中不可避免地出现人口外流和与之相伴的民族人口"离散"的情况；二是少数民族人口的流出，势必会影响其聚居地区的各项制度安排和事业发展，"民族"和"地区"之间的张力开始出现，并会随着城市化的进程越拉越大；三是少数民族在城市化进程中，并不会轻易放弃他们的民族认同，他们会开展各种形式的民族共同体"重构运动"。

十八大以后，"城镇化"已经成为推动我国社会发展的核心发展战略。因此，如何推动我国少数民族地区或少数民族的城市化，已经成为民族研究中的重大议题。朝鲜族的城市化对这一问题的讨论可以提供以下几方面的议题。

一是要走什么样的城市化道路。是继续走目前人口越来越往东部沿海集中的非均衡的城市化之路，还是走培育"内生型城市化动力"为主的"就地城市化"之路？这会关系到中国民族政策的未来走向。如果目前的"非均衡的城市化道路"仍在持续，东部沿海的少数民族人口会继续增加，传统聚居地区的少数民族人口会逐步减少。这就会出现少数民族聚居区的"民族"与"地区"两者的张力，与此相反，沿海地区会成为各民族混居空间。这会使民族政策的核心议题从目前的"民族区域自治"转向西方式的"城市族群关系"。

二是民族区域自治地方的某些职能能否延伸到人口流入地。这能否成为克服"民族"与"地方"张力的新举措？民族区域自治政策是我国基本的政治制度，是国家重视少数民族发展的政策体现，因不同民族面临的情况不同，此项制度必须长期坚持。但在另一方面，走出传统的聚居地，流入其他城市的少数民族越来越多，这就需要管理和服务的职能。在这种情况下，能否考虑支持自治地方的管理和服务部门设立派出机构的形式，到流入地提供相应的服务，这是值得探讨的问题。例如，朝文报纸到流入地设立记者站，起到了很好的作用。沿着这种思路，能否继续延伸自治地方的某些职能，如学校能否通过到流入地办分校的形式，满足流入地少数民族学生的教育需求？如果这样，既能让自治地方的各种职能继续发挥作用，也能满足少数民族流动人口的一些需求。

三是如何支持和引导城市化过程中少数民族"重构"共同体的努力。民族是长期存在的历史现象，按照马克思的观点，阶级消灭后才会出现民族消亡。所以，城市化并不会淡化民族认同，在早期西方社会学中有一个预设，即工业化和现代化会淡化族群界限，但是他们的预言没能成为现实，在西方城市里族群认同依然很强。因此，任何在城市里淡化"民族意识"的思路不仅不符合历史规律，也不会取得预想效果。城市化进程中肯定会出现各种形式的民族共同体"重构运动"，而且民间会起主导性作用，这就带来了政府如何应对和引导的问题。比如，如何看待自发组织的民间社团；如何对待自发组织的群体性文化活动；如何应对少数民族群众的合理的政治、经济和文化诉求……这些都是城市化进程中民族政策领域需要回答的问题。

（本文原载《中央民族大学学报》2014年第3期）

中国保安族的群体地位和个体流动

菅志翔❶

中华人民共和国成立 60 多年来，我国的社会经济发生了翻天覆地的变化。在这一进程中，不同地区、不同群体的发展历程各有特点，各族群的社会结构和人口特征也出现了不同的演变态势。保安族是我国人口较少民族之一，主要聚居在甘肃省积石山保安族东乡族撒拉族自治县内的五个行政村，其中有四个位于大河家地区并连成一片。在 1953 年第一次人口普查时，保安族这个刚刚被识别的民族只有 4957 人，而到 2010 年第六次人口普查时其人口增加到 20 074 人，57 年里人口增长了三倍，年增长率为 2.48%，高于全国平均水平（1.48%）。在 1980 年正式设立积石山保安族东乡族撒拉族自治县之前，保安人的五个村隶属于甘肃省临夏县。根据 1953 年普查数据，全国保安族人口中有 4926 人在临夏县，1964 年第二次普查，全国保安族人口为 5125 人，其中 4979 人在临夏县❷。这种人口高度聚居、分布范围有限的状况为族群社会学的研究提供了独特条件。

根据 1990 年人口普查结果，我国有 22 个民族的人口在 10 万人以下，被政府称为"人口较少民族"，这 22 个民族的人口总数为 63 万人。由于这些群体人口规模小，在目前的民族区域自治制度中只建立了自治县或民族乡，在政府部门中的声音较弱，费孝通教授 1999 年向国家民委建议专门调查研究人口较少民族的发展问题。国家民委在 2000 年组织了专题调查组，调研结果上报国务院，国家"十五"计划中对这些民族的发展扶助作了特殊

---

❶ 作者为中央民族大学民族学与社会学学院副教授。

❷ 国家统计局人口统计司：《中华人民共和国一九五三年人口调查统计汇编》（内部资料），国家统计局人口统计司翻印，1986 年版，第 232 页；国家统计局人口统计司：《中华人民共和国第二次人口普查统计数字汇编》（内部资料），国家统计局人口统计司翻印，1986 年版，第 417 页。

安排❶。

　　笔者参加了 2000 年对保安族社会经济发展状况的调查，并于 2011 年做了 10 年回访调查，希望通过对这一群体的深入了解，对我国人口较少民族的社会经济发展特点进行分析与归纳。自 2000 年以来，笔者一直关注保安族的社会发展与人口变迁中的几个议题："民族识别"和自治县的设立对于保安族的群体认同和社会发展起到了什么作用？共和国成立以来，这个新近识别、人口规模很小的族群以怎样的社会分层特征和群体认同观念参与当地区域和国家发展进程？在这一进程中与其他族群之间出现了怎样的群体互动？中华人民共和国成立 60 多年来，保安族的群体地位和个人流动模式出现了什么样的变化？保安族的历史演变在我国二十多个人口较少民族的社会变迁、族群认同和国家参与等方面是否具有代表性？探讨以上问题，无论在我国的族群意识和群体关系的学术研究方面，还是在地区性社会发展和民族政策实际影响的应用性研究方面，都具有特殊的学术价值和现实意义。社会学和人口学的核心领域之一就是社会分层和社会流动（social stratification and mobility），而种族/族群社会学更是把"族群分层"（ethnic stratification）作为理解不同族群在社会中所处相对地位和发展态势的主要研究专题❷。本文试图利用笔者两次实地调查所掌握的有限资料，结合人口普查数据和田野访谈信息，应用历史比较的方法，从群体地位和个体流动两个层面来分析中华人民共和国成立 60 多年来西北保安族群体的演变态势。

一、中华人民共和国成立前保安人的群体地位和个体流动

1. 中华人民共和国成立前"保安人"的身份认同和群体地位

　　在被国家正式认定为一个"民族"以前，"保安族"的群体身份意识里

---

❶　赵学义主编：《中国人口较少民族经济和社会发展调查报告》，北京：民族出版社，2007 年版，第 8–11 页。
❷　马戎：《民族社会学——社会学的族群关系研究》，北京：北京大学出版社，2004 年版，第 231–233 页。

只有"保安人"这个概念，他们的先人在 100 多年前从今天的青海省黄南藏族自治州同仁县的保安地方迁来，在本地一度被视作说"保安话"的"外地人"。这种群体意识的性质类似于我们今天常说的"临夏人""温州人""广东人"，更多地意指籍贯，而与现代"民族"（nation）的含义无关。如果说这些人具有某种族群意识，那就是"回回"或"回民"，或者更确切一点是"蒙回"——使用蒙古语的回民，但也只有极个别保安人明确具有"蒙回"的身份意识——未接受过高等教育的人并不知道他们所讲的语言属于阿尔泰语系蒙古语族。

根据人们在访谈中的描述，保安人刚迁到现今居住地时，受到本地人（河州回民）的排挤和歧视。这种外部压力使他们凝聚为一个内部紧密团结的群体，以更有效地应对不利的自然和社会环境。半个世纪后，这些人逐渐适应了河州回民的生产生活方式，并取得了骄人的社会经济成就。

根据新中国成立初期对保安自治乡各阶层人口统计记录（表 1），保安人在大河家地方已经明显地处于社会上层。当时在保安自治乡范围内，在保安人中地主、半地主式富农和富农比较多，占保安人总户数的 9.1%，中农的比例只有 34.5%（回族为 41.4%，汉族为 47.2%）。地主在保安族总户数中的比例（3.3%）比回族中的比例（1.7%）高出近一倍。在保安族总户数中，成分为中农以上户数占 43.60%，汉族总户数中，成分为中农以上户数占 48.80%，回族和撒拉族总户数中的相应比例分别为 43.10% 和 43.20%。从这组数据来看，保安族自治乡各族农户的经济状况没有显著差异，但值得关注的是保安族的居住质量明显优于其他民族，表 2 的房屋调查统计中的砖瓦房和楼房全部属于保安族❶。

---

❶ 对于这一问题，受访者中比较普遍的看法是：解放时保安人的经济状况并不比当地回民好多少，但由于保安人争强好胜，不懂当时的形势，不仅不会像一些富裕家庭那样隐匿财产，而且还作为家庭奋斗的成就，炫耀性地报告给土改调查员。所以，档案里的统计数据显示保安人的经济状况是大河家最好的，保安人的阶级成分也因此普遍定得比其他民族高。

表 1　中华人民共和国成立初保安自治乡各阶层人口统计表

民族	项目		地主	半地主式富农	富农	中农	贫农	雇农	其他	合计
保安族	户数		23	7	33	237	261	123	4	688
	%		3.3	1.0	4.8	34.5	37.9	17.9	0.6	100.0
	人口	男	79	15	113	668	628	244	10	1757
		女	95	26	134	678	687	236	9	1865
		小计	174	41	247	1346	1315	480	19	3622
		%	91.1	78.8	100	67.6	73.0	73.4	63.3	72.9
撒拉族	户数		0	0	0	16	15	6	0	37
	%		0	0	0	43.2	40.5	16.2	0	100.0
	人口	男	0	0	0	44	36	12	0	92
		女	0	0	0	35	33	16	0	84
		小计	0	0	0	79	69	28	0	176
		%	0	0	0	4.0	3.8	4.3	0	3.5
回族	户数		1	0	0	24	14	17	2	58
	%		1.7	0	0	41.4	24.1	29.3	3.5	100.0
	人口	男	4	0	0	76	44	34	4	162
		女	13	0	0	74	56	36	6	185
		小计	17	0	0	150	100	70	10	347
		%	8.9	0	0	7.5	5.5	10.7	33.3	7.0
东乡族	户数		0	0	0	1	0	0	0	1
	%		0	0	0	100	0	0	0	100
	人口	男	0	0	0	5	0	0	0	5
		女	0	0	0	4	0	0	0	4
		小计	0	0	0	9	0	0	0	9
		%	0	0	0	0.5	0	0	0	0
汉族	户数		0	2	0	60	47	17	1	127
	%		0	1.6	0	47.2	37.0	13.4	0.8	100.0
	人口	男	0	4	0	203	156	41	1	405
		女	0	7	0	204	162	35	0	408
		小计	0	11	0	407	318	76	1	813
		%	0	21.2	0	20.4	17.6	11.6	3.3	16.4

民族	项目		地主	半地主式富农	富农	中农	贫农	雇农	其他	合计
合计	户数		24	9	33	338	337	163	7	911
	%		2.6	1.0	3.6	37.1	37.0	17.9	0.8	100.0
	人口	男	83	19	113	996	864	331	15	2421
		女	108	33	134	995	938	323	15	2546
		总计	191	52	247	1991	1802	654	30	4967
		%	100.0	100.0	100.0	100.0	100.0	100.0	100.0	100.0

资料来源：临夏回族自治州档案馆馆藏资料（制表时间：1952年12月25日）。

表2　中华人民共和国成立初期保安自治乡房屋调查表（单位：间）

民族	项目	地主	半地主式富农	富农	中农	贫农	雇农	其他	合计
保安族	土坯房	201	73	486	2675	1892	482	50	5859
	砖瓦房	26	0	30	6	7	24	5	98
	楼房	4	0	2	4	0	31	0	41
	小计	231	73	518	2685	1899	637	55	6098
撒拉族	土坯房	0	0	0	150	103	44	0	297
	砖瓦房	0	0	0	0	0	0	0	0
	楼房	0	0	0	0	0	0	0	0
	小计	0	0	0	150	103	44	0	297
回族	土坯房	21	0	0	228	111	70	9	439
	砖瓦房	0	0	0	0	0	0	0	0
	楼房	0	0	0	0	0	0	0	0
	小计	21	0	0	228	111	70	9	439
汉族	土坯房	0	24	16	567	364	81	9	1061
	砖瓦房	0	0	0	0	0	0	0	0
	楼房	0	0	0	0	0	0	0	0
	小计	0	24	16	567	364	81	9	1061

续表

民族	项目	地主	半地主式富农	富农	中农	贫农	雇农	其他	合计
合计	土坯房	222	97	502	3620	2470	677	68	7656
	砖瓦房	26	0	30	6	7	24	5	98
	楼房	4	0	2	4	0	31	0	41
	总计	252	97	534	3630	2477	732	73	795
水田	985.83 亩	旱田	5564.49 亩	山地		3520.1 亩	总计		10 070.42 亩

资料来源：同表1。此表项目中，东乡族无统计数据。

保安人能够获得较高的经济地位，主要得益于两个方面。第一，他们吸取了在原籍青海省同仁县族群关系破裂被迫出走的教训，迁来后努力与当地族群维系和谐关系，在当地其他群体之间发生冲突时保持中立，争取其他群体的帮助并掌握了当地较先进的耕作方式，学会了当地人的生活方式；第二，保安人具有先天的语言优势，他们中不少人兼通蒙、藏、汉三种语言，他们利用自己熟悉藏文化的优势积极参与汉藏贸易，他们中的"藏客"成为马步芳时期最成功的商人团体之一，利用商业积累的资金，保安人购置了大量房屋田产，通过这一社会流动途径提高了自身社会地位。

2. "保安人"的经商传统与"藏客"

"藏客"是过去甘青地区对专门从事藏区贸易的商人的称呼。"藏客"必须有马有枪，一般需武装结队出行，少则十几人，多则上百人。保安人的"藏客"组织极为有效，多数人精通藏语，与各藏族部落结交朋友，他们的武力和内部团结是其他商队无法相比的，因此他们的贸易活动有较高的保险系数和较好的经济效益。新中国成立前有超过10%的保安人参与"藏客"活动❶。一批"藏客"的出现是保安人整体经济状况得以改善的重要因素。

青海的贸易在20世纪上半叶被马步芳势力所垄断，并且成为马步芳维持其军费开支的主要途径❷。保安人能在这样的政治环境中形成有影响的汉

❶ 妥进荣：《保安族经济社会发展研究》，兰州：甘肃人民出版社，2001年版，第130-132页。
❷ 默利尔·亨斯博格：《马步芳在青海：1931—1949》，崔永红译，西宁：青海人民出版社，1994年版。

藏贸易群体，至少说明两个问题。其一，虽然人口规模很小，但保安人中有一批善于经营的人物，懂得充分发挥保安人的群体优势，在汉藏贸易活动中找到自己的位置；其二，马步芳实行的是军阀强权统治，在其控制范围内对回汉采取同一套统治策略，只承认宗教信仰差异，而不承认回汉之间具有"民族"差异。保安人能在这种背景下发挥出群体优势，说明当时的社会在经济活动方面为像保安人这样的小族群保留了一定空间。

从关于"藏客"的描述来看，部分保安人与本地其他族群成员之间的社会经济差异（财产与住房）可能与保安人中这批商人有关，实际上显示的是个体差异性。换言之，从当地群体整体角度几乎看不出保安人具有显著意义的群体性差别，但是个体之间的差异相对突出。通过上述分析，我们可以倾向于这样一种结论：基于语言、精神气质和群体组织方面的特性，保安人中优秀的个体在经济活动中表现得非常成功，他们与那个时代的发展同步，活动范围涉及整个西北地区、东南沿海以及印度的重要商埠，并且这种商业活动对于改善保安群体的整体经济状况具有显著意义。

3. "保安人"的社会地位与出众人才

"藏客"要做好生意，首先要保证安全，所以"藏客"几乎都是武装经商。保安人"藏客"的成功离不开他们的武装实力，民国时期大河家地区的迎来送往和典礼活动中都要用保安人的马队作依仗，要几十人上百人骑在马上荷枪实弹显示地方实力。这也能说明中华人民共和国成立前夕大河家地区保安人的社会地位。

20世纪三四十年代甘、青、宁地区的现代学校教育有了一定的发展❶。实际控制大河家地区的是西北回马势力的创建者马占鳌的后代马全钦。他是一位热衷于发展现代教育的开明人士，在大河家创办多所小学和魁峰中学，使保安人有机会接受现代教育，并出了几位有名的才子。40年代的"保安三杰"分别在马步芳势力的教育、军事和贸易这三个核心部门身任要职，说明在当地的社会政治生活中，保安人能够参与到相当程度。以上分析说明，到20世纪40年代，保安人在当地的社会经济地位与其他群体没有什么差

---

❶ 许宪隆：《诸马军阀集团与西北穆斯林社会》，银川：宁夏人民出版社，2001年版。

异，保安人个体的社会流动机会较为开放，保安人中的精英分子在政治、经济、军事等领域的社会参与是全面的，他们在民国时期甘青地区的社会结构中的分布并没有显示出族群分层的特征。

二、中华人民共和国成立后保安族的群体地位

中华人民共和国成立后，首先废除了历史上形成的族群压迫和族群歧视制度，继而建立以民族区域自治制度为依托的追求民族平等、民族团结和各民族共同繁荣的民族政策。保安这个群体在政治地位上的变化首先表现在名称——群体称谓从"保安人"变成了"保安族"。其次表现在保安族的自治地方——甘肃省积石山保安族东乡族撒拉族自治县的成立。这两个事件影响了中华人民共和国成立后保安族在当地社会分层结构中的群体地位。我们可从两个视角来观察：第一个是地方社会的日常政治活动层面；第二个是民族区域自治地方的层级结构层面。

1. 保安人成为一个独立的"民族"

为全面实行各项民族政策，首先需要确认谁是少数民族，谁可以享受这套政策，因此，中华人民共和国成立后首先展开了民族识别。国务院于 1952 年 3 月 25 日正式批准认定保安族为中国的一个少数民族。历史上对这个群体具有族群意味的称呼，有中性的"保安回"以及贬义的"半番子"。由于悲惨的群体迁移历史在人们心灵中留下难以愈合的创伤、作为外地人的不安定感以及现实社会中适应和流动的竞争压力，使人们对带贬义的群体称谓非常敏感。中华人民共和国成立后，对所有的群体称谓都进行了"正名"运动，废除了带歧视性的族群称谓，消除了有关的实物、语汇、文字等，对人们的群体身份的社会含义进行了彻底整肃。保安人也因此摆脱了历史阴影，在国家的"民族框架"中获得了新的政治身份。有老人在访谈中告诉笔者，"保安族是国家赋予的一种政治待遇"，生动体现出人们对这种群体地位变化的感受。

2. 保安族自治地方的成立

民族区域自治是中国共产党解决民族问题的基本政策。这一政策的目标

是民族自治与区域自治的结合以及政治因素与经济因素的结合，既维护各民族的共同利益，又维护少数民族管理本民族内部事务的权利。这项政策早在中华人民共和国成立前就由中国共产党提出，并在蒙古族、藏族、回族等少数民族聚居区进行了实践，是我国现行的基本政治制度之一。现在全国共建有 5 个自治区，30 个自治州和 120 个自治县（旗），同时作为补充形式，还建有 1200 多个民族乡。我国少数民族聚居区基本都实行了民族区域自治❶。我国各项民族政策的实施需要有地方行政单位作为依托，民族自治地方政府与一般同级地方政府的区别之处就在于由实行自治的民族在当地执行和落实国家给予的民族优惠政策。

对于保安族来讲，从计划经济向市场经济转型的过程伴随着一个对他们影响十分巨大的社会政治事件，这就是自治县的成立。党的十一届三中全会以后，为了更好地贯彻落实党的民族政策，体现少数民族当家做主的权利，在临夏县缩小管辖范围、建立新的县级行政区域的需要推动下，甘肃省人民政府根据积石山各族群众的愿望和要求，于 1979 年报请国务院批准成立"积石山保安族东乡族撒拉族自治县"，1980 年 6 月国务院正式批准，1981年 5 月 20 日召开积石山自治县第一届人民代表大会❷。

自治县的建立，给了保安族由"外地人"转变为主人的感受。虽然自治县的名称包括了 3 个民族，但保安族是为首的自治民族，这个自治县也通常被人们简称为"积石山保安自治县"。《民族区域自治法》第二章第十六、十七条规定："民族自治地方的人民代表大会常务委员会中应当有实行区域自治的民族的公民担任主任或者副主任。自治区主席、自治州州长、自治县县长由实行区域自治的民族的公民担任。自治区、自治州、自治县的人民政府的其他组成人员，应当合理配备实行区域自治的民族和其他少数民族的人员。民族自治地方的人民政府实行自治区主席、自治州州长、自治县县长负责制。自治区主席、自治州州长、自治县县长，分别主持本级人民政府工作"。在积石山县各级政府的干部队伍中，保安族开始扮演主角并掌握了前

---

❶ 李德洙：《成功解决民族问题的伟大实践》，载毛公宁、王铁志主编：《民族区域自治新论》，北京：民族出版社，2002 年版，第 22-30 页。

❷ 《积石山保安族东乡族撒拉族自治县概况》编写组：《积石山保安族东乡族撒拉族自治县概况》，兰州：甘肃人民出版社，1986 年版，第 64 页。

所未有的行政权力资源。人们对于这种身份的改变，具有特殊的政治敏感。

实际上积石山成为一个自治县对当地各族群众都有好处。"自治"带来的行政资源和经济利益是地方共享的，人们更多地把这样一种政治形式看作促进地方经济和文化发展的政治策略。2000 年由县财政发工资的人数占该县总人口的 2.87%，而他们的工资总额占该县居民消费额的 35%。除去文教卫生科技人员的工资，行政人员工资总额为 2340 万元，占工资总额的53.57%。这种"吃饭财政"反映了该地区社会发展的一种模式，即政府机构本身和由政府推进的现代化社会服务部门（教育和医疗卫生机构）为人们提供了除从事农业劳动以外最主要的就业机会，人口向这些部门的流动既代表了个人社会地位的上升，也代表群体的发展，代表着人们理解的"现代化"及其种种好处。

3. 民族识别和自治县成立对"保安人"认同意识和社会地位带来的影响

因为新中国实行的民族政策，保安人的群体地位在地方社会生活中得到显著提升，"保安族"成为一种有声望的社会身份。成立自治县后，保安族村落里的灌溉设施、供电设施和农业生产迅速改善，公路修到了村里，电灯和电话拉到了家里。人们也在心里自问，"如果不是因为我们是保安族，处在甘肃省最偏远的地区，这里的基础设施建设会有这样快的进展吗？"在日常生活上，政府优先让保安族农户用上了太阳能热水灶，新建的人畜饮水工程改善了水源，提高了人们的健康水平。在成立自治县以前，保安人是大河家地区的"外地人"，成立自治县以后，作为自治的主体民族之一，保安族成了积石山县的主人。新中国成立以后保安族群体地位的变化在积石山县体现在人们生活的各个方面。这说明在社会日常政治生活中，保安族不仅获得了平等的群体地位，而且作为"自治民族"在本县的社会地位还要高于其他民族。

毋庸置疑，执行对保安族的优惠政策最充分的是保安族的自治县。国家规定的保安族的各种权益得到了县政府的充分保护，优惠政策得以全面贯彻落实。然而，人们对于发展的需要不会仅仅局限在本民族自治的地域范围内。积石山保安族东乡族撒拉族自治县是临夏回族自治州内的一个自治地方，出了积石山县，政府制定和执行政策的规则并没有改变，但优惠的对象发生了变化——临夏州是回族自治，在各方面享有优先权的是回族。所以，同样是实行自治的少数民族，他们之间仍然存在政策机会的竞争。在自治州内，不仅优惠的主体不是保安族，而且自治州与自治县还有一层行政上的上下级关系。不仅没有规定把保安族在自治县内享有的优惠如数扩展到自治州范围，回族自治州的权力可以渗透到下辖的保安族自治县。这意味着在群体关系的行政体制层面，保安族附属于回族。从这里，我们可以看到，在民族区域自治地方的行政层级关系层面保安族的实际群体地位。正因为存在着日常生活中的政策效果和行政体系中人们的实际处境之间的差异，生活范围只局限在积石山县的人们的群体地位感觉良好，而离开积石山县到临夏州或甘肃省行政体系中发展的人们的感受则不同。

三、中华人民共和国成立后保安族人口的个体流动

在我们分析一个群体在社会分层结构中所处的相对地位时，通常会考察该群体成员在受教育水平、社会行业、职业结构中的分布状况。通过对这些基础性指标的分析，我们可以了解这个群体在社会转型过程中的社会适应是不是与整个社会同步，劳动力为了适应就业的需要是否接受了必要的现代学校教育，在从传统农牧业向现代制造业、服务业转移的过程中是否与其他群体存在差异，通过分析差异状况及造成差异的原因了解在社会现代化进程中各群体的相对地位及发展趋势。

1. 保安族人口受教育结构

在一个现代国家，接受正规学校教育是劳动力进入现代产业的必要条件。任何起步较晚的发展中国家，都把国民教育作为国家科技发展和经济起飞的基础。中国的少数族群能否参与到国家整体产业发展的进程中，在很大程度上取决于该族群劳动力的受教育结构和发展速度。表3、表4和表5介绍了1990年、2000年和2010年这三次人口普查数据中反映的保安族和当地其他几个主要民族（撒拉族、东乡族、回族和汉族❶）的受教育水平结构的变迁。

---

❶ 由于我国汉族和回族的人口规模大、地理分布广，因此汉族和回族的全国数据在这里仅作参考，不能准确代表当地汉族与回族人口的实际情况。

表3　保安族及相邻族群6岁以上人口的教育水平（1990）（%）

民　族	15岁以上人口文盲（%）	6岁及以上人口							
		未说明*	小学	初中	高中	中专	大学**	总计（%）	人口总数（人）
保安族	68.81	67.36	18.85	8.38	3.36	1.16	0.89	100.00	10 049
撒拉族	68.69	66.39	22.26	7.55	1.92	1.12	0.79	100.00	74 098
东乡族	82.63	81.01	14.30	3.34	0.75	0.44	0.16	100.00	317 986
回　族	33.11	32.14	33.78	23.16	7.25	1.90	1.77	100.00	7 422 731
汉　族	21.53	19.81	42.17	27.15	7.49	1.75	1.63	100.00	915 838 236
全　国	22.21	20.68	42.23	26.47	7.30	1.74	1.58	100.00	995 089 929

　*"未说明"中可能包括文盲和在校小学生。

　**包括大学本科与大学专科。

　资料来源：国务院人口普查办公室编：《中国1990年人口普查资料》（第一卷），北京：中国统计出版社，1993年版，第380-459、722-727、736-737页。

表4　保安族及相邻族群6岁以上人口的教育水平（2000）（%）

民　族	未上过学	扫盲班	小学	初中	高中	中专	大学*	研究生	总计
保安族	49.1	0.8	31.9	10.3	3.8	2.5	1.5	0.0	100.0
撒拉族	42.9	3.0	36.5	11.1	2.7	2.1	1.6	0.0	100.0
东乡族	58.0	3.7	29.9	6.0	1.2	0.9	0.4	0.0	100.0
回　族	15.6	2.7	36.8	29.0	8.3	3.5	4.0	0.1	100.0
汉　族	7.3	1.7	37.6	37.3	8.8	3.4	3.8	0.1	100.0
全　国	7.7	1.8	38.2	36.5	8.6	3.4	3.7	0.1	100.0

　*包括大学本科与大学专科。

　资料来源：国务院人口普查办公室编：《中国2000年人口普查资料》（中册），北京：中国统计出版社，2002年版，第563-567页。

表5　保安族及相邻族群6岁以上人口的教育水平（2010）（%）

民　族	未上过学	小学	初中	高中	大学专科	大学本科	研究生	总计
	全国普查数据							
保安族	11.02	59.61	17.36	6.86	3.43	1.66	0.06	100.0
撒拉族	21.18	51.53	16.88	5.31	3.01	2.01	0.08	100.0
东乡族	17.65	64.83	12.42	3.09	1.28	0.71	0.02	100.0

续表

民　族	未上过学	小学	初中	高中	大学专科	大学本科	研究生	总计
回　族	8.57	35.64	33.63	12.81	5.21	3.84	0.31	100.0
汉　族	4.71	27.80	42.27	15.47	5.64	3.75	0.35	100.0
全　国	5.00	28.75	41.70	15.02	5.52	3.67	0.33	100.0
积石山县普查数据								
保安族	11.09	64.68	16.22	5.34	2.08	0.59	0.01	100.0
撒拉族	9.78	64.48	17.53	5.39	2.29	0.50	0.02	100.0
东乡族	13.52	72.19	10.28	2.66	1.01	0.34	0.00	100.0
回　族	19.06	69.49	9.02	1.73	0.55	0.14	0.01	100.0
汉　族	10.62	59.01	22.10	6.33	1.53	0.40	0.01	100.0

资料来源：国务院人口普查办公室编：《中国 1990 年人口普查资料》（第一卷），北京：中国统计出版社，1993 年版，第 380－459、722－727、736－737 页。

1990 年保安族 15 岁以上人口的文盲率高达 68.81%，低于东乡族的 82.63%，但略高于撒拉族（68.69%），但是 6 岁以上人口中大学生的比例（0.89%）却超过撒拉族（0.79%），更是东乡族比例（0.16%）的 5 倍多。2000 年保安族"未上过学"和仅参加过"扫盲班"人数的比例下降到 49.9%，仍然低于东乡族（61.7%）和高于撒拉族（45.9%），保安族的大学生比例略低于撒拉族，高于东乡族。

从全国普查数据来看，2010 年保安族"未上过学"的比例（11.02%）已经显著低于撒拉族和东乡族，接近回族（8.57%），保安族大学生（专科加本科）的比例为 5.09%，稍高于撒拉族（5.02%）同时高于东乡族（1.99%）。如果把表 5 中的全国普查数据和积石山县的普查数据进行比较，可以看出在基层社会（县以下）各民族的相对比较态势与全国整体情况之间存在值得关注的差异：（1）由于积石山县是保安族主要聚居区，积石山保安族的文盲比例与全国保安族的比例几乎相同；但积石山回族和汉族"未上过学"的比例远高于全国平均比例，回族甚至是当地文盲比例最高的群体（19.06%），这说明西部地区回汉两族的教育情况明显落后于东部和城市同族水平；积石山撒拉族和东乡族的文盲比例则显著低于全国同族的文盲比例，说明这两个群体在积石山县得到较好的受教育机会；（2）积石山各族大学专科、本科毕业生和研究生的比例都明显低于各族全国水平，说明各族群受到教育较多的成员大部分已经离开本县到州府、省会甚至沿海大都市就业，基层干部职工队伍较低的受教育水平必然对当地的社会管理与经济文化发展带来很大影响；（3）积石山县汉族 6 岁以上人口中初中和高中教育程度的比例明显高于其他民族，但大学程度人口比例却低于保安族和撒拉族。我们访谈中了解到积石山县的少数民族大学生更愿意回到自己的自治地方，而汉族大学生则尽量在其他地区就业。

表 6　积石山县教育事业统计资料（2003—2011 学年）

民族	学龄人口	学龄人口入学率（%）							
		2003—2004	2004—2005	2005—2006	2006—2007	2007—2008	2008—2009	2009—2010	2010—2011
保安族	7~11周岁 *	97.0	94.2	94.2	95.1	95.3	97.0	98.4	98.8
	12~14周岁	40.3	—	—	—	—	—	—	—
回族	7~11周岁 *	94.0	94.3	91.3	93.5	93.8	94.0	95.1	97.2
	12~14周岁	19.8	—	—	—	—	—	—	—
撒拉族	7~11周岁 *	95.9	94.8	94.1	94.1	94.4	97.0	98.1	98.4
	12~14周岁	27.0	—	—	—	—	—	—	—
东乡族	7~11周岁 *	94.0	93.0	93.0	94.4	94.5	96.0	96.9	98.3
	12~14周岁	27.0	—	—	—	—	—	—	—
其他少数民族	7~11周岁 *	95.0	91.7	96.8	96.4	97.9	97.9	98.9	99.2
	12~14周岁	29.0	—	—	—	—	—	—	—

民族	学龄人口	学龄人口入学率（%）							
		2003—2004	2004—2005	2005—2006	2006—2007	2007—2008	2008—2009	2009—2010	2010—2011
少数民族总计	7~11周岁*	95.0	93.7	93.8	94.3	94.8	95.5	96.5	97.9
	12~14周岁**	26.0	35.5	40.0	51.8	61.8	79.5	88.0	94.2
汉族	7~11周岁*	97.0	95.8	96.6	97.4	98.2	99.1	99.8	99.1
	12~14周岁	27.1	64.8	95.4	65.9	90.7	87.9	91.6	97.0

资料来源：积石山县教育局各学年内部资料。

* 2005—2006 学年以后数据均为 7~12 周岁。

* * 2005—2006 年以后数据均为 13~15 周岁。

从积石山县教育部门关于学龄儿童入学率的统计数据（表 6）来看，2003—2004 学年保安族 7~11 岁的入学率高达 97%，与汉族处于同一水平，12~14 岁的入学率为 40.3%，明显高于其他族群。保安族人口 7~12 岁入学率在 2010—2011 学年为 98.8%，仅略低于汉族并高于撒拉族、东乡族和回族。从该县少数民族总计数据来看，2003 年到 2011 年间，保安族、东乡族和撒拉族学龄人口的小学普及率只是略低于当地汉族，但差距不明显，而小学毕业和升入初中的比例则明显低于当地汉族，且差距缩小的速度很快。

数据显示，通过中华人民共和国成立后近几十年基层教育发展，保安族与当地的撒拉族、东乡族的受教育结构都得到显著的改善和提高，东乡族的改善程度明显低于保安族和撒拉族。但本世纪前十年积石山县少数民族完成初中教育的人口比例仍然很低，这种态势对于各族劳动力的产业转移和职业发展具有决定性作用。

2. 保安族党政机关干部队伍和干部的个体流动

中华人民共和国成立后的前 30 年，国家推行的是计划经济体制，与这种体制配套的户籍身份制度将个体的身份转变和地域流动纳入国家统一计划管理。保安族的个体社会流动主要是经由国家安排的渠道，通过招工招干参军升学等渠道从聚居的边远农村流向城镇非农职业。由于当时农民被严格地限制在农村，只有少数优秀分子或幸运儿在成为工人、士兵、学生之后继续争取转为干部，所以，政府干部的数量和级别分布是考察计划经济时期个体社会流动的一个重要指标。

根据州档案馆馆藏资料"临夏县 1978 年干部统计年报"，当年全县共有各类干部 3519 人❶，占全县总人口的 0.62%。其中保安族干部 51 人，也占当时该县保安族人口的 0.62%。1985 年，临夏回族自治州少数民族的人口比重为 18.26%，少数民族干部占干部总数的 30.93%，明显高于人口比例❷。积石山自治县成立以前，保安族干部几乎都在当时的大临夏县任职，行政级别最高的是副县级。

从理论上讲，作为积石山县实行自治的首要民族，保安族在成立自治县后获得的实际利益应当最多。"1981 年，自治县成立时，全县少数民族干部434 名，其中保安族干部 70 多名，占少数民族干部总数的 16.2%。到 2000年底，全县少数民族干部发展到了 1631 人，其中保安族干部 311 人，比自治县成立时增长 4.4 倍，占少数民族干部总数的 19.1%，远远高于保安族人口的比例"❸。1985 年，在积石山县，少数民族占干部总数的 44.96%，该县少数民族人口比例为 48.30%❹。在 2000 年的实地调查中，笔者了解到积石山县共有各类干部近五千人，约占总人口的 2.3%；其中保安族干部近 500人，约占该县保安族人口 3.5%。根据这种不完全统计，自治县成立后干部在保安族人口中所占比例增加了近 5 倍。这些数据证明保安族是成立自治县后的主要受益群体。

表 7 介绍了 1990、2000 和 2010 年三次人口普查结果中保安族和当地撒

---

❶ 这里统计的"各类干部"包括了人口普查中职业分类的"党政负责人""专业技术人员"和"办公室人员"，指的是国家机关和企事业单位中正式进入"干部编制"的人员。

❷ 甘肃省计委、民委、统计局编：《甘肃少数民族地区基本统计资料（1949—1986）》（内部资料），1987 年版。

❸ 妥进荣：《保安族经济社会发展研究》，兰州：甘肃人民出版社，2001 年版，第 37 页。

❹ 甘肃省计委、民委、统计局编：《甘肃少数民族地区基本统计资料（1949—1986）》（内部资料），1987 年版。

拉族、东乡族 16 岁以上就业人口的职业结构，表中的回族和汉族数据也可作为重要的参照系。1990—2010 年期间，保安族就业人口中"党政单位负责人"❶所占比例持续下降，从 1990 年的 1.28% 下降到 2000 年的 1.17%，再下降到 2010 年的 0.98%。与之相比，撒拉族的"党政单位负责人"所占比例持续上升。但是保安族的"专业技术人员"和"办公室人员"的比例显著上升，这两个职业组所占比例之和从 1990 年的 3.41% 提高到 2010 年的 8.17%，20 年内提高了近一倍。相比之下，20 年内撒拉族这两职业组的比例提高了60.7%，东乡族提高了 80.9%，回族提高了 31.6%，汉族提高了 59.7%。

表7　中国各族群就业人口的职业结构（%）

民族	党政单位负责人	专业技术人员	办公室人员	商业工作人员	服务业工作人员	农林牧渔劳动者	生产、运输工人	其他	总计
1990 年全国普查数据									
保安族	1.28	2.30	1.11	1.31	0.71	88.82	4.46	0.00	100.0
撒拉族	0.85	3.45	0.90	1.14	1.19	89.12	3.35	0.00	100.0
东乡族	0.41	1.09	0.27	0.58	0.35	96.37	0.93	0.00	100.0
回族	2.21	6.14	2.29	5.27	3.93	61.71	18.37	0.09	100.0
汉族	1.79	5.39	1.78	3.10	2.48	69.59	15.83	0.05	100.0
2000 年全国普查数据 *									
保安族	1.17	3.51	3.09	3.83		84.89	3.19	0.32	100.0
撒拉族	1.43	2.90	1.56	8.20		81.80	4.08	0.02	100.0
东乡族	0.47	1.46	0.79	2.13		93.96	1.15	0.03	100.0
回族	2.23	6.28	3.88	13.81		59.59	14.13	0.08	100.0
汉族	1.72	5.80	3.19	9.52		63.09	16.61	0.07	100.0
2010 年全国普查数据 *									
保安族	0.98	4.92	3.25	8.27		76.97	5.61	0.00	100.0
撒拉族	1.71	4.56	2.43	19.20		65.08	6.93	0.09	100.0
东乡族	0.44	1.53	0.93	5.71		87.97	3.42	0.00	100.0

❶ 全称是"国家机关、党群组织、企业、事业单位负责人"，是除了民间组织、私营企业之外的党政机关、国有企事业单位的实际掌权者，他们的比例和实际人数代表着各个族群在社会权力结构中占有的地位和影响政府政策的能力。

续表

民族	党政单位负责人	专业技术人员	办公室人员	商业工作人员	服务业工作人员	农林牧渔劳动者	生产、运输工人	其他	总计
回族	1.75	6.67	4.42	19.40	52.72	14.95	0.09		100.0
汉族	1.85	7.00	4.45	16.79	46.40	23.41	0.10		100.0

资料来源：国务院人口普查办公室编：《中国 1990 年人口普查资料》（第一卷），北京：中国统计出版社，1993 年版，第 752-763 页；国务院人口普查办公室编：《中国 2000 年人口普查资料》（中册），北京：中国统计出版社，2002 年版，第 821-824 页；国务院人口普查办公室编：《中国 2010 年人口普查资料》（中册），北京：中国统计出版社，2012 年版，第 746-748 页。

* 2000 年和 2010 年普查把"商业工作人员"与"服务业工作人员"两组合并为一组。

对保安族干部队伍的内部结构进行分析可以发现一些特点，"集中反映在'三多三少'上。即党政机关的多、工商企业的少；从事社会科学的多，从事自然科学的少；县乡两级多，省州直属部门少。新中国成立以来，保安族干部在省直部门的极少，处级干部、厅级干部屈指可数，高中级干部后备人才严重不足"❶。

根据笔者 2000 年和 2001 年实地调查所作的不完全统计，当时保安族中包括退休人员在内共有厅局级干部 5 人，其中有甘肃省的厅长，也有临夏州几套班子的领导成员；处级干部数量稍多于厅局级干部，但集中在积石山县。而在自治州和其他地区工作的保安族人员中很少有处级干部。保安族干部中厅局级与县处级的相对比例高，这是一个较为特殊的现象。如果从干部任职范围和职级分布方面来看保安族个体的流动状况，结论似乎并不支持"保安族受益多"这种说法，特别是当保安族干部离开本自治县，进入州、省级城市的机构后，他们能够享受到的优惠政策显然发生了变化，保安族干部的发展机会不仅不像在自治县里那样容易，反而由于自治县的存在，在自治县以外工作的保安族干部会遇到特殊的阻力，面临的竞争要更加激烈，甚至存在"玻璃屋顶"现象。

除了通过人口在社会职业结构中的数量分布考察社会结构状况外，人们

---

❶ 妥进荣：《保安族经济社会发展研究》，兰州：甘肃人民出版社，2001 年版，第 35 页。

在职业体系内部的位置也是衡量个体社会流动状况的重要向度，而干部的受教育程度和技术职称状况可以展示质量结构。由于缺少与少数民族干部对应的统计数据，我们从保安族接受高等教育的状况来分析这个问题。表8反映了保安族受高等教育人数的变化。在1982年第三次人口普查时，保安族中接受高等教育人口所占的比例是全国总体水平的80%，但到2000年只有全国水平的40%。说明在全国人口受高等教育水平迅速提高的近30年间，保安族人口的教育水平提高的速度远远落后于全国总体水平。受高等教育人口比例的这种变化可以解释这一现象："根据2000年统计，（积石山）全县保安族干部中大学本科毕业的人员只有6人，高级专业技术人员几乎是空白，中级专业技术人员也是微乎其微"❶。

表8　保安族受高等教育人口所占比例（%）

	1982 年	1990 年	2000 年	2010 年
全国	0.44	1.58	3.81	9.52
保安族	0.35	0.89	1.51	5.15
相当于全国水平%	79.54	56.33	39.63	54.10

资料来源：国家统计局人口和社会科技统计司、国家民委经济发展司：《2000年人口普查中国民族人口资料》，北京：民族出版社，2003年版，第124-163页；国家统计局人口统计司、国家民委经济司编：《中国民族人口资料（1990年人口普查数据）》，北京：中国统计出版社，1994年版，第42-63页；国务院人口普查办公室、国家统计局人口统计司编：《中国1982年人口普查资料》，北京：中国统计出版社，1985年版，第240-243页。

保安人被国家正式识别为一个独立的"民族"，随后在1980年成立了以保安族为首的自治县，从被本地居民排斥的"外来人"变成了本县主要的"自治民族"，保安族干部和民众在包括教育在内的许多方面开始享受国家政策的优惠待遇，政治地位明显提高。但是统计数据显示保安族接受高等教育人口比例的增长却非常缓慢，至今也没有看到保安族优秀人才进入高级专业人才队伍的趋势出现，这显然与政策预期不符。

3. 保安族生产、运输工人队伍

与中华人民共和国成立前后保安地区的社会经济结构相比较，新中国成

---

❶　妥进荣：《保安族经济社会发展研究》，兰州：甘肃人民出版社，2001年版，第38页。

立前保安族精英的社会结构分布大致可以对应今天我们所说的少数民族干部队伍结构，而真正反映新中国成立六十多年来保安族人口的结构转型的是其生产、运输工人队伍的状况。

保安族聚居区所属的原临夏县，直到 20 世纪 80 年代中期，一直没有全民所有制工业和基本建设部门人口从业状况的统计数据。1978 年，临夏县工业总产值占其工农业总产值的比重只有 2.52%，这一比重最高的 1985 年也只有 5.42%。而积石山县成立以后的 5 年间，全民所有制工业部门职工数由 1980 年的 47 人变为 1985 年的 24 人（甘肃省计委、民委、统计局编，1987）。这说明在计划经济时代，国家在保安族居住区内没有设立现代工业单位。

在笔者的访谈中，有两名退休回乡的工人。积石山县的"工人"几乎都是政府和事业单位的辅助人员，而这两名"工人"是真正参与到现代工业化大生产建设中的产业工人。他们的内心结构和精神气质既明显不同于传统产业从业者，不同于各种类型的干部，也不同于那些进入供销流通领域的人员。在积石山县的具体环境中来看，他们更能够代表人的现代化，对于社会基层现代化变迁的推动作用是不容忽视的。

如果说计划经济体制把社会中原本主要由个体自由选择的东西统统纳入国家统一管理之中，那么，这种体制下个体从农业向其他产业的流动机会主要取决于计划制订者的考虑❶，而不是社会内生推动力和个人意愿，因此个体的参与流动在很大程度上不仅是被动的而且缺少竞争。在那些工业企业不多、建设项目相对较少的地区，中华人民共和国成立以后的前 30 年间产业转移的人口数量及其对传统社区的影响力都十分有限。改革开放以来，在市场经济体制逐步确立和成熟的过程中，个人在其中的处境截然不同。个体的社会流动主要取决于人们所处社会环境中的推拉力作用和个体通过自我奋斗实现社会流动的意志。市场经济条件下个体社会流动所涉及的影响因素比计

---

❶ 计划经济时期国家的产业布局看来是一个重要的影响因素。当时的布局一方面受到各地经济地理条件的制约，另一方面受国家总体战略思维的影响，这种布局本身不是市场需要和竞争决定的。但这并不是说在计划经济条件下不存在地区之间的竞争，而是说这种竞争的方式是非市场化的，具有更多人为因素。对于我国少数民族地区在工业化进程中出现的各类现象需要进一步调查。

划条件下要多得多，因素之间的关系也复杂得多。许多在计划条件下可以忽视的因素的作用越来越明显，被压制的因素也变得活跃起来，甚至一些计划条件下进行制度设计时根本就不曾考虑到的新生因素也开始发挥重要作用。

从表 7 可以看到，在 1990—2010 年期间，保安族"生产、运输工人"在就业人口中的比例从 4.46% 增长为 5.61%，比例提高了 25.8%，同期撒拉族的相关比例提高了 106.9%，东乡族提高了 267.7%，汉族的这一比例提高了 48%，而回族却下降了约 23%。随着务农劳动力比例的下降，其他职业的人员普遍有所上升，但是各族群劳动力转入制造业和运输业的速度是不同的。2010 年保安族就业人员从事第二产业的比例高于东乡族，但低于撒拉族，保安族工人队伍的比例与回族和汉族之间存在巨大差距。与历史上"藏客"的经商传统相比，全国人口普查数据反映保安族在 2010 年从事商业和服务业的比例只有 8.27%，除高于传统务农的东乡族外，远低于撒拉族（19.2%）和回族（19.4%）。

结束语

群体地位和个体的社会流动受到很多因素的影响，但其中具有决定作用的是教育、职业取向和政策制度因素。而群体的受教育状况以及制度和政策的影响在群体地位和人口职业结构上的表现又具有滞后性。我们今天观察到的群体地位和职业结构可能是数年、十数年甚至数十年期间各种因素影响的结果。保安族是一个人口规模很小的群体。正因为社会规模小，这个群体对内外部世界的各种变化，包括人们的观念意识、社会制度、政府政策的变化较为敏感，群体的社会结构特征容易在各种导向的引导下发生显著变化。这有利于我们比较不同社会制度和政策条件对群体地位和个体社会流动的影响。通过比较中华人民共和国成立前后 70 年左右时间段中保安群体地位和个体社会流动状况的变化，可以得出如下结论：

1. 从群体地位的角度来看，通过民族识别而落实的承认群体差异并以民族群体为单位的制度安排和民族政策使得保安族的群体地位得以提高，这是在保安族聚居区被人们广泛感知到的发生在政治领域的群体地位的变化。但是，由于这种政策是以具有级别差异的民族自治地方为依托的，保安族自治地方的行政级别决定保安族在地方社会政治中的地位，保安群体地位也被限定在特定范围内，受到拥有更高级别自治地方的回族的辖治。与之相比，民国时期的保安族虽然没有得到承认，但由于包括教育在内的社会流动机会具有开放性，保安族的群体特征促进了个体的社会流动，在 40 多年的社会适应中，大量保安族个体实现了向上流动，从而带来群体地位的改善。这种群体地位的变化在人们的认知中具有明显的社会结构差异，处在社会结构上层顺利实现向上流动的个体对群体地位的变化更加敏感。

2. 从个体的社会流动角度来看，强调民族群体整体地位的制度和政策导向，将群体中的精英导向特定的职业结构，人们更看重进入政府系统当干部的机会而忽视进入其他产业和行业的社会发展机遇。这种倾向塑造了社会对教育的态度、对职业的认知和预期，使这个人口很少的民族群体的非农业人口职业结构与全国非农业人口的职业结构差异较大，非农业人口分布在由政府提供职位的职业中的比例远高于全国水平。由于民族自治地方行政级别的存在，人们在这种特殊结构中的社会流动很容易遇到"天花板"，同时，处在这种结构条件下的保安族个体又因此在国家的基本经济制度转型过程中遭遇困难。与之相比较，民国时期保安个体的社会流动呈现出不同的特征，保安族个体在当时的甘青地区社会结构中的分布与当地人口的整体分布特征没有显著差异，个体的社会进入既没有制度性安排的保障或限制，也没有群体边界的限定，个体的努力在社会流动过程中起决定作用，优秀人才的养成和社会进入反而没有"天花板效应"。对比民国时期和共和国时期保安族个体的社会流动，我们可以看到，在具有系统的制度性保障的条件下，个体在进入由政府提供的较初级职业位置时机遇相对较多，由于这种职业机会对个体的受教育水平没有很高要求，这种导向影响了社会对教育的态度，人们的受教育动机和教育水平都被限定在特定范围内，产生了全面而深远的影响。一方面，人们从较容易获得的政府提供的初级位置向更高层级职业位置流动的空间有限、竞争力有限，另一方面，在整个社会的职业发展机会更多地由市场提供的现实条件下，人们进入其他职业的可能性又受到了教育水平的限制，人口的社会经济结构转型缓慢。

虽然保安族是一个人口较少的民族，但这个民族在民国和共和国两个不同的历史时期其群体地位和个体社会流动方面的变化却向我们生动地呈现出不同社会环境和制度政策条件的影响。我国在中华人民共和国成立以后采用的民族话语、处理少数民族和民族地区特殊问题的制度安排和民族政策，都是与计划体制相匹配的。在改革开放以来的近 40 年间，市场的作用越来越大，社会生活环境发生了深刻变化，但与民族问题相关的理论、制度和政策不仅没有随着经济体制和政治体制的改革同步改革完善，而且还在不断强化和自我复制。这种话语、制度和政策在少数民族社会变迁方面产生的影响，从保安族这个小小的缩影中可见一斑。对保安族群体地位和个体社会流动状况变化的分析，有助于我们从社会结构变迁的角度理解为什么在改革开放以来少数民族的社会经济发展遇到巨大障碍，少数民族和民族地区的社会问题日益突出。

（本文为删减稿，原载《中国人口科学》2014 年第 4 期）

少数民族移民在城市中的跨族婚姻

——对蒙古族、朝鲜族、彝族、傣族、白族、回族的调查研究 ❶

张继焦 ❷

引言

恋爱、婚姻和家庭是世界人类学和民族学最经典的研究领域 ❸。在中国，婚姻家庭研究曾经是人类学和民族学最重要的内容之一，有关研究取得了丰硕的成果。比如，研究发现，新中国成立之前，中国 10 个穆斯林民族实行宗教内婚；彝、白族、傈僳、佤等民族的部分地区实行民族内婚，表现为

❶ 对两个关键词的说明：本文中使用的"移民"与人们通常使用的"流动人口"为同义词。对城市中的迁移人口，国内绝大多数的研究文献使用的称谓都是"流动人口"，有时也使用"外来人口""外来就业者""外来打工者"等。本文中使用的"跨族婚姻"一词，指的是不同民族之间的通婚。对此，有"跨族通婚""异族通婚""民族外婚""族际通婚""民族间通婚"等多种名称。不同学者因习惯不同，使用的名称也不同。

❷ 作者为中国社会科学院民族学与人类学研究所研究员。

❸ 有三部著作值得一提：（1）《古代社会》是美国著名人类学家摩尔根历经 40 年的研究、考察、搜集资料而写出的一部巨著。该书于 1877 年发表，共分四编。其中，第三编"家族观念的发展"，通过分析印第安人、夏威夷人、希腊人、罗马人、阿拉伯人、南印度人的家族亲属制度，说明家族制度的发展进程。参阅 L. H. 摩尔根著，杨东莼等译：《古代社会》，北京：商务印书馆，1977 年版。（2）马克思对美国民族学家摩尔根的《古代社会》一书所作的摘要，于 1881 年 5 月至 1882 年 2 月写成。这份手稿于 1941 年在苏联译成俄文收入《马克思恩格斯文库》第九卷出版，中国根据俄文版译成汉文于 1965 年出版。参阅马克思：《摩尔根〈古代社会〉一书摘要》，北京：人民出版社，1978 年版。（3）恩格斯所著的《家庭、私有制和国家的起源——就路易斯·亨·摩尔根的研究成果而作》一书，是恩格斯在马克思去世后，整理马克思的手稿时，发现了马克思对摩尔根的著作《古代社会》所作的摘要和批语。恩格斯研究后认为，有必要进行补充来写一部专门的著作阐述唯物主义历史观。此书于 1884 年用德文写成，同年 10 月在瑞士苏黎世出版，其后被翻译成法、俄、英、日、中等多种文字，在世界各国产生了巨大影响。参阅恩格斯：《家庭、私有制和国家的起源》，北京：人民出版社，1972 年版。

"姑舅表婚"（亦称"交错从表婚"）和"姨表婚"（又称"平行从表婚"）；彝族和藏族的某些地区盛行等级内婚。比如，傣族"一定条件下与外族通婚，实行不严格的民族内婚制"：（云南元江县）"傣族各支系之间很少通婚，——至于与其他民族通婚，那就更少了"❶；（云南佛海县）傣族"除了与汉族通婚外，不和山区民族通婚"❷；（云南潞西县）"（傣族姑娘）多愿嫁与汉族"，其原因是"嫁汉人丈夫好享福，可走遍天下好地方"❸。又比如，藏、拉祜、布朗、景颇、哈尼、佤、壮、瑶、基诺、羌等民族的某些地区，还保留着短期或长期的"妻方居住婚"（或称"从妻居"或"从妇居"）的形式。而在壮、苗、瑶、黎、侗、水、布依、普米、毛南等民族的部分地区还保留着"不落夫家"（亦称"坐家"或"暂住娘家"）的婚俗。

新中国成立之后，尤其是改革开放 30 年以来，中国的经济社会发生了巨大的变化，相应地，我国少数民族的婚恋和家庭也随之发生了明显的变化，宗教内婚、民族内婚等传统婚姻形式受到了挑战和冲击，特别是当越来越多的少数民族迁移到城市中工作和生活之后，他们的跨族婚姻成为一个令人关注的社会现象。马戎根据对 1990 年人口普查数据的分析指出，藏族与汉族等外族通婚的比例在增加；马戎还指出，中国各民族之间通婚的整体程度，高于苏联，更远远高于美国❹。随着人口的大量迁移，跨民族之间的通婚现象在不断增多。

在美国跨族通婚的研究中，学者们提出的值得注意的因素大致有 7 个：通婚中的种族、族群选择；通婚夫妇中的性别比例；族际通婚的地区差异；族际通婚中的代际差异；族群人口相对规模对通婚的影响；影响族际通婚子女族群认同的因素；公众对族际通婚的态度❺。最近一些年，我国学者关于跨族通婚的实证研究主要包括跨族通婚的比例及影响因素、对跨族通婚的看

---

❶ 摘自《思茅、玉溪、红河傣族社会历史调查》，昆明：云南人民出版社，1985 年版，第 89 页。
❷ 摘自《傣族社会历史调查——西双版纳之一》，昆明：云南民族出版，1983 年版，第 23 页。
❸ 摘自《德宏傣族社会历史调查》（一），昆明：云南人民出版社，1984 年版，第 37 页。
❹ 马戎：《民族与社会发展》，北京：民族出版社，2001 年版，第 175—180 页。
❺ 马戎编：《民族社会学——社会学的族群关系研究》，北京：北京大学出版社，2004 年版，第 440 页。

法、跨族通婚圈，以及人口流动、民族居住格局和宗教等因素对跨族通婚的影响。❶

一、蒙古族、朝鲜族、彝族、傣族、白族、回族等六个少数民族的跨族通婚

本文主要采用笔者 2007—2008 年的调查数据❷，还将结合其他学者的研究成果、全国人口调查统计数据、笔者 2001 年的调查数据等，对少数民族移民的跨族通婚现象展开讨论与分析。

1. 关于蒙古族的跨族婚姻

蒙古族是"与外族通婚较多"的民族。根据《中国少数民族社会历史调查资料丛刊》中有关蒙古族与其他民族通婚情况的记载：（黑龙江省）"民国以后，蒙古族中出现了与其他民族通婚的现象，尤其与满族、汉族、达斡尔族通婚的较多。"❸ 比如，根据麻国庆的研究，在内蒙古土默特地区，由于清朝的法令限制，蒙汉两族通婚者绝少。民国以来，开始有通婚的，但以蒙古族娶汉族妇女居多。1949 年以来，随着汉族移民的大量迁入，汉族已经成为蒙古族与外族通婚的最主要对象❹。纳日碧力戈在调查和分析呼和浩

---

❶ 李臣玲：《20 世纪 90 年代西北城市社区民族通婚调查研究——以西宁市城中区为例》，《青海民族研究》2004 年第 2 期；李晓霞：《试论中国族际通婚圈的构成》，《广西民族研究》2004 年第 3 期；汤夺先、高永久：《试论城市化进程中的民族关系——以对临夏市的调查为视点》，《黑龙江民族丛刊》2004 年第 4 期；萨仁娜：《德令哈市蒙、藏、回、汉族际通婚调查研究》，《西北第二民族学院学报（哲学社会科学版）》2007 年第 1 期。

❷ 2007—2008 年，笔者主持的一个中国社科院重点课题——"城市少数民族流动人口与各民族散居化趋势"课题组，在四个有一定代表性城市（如华北的呼和浩特、华东的青岛、华南的深圳、西南的昆明等），进行了实地调查。这四个城市分别代表了中国东、西、南、北四个区域，也包括了东部沿海发达地区（深圳、青岛）与西部内陆欠发达地区（昆明、呼和浩特）。被调查的民族有 10 多个。本次调查可以说是一个多地点、多民族的调查。在四个被调查城市中，深圳市的有效受访者人数 143 位，青岛市的有效受访者人数 98 位，呼和浩特市的有效受访者人数 113 位，昆明市的有效受访者人数 219 位。在 10 多个被调查的民族中，受访者较多的 6 个民族分别是蒙古族（20.9%，119 人）、朝鲜族（17.9%，102 人）、回族（13.5%，77 人）、彝族（13.2%，75 人）、白族（8.4%，48 人）和傣族（5.6%，32 人）。

❸ 摘自《黑龙江省满族、朝鲜族、回族、蒙古族、柯尔克孜族社会历史调查》，哈尔滨：黑龙江朝鲜民族出版社，1987 年版，第 151 页。

❹ 麻国庆：《都市、都市化与土默特蒙古族的文化变迁——内蒙古土默特地区的考察》，载阮西湖主编：《都市人类学》，北京：华夏出版社，1991 年版，第 229-239 页。

特市蒙汉通婚现象之后发现，虽然有不少例蒙汉通婚的例子，但是在城市蒙古族中，仍然有许多老年人不赞成年轻人嫁娶汉族人，至少他们认为最好是在本族内成婚❶。根据马戎在内蒙古赤峰对蒙汉通婚情况的调查发现，在农村牧区，异族通婚率达 14%；在城镇工厂当中，跨族通婚还要多一些。汉族男性户主中有 13.2% 的娶了蒙古族女性为妻，蒙古族男性户主中有 15.2% 娶了汉族女性为妻。蒙古族男子的异族通婚率略高于汉族❷。

我们 2001 年在北京市对蒙古族受访者的调查显示，关于择偶对象，从"朋友圈"中找朋友或爱人的比例最高，为 35.87%；从"同族人"找配偶的比例排列第二，为 18.48%；从"同事"中找的比例占第三，为 15.22%❸。我们 2008 年在呼和浩特市的调查显示，关于择偶对象，在蒙古族受访者中，36.3% 的受访者表示在"同族人"中找，排第一；25.5% 的受访者表示在"朋友中"找，排第二；15.9% 的受访者表示在"同事中"找，排第三❹。可见，虽然蒙古族与外族通婚较多，地域因素对其跨族婚姻有一定的影响，在蒙古族聚集的呼和浩特市，蒙古族移民找同族人结婚的倾向，比在多民族杂居的北京市，要显著一些。

黄荣清根据对 1990 年人口普查数据分析指出，蒙古族跨族婚姻的户数占该民族总户数的比例为 52.21%，其中，男方为蒙古族女方为汉族的占 22.33%，男方为蒙古族女方为其他民族的占 2.67%；女方为蒙古族男方为汉族的占 25.11%，女方为蒙古族男方为其他民族的占 2.40%❺。可见，在蒙古族的跨族婚姻中，与汉族通婚的比例较高，其中，蒙古族女子嫁给汉族小伙子的比例略高于蒙古族小伙子娶汉族姑娘的比例。

---

❶ 纳日碧力戈：《呼和浩特蒙汉通婚现状析要》，载阮西湖主编：《都市人类学》，北京：华夏出版社，1991 年版，第 225—228 页。

❷ 马戎：《民族与社会发展》，北京：民族出版社，2001 年版，第 184 页。该调查于 1985 年在内蒙古赤峰地区（原昭乌达盟）农区和牧区的 41 个自然村中展开，访问了 2089 户蒙古族和汉族居民。

❸ 彭雪芳：《分报告之三：不同民族在城市中的恋爱和婚姻》，载张继焦主持：《不同文化背景的民族适应在城市中的"适应"问题》（调查和研究报告），2002 年版，第 112 页。

❹ 引自张继焦主持：《城市少数民族流动人口与各民族散居化趋势调查报告》（完成时间 2009 年），第 221 页。

❺ 参见黄荣清：《中国各民族人口的增长——分析与预测》的表 3-5，北京：北京经济学院出版社，1995 年版。

2. 关于朝鲜族的跨族婚姻

陈明侠认为，朝鲜族限制与外族通婚，实行民族内婚制❶。有的专家认为，在传统的朝鲜族婚姻观念中是禁止与其他民族通婚的❷。

2001 年，我们在北京市对朝鲜族受访者的调查显示，关于择偶对象，从"同族人"找配偶的比例排第一，为 45.63%；从"朋友圈"中找朋友或爱人的比例为第二，为 17.48%；找"城里人"的比例占第三，为 13.59%；从同事中找对象的比例占第四位，为 8.74%❸。2008 年，我们在青岛市的调查显示，在朝鲜族受访者中，关于择偶对象，排在第一位的是在"同族人"（41.6%）中找；其次是在"朋友中"（17.7%）找；再次是"找城里人"（12.4%）❹。调查还显示，在六个被调查民族中，朝鲜族受访者最主要的择偶标准和条件是对方为"同族人"，而蒙古族、彝族、白族和傣族等四个民族的受访者最主要的择偶标准和条件是对方"为人诚实"，回族受访者最主要的择偶标准和条件是对方的"工作稳定"。可见，在朝鲜族的婚姻观念里，与外族通婚的意向不是很强烈。这种婚姻意向不受地域的影响，因为无论是在北京还是在青岛，朝鲜族受访者首选的婚姻对象都是"同族人"。

马戎根据对 1990 年人口普查数据分析指出，朝鲜族与汉族等外族通婚的比例有所增加。朝鲜族跨族婚姻的户数占该民族总户数的比例为 11.12%，其中，男方为朝鲜族女方为汉族的占 3.24%，男方为朝鲜族女方为其他民族的占 0.22%；女方为朝鲜族男方为汉族的占 6.96%，女方为朝鲜族男方为其他民族的占 0.81%。可见，在朝鲜族的跨族婚姻中，与汉族通婚的比例较高，其中，朝鲜族女子嫁给汉族小伙子的比例高于朝鲜族小伙子娶汉族姑娘的比例❺。

---

❶　陈明侠：《关于民族间通婚问题的探索》，载《民族研究》1993 年第 4 期。
❷　严汝娴主编：《中国少数民族婚姻家庭》，北京：中国妇女出版社，1986 年版，第 16 页。
❸　彭雪芳：《分报告之三：不同民族在城市中的恋爱和婚姻》，载张继焦主持：《不同文化背景的民族适应在城市中的"适应"问题》（调查和研究报告），2002 年版，第 113 页。
❹　引自张继焦主持：《城市少数民族流动人口与各民族散居化趋势调查报告》（完成时间 2009 年），第 221 页。
❺　马戎：《民族与社会发展》，北京：民族出版社，2001 年版，第 175-180 页。

3. 关于傣族的跨族婚姻

傣族是"一定条件下与外族通婚，实行不严格的民族内婚制"的民族。根据《中国少数民族社会历史调查资料丛刊》中有关傣族与其他民族通婚情况的记载，1949 年以前傣族的跨族通婚简况如下：

（云南耿马县）"傣德（水傣）——解放前只在本民族内部通婚，也不和傣族（旱傣）通婚"[1]。

（云南金平县）"傣族与汉族之间的关系尤为密切。汉族对傣族社会发展产生了很大影响，汉族商贩和广东、广西的移民，——和傣族妇女互通婚姻"[2]。（云南金平县）"汉族商贩和贫苦的广东、广西移民，不仅很早以来便运进了工业品，并且和傣族妇女互通婚姻，——这些汉族在金水河安家落户，现在已完全被傣族所同化"[3]。

（云南勐腊县）"汉人——来了就和当地彝族、傣族结婚成家，有些彝族、傣族就渐渐成为汉族了"。"（曼脸）寨子 17 户，祖宗是汉族的只有两户，其他有 3 户祖宗是傣族，有 12 户是彝族，现在都不会讲傣语、彝语了，全都自报汉族了"[4]。

黄荣清根据对 1990 年人口普查数据分析指出，傣族跨族婚姻的户数占该民族总户数的比例为 32.57%，其中，男方为傣族女方为汉族的占 9.12%，男方为傣族女方为其他民族的占 3.20%；女方为傣族男方为汉族的占 14.41%，女方为傣族男方为其他民族的占 5.85%[5]。可见，在傣族的跨族婚姻中，与汉族通婚的比例较高，其中，傣族女子嫁给汉族小伙子的比例最高，傣族小伙子娶汉族姑娘的比例也较高。

2001 年，我们在北京市对傣族受访者的调查显示，关于择偶对象，从"同族人"找配偶的比例排第一，为 33.33%；从"朋友圈"中找的比例第

---

[1] 摘自《临沧地区傣族社会历史调查》，昆明：云南人民出版社，1986 年版，第 129 页。

[2] 摘自《思茅、玉溪、红河傣族社会历史调查》，昆明：云南人民出版社，1985 年版，第 120 页。

[3] 摘自《云南少数民族社会历史调查资料汇编》（三），昆明：云南人民出版社，1987 年版，第 60 页。

[4] 摘自《西双版纳傣族社会综合调查》（二），昆明：云南民族出版社，1984 年版，第 60 页。

[5] 黄荣清：《中国各民族人口的增长——分析与预测》中表 3-5，北京：北京经济学院出版社，1995 年版。

二，为 25.00%；"回老家"找的比例占第三，为 20.83%；从"城里老乡"中找对象的比例占第四位，为 8.33%❶。2007—2008 年，我们在深圳、昆明等城市对傣族的调查显示，受访者关于择偶对象的意向，希望从"朋友中"找的排第一位，占 30.6%；其次是找的"找城里人"的占 19.4%❷。在这些数据的背后，我们还了解到，虽然北京、深圳、昆明等都是多民族杂居的城市，但是，北京市傣族受访者主要来自一些饭店，他们的交往圈比较狭窄，故其从"同族人"寻找婚恋对象的意向和可能性较大，而在深圳、昆明等的傣族受访者分布在各行各业之中，他们的交友圈比较宽，故其从"朋友中"寻找婚恋对象的意向和可能性较大，不一定是"同族人"。可见，影响跨族婚姻的因素是很多的，其中，社会交往的范围是一个重要的因素。

4. 关于白族的跨族婚姻

马戎不同意陈明侠和严汝娴把白族归为"对族际通婚不加限制"的民族。马戎从 20 世纪 50 年代的调查资料中分析出，白族通婚存在着明确的民族选择，如丽江的白族只与纳西族和汉族通婚，维西的白族不和彝族通婚❸。

2007 年，我们在昆明市对白族的调查显示，受访者关于择偶对象的意向，希望从"朋友中"找的比例最高，占 30.8%；其次是希望"找城里人"的，占 18.5%；希望找"同族人"的排第三位，占 15.4%❹。可见，在多民族杂居的城市，白族的跨族婚姻意向比较明显。

黄荣清根据对 1990 年人口普查数据分析指出，白族跨族婚姻的户数占该民族总户数的比例为 22.46%，其中，男方为白族女方为汉族的占 9.20%，男方为白族女方为其他民族的占 2.37%；女方为白族男方为汉族的占 8.37%，女方为白族男方为其他民族的占 2.52%❺。可见，在白族的跨族婚

---

❶ 彭雪芳：《分报告之三：不同民族在城市中的恋爱和婚姻》，载张继焦主持：《不同文化背景的民族适应在城市中的"适应"问题》（调查和研究报告），2002 年版，第 114-115 页。

❷ 引自张继焦主持：《城市少数民族流动人口与各民族散居化趋势调查报告》（完成时间 2009 年），第 221 页。

❸ 马戎：《民族与社会发展》，北京：民族出版社，2001 年版，第 174 页。

❹ 引自张继焦主持：《城市少数民族流动人口与各民族散居化趋势调查报告》（完成时间 2009 年），第 221 页。

❺ 黄荣清：《中国各民族人口的增长——分析与预测》中表 3-5，北京：北京经济学院出版，1995 年版。

姻中，与汉族通婚的比例较高，其中，白族小伙子娶汉族姑娘的比例略高于白族女子嫁给汉族小伙子的比例。

5. 关于彝族的跨族婚姻

对彝族的跨族婚姻，各专家的看法基本一致，马戎认为，彝族很少与外族通婚；陈明侠认为，彝族限制与外族通婚，实行民族内婚制。但是，黄荣清根据对 1990 年人口普查数据分析显示，彝族的跨族婚姻已有一些，其户数占该民族总户数的比例为 25.76%，其中，男方为彝族女方为汉族的占 10.32%，男方为彝族女方为其他民族的占 1.59%；女方为彝族男方为汉族的占 12.19%，女方为彝族男方为其他民族的占 1.65%❶。可见，在彝族的跨族婚姻中，与汉族通婚的比例较高，其中，彝族姑娘嫁给汉族男子的比例最高，彝族男子娶汉族女子的比例也较高。

2007 年，我们在昆明市对彝族的调查显示，关于择偶对象的意向，受访者希望从"朋友中"找的比例最高，占 23.7%；其次是希望"找城里人"的，占 21.2%；希望从"同事中"找的排第三位，占 17.8%。希望找"同族人"的排第五位，占 11.9%❷。可见，在多民族杂居的城市，彝族的跨族婚姻意向越来越明显。

6. 关于回族的跨族婚姻

有关专家一致认为，回族实行不严格的民族内婚制，一定条件下与外族通婚。马戎进一步指出，在一定程度上与外族通婚，有宗教选择。黄荣清根据对 1990 年人口普查数据分析显示，回族的跨族婚姻户数占该民族总户数的比例 21.05%，其中，男方为回族女方为汉族的占 10.18%，男方为回族女方为其他民族的占 1.03%；女方为回族男方为汉族的占 8.86%，女方为回族男方为其他民族的占 0.88%❸。可见，在回族的跨族婚姻中，与汉族通婚的比

---

❶ 参见黄荣清：《中国各民族人口的增长——分析与预测》中表 3-5，北京：北京经济学院出版社，1995 年版。
❷ 引自张继焦主持：《城市少数民族流动人口与各民族散居化趋势调查报告》（完成时间 2009年），第 221 页。
❸ 参见黄荣清：《中国各民族人口的增长——分析与预测》中表 3-5，北京：北京经济学院出版社，1995 年版。

例较高，其中，回族小伙子娶汉族姑娘的比例略高于回族女子嫁给汉族小伙子的比例。

2007—2008 年，我们在昆明市、深圳等城市对回族受访者的调查显示，关于择偶对象的意向，他们希望从"朋友中"找的比例最高，占 38.7%；其次是希望找"同族人"的占 27.4%；希望从"同事中"找的排第三位，占 14.5%❶。可见，在多民族杂居的城市，回族的婚姻观念也在发生变化。

二、从经济社会转型的角度，看城市少数民族移民的跨族婚姻

1. 跨族婚姻的人口基础：城市经济结构的变化导致民族人口出现多元化

由于东部沿海地区的经济结构转型和城市化水平的提高，我国少数民族移民大多是从西部民族地区（农业和牧业）流向东部沿海地区或原住地的经济中心城市。据调查统计，流入广东、浙江、江苏、山东、福建、上海等省市的少数民族移民几乎占了少数民族移民的一半以上，特别是珠江三角洲的广州、深圳、东莞等沿海经济较发达的城市，以及北京、各省会城市等政治、经济、文化中心城市（制造型工业、商业、服务业），都是少数民族移民倾向选择的地方。

然而，在 20 世纪八九十年代，我国少数民族移民主要集中于十几个民族之中，其中给人们印象较深的只是朝鲜族、维吾尔族、藏族、回族、苗族等，他们之所以能留下较深的印象是因为从事与本民族特色相关的行业，如泡菜、羊肉串、藏药、拉面、银饰、茶叶等。而现在，几乎每个民族都有人口流入城市，除个别一些民族移民较少外，多数少数民族都有较多的人口流入城市。

从城市的民族成分来看，1990 年在我国 31 个省、直辖市、自治区中 56 个民族成分俱全的只有北京市，而到了 2000 年则增加到 11 个省市区，到现在除个别情况外，大部分省市区都有 50 个以上少数民族成分。各地区少数民族成分的增加，绝大部分是少数民族人口流入城市而形成的。

---

❶ 引自张继焦主持：《城市少数民族流动人口与各民族散居化趋势调查报告》（完成时间 2009 年），第 221 页。

经济结构的变化导致城市民族人口出现多元化。据 2000 年第五次全国人口普查的统计，目前中国城市里的流动和常住少数民族人口约有 900 万，已形成了成百上千大大小小的居住群落。比如，1991—2000 年广东省少数民族人口平均增长速度高达 13.8%，到 2005 年居住半年以上的少数民族流动人口已达 98 万人，比 2000 年增加了 31 万人。其中，广州有 22 万多人，比 2000 年增加了 11 万多人，深圳市有 34 万多人，比 2000 年增加了 14 万多人。这两个城市的少数民族流动人口在 10 年间几乎增加了一倍❶。到 2000 年全国人口普查时，北京市少数民族已增至 59 万，南京市少数民族已增至 8 万多，天津市少数民族已增至 12.2 万❷。在中国各个城市里，已呈现出多民族、多元化的发展趋势。❸

城市民族人口的多元化，为各少数民族移民的跨族婚姻，提供了人口基础。当少数民族移民离开自己的民族聚居区，来到城市里各民族同胞在一起工作和生活时，他们也就有可能与其他民族的同胞谈恋爱和结婚。简要地说，如果没有机会跟别的民族交往，他们也就不可能与别的民族通婚。

2. 跨族通婚的社会基础：城市社会结构的变化导致各民族之间交往频繁

少数民族移民为什么可以或可能跟别的民族交往呢？李培林指出，社会结构具有相当大的空间和变动弹性❹。张继焦认为，城市外来移民一方面在适应不断转型的城市社会结构，另一方面也在社会结构中具有相当大的空间和变动弹性，建构新的关系网络结构。这种关系网络不局限于所属的社区，也不局限于所属的群体或民族，具有开放性和功利性❺。

个案 1：深圳中国民俗文化村办公室文员（男，哈尼族）❻

"我在朋友生日聚会上认识了现在的老婆。我参加电脑班时认识了一个

---

❶ 张继焦、沈林：《亚洲的城市移民——中国四个城市的调查：深圳、青岛、呼和浩特、昆明》，北京：知识产权出版社，2009 年版，第 252 页。

❷ 瑧沈林、张继焦等：《中国城市民族工作的理论与实践》，北京：民族出版社，2001 年版，第 98-100 页。

❸ 张继焦：《城市的适应——迁移者的就业和创业》，北京：商务印书馆，2004 年版，第 301-302 页。

❹ 李培林：《中国社会结构对资源配置方式的影响》，《中国社会科学》1995 年第 1 期；张继焦：《市场化中的非正式制度》，北京：文物出版社，1999 年版，第 54 页。

❺ 张继焦：《城市的适应——迁移者的就业和创业》，北京：商务印书馆，2004 年版，第 68 页。

❻ 资料来源："城市适应课题组" 2001 年在深圳的访谈调查资料。

朋友。当时我们班上有 40~50 个学生，这个朋友过生日，来的人很多，有她的朋友，也有我的朋友，有深圳人，也有我们一起来的。我的朋友在酒店工作，我老婆也在酒店工作。我们两人的朋友相互认识，我们就认识了。在生日会上我们开始聊天。这个是很自然的，认识后就谈成了。因为刚来的时候都有这个凝聚力吧，认识一个朋友，你也叫上，我也叫上，大家一起去，活动一下。当时参加生日会的有将近 20 人，很多的。其中我们村寨部的有七八个，还有我老婆的朋友及其他人。他们有很多也是外地来的。聚会的地点就在超市附近。在晚上，露天，有很多小吃。大家互相介绍，喝啤酒。"

"当时我们的观念是过来工作几年，然后回去，但没有想到待到现在，已经 10 年了。我老婆是四川乐山人，我们认识时她刚从学校毕业，到深圳湾大酒店实习。3 年前她户口也迁过来了，父母也过来了。我们认识了 5 年，去年（2000 年）结婚。我的户口至今还没有迁过来。老婆现在在外面工作，但具体工作我也不是很理解，她干得很杂。她看上我的主要是什么，只有她才知道，估计是感情上合得来。"

通过结交（男的或女的）朋友，建立家庭，也是少数民族移民在城市里建立新的社会关系网络，寻求生存和发展的策略之一。

到城市中谋求发展的少数民族移民必须主动地参与跨民族交往活动。在以汉族为主体的城市中，以国家正式行政体系、商业联系和个人关系等纽带，形成了四通八达的汉族和不同民族的人际关系网络。那些进入城市中谋求发展的少数民族，必然设法与这些网络联结。这些网络是一种无形的资源，可以从中获取信息、资金和机遇等。以血缘、地缘和业缘等为基础的纽带关系，是少数民族移民最亲密和可靠的社会基础，也为他们在城市中实现基本的生存提供了条件。但是，他们不可能只在熟人圈里"混饭吃"，他们还需要以城市的规则建立新的就业、投资和经营等关系，以及朋友、婚姻、交换等关系。城市社会结构的变化导致人们的社会交往网络发生变化，使得各民族之间的交往频繁，为不同民族之间的跨族通婚提供了现实的社会基础。

由于大量的少数民族人口离开故土迁往城市，他们传统的婚姻观念（比如，彝族和朝鲜族的民族内婚制、回族的宗教内婚制等）受到了极大的挑战。我们的调查显示，总体上，在不同民族的受访者都一致首选在"朋友

中"（28.7%）寻找婚恋对象。彝族（23.7%）、白族（30.8%）、回族
（38.7%）和傣族（30.6%）等四个民族的受访者首选在"朋友中"中找男/
女朋友。

在中国的城市化过程中异族通婚现象屡见不鲜，且愈演愈烈。有男女双
方一方是汉族一方是少数民族，也有男女双方是不同的少数民族。比如，深
圳某台资木具厂物管人员（男，苗族）自述："我 1997 年结婚。我不管她什
么族，也不管她什么省份，只要她好就可以。至于文化等，只要合得来就可
以。"❶ 又比如，深圳某台资木具厂作业员（女，苗族）自述："我是 1999
年结婚的，丈夫是天柱侗族。我们是到凯里那家工厂工作时认识的，后来家
里同意，就订婚了。订了婚后我就去南京了。现在他也没有来这个厂。他现
在在惠州一家工厂工作。"❷ 少数民族的跨族婚姻中，还有彝族与蒙古族结
婚，苗族与壮族联姻等；他们中有的是跨地区、跨省，甚至跨国界的异族
通婚。

3. 影响跨族婚姻的一些主要因素

影响跨族婚姻的因素是各种各样的。我们认为，以下一些因素比较
重要：

第一，国家的少数民族优惠政策对跨族婚姻的影响。

国家对少数民族在招生录取、考干提拔等方面实行的一系列优惠政策，
对于跨族婚姻及其子女选择民族身份有相当强的诱导性。我国的民族优惠政
策给少数民族身份提供了一种"社会资本"。许多政府的优惠政策使得被优
惠的民族成员在社会流动机会和经济资源分配方面具有特殊的"优先权"，
可以得到很实惠的利益，而且这些利益是制度化的，并得到政府的保障。这
就使得具有被优惠的"民族身份"本身具有一种特殊"含金量"，并且还是
可遗传的"社会资本"。当跨族通婚的夫妻期望自己的子女能够获得这种
"社会资本"时，会倾向于让子女选择少数民族身份。

国家的法律和政府制定的政策可以对跨族婚姻和民族关系产生重要的影

---

❶ 资料来源："城市适应课题组" 2001 年在深圳的访谈调查资料。
❷ 资料来源："城市适应课题组" 2001 年在深圳的访谈调查资料。

响。黄荣清、赵显人主持的"20 世纪 90 年代中国各民族人口的变动"课题组计算出，2000 年全国少数民族人口比例从 1990 年的 8.01% 增加到 2000 年的 8.40%，并且认为少数民族人口增长中存在像跨族通婚夫妇子女的民族选择等社会因素的作用❶。

第二，本民族的聚居程度和民族内部的交往程度对跨族婚姻的影响。

与其他民族相比，朝鲜族实行民族内婚制的程度要显著得多。为什么呢，以朝鲜族移民较多的青岛为例。据调查，目前，已有 8000 多家韩国企业在青岛投资发展，近 10 万名韩国人长期工作、生活在青岛，青岛已成为韩国在中国投资最多的城市，同时也是韩国人居住最集中的中国城市。韩国是青岛最重要的经贸合作伙伴之一。因此，也有 12 万朝鲜族人从东北地区（以吉林延吉为主）迁移到这里的韩国企业中工作。我们的调查显示：朝鲜族受访者主要分布在"生产制造业"（23.5%）、"饮食服务业"（15.3%）和"商业贸易"（14.1%）等三大类行业中，就业范围广泛。比如，李沧区是 1994 年 6 月青岛市行政区划时，由原崂山区李村镇和原沧口区的大部分地区合并后成立的新区，属市内四区之一。据 2000 年人口普查资料显示，李沧区现有 21 个少数民族 4782 人，其中朝鲜族 3014 人，占 63%。❷ 我们 2008 年 1 月在李沧区青山路两个相邻的商业住宅区——福林苑小区和百通花园社区进行调查时发现，大约有 300 多户、1000 多朝鲜族同胞居住于此。加之，青岛的朝鲜族移民拥有 3 个基督教教堂、1 间小学校、1 个老年协会等本民族的机构，强化了其民族内部的交往。简言之，虽然朝鲜族移民生活在日益多民族化的青岛市，但是由于朝鲜族的聚居程度较高，其工作和生活上的主要交往对象为韩国人，所有这些因素都大大地限制了朝鲜族产生跨族婚姻。

第三，语言、宗教等对跨族婚姻的影响。

根据张天路的研究，跨族婚姻比率较高的民族有满、蒙古、土家、瑶、侗等族，比率较低的有维吾尔、哈萨克、藏、朝鲜等族。造成跨族婚姻比率

❶ 首都经济贸易大学课题组：《20 世纪 90 年代中国各民族人口的变动》，载《2000 年人口普查国家级重点课题研究报告》（第二卷），北京：中国统计出版社，2005 年版。
❷ 张继焦、沈林：《亚洲的城市移民——中国四个城市的调查：深圳、青岛、呼和浩特、昆明》，北京：知识产权出版社，2009 年版，第 278 页。

高低不同的原因，有的可能与语言相通程度有关，有的可能与宗教信仰有关，有的可能与民族的通婚观念有关，有的可能与居住地点有关。❶

4. 跨族婚姻的一些主要影响

跨族婚姻对政治、经济、社会、文化等方面的一些主要影响，比如，对民族关系、民族认同和民族身份选择等的影响。我国民族人口学家张天路认为，跨族婚姻有利于少数民族人口数量的增长、有利于提高人口素质。据计算 1982—1992 年因跨族婚姻而使少数民族人口多了 49.8 万人，仅 1990 年便多了 17.18 万人❷。

第一，跨族婚姻：影响城市民族关系的一个主要变量。

1918 年左右，美国上演了一部名字叫《熔炉（The Melting Pot）》的戏剧。该剧描写的是一个由来自不同国度、具有不同文化背景的几代人通过婚姻组成的多民族家庭。这个家庭的成员虽然在日常行为、价值观念、思维方式、语言等各个方面存在着差异和冲突，但是，经过长期的相互调适，最后融洽相处的故事。这个戏剧反映了美国当时的社会现实：随着欧洲遭受一战前后天灾人祸的巨大冲击，大批来自意大利、德国、北欧各国的移民，甚至还有东欧的波兰人、俄罗斯人等为逃避战争和十月革命，不断涌入美国。美国的多民族化趋势非常明显，不能再要求所有人都盎格鲁—撒克逊化。社会学家认为，戏剧《熔炉》预示着美国民族关系的未来。后来，人们就借用"熔炉"来概括这一时期的美国民族关系和民族政策。其意是来自不同文化背景的人们，经过跨族通婚和共同生活等，最后会变成具有美国文化特质的"美国人"。可见，跨族通婚是影响城市民族关系的一个主要变量。

第二，跨族通婚：测量城市民族关系的一个主要变量。

因为跨族婚姻是一个影响城市民族关系的主要变量，所以，人们将跨族通婚作为一个测量城市民族关系的主要变量。戈登（M. M. Gordon）在他1964 年的代表作《美国人生活中的同化》的第三章"同化的性质"中提出

---

❶ 张天路：《民族人口学》，北京：中国人口出版社，1998 年版，第 210 页。
❷ 张天路：《民族人口学》，北京：中国人口出版社，1998 年版，第 210-211 页。

了七个变量。其中，"跨族婚姻"是一个主要的测量指标❶。主要通过分析"跨族婚姻"的原因和规模，测量民族关系。假设有两个民族，他们的文化能够互通，语言上没有障碍，宗教上互不冲突，或至少能彼此容忍，不绝对排斥，两个民族之间有很多社会交往的机会，彼此之间没有偏见与歧视，本民族和家庭内部对跨族婚姻也不反对，在这种情况下，两个不同民族之间才有可能形成较大规模的通婚。当两个民族之间的通婚率达到 10% 以上，则两族之间的民族关系大致可以说是比较良好的。

根据中国 1990 年人口普查数据，在本文中涉及的六个少数民族的跨族婚姻的户数占该民族总户数的比例分别为：蒙古族为 52.21%（其中，与汉族的通婚占 47.44%：男方为蒙古族女方为汉族的占 22.33%，女方为蒙古族男方为汉族的占 25.11%）、傣族为 32.57%（其中，与汉族的通婚占 23.53%：男方为傣族女方为汉族的占 9.12%，女方为傣族男方为汉族的占 14.41%）、彝族为 25.76%（其中，与汉族的通婚占 22.51%：男方为彝族女方为汉族的占 10.32%，女方为彝族男方为汉族的占 12.19%）、白族为 22.46%（其中，与汉族的通婚占 17.57%：男方为白族女方为汉族的占 9.20%，女方为白族男方为汉族的占 8.37%）、回族为 21.05%（其中，与汉族的通婚占 19.04%：男方为回族女方为汉族的占 10.18%，女方为回族男方为汉族的占 8.86%）、朝鲜族为 11.12%（其中，与汉族的通婚占 10.20%：男方为朝鲜族女方为汉族的占 3.24%，女方为朝鲜族男方为汉族的占 6.96%）。可以看到，这些少数民族的跨族婚姻主要是与汉族通婚，他们的跨族通婚率都超过了 10%，这说明蒙古族、朝鲜族、彝族、傣族、白族、回族等六个少数民族与汉族的关系比较良好。

美国社会学家辛普森和英格（Simpson & Yinger）认为，跨族通婚率是衡量任何社会中民族之间的隔离程度、交往的性质、民族认同强度等的一个敏感指标。他的研究显示，1970 年，在西班牙裔的美国人中，几乎 1/4 的人和非西班牙裔的人结了婚。1970 年，在美国，"丈夫是白人而妻子是黑人"的夫妇是"丈夫是黑人而妻子是白人"的夫妇数量的两倍。1980 年的人口

---

❶ Gordon, Milton M.： "Assimilation in American Life：The Role of Race, Religion, and National Origins"，New York：Oxford University Press，1964.

普查数据显示，前者超过了后者的 2.5 倍❶。有的学者在研究了美国 125 个较大城市的跨族婚姻现象之后指出：人口数量较少的民族更有可能与本民族之外的人通婚；在不同民族的人口具有异质性（如民族起源、母语、出生地、行业和职业等不同）的城市里，存在着较高的跨族通婚率。但是，如果不同民族/种族之间的社会经济存在巨大差异，会强化民族/种族之间的界限，这将大大地限制了跨族通婚。❷

第三，跨族通婚：对民族身份选择和民族认同等的影响。

豪特和格德斯坦（Hout & Goldstein）在研究西方白人中不同民族通婚的儿童民族身份时认为，跨族通婚为实践一个人的民族选择提供了机会。对于一些民族，跨族通婚会削弱这个民族的传统，因为两个民族的混合婚姻的后代很少会记得他们原来民族的祖先。然而，对于另外一些民族，跨族通婚提供了补充成员的机会，因为混合婚姻的后代经常会认为自己是那个民族的一部分，他们把混合的民族传统简化为一种，或表现出对其中一个民族更亲近❸。因此，跨族通婚家庭子女的民族选择对某些民族是补充成员的机会，尤其是一个民族的民族通婚比例较高时，跨族通婚家庭子女的民族选择对这个民族人口的变动有着重要的影响。

郭志刚、李睿根据 2000 年全国人口普查的数据样本对跨族婚姻的婚龄、生育及其子女的民族身份选择做出定量描述。他们的研究显示，已知涉及汉族和少数民族通婚家庭的 0~9 岁子女人数为 4226 人，其中 0~9 岁儿童申报为少数民族的有 2847 人，占 67.4%。假定如果这些跨族通婚子女完全随机选择民族，即按 50% 比例计算，应该只有 2113 人选择少数民族身份。也就是说，此时样本中 0~9 岁少数民族人口将减少 734 人，他们占到原来 0~9 岁少数民族人口的 4.3%。同时，汉族将与此对应地增加 734 人，其结果将导致占样本 0~9 岁人口中的少数民族比例从原来的 11.1% 降低为 10.6%。

❶ Simpson, George E. & J. Milton Yinger: "Racial and cultural Minorities: An Analysis of Prejudice and Discrimination (fifth edition)", New York: Plenum Press, 1985.

❷ Peter M. Blau, Terry C. Blum, and Joseph E. Schwartz: "Heterogeneity and Intermarriage", in American Sociological Review, Vol. 47, 1982, pp. 45-62.

❸ Hout, Michael & Joshua Goldstein: "How 4.5 Million Irish Immigrants Became 40 Million Irish Americans: Demographic and Subjective Aspects of the Ethnic Composition of White Americans", in American Sociological Review, Vol. 59, 1994.

这种结果肯定了跨族婚姻家庭子女明显倾向于选择申报少数民族，体现出我国对少数民族优惠政策的较强诱导性。当父亲是少数民族时，跨族婚姻子女选报少数民族的比例高达 91.1%，而当母亲为少数民族时，这一比例仅为 51.3%。❶ 沃特斯（Waters）认为，父亲的民族在决定子女的民族身份时更加重要，因为子女明显会携带父亲的姓氏，而姓氏正是一个重要的民族暗示❷。这说明，一方面在确定子女的民族身份时父亲比母亲更具有影响力，即子女的民族多数与父亲相同，这符合子随父姓的父系家庭传统；另一方面，少数民族父亲比汉族父亲更倾向于其子女跟随自己的民族及姓氏，这可能与少数民族的强烈民族意识有关，也可能反映出现实利益驱动下的主动调整。

三、结语

跨族通婚具有历史性、长期性和经常性，它总是或不间断地或时起时落地进行着。这是民族生存和发展中必然存在的现象。郝时远教授曾指出：随着我国少数民族人口会越来越多、越来越快地向城市流动，在多民族的城市里，跨族通婚的现象将越来越普遍，民族之间的"尊重差异、包容多样"❸理念也将日益显著。跨族通婚不仅是影响城市民族关系的一个主要变量，而且是测量城市民族关系的一个主要变量，它还对民族身份选择和民族认同等产生深刻的影响，因此，跨族通婚现象值得我们不断地深入调查研究。

（本文原载《广西民族研究》2011 年第 4 期）

---

❶ 郭志刚、李睿：《从人口普查数据看族际通婚夫妇的婚龄、生育数及其子女的民族选择》，《社会学研究》2008 年第 5 期。
❷ Waters, M. C.："Ethnic Opinions", Berkeley：University of California Press, 1990.
❸ 郝时远：《构建社会主义和谐社会的重要观念：尊重差异、包容多样》，《民族研究》2007 年第 1 期。

发展与反思

全球化语境下极端主义
思潮对民族关系的冲击

许　涛❶

　　世界现代史以冷战结束为转折点发生重大变化，全球权力与财富的分配正以一种完全不同于以往的方式和速度进行着，特别是在 21 世纪的前 10 年，全球化进程快速而深入的发展的确带来了世界经济的普遍高速增长，但与此同时也引起了各地区、各国家主体、各族群可支配资源和财富的重大失衡。而且随着全球化在当今世界各个角落的推进，这种不平衡还在不断加剧。在全球化的作用下，世界经济活动犹如高速运转的快车，顺利搭乘者一日千里，艰难跟进者渐行渐远。由于历史遗留下来的问题和民族文化传统的特性，在历次现代化过程中均处在不利地位的广大伊斯兰国家，在全球化大潮冲击下再次面临被边缘化的危险。每每这一重要的历史时刻，被极端化的民族主义和宗教意识就会应运而生，他们以民族和文化拯救者自居，用反现代化的逻辑解释着现代化带来的压力和风险。原本属于社会层面和文化层面的差异和对立，被为民请命的"民族精英"绝对化、极端化，而全球化带来的利益分配不均衡更使这种客观存在的差异性被上升到政治层面。历史再一次重复着这样的现象：当一些弱势族群面临着被世界抛弃而从文化传统中苦苦寻找出路的时候，民族的和宗教的极端主义略经包装再次被当作圣器祭起。而美国近年开始在全球实施战略收缩，按部就班地从中东退步抽身的计划沿着既定的时间表和路线图实施着。对伊拉克战争后造成的地区力量严重失衡不仅全然不作反思，而且对当前在中东出现的政治乱局依然以价值观体系划界，在为国际新反恐联盟留下分裂隐患的同时，也制造着不同族群间的对立与隔阂。大国博弈背景不仅造成了不同权力中心借中东乱局恶性纷争的

❶　作者为中国现代国际关系研究院俄罗斯研究所研究员。

局面，也为"伊拉克与黎凡特伊斯兰国"（ISIS，以下简称"伊斯兰国"）的出现提供了地区背景和政治条件。"伊斯兰国"以空前的极端主义的行径挑战着西方价值观，也挑战着美国多年打造的中东政治格局。宗教建国的实践吸引着全世界极端主义分子，也离间和恶化着中东不同族群间的关系。2014 年国际安全部队（ISAF）将从阿富汗撤出，国际社会普遍担心，同样以人为干预形成的阿富汗脆弱政治秩序将遭遇失衡后的灾难性前景，中亚地区的安全再次面临严重威胁，甚至外溢波及中国新疆。面对新一轮全球性极端主义思潮对现有国际政治秩序和民族关系的冲击，国际社会及相关国家有责任对全球化进程中出现的发展失衡现象进行理性的反思。

一、全球化失衡发展与极端主义思潮兴起

人类社会的历史进入 21 世纪以来，经济全球化迅猛发展的势头大大突破了人们的心理预期和承受极限。技术、资金、信息和劳动力以利润最大化为目标，借助科学技术革命性的创新成果，呈现出超越原有国家、地域、民族、宗教、文化的传统疆界自由流动。不仅原有的国际分工和分配体系受到强烈冲击，就连现有国际政治规则和社会伦理规范也面临着空前挑战。在旧式经济格局中继承了大量优势资源的发达国家依然掌控着全球化的主动权，在获取大量现代化红利的同时，还具备着将可能遇到的风险随意转嫁到其他发展中国家和新兴经济体身上的能力。竭尽国家资源全力跟上潮流发展的部分发展中国家和一些新兴经济体，在经历了短暂的快速发展后，又面临在发达国家主导的全球经济洗牌中出局的风险。多数发展中国家在全球经济秩序重新构建和产业链重新组合的过程中，他们的经济地位不仅没有得到改善，全球化引起的世界性经济资源优化配置反而使大量不具备综合优势的经济体趋向更加被边缘化的处境。世界经济和国际政治以前所未有的力度改变着原有的国家关系格局和民族关系格局，全球化发展的不均衡与不和谐塑造着当今国际关系的基本特征。面对人类社会又一次强劲的现代化进程，处于劣势地位和被边缘化族群的思想精英们开始寻求摆脱危机的出路，遗憾的是与历史上多数时期一样，被极端化了的民族主义和宗教意识又一次在民族文化冲突中被奉为救世的法宝。

另一种超过人们心理预期的重大变化，是现代科技飞速发展引发的人类社会关系的颠覆和国际关系格局的改变。现代科技不仅成为全球化不断深入发展的重要动力，也成为促使现代社会结构和不同族群关系发生根本性变化的催化剂。这一巨大变化的突出标志包括：一是世界各族群之间的文化缓冲区基本荡然无存，不同质文化井水不犯河水式的相安无事局面已彻底改观；二是原有的族群文化区域概念已经打破，以固定的民族和传统的宗教划分文化区域的定式受到挑战；三是不同质文化间的交融和冲突同时上升，而文化认同与对立背后起决定性作用的往往是全球化进程中的利益分配过程。在人类的大多数族群还不具备相互包容和理解的自觉与能力时，"文明冲突"已远非危言耸听的炒作。而以全球化和现代化领导者自居的发达国家武断地支配着世界文化关系的重新构建，有意无意间流露出的对处于边缘地位民族文化和宗教文化的歧视与不屑，更是加大了极端主义者关于西方文明引起东方传统文明礼崩乐坏、濒临绝境等煽动性解释的蛊惑力。以反现代化的观念解释融入现代化失败的原因，以反全球化的思想抵制全球化对传统的冲击，这种非理性却往往易于被接受的逻辑悖论加剧了世界上众多族群对全球化的抵制心理，尤其是广大信仰伊斯兰教的阿拉伯国家和中亚、南亚等其他穆斯林聚居地区，他们在世界文明舞台上从来没有得到真正意义上的话语权。无论是长年作为西方发达国家同盟者或反对者的阿拉伯国家，还是冷战时期曾经是对立阵营一部分的中亚、高加索地区，进入社会政治和经济的转型时期后产生的诸多敏感问题，均转化成为极端主义顺利实现社会动员的重要国内条件。

冷战结束时，源于苏联东欧集团解体引发的地缘政治震荡，首先在中东欧地区、中亚地区、高加索地区引发了第一次极端主义思潮。这一轮极端主义思潮的特征，是民族因素和宗教因素交织，造成了原东西方两大权力中心中间地带地缘政治碎片化的加剧。而由此导致的严重后果，是冷战后这一地区族群分布的重大调整和地缘政治版图的重新划定，并奠定了这里今天国家关系格局的基础。第二次极端主义思潮爆发的巅峰是"9·11"事件的发生，以及随后北约在阿富汗的"国际联合反恐行动"。宗教文化的尖锐对立性和军事力量对比上的不对称性，成为这一轮极端主义思潮影响全球的重要特征。也恰恰是从这时起，"恐怖主义"和"反恐"成为占据国际政治舞台持续十多年的主题词。"恐怖主义"这个向来是处在强势地位才有资格用作既能打压对手又可以占据道义制高点的主观政治概念，再一次被世界各国拥有相当话语权的政治家们过度消费。结果不但没有从根本上解决所谓的"文明冲突"问题，而且"越反越恐"的事实已成为当今国际社会回避不了的尴尬话题。从 2001 年的阿富汗战争到 2003 年的伊拉克战争，以消灭美国国家安全威胁为第一目标的"反恐军事行动"虽然达到了直接的军事目的（有西方媒体甚至批评伊拉克战争不过是布什家族借国家行为解决私人恩怨的一次军事行动），但结果却严重破坏了中东和南亚的政治力量平衡。接下来从突尼斯到埃及，从利比亚到叙利亚，与其说因为强人政治、终身总统的专制与腐败而引发的一系列政治动荡，不如说是由于他们在美国和西方改造中东社会政治结构时失去了原有价值而被抛弃。将西方式的"民主政治"勉强播种在中东这块独特的土地上，"穆斯林兄弟会"在埃及上台、"伊斯兰国"横扫叙利亚和伊拉克，这几场噩梦是自负的美国人说什么也想不到的。至此，第三次全球性极端主义思潮高调兴起，"伊斯兰国"打破了 2011 年美国人撤出伊拉克时的政治安排。来自世界各地的反全球化极端主义者聚集中东，以空前残暴和血腥的手段刺激着美国媒体和西方公众的脆弱神经，并用最极端的方式颠覆着"后美军时代"树立起来的一切标志性制度建设。

继二战后美国杜勒斯推出"和平演变"概念之后，❶ 以苏联和东欧的解体为标志的冷战结束强化了西方人推广其价值体系"救世"的优越感。但是，当冷战唯一的赢家本可以顺风顺水地推广这种"普世价值观"时，却发现面对的世界却仍然遍布着不适于建立自由资本主义和西方式"民主政治"的土壤。于是，"改造后苏联空间""改造后冷战空间"的冲动在美欧战略家和西方思想库的计划中出现。被称作"颜色革命"的行动，以建立西方"民主价值体系"为政治目标、由各类非政府组织操作实施、借互联网和自媒体推波助澜、用或和平的或暴力的"街头革命"方式，经过政客、学者、CEO 们一次试验和完善，逐渐成为一种被西方用来铲除其主导下的在全球化路径上一切制度性障碍而屡试不爽的工具。❷ 从前南联盟的"天鹅绒革命"、

❶ http：//en. wikipedia. org/wiki/John_Foster_Dulles.

❷ http：//baike. so. com/doc/5658415. html.

格鲁吉亚的"玫瑰革命"、乌克兰的"橙色革命"、吉尔吉斯斯坦的"郁金香革命"到西亚北非的"茉莉花革命",发展路线几乎与冷战结束后出现的三次极端主义思潮的爆发路径相重合。稍作深入分析,已不难发现二者间存在的必然性联系,某种规律性的东西耐人寻味。然而,若从每场"颜色革命"酿成的灾难性国家分裂和族群冲突恶果来看(如波黑战争、阿布哈兹及南奥塞梯战争、乌克兰东部危机、奥什民族仇杀事件),更难以用"历史巧合"说服世人。

二、处在全球化进程中不同地位的认知差异

全球化进程的不断深入在给世界经济发展带来强劲动力的同时,也正在使世界上多数民族的传统社会结构发生着不同程度的蜕变和解体。这是全球化进程产生的另一种作用力,这一作用过程中释放出的强大能量,在国际社会还没有建立起普遍的机制化应对手段时,往往会产生巨大的破坏作用。2001 年的"9·11"事件成为多数人划分全球化进程的重要节点,这说明了人们对空前的极端主义事件的认识已经与全球化进程联系起来。然而,处在当今全球化进程中不同地位的国际社会成员,对世界性极端主义问题(既包括对中东"伊斯兰国"问题,也包括对中亚地区极端主义问题)的总体立场和基本判断却是大相径庭。这种差异不仅影响着他们对具体发生在世界各地极端主义现象的认知,也制约着他们所采取的态度与实施的策略,从而也直接影响着国际合作的信任基础和原则制定。基于这种认知上存在的重大差异,在对全球极端主义的评估时采用双重标准(甚至多重标准)在当今国际社会盛行。这一现象使冷战后国际政治新秩序构建的公正性受到极大影响,同时也大大弱化了国际社会反对极端主义思潮威胁的实际效果。

当代国际关系中的冷战思维盛行,以意识形态标准和政治价值观划界,使国际社会的团结与合作在反对极端主义的历次行动中大打折扣,尤其是以零和为目标构建新世纪大国关系的战略,使美国及西方国家将具有一定竞争实力的国际政治主体都看作潜在对手,利用包括民族、宗教等问题在内的各国国内因素实现牵制、弱化,甚至控制,借此保障其在国际关系格局中的发展方向和全球化进程的主导权。出于这种带有明显冷战色彩的战略考虑,国

际社会成员针对极端主义在认定标准、协调立场、制定策略时都会出现极大
的不和谐。在"9·11"事件发生后，俄罗斯、中国、哈萨克斯坦、吉尔吉
斯斯坦、乌兹别克斯坦、塔吉克斯坦等各国通过上海合作组织表明，支持包
括美国和北约在内的国际社会反对宗教极端主义和国际恐怖主义的立场。俄
罗斯及中亚的乌兹别克斯坦、吉尔吉斯斯坦、塔吉克斯坦等国还在补给通
道、基地保障、情报支持等方面给予北约联军重要协助，努力释放出面对共
同威胁而捐弃前嫌、携手合作的善意信号。然而，美国及其欧洲盟友对此报
以的认同却是极为有限的。2002 年初，美国国务院对俄罗斯军队在车臣反恐
行动中"使用兵力不当"表示"忧虑"。而到 2004 年，美国务院声明，表
示"不排除美国将与同俄罗斯政府持不同立场的一些车臣政治人士进行接
触"。❶ 这一态度不仅招致俄罗斯政府和民间的极大反感，也引起包括俄罗
斯、中国、中亚国家在内的国际社会对美国倡导国际反恐行动的重新认识。
仅在一年后，乌兹别克斯坦发生了由"伊斯兰解放党"（Хизб-ут-Тахрир）
派生组织"阿克拉米亚"（Акромия）煽动的"安集延事件"。美欧强烈抨
击卡里莫夫当局"镇压不满民众"，并高调提出要对这一事件组织进行"国
际调查"。这不仅大大伤害了卡里莫夫的民族自尊心，也触碰了乌兹别克斯
坦维护国家主权的底线，年底前美国军队即被逐出了汉纳巴德空军基地。❷
又一年后，美国政府无视中国政府的引渡要求和强烈抗议，将 5 名在阿富汗
反恐战争中俘获的"东突"恐怖分子嫌犯以政治避难名义移交阿尔巴尼
亚。❸ 在同样对待极端主义给国际社会带来的威胁时，对如何确定立场起决
定作用的不是看其给全球安全与国际秩序造成的危害，而是首先考虑可能给对
手带来怎样的麻烦。双重标准在被毫无顾忌地滥用，不仅注定了国际反恐联盟
的分裂，也严重离间着同一地区或同一国家内的民族关系。这样的历史正在中
东被重复着：起源于叙利亚反对派的"伊斯兰国"曾是美国试图借用的地区性
"民主力量"，在叙利亚阿萨德政权尚未被彻底击垮时，消灭"伊斯兰国"等
于在帮助对手解决麻烦；而以色列首先担心的是伊朗在反对"伊斯兰国"的
国际合作中坐大；土耳其的注意力则放在了库尔德斯坦是否会在反对"伊斯

---

❶ http：//gb. cri. cn/3821/2004/09/09/922@ 294120. htm.

❷ http：//conflictologist. org/andijanskie-sobytiya-2005-god. htm.

❸ http：//news. xinhuanet. com/herald/2006-05/11/content_4533718. htm.

兰国"中合并成实体；沙特阿拉伯更是不情愿对同属逊尼派的"伊斯兰国"动真格。国际社会在极端主义威胁面前严重掣肘，中东各民族原本微妙的关系面临空前考验。在与"伊斯兰国"的军事较量尚未见分晓时，美国、土耳其已经协议为推翻叙利亚阿萨德政权训练反对派武装了。难怪有国际媒体用"集体性恶果"来概括这场灾难的复杂性和国际社会的集体不作为。❶

随着经济全球化进程的不断深入发展，世界权力格局与资源配置又面临重新洗牌。首先发生松动和重组的是处于世界各大权力中心之间的边缘地带，从 2010 开始持续在西亚、北非发酵的"阿拉伯之春"颇具典型意义。说到底"阿拉伯之春"的爆发既与美国和欧盟后冷战体系在全球化进程中遇到的危机外化有关，也是西方以双重标准经营战略重心地带的结果。不论是传统的盟友还是夙敌，美国和西方面对突发的骚乱首先选择的是以"民主改造"的旗号占据道义制高点。启用非政府组织发动民众向政府施压，甚至突破了担心中东宗教极端主义上台的原则底线。鼓动敌视世俗政权的原教旨主义势力与政治反对派合流，借此达到让"革命"具有快速完成社会动员和获得足够破坏力的目的，由此也埋下了唤出"伊斯兰国"这头政治怪兽的伏笔。这样的思路在埃及社会动荡和叙利亚战乱中体现的最为充分，反对派阵营中甚至集中了世界各地的"圣战"组织。美国和欧盟却对此不仅视而不见，而且继续将他们视为具有进步意义的反政府武装而提供资金和装备支持。美欧大国为一己目的对极端主义的放纵和怂恿，是中东"阿拉伯之春"持续不断降温的重要原因。时至今日，从"伊斯兰国"的发展变异的轨迹，人们已经不难看出类似于"基地"组织在冷战结束前后先被当作大国博弈棋子后失控的"潘多拉魔盒效应"的共同之处。这就是面对全球性极端主义思潮冲击的国际社会现实，无论发达国家还是新兴经济体，尽管大家在全球化进程中扮演的角色不同，发挥的作用也不一样，但营造稳定与和平的发展环境应是共同意愿。全球化进程健康发展应给世界各国、各民族带来福祉，而不应造成国家关系的敌对和族群关系的恶化。在多数国家主体尚未意识到这一问题的严重性时，作为主流国际社会的发达国家应有更早的自觉，并在经历这种自觉后实现必要的反省，而且有意识地给所在地区及全世界带来有益

---

❶ http://www.golos-ameriki.ru/content/ag-iraq-levant/1941034.html.

的公共产品。但是美欧在中东、高加索、中亚等地多次表现出来的对待极端主义的双重标准，不仅给国际社会和世界各国反对极端主义造成道义上的混乱，也影响着国际政治民主化建设的信心。在全球安全受到新一轮极端主义思潮威胁的今天，国际社会不仅有必要也有义务对以往的发展思路与合作方式进行深刻反思。

三、中亚极端主义与全球性思潮的互动

在世界文明的发展过程中，欧亚大陆一向被看作是全球最大的地缘政治舞台。而处于中心地带的中亚地区在历史上长期受到来自周边的欧、亚、非强势文明和权力中心的挤压，使这一地区民族国家和政治文化成熟的过程受到一次又一次外部力量的干预，形成了碎片化和多元化的特征。经过伊斯兰教传入后的本土化（亦称为"突厥化"）进程的影响、沙皇俄罗斯征服后的东正教文化的影响以及苏联时期的无神论教育的影响，中亚地区滋生宗教极端主义的社会土壤原本并不丰厚。但在冷战后第一次全球性极端主义思潮的影响下，在 20 世纪 90 年代苏联解体前后也出现了"纯净伊斯兰运动"和"伊斯兰复兴运动"等非主流性思潮，甚至曾一度对刚刚获得独立的中亚各国造成严重的政权危机，在乌兹别克斯坦、塔吉克斯坦等国出现了社会动乱和内战。随着苏联国家制度和社会管理体系的解体，中亚国家各民族间关系也出现了危机。在宗教极端主义抬头的历史背景下，首先恶化的是信奉伊斯兰教民族与信奉东正教民族间的关系。恰恰哈萨克、吉尔吉斯、乌兹别克、塔吉克等信奉伊斯兰教各民族在独立后分别成为中亚各国的主体民族，而信奉东正教的俄罗斯、乌克兰等民族这时却成为各国居民中的少数。加之中亚各国在独立初期狭隘民族主义盛行，从司法建设到干部选拔，从新闻出版到文化教育，开始全面实行本民族化。伴随着宗教极端主义的兴起，中亚国家各民族关系也空前紧张，俄罗斯、乌克兰、日耳曼等非穆斯林民族人口大批迁出中亚（1979 年俄罗斯族人口在哈萨克斯坦占 40.8%，到 1999 年时竟下降至 30%，而同期哈萨克族人口却由 36% 增至 53.4%）。❶

---

❶ 赵常庆：《列国志·哈萨克斯坦》，北京：社会科学文献出版社，2004 年版，第 187 页。

到了新旧世纪之交时，滋生于中亚地区的极端主义势力初步完成了国际化转变，第二次世界极端主义思潮更是在中亚地区产生了广泛而深刻的社会影响。与阿富汗"塔利班""基地"组织、"东突厥斯坦伊斯兰运动"（ИДТ）的结合，使他们形成了早期的全球视野和国际联系。90 年代末"乌兹别克斯坦伊斯兰运动"（ИДУ）在乌兹别克斯坦、吉尔吉斯斯坦、塔吉克斯坦三国交界处制造的"巴特肯事件"，将中亚地区极端主义的军事威胁推到顶峰，也成为中亚地区极端主义势力与全球性思潮互动的标志。同时，在社会文化和意识形态领域，早期传入中亚地区的、由中东"穆斯林兄弟会"分化变异而成的"伊斯兰解放党"（Хизб-ут-Тахрир），遇到了最佳的发展条件和传播时机，快速蔓延的态势使中亚各国当局震惊。这一时期中亚地区的极端主义势力的膨胀，挑战着新生世俗国家的权威。而此时中亚各国政权建设和社会转型已逐渐步入正轨，独立初期狭隘民族主义的偏向得到了修正。中亚各国领导人开始认识到，在苏联历史遗留下来的多民族国家内，主体民族化带来的离间社会的消极作用远远大于借民族主义提升本民族精神的意义。于是哈萨克斯坦提出了"哈萨克斯坦——所有哈萨克斯坦人的家园"等口号，乌兹别克斯坦建立了共和国民族文化中心，吉尔吉斯斯坦和塔吉克斯坦也采取了类似的措施，并动员各民族在反对极端主义威胁的斗争中加强团结。

经历了全球性金融危机的冲击，西亚、北非"阿拉伯之春"的震荡对中亚各国意识形态造成了相当严重的影响，并随着各国进入社会政治和经济转型时期各种尖锐矛盾的出现，传统的中亚社会结构受到冲击而不断被瓦解。第三次极端主义思潮的冲击，使中亚各国信奉伊斯兰教的族群部分信众脱离本民族传统文化的根基，趋向接受政治化的口号和主张。2010 年以来，中亚各国安全执法部门发现了多起与中东有关的极端主义分子活动的案例。在所谓的"萨拉菲全球圣战"和"迁徙圣战"口号下，中亚国家公民竟变卖家产经土耳其辗转进入中东，参加"伊斯兰国"等"圣战"组织。❶ 仅乌兹别克斯坦就有数百人加入了"伊斯兰国"，❷ 2014 年 9 月又在首都塔什干出现

❶ Militant makes jihad calls in Kazakh language, Thursday, 18. 07. 2013, http：//en. tengrinews. kz/religion/Militant-makes-jihad-calls-in-Kazakh-language-21117/.

❷ http：//centralasiaonline. com/en_GB/articles/caii/newsbriefs/2014/09/30/newsbrief-02.

了一面"伊斯兰国"的旗帜，❶ 而多年作乱于中亚地区的"乌兹别克斯坦伊斯兰运动"也在 2014 年底表示对"伊斯兰国"的支持。❷ 靠能源战略使国民经济进入发展快车道后人均 GDP 明显提高的哈萨克斯坦和土库曼斯坦，竟发现本国公民也在潜入叙利亚参加反政府"圣战"或加入阿富汗"塔利班"阵营。❸ 目前，经独联体国家媒体和中亚国家安全部门粗略估计，借道土耳其进入中东参加"伊斯兰国"的中亚各国公民已超过 3000 人。❹

由于历史原因，中国新疆与中亚地区地缘联系紧密，漫长的共同边界和众多的跨界民族人口使二者形成难以分割的共同文化区。"伊斯兰国"极端主义分子将"大哈里发国"的蓝图划到中国西北，第三次极端主义思潮开始波及中国新疆也在意料之中。❺ 中国是全球化的受益者之一，30 年的改革开放使中国与世界紧紧联系在一起，全球化的效应在中国社会转型中充分地体现出来。与 30 年前相比的极大不同之处在于，中国的改革开放进入了一个微妙而关键的时期：中国政府无论推出一个具有怎样积极意义的措施，都有可能触及一部分人的利益。加入全球化大潮的中国经济快速发展，推动着中国社会结构发生着深刻的变革。新疆在全国快速发展和变革的大环境中也不可能置身事外，南北疆各民族传统社会结构在时代大潮的强大冲击下正濒临解体。清朝新疆实行的各级伯克世俗官制在民国及和平解放后影响深远，结合南疆维吾尔民族传统中经济、宗教、司法、宗族、长老等特色因素形成的制度和社会管理辅助体系，曾长时间对调解社会矛盾和融洽各民族关系发挥过重要作用。与全国大多数地区一样，民族传统社会结构不同程度地受到市场经济带来的冲击。但不同的是，在新疆同样由于财富分配不均、高速的城镇化进程、农村人口大量流失、民族传统产业难以为继、传统民族文化形式濒临失传等社会发展中遇到的问题，当政府未能及时转化因旧式社会结构解体而释放出的巨大能量时，引发出的反弹首先是对国家政治认同和现有民族

❶　http：//catoday.org/centrasia/15921-v-tashkente-povesili-flag-boevikov-igil.html.

❷　ИДУ заявляет о своей поддержке ИГИЛ, http：//centralasiaonline.com/en _ GB/articles/caii/newsbriefs/2014/10/06/newsbrief-01.

❸　Аскар МУМИНОВ：Казахстанские боевики замечены в афганском Бадахшане, http：//www.kursiv.kz/news/details/vlast1/Kazahstanskie-boeviki-zamecheny-v-afganskom-Badahshane1/.

❹　http：//kabarlar.org/news/32644-igil-nachal-aktivizirovatsya-v-stranah-sng.html.

❺　http：//trueinform.ru/modules.php？name＝News&file＝article&sid＝26118.

关系的怀疑与否定。在新疆历史上曾经出现过的"东突厥斯坦独立运动"（正式打出"独立建国"旗号的有 1933 年和 1944 年两次），至今仍然不断刺激着少数分裂分子的神经。20 世纪 90 年代的第三次民族主义浪潮催生的一系列民族国家，也一再被别有用心的政治野心家们当作示范体和参照物。在"伊斯兰解放党"蔓延中亚各国的时候，新疆也成为"大哈里发国家"理念的推销地之一。而憧憬多年的梦想被"伊斯兰国"付诸实践时，不仅激发了中亚极端主义分子参与国际"圣战事业"的狂热，也在精神上绑架了个别处在文化落差和精神困境中的少数新疆各族民众。加之现代传媒技术与移动通信技术的快速发展和普及，更使当代极端主义思潮的传播几乎无障碍地传入新疆各族民间。当传统民族文化的主要形式遭遇市场冲击时，恰恰社会治理能力的不足导致了主流文化形式的缺位，又给了极端主义思潮进入新疆各民族社会生活以可乘之机。穿"吉里巴甫服"、禁售烟酒、禁歌舞娱乐，甚至对社会生活所有要素都用"清真"和"不清真"决定取舍，这些做法不仅有违国家政体和法律法规，也完全与维吾尔、哈萨克、乌兹别克等民族传统无关。其实，无论对新疆各级干部还是对普通民众而言，这一浅显的道理并不难理解。但这种现象在新疆（特别是南疆）已经形成了具有一定普遍性的社会氛围，说明接受者的主要动机并非出于对一种外来文化形式的简单认可，而是将其视为带有某种政治不认同的示威。这种极端主义多层面、多形式、多载体同时出现的复杂局面，对国家政策的顶层设计和新疆少数民族区域的综合治理提出了更高的要求。在用法律、行政手段治理和打击有形的极端主义表现（如暴力恐怖活动、非法传教和传播涉暴涉恐信息等）的同时，政府有责任在新型的民族社会结构重建和创新先进民族文化上下更多功夫。同时，也应通过教育和宣传让各民族从精英到民众认识到，历史上被极端主义绑架的民族不仅是没有出路的，而且无不经历灾难性的历史曲折后才完成了正确的民族意识自觉。

结语

在新一轮全球性极端主义浪潮冲击下，国际社会已经产生了高度的紧迫感。然而，处于国际关系格局构建和发展方向主导地位的主要国家能否充分认识这种威胁的时代特性和全球化背景，从而实现在世界现代化进程中检讨现行策略的觉悟，并在国际社会营造避免失衡和对立激化极端主义因素滋生的国际氛围，看来达到这种政治自觉显然尚需时日。但是这并不妨碍在初步认识到当前全球化进程中诸多问题影响国际安全的前提下，世界各国和各族群逐步确立多元文明共存与包容差异文化的理念。无论在现代经济格局的构建中还是在当今国际关系的调整中，能够准确把握每个国家主体和非国家主体在世界政治生态中的位置，有意愿了解并合理处置彼此利益关系和相互关系定位，就有望使安全共同体和命运共同体的意识不仅仅停留在美好愿望的层面。

中国成功搭上了全球化的快车，在几十年的时间里成为世界上经济发展最快的国家主体之一。中国的现代化是全球化的一部分，新疆是中国在全球治理概念下实现国家治理的有机部分。同样在第三次极端主义思潮的冲击下，中国新疆产生的动荡与中亚各国相比显得严重得多，中国与中亚各国的安全合作需求呈现一种功能性换位。从中应该看到的是，中亚各国在独立后与极端主义所作的长期斗争中形成了各自比较成熟的做法，主要可以概括为以下几个要点：一是健全的司法体系，大大限制以极端主义在多民族国家可能造成族群对立和教派敌视的空间；二是高效的社会管理，将民族传统社会结构中的文化和管理要素继承下来，与独立后的国家政权建设相结合，形成有效的辅助性社会治理模式（如乌兹别克斯坦的城乡社区组织"马哈拉"、哈萨克斯坦的民族大会）；三是积极的国际合作，立足于相关国家间安全利益中的契合点，超越意识形态、宗教信仰、民族文化上的差异性，建立抵御极端主义威胁的协作关系。这些经验不仅值得中国借鉴，也应引起世界各国在社会层面防范极端主义时作为参照。无论是中东的持续动荡，还是中亚的有益尝试，全球化进程在世界各地引发的反应对中国当前和今后的经济社会发展将是一面镜子，借此进行冷静而深刻的思考，对未来的国家稳定和社会发展想必是有所裨益的。

发展与稳定：边疆问题
及其衍生的话语政治

关　凯❶

　　边疆问题的政治与社会叙事，具有多重的面向。这种叙述并非仅仅指涉边疆本身，更多是在国家与社会关系的维度上，指向国家建设与文化多样性。因为，离开与国家中心的对照，纵是大漠荒原，地域焉有等级的区分？没有对于人群及其文化的社会分类，即使天涯海角，何处堪称边疆？由此，所谓"边疆问题"之核心，仍然在于不同的人群及其文化与国家建设的关系。

　　改革开放初期，中国政府恢复并强化了20世纪50年代确立的民族政策之后，于1987年确立将民族工作的重心转向"以经济建设为中心"❷。然而，就在这个中国经济起飞初露锋芒的时期，随着一系列暴力活动在边疆地区发生，自20世纪90年代开始，中国政府民族工作的两大任务被确立为"发展与稳定"。于是，"如何妥善处理好发展与稳定的关系"开始成为边疆叙事的经典议题。

　　然而，多年之后，当中国的经济发展已经成为一个客观事实，边疆社会的秩序危机却在这个发展过程中不断加深，其意义也渐渐超越"发展与稳定关系"惯常叙事的自上而下的关怀，从而使国家在边疆问题上陷入一种空前的话语危机：当边疆的草根社会日趋宗教化，而精英群体（不仅是少数民族）热衷于以某种族群民族主义立场确立价值坐标，面对不稳定的边疆，国家的价值感召力下降、说理能力弱化，不得不转向对"高压维稳"的过度

---

❶　作者为中央民族大学民族学与社会学学院教授。

❷　"中共中央、国务院批转《关于民族工作几个重要问题的报告》的通知（1987年4月17日）"，参见国家民委：《中华人民共和国民族政策法规选编》，北京：中国民航出版社，1997年版，第48页；关于这个转变过程，参见关凯：《国家视角下的中国民族问题》，《文化纵横》2013年第6期。

依赖。

这无疑是边疆问题中一个危险的知识图景。当下的边疆问题，正在国家与社会之间衍生出一种竞争性的话语政治。这种话语政治涉及宗教、政治与社会理论以及日常生活经验，具有特殊的重要性，因为它指向人心，导引社会行动的方向。

显然，边疆社会的秩序危机，不仅考验中央与地方政府的社会治理能力，同样考验国家的价值关怀、道德性与知识生产能力。而在当下现实的社会语境中，对于国家来说，"发展与稳定关系"仍然是这种话语政治的核心议题之一。

一、边疆问题中的"发展与稳定关系"

如果说 20 世纪的人类历史是一个革命化的极端年代及其终结❶，那么，与战争的苦难、社会文化变革与科技进步相伴随的，是民族—国家体制的最终确立及其进一步的演变。无论是资本主义或社会主义的兴衰，还是"历史终结说"❷ 或"文明冲突论"❸，对于 21 世纪的人类社会来说，国际与国内政治的文化语境正在发生一种意义深邃的变化，特别是当阶级革命的普遍主义追求在人们的精神世界里渐渐消散，基于身份认同的族群政治，已成为当下民族—国家建设所面对的核心命题之一。

在任何一个社会里，族群政治从来都不是孤立的，它必须和两个要素结合在一起才能发生：一是基于族群的资源竞争，二是关于这种竞争的"族群化"意义解释。这二者相辅相成，对于前者来说，所有利用族群符号表达诉求的背后，都会涉及物质性与象征性资源的社会分配机制，以及人们对既有分配机制产生的某种程度的社会不满；对后者来说，所有对于利益资源的争夺，最终都会被简单归因为"族群问题"（民族问题），即将可能由复杂原因造成的

❶ 艾瑞克·霍布斯鲍姆：《极端的年代（1914～1991）》，郑明萱译，南京：江苏人民出版社，1999 年版。

❷ 弗朗西斯·福山：《历史的终结及最后之人》，黄胜强、许铭原译，北京：中国社会科学出版社，2003 年版。

❸ 塞缪尔·亨廷顿：《文明的冲突与世界秩序的重建》，周琪、刘绯、张立平、王圆译，北京：新华出版社，2002 年版。

某种社会现实，解释为由特定族群之间不平等、不公平的关系所决定的。

事实上，世界上绝大多数国家都是多族群国家，国家内部的文化多样性通常是一种客观的社会事实。这造成具体的民族—国家建设工程始终需要面对一种持久的内在张力，即如何协调一体化的国家建构与多元化的族群特征之间的关系。从理论上说，民族—国家建设工程的核心目标，就是要在国家主权疆域之内，构建出一个公民与公民之间存在情感联系的"国族化（nationalized）"的政治共同体，从而超越附着在公民个体身份之上的各种文化特殊性，如语言、宗教、地域、传统社会组织、职业等，以实现国家内部的一体化与社会团结。然而，伴随着民族—国家建设进程，主流文化的强力扩张，会对仍然保持自身独特文化传统的族群造成强大的文化压力。为应对这种压力，族群运动应运而生，族群差异的客观特征与族群建构的人为主观创造同时发挥作用，族群随时可能成为非制度化政治动员的工具，并在某种条件下促成族群在内部团结起来，为了实现某种政治目标而采取一致的行动。而这种群体化的社会行动反过来又会进一步强化族群认同，并在极端的情况下构成对国家建构的直接挑战。

在现代语境下，发展通常被认为是民族—国家的基本使命和任务。基于18、19世纪欧洲社会发展经验而形成的经典政治理论强调，民族—国家建设是人类社会现代化进程的一部分，其最终的文化归宿是基于个体主义、世俗化、理性化和工业化的现代性，因而具有高度的文化同质性。而实现这一目标的必经之路，就是基于工业化生产方式的经济发展。在这一点上，即使最为强调"长城内外"社会分界的拉铁摩尔，在他1940年出版的《中国的亚洲内陆边疆》中也写到，作为"两个互相影响的循环"，中国内部的农耕与游牧社会始终"缺乏统一"，而"唯一可以真正整合二者的桥梁是工业化"❶。

然而，诚如盖尔纳所言，只有在工业社会中，发展才成为社会合法性的唯一来源❷。从这个意义上说，以现代性为中心的文化观念，其实是创造出

---

❶ 拉铁摩尔：《中国的亚洲内陆边疆》，唐晓峰译，南京：江苏人民出版社，2008年版，第376页。

❷ 厄内斯特·盖尔纳：《民族与民族主义》，韩红译，北京：中央编译出版社，2002年版，第30-31页。

了一种"发展的神话",并成功地通过各种方式,让人迷恋,甚至是迷信这种神话。

基于这种"发展的神话",族群文化和发展通常被认为分属于两个不同的领域。其原因在于发展理论,特别是第二次世界大战之后兴起的发展经济学理论,往往过于关注发展中国家的整体经济,赋予发展以一种必然性与目的论的意义,并通常认为族群因素不过是阻碍发展的文化障碍之一。但在人类学界,对于发展的反思则集中于关注族群,如约翰·博德利论证了数百年来世界土著居民为何及如何成为现代化及全球化文化的受害者,即"发展的受害者"❶;詹姆斯·斯科特则论证了那些不考虑族群文化特性的国家化的"试图改善人类状况的项目是如何失败的"❷。诸如此类的人类学研究揭示出族群冲突与国家发展模式之间的关联,并在多元文化主义的价值坐标之下试图修正经典民族—国家建设理论。

就中国而言,由于边疆大多是族群聚居之所,因此今日之所谓"边疆问题",核心指向仍然在于族群政治,"发展与稳定关系"之说不过是一种婉约的话语选择。之所以如此,与主流的认识论传统有着密切的关系。

首先,"发展"之于边疆,包含着一种单向度的国家中心主义的认知逻辑。纵观整个20世纪中国主流思想界的主张,从"救亡图存"到"超英赶美",从"改革开放"到"跨越式发展",都是一种以国家现代化建设为中心的社会认知,即现代化发展是全体中国人民共同的福利和对历史发展必然性的共同精神追求;同时,发展作为一个社会进步的过程,虽可能因破坏既有格局而暂时引发矛盾,却在终极意义上具有消解这些矛盾的能力。在这种认知下,发展是稳定之母,也是解决包括族群冲突在内的各种社会问题的万能药。

其次,"稳定"之于边疆,始终有种不言自明的政治敏感性。任何社会都存在冲突,但对于民族—国家而言,只有涉及与特定地域有关的族群民族主义,社会冲突才可能对国家主权构成潜在的威胁。因为它在极端的情况

---

❶ 参见约翰·博德利:《发展的受害者》,何小荣、谢胜利、李旺旺译,北京:北京大学出版社,2011年版。

❷ 参见詹姆斯·C. 斯科特:《国家的视角:那些试图改善人类状况的项目是如何失败的》,王晓毅译,北京:社会科学文献出版社,2004年版。

下，可能指向对完整的民族自决权的政治诉求，并在国际地缘政治竞争格局中，为出于各种动机的外部力量的渗透与干预，提供正当性理由与操作机会。这使得国家不得不对边疆的族群政治保持高度的戒备与警惕，以避免国家建构失败的风险。这才是"稳定"的根本意义所在。维护社会稳定的本质，不仅是在治理层面维护公共安全与秩序，更是在战略层面保卫与巩固民族—国家的政权、主权与疆域。

也正是按照这样的认知逻辑，90年代之后，中国社会关于族群政治的讨论一度几乎被完全置放于"发展与稳定关系"的解释范畴之内。在以"发展"与"稳定"为中心的认识论结构之中，"发展"的前提是"稳定"；同时"稳定"的前提也是"发展"。尽管这是一个类似"鸡与蛋关系"式的逻辑悖论，但在中国现实的知识生产机制约束之下，如何处理这二者关系的矛盾之处，被大多数论者刻意回避了。于是，"发展"和"稳定"被抽象成一种绝对事物，边疆问题被"发展与稳定关系"在意义上绑定，任何其他维度上的讨论与分析，几乎都难以实质性地进入边疆问题讨论的正式话语之中。

无论如何，这个解释范式的理论缺陷是显而易见的，因为它无法解释为什么族群冲突恰是在国家发展取得显著绩效的条件下发生并持续强化的。换句话说，为什么发展并未提升边疆社会秩序的稳定性，相反，与以往相比，社会不稳定的程度却似乎越来越高？

二、边疆话语政治的历史与现实

在现代中国的民族—国家建设进程中，边疆板块的政治松动并非改革开放之后开始出现的新物。上一次更为剧烈的松动是在辛亥革命之后，即蒙、藏、回对清帝逊位后的民国政权所表现出来的政治离心力。从地缘政治上看，当时是，殖民主义体系尚未解体，中国的边疆危机受外部行动者的影响颇重，特别是英国、俄国（以及后来的苏联）。从文化上看，"君权天授"的文明帝国神性统治的终结，也是彼时诱发边疆不稳定的结构要素之一。

实际上，现代中国民族—国家制度的最终确立，是由中国共产党完成的。在新中国成立之前，民国政府无法真正对边疆地区实行有效的统治，更多是享有一种名义上的主权。而中国共产党人通过革命斗争，驱逐了殖民主义和帝国主义在华势力，迅速整合边疆，实质性恢复了晚清疆域，将国家力量推到边境的每一寸土地，从而在现代语境下重建了"大一统"格局。这个由中国共产党领导的国家建设进程，尽管基本符合欧式的民族—国家建设经典理论，却也具有自身鲜明的独特性。这种独特性主要有两个来源，一是历史传统有变形的延续，二是中国共产党本身的角色和作用。值得注意的是，这二者实际上是契合为一体的。

首先，为实现共产主义的信念、使命与追求，造就了中国共产党在意识形态上的超越性，甚至是某种宗教性。对共产主义的价值追求，不仅与"天下观""教化远人"的使命感和普世关怀类似，而且与"劫富济贫"的传统正义观相通，对于动员与团结人民起到了非常重要的历史作用。它使当时全中国的绝大多数人，除了"阶级敌人"（尽管这个角色是不可或缺的），都在颇具现代感的阶级政治的话语感召下，成为一个与"文明帝国"类似的政治共同体的成员，而中国共产党就是这个共同体的政治核心与组织基础。

其次，对于艰苦卓绝、近乎"神迹"的革命历程的社会认知，在边疆社会树立起中国共产党至高无上的政治与精神权威，并具象为对毛泽东本人的崇拜。在彼时边疆社会的文化观念中，对于毛主席的理解和想象，与其说是革命家，不如说是"大可汗"。新中国成立初期，以军队干部为主的"民族访问团""民族工作队"，甚至是军队本身，之所以能够迅速进入少数民族社区并同群众打成一片，与他们作为"毛主席的代表"而出现的文化身份有关：少数民族群众之所以热烈欢迎这些干部，是为了与"毛主席"建立起联系。而毛泽东的这种"神性权威"，在相当大的意义上也是"天命"与皇权观念的历史延续。

再次，50年代之后，随着边疆地区社会主义改造的深入，在社会身份上，干部/群众二元分类的重要性远超任何其他社会分类体系，包括族群分类。自彼时起至改革开放前，中国的地方政治都是在"干部"与"群众"两个群体的结构互动中展开的，而国家政治的要旨，则是规范政治精英与草根社会的关系，即要求各级干部"从群众中来，到群众中去"，"为人民服务"。这使得中国社会的政治组织结构，是高度国家化的。当然，这种结构与文明帝国时代基于乡村自治的官民二元结构不同，而恰是新中国建设民族—国家体制历史实践的产物，但它的文化逻辑与历史仍然是相通的。

最后，军事力量的介入。中国古代边疆治理的基本策略，是文武兼治。其中，文治传统的话语表述，以《论语》中"远人不服，则修文德以来之"的说法为代表；而武功的张弛，虽因时因势而定，但从机构设置仍可见其用意。如清代在边疆的建制，无论是伊犁还是乌里雅苏台，无论是盛京还是吉林，皆以"将军"为主，其职责全在军事，并不兼署民政。前现代的泱泱帝国，正是依托于国家强大的军事力量，边疆的基层秩序才得以建立。事实上，直至今日的民族—国家时代，军事实力在维持边疆稳定中的作用一如往昔。

然而，以上四点，除军事因素外，都是在特定历史时期的特定历史产物，难以真正实现常规化与制度化。一旦宏观意义上的历史背景与条件改变（如世界史意义上的"极端的年代"的终结），自然会显露出种种危机。

试举一例。改革开放之前，基于阶级政治的社会主义改造深刻地改变了边疆社会，基层社会的传统权威一夜间荡然无存，皆由国家干部替代，从而构建出新的高度国家化的权力组织形式和文化权威模式。无论是地主、头人、首领还是喇嘛、阿訇、巫师，他们或被重新分类进入"群众"的序列之中（往往处于下端），或隐姓埋名，披着"群众"的外衣，隐蔽地延续着作为传统知识或权威继承者的角色。然而，改革开放后，这些人同样似乎是在一夜间"重现江湖"，并悄然完成代际更替。

改革开放，意味着国家向社会让渡出部分，甚至是大部分经济决策权力。其社会后果，是在干部/群众二元分类的结构中间，出现了各种具有自主行动能力的商业性群体。这是一个结构性变迁，它意味着社会力量的崛起，国家无法继续垄断以干部为中心的社会精英的生产与再生产机制。而族群政治的社会功能之一，就是创造自行生产新的族群精英的社会机制。

今日，边疆基层社会之所以对国家政治表现出一种或直接或阳奉阴违的抗拒情绪，其核心即在于国家文化权威地位的动摇。在一些边疆地区的基层社会，基层政权正在与宗教势力展开争夺群众影响力的激烈竞争。这个竞争图景的一个剪影，就是宗教在基层的复兴。实际上，基层政权在这种竞争中未必占据优势。在很多地方，已经是宗教人士变相地"管理"基层干部，而非相反。村民有事往往是去找寺庙，而不是找政府。基层干部涉及百姓婚丧嫁娶的决策，时常不得不听从宗教人士的意见。

　　族群政治与其说是一种自发的现象，不如说是社会行动者为实现工具性目的而选择的行动策略。经典社会理论对于族群的一般理解，无论是马克思主义将民族意识看作是一种"虚假意识"（这种意识终究会被一种共享的、利益一致的阶级意识所取代），还是韦伯关于族群主观性特征的经典定义❶，特别是以盖尔纳❷和安德森❸为代表的当代建构论理论家，都在强调族群建构作为一种包含着特定意图的社会行动的政治性特征——无论这种建构的行动者是国家政府还是族群精英，抑或是二者"无意间的合谋"。由此可见，当代中国的边疆问题，并非仅是边疆社会自身的危机，更是国家层面的危机。它是中国民族—国家建设进程在一个新的历史阶段所遭遇的一种貌似传统、实为全新的挑战。

　　在应对这个挑战的过程中，由国家主导的边疆发展进程，仍然保持了"自上而下"的运行机制。各级地方政府无论是致力于促进发展，还是致力于维护稳定，其核心关注点都是"向上负责"，而不是对社会的客观变化做出真正适宜的回应。对于像中国这样一个疆域辽阔、地方差异性强、文化多样的国家来说，统一的发展模式、差异化程度很低的发展路径，无法对边疆社会的多样性事实做出足够灵敏的反应，以提升发展的包容性和文化适宜性。由此带来的一个问题是，当"发展至上"的政策取向面对族群政治的挑战时，国家惯常使用的手段是"压抑"而非"释放"，从而造成社会不满的累积。相反，与僵硬的国家策略相比，族群政治的行动各方，却可以在复杂的社会变化中，灵活地保持自己的组织原则与动员手段，并在国家制度甚至不是百密一疏的漏洞中发现生长的机会。

　　显然，仅靠维稳，并不能完善当代中国的民族—国家建设。维稳只是一个技术性手段，而非国家政策的终极目标。真正的社会稳定，并不仅仅在于

---

❶　韦伯的族群定义："对群体亲和力的信念——无论其是否有任何客观依据——可能产生重要的后果，尤其对政治共同体的形成更是如此。我们将把这样的人类群体称为'族群'（ethnic group）：这些群体的成员由于体型与习俗（或其中之一）相似，或者由于殖民与迁徙的记忆，而在主观上相信他们是某一祖先的共同后裔；这种相信对于群体形成之宣传必然颇为重要。至于是否在事实上存在血缘关系并不重要。"（见马克斯·韦伯：《经济、诸社会领域及权力》，李强译，北京：生活·读书·新知三联书店，1998年版，第111页。）

❷　厄内斯特·盖尔纳：《民族与民族主义》，韩红译，北京：中央编译出版社，2002年版。

❸　本尼迪克特·安德森：《想象的共同体：民族主义的起源与散布》，吴叡人译，上海：上海人民出版社，2011年版。

人民的丰衣足食、安居乐业，而是必须植根于文化。只有国家树立起不可动摇的文化权威，才能为一切制度与行为提供价值判断的坐标，规范社会成员的行为，提供社会秩序稳定的基石。这也是话语政治在边疆问题中的重要性所在。

作为民族—国家建设的主要工具，无论是补偿性法律制度，还是公民教育制度；无论是标准化的公共服务体系还是国家化或商业化的大众传媒体系，其背后都是以文化为支撑的。任何国家化的制度安排，若没有相应的文化体系的支持，正式制度必然受到基于非正式制度的挑战。因此，边疆问题的出现，无论具体表现如何，其深层结构必是国家主流文化影响力的衰败。在一些边疆社会，当儿童热衷于学习宗教，而不是接受学校教育的时候，不仅是宗教运动使然，也是因为学校教育的内容，脱离了当地人的日常生活与地方性知识。其最严重的后果，是国家可能丧失对下一代公民社会化过程的文化干预能力。

今天，在恐怖主义成为边疆稳定的现实威胁的条件下，如何反思恐怖主义的文化根源，又如何应对，成为社会热点话题。实际上，当暴恐事件频发，我们耳畔听到的反对恐怖主义的社会声音，并没有族群之分。在面对恐怖主义这样的反人类暴行的时候，主流和边缘社会在共享同一种价值观、同一种道德、同一种看法，即不能以滥杀无辜作为政治诉求表达的极端手段。

处理边疆问题，国家需要时刻展现自己超越性的文化关怀。在这种关怀之中，国家需要包容不同地域、不同社群的不同文化取向，并在此基础之上，构建更具超越性的普遍主义价值观与道德规范。国家的文化高度，若不能以普遍主义价值观为基础，则国家危矣！

三、发展的幻象：边疆族群政治的话语生产

同主流社会一样，边疆发展的方向，始终确定地指向现代性，这是一个不可替换的发展目标，也是人类社会发展的一种规律。然而，在发展的过程中，"边疆"与主流社会可能面临不同的处境，特别是市场化的经济发展必然产生某种不均衡结构，从而制造并强化区域与族群间的经济不平等，并在文化上不断消解族群传统——也正因此顺理成章地推动了族群的文化自觉。

多年以来，在国家化的发展话语主导之下，经济发展水平相对落后的边疆，成为"被发展"的对象，特别是在世纪之交"西部大开发"等工程实施之后，这种边疆发展的被动性显露得更为明显。因为，在以投资和基础设施建设为中心的经济发展模式中，边疆发展的动力源主要来自外部，而与之相对应的内部资源，特别是人力与现代性文化资源，则明显不足。这虽然与历史因素（如边疆经济发展水平的历史基础薄弱、市场的区域分割、边疆居民的受教育水平相对较低等）有关，但与发展模式同样有着密切的关联。

就发展的社会影响而言，一方面，无论是职业化的分工，还是市场规则的一致性，发展不仅带来物质条件的改善，而且正在不同人群之间建立起新的连接纽带；但另一方面，发展同时也在破坏既有社会秩序的稳定性及维持这种稳定性所必需的文化结构，从而产生普遍而强烈的社会焦虑。这种焦虑很容易被转换成对于日常生活中的"他者"的敌对与排斥。值得注意的是，这种他者构建的社会行动，是在社会互动中发生的，因此族群之间的对立与冲突，绝非某一族群"无事生非"地排斥另一个族群，而必然是互斥的。从这个意义上说，曾经和睦相处的人群，在彼此之间重新树立起社会藩篱，必有其结构性诱因。

发展就是这种诱因之一。族群政治在边疆表现出其社会重要性和新的活力，主要来源于一种与发展模式有关的分配性冲突。经济因素对边疆社会的影响是显著的，当发展造成族群间不平衡的竞争及同样不平衡的后果，尤其是当经济制度出现某种程度的"内部殖民主义"❶ 的特点时，族群冲突就可能在酝酿之中了。

然而，更重要的是，发展所带来的各种经济要素的重置和重新分配，会在一定程度上导致以往既有的社会秩序及其再生产无法继续维持下去，因此在文化上必然产生对这种变化予以重新解释的社会需求。但是，当国家或主流社会对此提供的理论解释缺乏说服力的时候，特别是在稀缺资源的占有与分配、区域之间的发展差距、外来开发对本地经济的影响、劳动力市场和就业机会分配等诸多制度性问题上，如果边疆社会不满意于现状以及对于现状

---

❶ Hechter, Michael: *"Internal Colonialism: The Celtic Fringe in British National Development, 1536-1966"*, Berkeley: University of California Press, 1975.

分析的主流说法，它就会产生另外一套民间的话语，将发展带来的负面效应解释为对立族群"主观意图的客观实现"（如新疆流传甚广的一则政治笑话说："新疆的火车拉出去的是石油，拉进来的是汉族人。"）。这种说法的滥觞，在情感意义上使边疆的发展成为一个文化幻象，从而在社会心理上销蚀了发展带来的积极影响。

这个发展幻象的由来，并不仅仅基于边疆族群对既有发展模式的普遍不满，也暗示着主流社会在文化认知上对"主流的现代性"与"边缘的前现代性"的刻板定义。这种定义无疑是一个虚假的命题，主流与边缘的关系，并不存在文化上的高低贵贱之分。在当下关于边疆问题的讨论中，有一种相当强烈的声音，认为主流群体是现代化和国家建设的主要承载者，所以在发展议题上应该有更高的发言权。同时，在很多人看来，所有地区的资源都是国家的，主流的发展模式才是"正确的""合理的""符合现代化要求的"。因此，为了实现现代化，暂时牺牲一下地区间的公平也是"可以容忍的过渡形态"。实际上，主流社会基于自身的世界观和文化模式，将边疆想象为一个不如自己的、"原始的""落后的""愚昧的"社会空间，是对边疆和生活于边疆之人的一种污名化❶。主流社会对于族群文化这种傲慢而笨拙的认知模式，即使不是边疆问题的增强剂，至少也在观念上阻碍了主流社会自身对于边疆问题的深入理解。

同样的道理，主流社会对于"发展"的认知，也时常难以摆脱一种刻板的思维定式，即认为"发展"的目标、路径与判断标准都是确定的；其终极后果，一定是某种类型的无差别社会，如共产主义社会或"历史终结"的某个所在。在这种观念的误导之下，很多人认为，边疆之所以成为边疆，不是因为它还未纳入主流发展的必然性之中，就是因为它注定无法与主流发展行进在同一条轨道上。显然，对于前一种可能来说，在发展与稳定的关系上，发展的作用是决定性的，发展将带来文化的同质化，从而消弭基于文化差异的冲突，实现稳定；而对于后一种可能来说，稳定是决定性的，因为发展可能会增强"潜在的敌对势力"的力量，为保证发展目标的实现，维护社会稳

❶ 关凯：《被污名化的"边疆"：恐怖主义与人的精神世界》，《文化纵横》2014 年第 3 期，第 31-37 页。

定在政治上是最重要的。在这样一种知识逻辑中，我们很容易陷入一种迷惘的境地，即究竟应该如何面对边疆：是"自由放任"式地消极顺应边疆的发展与变化，还是以一种代表先进文明（现代性）的引导者身份，积极引导、干预边疆的发展？

这样一种迷惘直接体现在以往关于"发展与稳定关系"的话语表述上，"以发展求稳定，以稳定促发展"的经典叙事显然带有一种修辞上的狡猾，而实际上含义模糊，模棱两可。类似的教条说法深陷于某种官僚式的惰性与空洞，不仅无助于创造社会共识，也在知识观念上强化了故步自封的体制排他性，并约束了国家与社会的思考、表达与沟通。自90年代至今，边疆问题即使不算是沉疴已久，至少也是渐趋危重。其中，主流社会对此问题的话语表述，或可言"乏善可陈"，国家渐渐陷入话语自困的僵局。

实际上，发展是一个动态的、不断产生不确定性，也不断自我调适的过程。边疆社会的文化多样性，并不是静态的呈现，而是动态的建构。当传统的秩序和生活方式受到冲击，人们自然而然地会做出抗拒的反应，由此强化了文化差异的现实政治意义。就此而言，发展本身并非仅是物质性的，同时也是精神性的。如果发展工程的建设者们在内心里认为，边疆的文化多样性可以通过发展消除的话，那就陷入了老套的同化主义的文化一元论误区——将少数人的族群文化整合进多数人的主流文化不仅是可能的也是可操作的。这个看法在20世纪中后期受到多元文化主义的强烈质疑，因为同化不仅会刺激少数人更为激进地保持自己的族群传统，而且不符合现代社会的基本价值规范——在不违背人类社会基本伦理的前提下，每一个人都有权利保持自己的文化特点。对此，多元文化主义提倡一种以"公民结合"（civic incorporation）的方式，在维护公民权等共同的基本价值观的前提下，促进族群文化与主流文化共存，从而形成文化上的多元❶。

对此早有体察的中国社会学家是费孝通。当年费孝通先生以"中华民族多元一体格局"之论，试图解释中国社会文化结构的双重性，即在社会的文化"多元"之上有国家的"一体"。但令人惊奇的是，迄今为止，"中华民

---

❶ Kivisto, Peter: *"Multiculturalism in a Global Society"*, Oxford, UK: Blackwell Publishing company, 2002.

族的多元一体格局"仍然像是一个理论假说，鲜有后来的学者对这个理论进行过有意义的发展性探索。相反，分民族的文化研究始终是中国民族学研究的主流范式。同时，基于国家的民族识别及相应的知识建构，族群边界不断被实体化、本质化，形成社会性的知识生产的路径依赖。在这种知识语境之中，即使是源起西方的多元文化主义，在中国的理论介绍与解释，也多是更重视其"多元"，而忽视其以自由主义为基本原理的普遍主义理论特征。

四、边疆的长治久安：以国家为中心的视角

当今世界仍然是一个以民族—国家体系为政治基础的世界，但激进的全球化进程正在改变民族—国家建设的时代语境。无论是活跃在全球市场上的跨国资本，还是以国际规范为价值坐标的跨国公民社会组织；无论是网络化信息技术的普及应用，还是西方霸权在知识生产领域的继续扩张，各种因素都在客观上对民族—国家的主权构成各种制约。

中国作为世界体系中的后发国家，其民族—国家建设的历史经验与众不同，特别是随着中国经济发展的起飞，国际地缘政治格局正在发生敏感微妙的变化，"遏止中国崛起"已是国际主流社会某种心照不宣的共识。一旦中国的国家建设工程出现失败的迹象，那么，未来世界在全球性霸权的支配下走向某个"历史终点"的可能性将大为增强。而那时，中国人或将真正成为"没有历史的人民"❶。但也正因如此，中国道路无疑是艰难崎岖的，当下国家建设所面对的内外压力，无论或隐或显，都是空前的。

中国政府致力于维护社会稳定，有其现实的合理性。自近代殖民主义势力到达太平洋西岸之后，中国第一次具备了今日的经济发展水平与国家实力，但也在剧烈的社会转型中积累了诸多严重的社会问题。对于这样一个局面，从宏观角度看，中国确实需要一个发展的窗口期，在保持社会秩序稳定的前提下，为国家积极面向的发展与转型留出必要的时间，而非在激烈的社会动荡中，或在付出巨大代价的条件下，最终完成这种发展与转型；或沦为

---

❶ 埃里克·沃尔夫：《欧洲与没有历史的人民》，赵丙祥、刘玉珠、杨玉静译，上海：上海人民出版社，2006年版。

失败国家。

在这个大的历史背景之下，边疆问题绝非单纯的国家内部问题，更非区域性的、局部的问题，而是国家发展的战略性问题。从这个意义上说，"发展与稳定关系"实际上并不是国家内部治理的策略选择问题，而是有着更为深邃的含义。

边疆实现发展的前提，必须要拥有一个不存在暴力冲突的秩序稳定的区域社会环境。暴力性社会冲突是边疆发展面临的最大障碍，但冲突之所以出现，并非空穴来风，不仅是国际国内的诸多结构性要素使然，亦是由人的特定观念所导致。因此，维护社会稳定的根本，不仅要依靠国家的行政、军事与司法力量控制局面，更要在发生冲突的社会行动者之间创造出一种沟通、合作与妥协的文化机制。只有在对立的社会群体中树立起一种彼此包容的文化观念，族群政治才可能以一种具有建设性意义的面目出现，甚至是淡出社会生活。

"发展与稳定关系"的既往叙事，缺少对于人的精神世界的关注。曾几何时，无论是阶级解放还是社会主义改造，共产主义的"无差别社会"作为一种美好的乌托邦愿景，曾经打动过几代中华各族儿女的心扉。这个乌托邦愿景，同时也为"发展"提供了一种超越性意义。

当下对于"发展"的意义解释，其主要弊端就是放弃了这种超越性关怀，而将"发展"的意义锁定为发展本身，即为了发展而发展。在这一点上，虽然现代性是发展不变的文化面向，但发展所无法解决的文化问题，恰是现代性本身的文化困境。现代性文化观念，既包含科学主义认识论，也包含唯利是图的工具理性行为方式，以及个人成就至上、以财富占有和消费为最高人生目标等"现代主义价值观"。简而言之，现代性并非一个完美无缺的文化选项，相反，即使人们将从前对于乌托邦幻象的迷恋，转变为"人定胜天"的世俗理想，但现实生活中的种种不尽如人意，又可能驱使人们重新转向对于乌托邦，甚至是"天堂"的信仰与追求。由此反观当下边疆的发展话语，最大缺省项就是如何回应社会对于"天堂"的信仰呼唤。

超越性关怀，涉及人的情感与意义追求。当族群政治在边疆社会沿着发展的轨迹展开自身的脉络，国家需要面对的，不仅是物质资源分配的利益冲突，更是关于象征资源分配的话语冲突。而后者，才真正具有蛊惑人心的力量。能够弥补这一切的，唯有道德实践。人类文化对于美德与善行的解释，永远有相通的部分。

就此而言，边疆危机在文化上是一种道德危机。改革开放以来，虽然经济建设成效显著，但社会生活中的各种腐败现象与唯利是图的工具理性价值观严重侵蚀了中国社会的道德、信任与凝聚力。与经济上的发展相伴随的，是精神文明的倒退——人与人之间、人群与人群之间互怀恐惧与戒备，美德与善行被怀疑，潜规则在事实上被制度化，歧视挑衅尊严，等级威胁平等，特权破坏公正，诸此不一而足。一个充满文化危机的社会，如何能够秩序井然？发展与稳定的关系，如何能够从不正派的发展与高压下的稳定中破局？

另外，族群政治与国家对之的应对策略，构成一种互动关系。如果这种互动是良性的，族群政治的社会重要性就会降低，反之亦然。在吉登斯看来，现代国家的"第一特征"是"凡是国家都会牵涉对其统辖的社会体系的再生产的各方面实施反思性的监控。"❶ 这种监控中的"内部绥靖"，包括通过法制建设促使惩罚性暴力的消失、经济与政治相分离等，能够造成国家内部暴力递减的效应❷。这实际上也是考验国家治理能力的一个重要方面，唯有社会成员共同保有内化的对于道德与秩序的信仰，才能在根本上维护社会稳定。

边疆的长治久安，关键在于社会制度的文化包容性。民族—国家建设的宗旨，不仅要提升国家的整体实力和现代化水平，而且要提升社会自我协调、自我发展的能力。在这一点上，抑制族群政治的有效政策，必须是在超越族群政治的层面解决问题，即一方面要进一步推动基于个体公民身份的权利与义务实现机制，在现代性文化基础上确立基于个体的普遍主义价值观；另一方面，进一步完善国家的各种制度，特别是法律制度，在社会生活的各个领域充分保障社会公平与社会公正，润物无声地强化国家作为所有公民的命运共同体的道德认同、情感纽带与精神凝聚力。

当然，超越族群政治的国家视角并非对族群政治视而不见。在世界上大

---

❶ 安东尼·吉登斯：《民族—国家与暴力》，胡宗泽等译，北京：生活·读书·新知三联书店，1998 年版，第 19 页。

❷ 同上书，第 228 页。

多数案例中，非主流文化群体聚居于国家领土的边缘，背后都可能存在某种程度的族群政治的矛盾和紧张。在这一点上，国家固然需要有效处理边疆社会各种类型的族群冲突，建立各种适宜的制度以促进族群间的协商与合作，抑制族群民族主义的社会动员。但是，国家政府不能为了缓解或解决特定的族群冲突，而采取任何可能伤害个体公民权利及国家政治超越性的举措，那样的举措纵然一时见效，却在长远上必然对国家自身造成伤害，从而无法真正实现边疆的长治久安。

总而言之，今天，中国的民族—国家建设进程已经到了最为关键的阶段，进则可以实现国家、社会与个体对于共同历史命运的梦想，退则面临沦为失败国家的风险——那将是每一个中国人的噩梦。因此，国家必须承担起全面保卫人民的责任，这种保卫的对象，不仅是社会的安全与秩序，也包括每一个公民的尊严与文化认同。

五、结论

发展与稳定及二者的关系，是当代中国民族—国家建设的重要命题之一。关于这个问题的话语表述，同样具有高度的政治性，一方面代表了主流社会对边疆问题的认知模式，另一方面从一个侧面表明当下族群政治现象方兴未艾。

对族群政治与民族主义的反思，尽管不同历史时期的表述方式不同，但自20世纪初中国开始从帝国向民族—国家转型，一直是梁启超以来的中国知识分子上下求索的难题之一。章太炎关于民族主义的"此生民之良知本能也"之说[1]，恰与那个时代世界主流民族理论的原生论认知范式同构。但百年之后，今日国力强盛，族群政治一惯被视为"边疆问题"，而非梁启超时代的"国家问题"。

今日边疆的发展与稳定关系之所以纠缠不清，问题本身的现实结构固然复杂，但相较于人的观念，线索似乎更易梳理。发展造成的不均衡后果，引

---

[1] 章太炎：《驳康有为论革命书》，载《章太炎政论选集》（上册），北京：中华书局，1977年版，第194页。

发地域与族群冲突，由此为民族—国家建设工程带来压力，国家不得不应对族群政治的各种挑战。在这种应对之中，国家与社会各有观念上的预设，在民族与族群概念、公平与正义、国家的道德地位、普遍主义与特殊主义等诸多文化问题之上，国家未必中立，社会未必理性。

中国民族—国家建设的未来向度，在一定程度上确实取决于发展与稳定的关系。但真正的发展与真正的社会稳定，都必须基于对文化多样性的包容。在文化上，无论是现代性意识形态还是演变中的传统；无论是边疆族群的礼俗与情感，还是国家的核心价值观，国家在文化上治理边疆的困难，不仅来自盖尔纳所谓的工业社会的那种"与众不同的结构性要求"，是"政体与文化之间的关系必然进行深刻调整的外在表现"❶，也来自国家干预话语政治的失语。

边疆社会的族群文化边界并非主流想象中的那么清晰，而是一种彼此交叉、融合的模糊界限。但是这种模糊正在发展的语境中忽然变得清晰，原因是社会群体间的互动交往减弱，而冲突增强。这对民族—国家建设绝非福音。简言之，社会界限维持了不同群体的存在，排斥性的互动更是深化了群体内部的认同。因此，单纯把族群看作文化载体单位是一种浅薄的看法，文化作为群体分类的标准，其效力必须与族群政治的社会行动联系起来才能发挥作用。

中国的国家发展，取决于边疆的长治久安；边疆的长治久安，取决于主流社会对待边疆的态度。无论如何，当下的"边疆问题"既不是国家，也不是族群共同体单方面刻意制造出来的政治产物，而是历史发展的一个客观的阶段性后果。我们必须理性地直面这个后果，通过改进国家与社会的合作机制解决这个问题，而不是单纯地相信国家或族群可以凭借"一己之力"实现某种自我中心主义的目标，那注定是另一个"发展的幻象"。

发展与稳定，是边疆绕不开的问题。尽管从理论意义上看，发展是没有终极目标的、非线性的、探索性的，但以今日之历史时空定位，发展不仅从民族—国家为单位，而且是民族—国家建设的必经之路。我们反思"发展"

---

❶ 厄内斯特·盖尔纳：《民族与民族主义》，韩红译，北京：中央编译出版社，2002年版，第47页。

的意义，不是为了批评发展本身，而是为了批评在文化上可能不适宜的发展模式。任何社会转型都要度过充满危机与挑战的窗口期，只有把边疆问题放在这样一个框架中理解，我们才能在话语政治之外，发现问题的真谛并找到有效的解决方案。

（本文原载《学术月刊》2014 年第 8 期）

反思与发展

——基于滇西北和贵州的案例研究

王晓毅❶

我们处在一个大的发展时期，对于做社会学的、民族学的、人类学的学者来讲，谈发展的代价、发展所带来的负面影响，是非常普遍的。比如我近几年在北方干旱、半干旱草原地区和青藏高原的一些研究中所看到的，政府主导的发展项目带来了许多负面效果。生态保护项目无法保护生态，反而加剧了当地人生计的困难；资源开发中的竭泽而渔和无视当地人利益等。当我们看到发展所付出的巨大代价时，我们就希望从传统、地方性或基层社会找到与之相对抗的力量，这也就是我们强调自下而上的发展设计和强调当地人的主体性的原因。我们假设如果当地人了解了这些发展的代价并且有选择权的话，他们会做出理性的选择。

然而这经常是我们的一厢情愿，当地人对物质利益的追求也同样很强烈，他们也同样拥抱现代化，即使没有政府的推动，市场经济和消费主义对当地人也同样具有很强的诱惑。在边缘地区大开发中，当地人也成为其中的一员。这让我们感到疑惑的同时也感到无奈。所谓"可持续发展""另类发展"或者"生态文明"只是存在于对现代化的批评话语中，还是可以成为一个实践？我们今天想讨论的就是这样一个话题，我想用一些故事来说明可持续的发展或者生态文明何以会成为实践。

一、减贫与发展：政策的话语

少数民族地区的贫困问题是新时期扶贫的重要任务。在 2011—2020 年

❶ 作者为中国社会科学院社会学研究所研究员。

的扶贫规划中,中国有 14 个连片贫困区,再加上西藏和南疆,这些贫困区大多数是在少数民族地区。

少数民族地区贫困叠加了三个概念,即贫困群体、贫困地区和少数民族,这三个概念的叠加将少数民族所处的独特区域条件、社会文化与贫困密切地联系起来,贫困不仅仅是单独的个体,而是与地域和族群相联系的群体。通过这样三个维度的界定,民族地区的贫困问题与"落后"和"不发达"等同起来,而不仅仅是相对的收入和社会地位的问题。在这种语境下,减贫问题被等同于发展问题,而发展的主要手段是国家的规划和市场化,以及国家和市场的结合。

但是发展也带来了更多的不适应。边疆少数民族地区的产业多依赖自然资源,经济发展经常意味着资源的开发,比如对矿产和植物资源的开发,不仅有外来资本的进入,也有当地人为了提高收入而进行的开发。资源开发经常导致两个问题,第一是资源的过度开发,甚至竭泽而渔。尽管资源开发可以在短期内提高收入,但是因为资源枯竭将会导致未来更严重的问题。此外在资源开发中的利益分配也经常会引发社会矛盾,如外来开发者和当地人的矛盾、本地人之间的矛盾等。

此外,经济发展还意味着生活方式的改变,比如越来越多的外来商品进入到原来的农牧区,有些明显地改善了当地农牧民的生活,但是也有一些就很难说。在三江源牧区,我们看到随着虫草价格的升高,农牧民的收入明显增加,增加的收入被用于更换汽车、购买饮料,而且多数是仿冒的饮料。

当西部地区的农牧民在拥抱发展的时候,也为这些问题所困扰,当他们获得空间进行社会重构的时候,他们会调整发展方向。下面一些案例就是告诉我们,他们如何调整人与自然、人与人以及基层社会与国家的关系。

二、发展的再认识

(一) 在发展中寻找自我

滇西北的迪庆被认为是藏族文化的边缘地带,受到汉族、纳西族文化的影响,城市藏族居民多不懂藏语,农村的藏族居民多不懂藏文。20 世纪 90

年代末，几个受过现代教育的藏族青年在德钦建立了卡瓦博格文化社并开始进行藏语和藏族歌舞的传授。

他们这几个发起人说，他们当年在德钦的时候，都不会说藏话，也不觉得不会说藏话有什么不好，他们一直很向往外面的世界。后来他们成为大学生之后，慢慢觉得身为一名藏族人，不会藏语是不应该的。所以当他们回到德钦以后，他们开始重新教授藏语，并推动传统的舞蹈锅庄和弦子的普及。在教授过程中，他们发现，舞蹈和歌曲里面蕴含的文化内涵是非常深厚的，远远超出了作为文艺表演节目的表象，这里面所包含的是人与自然之间关系的理解。

与卡瓦博格文化社的一批藏族知识分子类似，来自贵州的苗族知识青年杨胜文也在组织苗族青年重走迁徙路，掌握民族的传统。回到家乡后，开始向那些老人学习苗族文化。但是在村里面得到的反应是非常不一样的，许多人认为，家里面辛辛苦苦供他们出去上大学，希望他们能成为公务员，成为政府的人，你们竟跑回来学习这些传统的苗族文化。这些东西也许应该保留，但是也不是他们应该学的，而是那些上不了学、出去打两年工就回来的那些人。但是这些年轻人的坚持获得越来越多人的理解。

这些故事给了我很大的启示，这些人跨出了他原来的所在地区，开始接触外面的世界时，在这个过程中产生了新的动力来重新认识自己，重新认识他们的民族和文化。所以民族地区如何建立一个自我发展的观念，这些东西不是靠封闭，不是靠我们来不断地强调我们的传统文化有多重要所能达到的，而恰恰是在开放的文化环境当中，他接触了外界，然后他才重新意识到他的文化价值。

（二）在市场中重新定位发展

从这些村里走出去的知识分子可以在发展的过程中重新寻找到自我，那么对于那些村里的老百姓他们又是怎么样的呢？在德钦，我发现了几个非常有意思的故事。

雪达村药材资源非常丰富，老百姓采了药材后去卖，收入都很好。但现在，村民已经不采药了，村里制定村规民约，停止采药。他们说，村里面最近得病的人越来越多，原来这些野生药材分布在村子周边。虽然他们不直接吃这些药材，但是这些东西的成分可能会散布在空气中或散布在水里面，这有益于他们的身体健康，所以从来不得病。但这两年，他们把这些药材全部采光了，发现身体受到了影响，所以村里面做了一个禁止采药的村规民约。虽然他们的收入会有所下降，至少他们生病的人会减少。

明永村在80年代村民就自觉制定了村规民约，即全村户数不增加，如果一家有两个孩子，一般倾向于其中一个孩子要走出去。在明永冰川开发以后，牵马是最重要的收入来源，这个机会在村庄内是绝对公平分配的。这样的一个制度说明，村民认识到资源是有限的，要保持人口和资源的平衡。这样的观念，一直延续到了现在，不增户的制度也一直保留了下来。

当人们意识到人与自然的相互依存关系，就会意识到资源不是可以无限开发的，人的欲望也不是可以被无限满足的。

久农的村民保持了一种平和的生存需求。与内地农村不见年轻人不同，在久农有许多年轻人在村子里。他们不外出打工，因为他们感觉现在的日子更惬意。他们认为，如果出去打工，其收入远远抵不上他们所损失的幸福。由于很多年轻人都在村子里，这里的社区文化活动也开展得越来越丰富多彩。

所以，即使是在村民的层面上，当他们向外界的市场开放以后，他们会在市场中逐渐地来寻找一种新的定位。

（三）重新定义政府、开发商和村庄的关系

西江千户苗寨位于贵州省雷山县，省州县建设部门投资3个多亿在西江修建主会场馆、苗族博物馆、精品街建设、民族古街改造、观景台，以及生态水体建设、河滨道路民族特色改造等20多个工程项目，期望将西江打造为5A级景区。

西江千户苗寨旅游开发在带来村民收入普遍增长的同时，也带来越来越多的矛盾：首先，外来开发商的大规模进入；其次，村庄内部收入分化加剧；最后，村民原有的互助传统正在迅速弱化。市场经济在瓦解社区，但是在与政府的相互冲突中，社区的共同利益又把村民凝聚起来。此外，因为征地、建房和仪式的举办时间等，村民与主管旅游的政府部门之间的冲突屡有发生。为了给自己争取更多的利益，村民曾经多次组织起来，与政府协商，甚至出现村民围堵旅游区入口的事件。

村民在和政府及开发商的博弈中，他们会有很多新的发现，会发现很多他们原有的有价值的东西，他们会重新来定位他们自己。这个时候，我就在想我开始的困惑，当我们在谈现代和传统的时候，这两者在现实当中是很难结合的，但如果我们把一个"过程"概念引进来之后，我们就会发现，在这个过程中原有的所困惑的东西，是能够得到一些解释的，是能够看到一些思路的。

三、反思的发展

第一，反思不是批判发展中的一些问题，反思是建立在发展基础上的，反思本身就是发展过程中的一部分。当你步入了这样的一个发展过程以后，你会遇到很多的问题，你会重新思考你已有的东西和现有的东西之间的关系。

在社会发展过程中，少数民族原有的传统文化和传统社会不足以应对所出现的问题，因此被卷入发展的过程中。

第二，反思的目的不是怀念传统和文化，而是解决发展中的实际问题，因此反思是以行动为导向的。反思不仅仅是一个学者的哲学思考，比如，卡瓦博格文化社教授当地居民藏语，教他们跳舞；苗族的青年重走迁徙路，包括西江一个村子村民联合起来与政府主导的开发模式进行对抗等，这都是一个行动。所以反思是我们在发展的过程中真正能够采取的行动。

第三，如果我们把这个反思当成一种行动的话，这个行动是一个多方参与的过程。发展是一个多方参与的过程，特别是中国的发展是国家推动的市场化过程。在这个过程中，国家和市场发挥着重要的作用，而且他们更迷信单一方向的发展过程。

少数民族的贫困与少数民族地区的发展方式密切联系在一起，而发展方式的选择不是靠单一的设计所能完成的，尽管好的设计可以减少发展中的摩擦。发展方式的选择是一个不断调整的过程，这决定了作为行动的反思会是一个持续的过程，贯穿于发展过程的始终。

（本文根据作者发言录音整理而成）

原发基础的、利益的：转型期民族关系问题致因

——基于内蒙古地区个案

何　群[1]

内蒙古自治区地处祖国西北部边疆，蒙汉等民族交往历史悠久，是研究民族关系与国家社会稳定的重镇。本文在尽可能将内蒙古地区 1949 年新中国成立前后一直到目前有关文献、研究成果进行搜集、整理的同时，借鉴、结合本人有限调查所得，对 1978 年改革开放以来，伴随主流社会现代化提速、社会转型加剧，以及作为其中重要组成部分——少数民族地区社会、文化转型也随之加剧的进程中，"转型期"内蒙古民族关系问题的线索、致因，以及牵涉的领域、形态加以初步梳理和归纳。希望通过此个案，就引发民族关系文化差异的"原发基础的"因素，以及表现为"利益的""特征"形态等的认识，展开初步讨论与回应。

与民族关系问题相关，一些研究总结民族凝聚力的源泉存在三类因素，即"原发基础的""利益的"和"特征"因素。"原发基础的"，代表"纯粹的文化"，它使得族群作为具有共同祖先的"文化集合体"而凝聚起来，人们对于本族文化的感情要求保存和发展自己的文化传统的愿望使他们凝聚起来，成为"文化抗争"的力量。"利益的"，代表"社会分层现象"，共同的社会地位与共同的利益追求也使他们凝聚起来，族群成员共同的实际利益在今天的社会中，逐渐成为在族群冲突中实现社会动员并具有决定性作用的因素。"特征"因素，是强调每个个人的经历与倾向会影响族群成员之间的

[1] 作者为内蒙古师范大学社会学民俗学学院教授。
本文系作者主持的教育部社科研究基金一般项目"转型期蒙古民族的同一性与差异性——以文化变迁为中心的田野调查"阶段性成果（项目批准号：11YJA850004）。

凝聚力和族群的整体力量。❶ 以上理论，可以帮助人们测度和解释当前民族凝聚力程度以及增强（或减弱）的源泉；同时，在谈论"凝聚力"程度时，谈论凝聚力"增强"或"减弱"时，都是在与一定主体对应或关系场域中谈论，因此，事实上三者本身即作为民族关系动因而存在。

与"原发基础的""利益的"和"特征"作为民族凝聚力源泉，以及事实上往往与之构成同一论题的民族关系讨论，实际上验证了多民族共处形成的社会——"民族现象和社会阶级现象互相交叉而形成"，呈现为"民族社会构成体"这一民族学和社会学"共同的研究区域"❷——这一判断的强大解释力。"民族社会构成体"，这种构成，"既具有民族参数，又具有社会本身的参数。对它们相互作用的研究构成了一个特殊的边缘学科——民族社会学的任务"。其研究形成"两个相互联系的方向：研究不同民族环境中的社会过程和研究某些社会集团中的民族过程。前者可称作社会民族方向，后者可称作民族社会方向。我们看到，这两个方向是过程和结构的交叉。第一个方向的最终研究任务是通过比较分析弄清楚各种民族环境对社会进程的作用。第二个方向的基本研究目的是确定民族变化对社会因素的依赖性"❸。在一个多民族社区中，如何分辨民族过程和社会过程，并在这种"分辨"基础上，观察这两个"过程"——民族过程和社会过程的联系，这是厘清因素脉络的认识方法。"民族社会共同体"中，作为要素之一——某具体民族而言，其所处社会环境——"社会过程"，是决定其"民族过程"的重要参数和变量；作为另一要素——社会的"社会过程"而言，若考察这一社会的社会过程，那么，民族—文化是作为社会过程的重要参数和因子。社会过程与民族过程，共同构成"民族社会共同体"，这两个过程是方向、过程和结构的交叉体。

就内蒙古个案而言，作为民族关系发生的舞台，全区总面积 118.3 万平方公里，占全国土地面积 12.3%。北部与蒙古国和俄罗斯联邦接壤，国境线长 4221 公里。东起兴安岭，西至阿拉善戈壁，地跨东北、华北、西北，靠

❶ 马戎：《族群关系变迁影响因素的分析》，《西北民族研究》2003 年冬季卷，第 12 页。
❷ ［苏］尤·博·勃罗姆列伊著：《民族与民族学》，李振锡等译，内蒙古：内蒙古人民出版社，1985 年 4 月版，第 314 页。
❸ 同上。

近京津。东部为广阔的呼伦贝尔草原、大兴安岭林区和松辽平原的一部分，中部属锡林郭勒草原和阴山山脉及丘陵地貌，西部属沙漠戈壁、鄂尔多斯和乌拉特高原及黄河河套平原。森林茂密、草场丰美，农田肥沃、水域广阔，野生动植物众多、地下矿藏多样。自然资源富集，堪称得天独厚。与自然环境丰富、多样性一致，这里是游牧、渔猎文化的摇篮，也是农耕文化向往的沃土。这里历史悠久，文化接触过程错综复杂。相对而言，蒙古族是此地最早居住者，也是目前国内蒙古族主要聚居区。在广阔、多元、复杂的地理、人文空间中，蒙古族星罗棋布，与区内占人口绝对多数的汉族以及其他民族，形成大杂居、小聚居的分布格局。从历史演化、民族人口结构、地域分布等因素看，民族关系主体是蒙古族与汉族的关系。除传统农、牧（主要表现为蒙古族与汉族）关系和矛盾，半个多世纪以来，国家现代化进程扩散，人口流动、文化接触以及因所在地理、区域以及历史际遇等多种因素作用，民族关系内容及形式既存在旧有的方面，也显示出新的关系领域与问题端倪。

一、内蒙古历史累积、社会底色及作为民族关系主体之一——蒙古族文化、社会的变化

近现代以来，内蒙古地区民族关系主体是蒙古族与汉族的关系。了解内蒙古地区蒙古族与汉族文化、心理及目前的关系，不能忽略这一地区的历史累积与社会底色。其总体脉络大致为：蒙古族与"内蒙古人民"，"走西口""闯关东"、现代化扩散与中国最早建立的内蒙古自治区。此中，参与社会运行之要素，包括政府民族区域自治制度和政策效用、效果；作为世居的蒙古族人民对自然资源利用等方面的权力情结；汉族等移民进入与地方传统文化的碰撞。新的民族社会共同体的构建，表现在通婚、生计、社会组织、观念等领域的吸收、借鉴、融合。这是该地民族关系的主流，即各个民族已经形成的"谁也离不开谁"的生存、发展格局。

谈论民族关系，尽可能了解关系主体的真实世界至为必要。蒙古族为传统游牧民族。概念中的蒙古族，是草原上的牧人，放牧、骑马、"炒米、奶茶、手把肉"，这是人们对蒙古族文化、社会的一般印象。历史演进至今，

外部现代化进程冲击、人口流动、文化接触以及所在地理、区域、历史经历等内外多种因素作用，事实上，现实中的蒙古族内部已经存在巨大差异。这种差异，表现在生存方式、文化、语言等各个方面。如生产方式的变化，游牧、农耕、半农半牧并存。职业、行业上，城市职工、政府公务员等各行各业均有分布。饶有兴味的是，与多种因素相关，职业、行业分布呈现一定集中性或分布不均衡状态。如政府、党委机关较为集中，而科技、企业管理部门相对较少。总之，与所在地区历史、自然条件、社会环境等多重因素相关，蒙古族社会、文化多形态的现实，决定了其可能存在的民族关系的社会空间和场景、景象的复杂、多样。如内蒙古东（指与黑龙江、辽宁、吉林交界的呼伦贝尔市、通辽市、赤峰市）西部地区（指乌兰察布市、巴彦淖尔市、鄂尔多斯市、阿拉善盟以及呼和浩特市、包头市等地区），因蒙汉接触历史长短、文化互动层面与频率存在一定差异，从而所形成的"民族社会构成体"运行形态，也可能不应一概而论。

二、自然环境与游牧文化，生态环境恶化、政府治理对策

游牧民赖以生存的草原、林地等生态环境的恶化，以及国家和当地政府的治理对策——"退耕退牧还林还草"环境政策，"生态移民""围封转移"等社会发展战略社会进程中传统产业萎缩，传统社会解体，以及由此引发的生计、教育、返贫、借贷等问题，是近些年引发内蒙古牧区、林区等少数民族地区社会矛盾比较多的领域。由此引出的少数民族与国家、与当地政府的隔阂，引起的民族心理、情绪的动荡，是一种现实存在。谁是环境破坏者？是汉族？蒙古族？还是国家？地方？谁是环境危机的直接受害者？谁又为政府"天然林保护工程""退耕退牧还林还草"等环境政策付出了更多代价？谁该为草原荒漠化"埋单"？能否找到国家环境政策推行与当地民族经济可持续发展、民族文化繁荣以及当地社会和谐的平衡点？凡此，矛盾的复杂性，涉及的变数，远远超过了内蒙古由相对单一、同质性的传统游牧文化以及传统狩猎民族鄂伦春族等一些地区和社会，转向农耕、现代化等复杂、异质性文化和社会变化过程中原有的"农牧关系"或"猎农关系"的概念。

以上问题和矛盾，涉及历史、制度建设、社会管理水平、文化适应能力等因素。如何协调好各种因素，保证各利益方利益的最大满足，同时保证社会凝聚，这也是困扰 21 世纪人类的重大问题之一。民族关系之于多民族国家如此难缠，而哪些主要因素作用其中，显然是试图改善民族关系所绕不开的一环。而从引发问题的根本——民族差异，即"原生性的"因素，与目前一定程度上体现的民族社会分层、利益、资源争夺致使的新的民族认同，或许会切近一些对实际的认识。

如内蒙古蒙古族牧民的社会生活，政府在一些牧区实行的"围封转移""网围栏"等意在恢复草原生态、保证当地社会可持续发展的政策，推行至今，出现一些令当地政府和牧民均感意外的事关牧民生活保障、社会和谐有序等严重矛盾。从牧业与环境关系平衡看，现在不少牧民感觉到此政策的"不对头""不合适"，引发了牧民因不善其他经营而出租所承包草原、收入减少以及增加的子女教育成本、家庭生活紊乱、传统社区功能减弱、返贫等带有民族矛盾特点的社会动荡。似乎有必要重新强调的事实是：中国东西部发展差距，确实体现在人们生活水准的不同。据 2009 年暑期去东乌旗某嘎查（村）调查回来的学生汇报，她住了 20 多天，由 90 多户蒙古族牧民组成的牧业村落，因居住格局不同于汉族村落，各户之间距离较远，不便于由公家统一拉线供电，夜晚照明及电器用电，由各家自行想办法解决。富裕些的家庭购有发电机，不富裕的买不起，因无照明，天黑则睡觉。她的房东还算富裕，但是发电机也不常开，只是过年过节或必要时才用发电机。家里有电视，但是因不开发电机，平时基本不看电视。她的手机需要充电，但是发电机不开无法充电。后来房东发现，遂托人带到一近处亲戚家代为充电。这个嘎查的牧民洗澡也困难。她在那里二十多天，只洗过一次澡，是一次搭顺车到苏木（乡）所在地个人开的澡堂。由此联想，西部地区早已存在的高学历者外流现象短期内不会消失。与经济发展程度伴生的收入微薄、社会开明风气之欠缺、嵌入几近固化的地方社会结构、利益关系成本之高，以及无形的对异质性、鲜活事物的排斥、抵抗，凡此，也每每构成社会凝聚的消解力量。

三、城市化进程与民族关系

可以认为，城市化进程加速与蒙古族劳动力进城务工人员增多，从而引出文化传承、适应、文化复兴等现实，城市民族关系问题应运而生。随着中国逐步建立城乡统一的劳动力市场，劳动力流动成为中国一种特殊的移民形式，即流动的劳工。流入城市的少数民族人口，在就业、生存方面存在的文化适应、文化冲突，民族传统文化在城市的继承与改造，以及伴随上述过程存在的民族关系，日益成为民族及民族关系新时期演化、互动的重要领域与舞台。如改革开放呼和浩特市因作为内蒙古自治区首府，特有的政治、经济、文化资源，吸引了来自农村、牧区以及区内其他中小城市的大量人口前来寻找机会。在这些流动人口中，不难发现，存在明显多于北京、上海、大连等城市的蒙古族人口。如蒙古族"的哥""的姐"，这很快会从其带有蒙语韵味的汉语、一些行为方式、正在听的蒙古语歌曲中发现。而在呼和浩特市，也流传过据说主要由前来打工的人组成的类似亚文化组织。

我们说，在社会急剧转型时期，一些亚社会组织团体的出现，是社会运行的常态。然而，在特定时空中，如在自治区首府城市，在当下人口流动加剧、"找工作难"竞争激烈的背景中，带有民族特色的亚社会组织形成的原因与功能，就变得耐人寻味。据初步了解，前来呼和浩特打工、寻求发展机会的内蒙古东部盟市的年轻人无正式职业者较多。尽管东部区的一些蒙古族人知道西部蒙古族人在呼和浩特市"人多"，但是考虑到同是蒙古族，呼和浩特蒙古族人多，又是自治区首府，因此，出来打工，找发展机会，还是倾向于选择这里。以上一些线索表明，作为首府城市呼和浩特不同于国内其他城市所具有的"民族特色"资源，它意味着较易获得工作，文化背景接近，并有本族自治区的多种保障。这些，也构成对蒙古族外出务工者的某种"拉力"。

上述现象，似乎体现出"原发基础的"即源于同一民族的认同与情感，也似乎与"民族性"的讨论争议存在牵连。一般认为，民族的本质内涵，在于区别"我群"（自己人）与"他群"（他人）。它可以通过具有相当稳定性的一系列文化特征加以展开和维系，并为其成员们的族体意识所自觉。但是在现代社会，"在有的学者看来，一个现代国家的范围很广，其中包括了许许多多的小单元，存在着阶级、职业和地位的差异，……民族性或众趋人格等概念更适合于在一个小部落或小村庄的社会群体内使用"❶。对此，许琅光先生做了回答："即使一个社会异质性程度非常显著，可被称之为一个'多元'的社会，但是在某种层次上仍会表现出一致性。因此，除非有个强有力的革命将它分散，否则每个社会多少都是有组织的整体，每个社会的生活方式在其他社会相较之下，也多少都会显示出具有连续性、一致性和特殊性。"❷ 我们说，就类似蒙古族等人口较多、历史以来即与主流社会存在结构性渗入的民族而言，尽管传统文化、社会分化较为明显，但体现于"原发基础的"民族凝聚力依然强健，尤其是当下与社会过程、社会环境互动中的激发。

或许不同于汉族等外出打工者，蒙古族等民族外出务工人员，存在某种来自文化的天然压力与困难。如因语言不同、不流利，传统技术局限，生活习惯、心理等方面存在的适应问题。笔者看到，在呼和浩特市，集中于内蒙古师范大学、内蒙古大学周围，以及零散分布于全市、规模不等的蒙古餐馆，老板、服务员多为蒙古人，成为蒙古族传统文化传承、传播的一大亮点。而位于城内核心地段的巴彦德乐海、蒙古大营、新乌兰饭店等，因其"企业文化"具有浓郁的蒙古族特色，这吸引了社会各界人士前来光顾，事实上成为当代蒙古族文化在城市聚合与扩散的重要场所。而普通饭馆，似乎蒙古族打工者不多。据一些调查显示，在其他服务性行业，如餐饮、娱乐、商店售货员等行业，因语言或一定程度的心理、习俗等原因，蒙古族打工者往往不多，或改换工种频繁，而这影响到当事者身心。生存竞争中的得失，必然促使他们反思自我、反思社会。当然，也有一些因迁出地文化接触条件、出来早、汉语流利，并因身体好、性格较为质朴而在城市找工作和实际工作中独占优势。

城市是蒙古族与汉族等其他民族在风俗、心理、行业—职业、政治权力、教育、居住格局等文化、社会广泛接触与互动的重要场所。考察民族自

❶ 周大鸣：《人类学概论》，昆明：云南大学出版社，2007年1月版，第163-164页。
❷ 同上。

治地方首府城市的民族关系，大致由三个来源所汇聚：历史上的民族关系及基础；新中国国家行政体制在民族地区扩散，从而形成了包括民族人口组成的各级国家行政单位和企业事业单位。这一点，因作为民族自治地方，实行自治的民族，在行业人口分布，民族学校等制度安排上有其特殊性，并因此形成特有结构；另外，近三十年随着现代化、城市化发展，城市少数民族人口增加，并在城市形成相当数量和规模的多民族社区。城市社区建设中民族问题日益突出。传统上，呼和浩特主要由蒙古、汉、满、回四族人口组成。从城区看，四族有各自相对集中居住的城区。而随着城市社会的变化，各族大杂居、小聚居成为普遍现象。长期以往所形成的民族心理又怎样影响到民族交往，包括个体之间的，集团之间的交往呢？在民族交往中，就文化、心理而言，哪些是"原发基础的"，哪些来自当下利益、资源的争夺？这种民族心理、民族性或集团性，间接地体现在哪些象征或符号上？

四、制度设计与民族关系

民族区域自治制度设计带来的"蒙古族"社会身份、资本与实际素质、工作能力可能的错位，以及由此对族际关系可能形成的影响。以民族划分的干部、职工行政单位分布，虽然不存在明显的结构性差异，但还是能够体会出一些"边界"的存在。如在内蒙古政府部门中，内蒙古民委少数民族干部多。只是民委一般被认为没有实权，更多扮演了发放国家民族补贴、"少数民族人民的家"的角色。哪怕进城的少数民族的人没有中午饭钱、没有回家的路费，都会想到去民委想办法。基层民委也抱怨自己是穷且无权的单位。由此看来，如何切实给予民委部门与政府其他部门比较相应的权力，从宏观上安抚民心，取信少数民族，切实发挥民族工作部门社会管理职能意义重大，需要引起高度重视。

可以认为，作为国家最早建立的少数民族自治区，依据民族区域自治法，在干部任用等事关少数民族事务的工作领域，内蒙古早已形成一套切实可行并业已为各族所理解和接受的政策、制度、观念等做法和传统。然而有时也会碰到、感受到在非民族地区所体会不到的饶有趣味的事情。2008年7月，笔者带领学生在距离呼和浩特市50公里和林县蒙汉杂居的上土城村进行社会实践时，听 60 多岁的汉族老移民讲，本村云姓蒙古族出去当干部的多，让人感觉他们很"牛"。"民族"是依据一定真实的、想象的文化底色、"自己人"要素等构成的人们共同体；更重要的是，它是与外界互动中存在的、动态的人们共同体。民族政策以及长期实行可能形成的某种情绪与心理，成吉思汗辉煌的历史记忆，集体意识，可能存在的来自传统文化内部、外部因素作用促成一定的"模式化情感方式"，行业、职业上存在一定的按民族形成的结构性差异，如蒙古族中当干部、在事业单位工作者是否比例偏大？是否大企业家少？民族精英主要集中在哪些行业？如果此类现象确实程度不同地存在，那么，从民族关系角度考量，又都可能意味着什么？会带来和引发什么？

五、民族关系发展目标、实际状况与未来远景

蒙古族社会的巨大分化，汉族社会分层的多样化，精英与普通百姓因社会地位、身份等利益、需求的巨大差异，作为兼具"民族"与"公民"身份的个体所可能具有的多重意识、心理和多种选择、行为倾向，以及文化吸收与整合在现代社会条件之下的加速，凡此种种，使我们很难断定新时期"民族""文化"认同在固有"传统文化"意义上还占有多大比重。从总体上看，同大多数少数民族一样，在当下，因现代化冲击引出的来自文化的诸多不适应、调整困难，担心文化被边缘化、社会地位降低等危机感、焦虑、困惑，以及由此伴生的复兴传统文化之激情，是在蒙古族各个阶层不同程度存在的心理与情绪。这种心理与情绪，也有可能在实际生活中在一定程度上影响着行为取向。

如何认识当代民族内部变化、文化整合，往往影响到实践。讨论目前与民族因素有关的社会问题，或讨论民族变化、民族关系、国家与民族地方社会关系，只有从"中华民族"高度，超越具体民族单位，才有可能理出问题的头绪，才能"在更高的层面上规范超越民族基本单位的民族现象和民族事

实。"❶ "在更高的层面上"，也就是看到民族问题发生的大的与之共生的"社会"环境。如谈某一民族因环境危机、生态移民、文化转型、文化适应引发的问题，实际是与社会环境互动中出现的问题。

资源利用权利以及由此引发的经济利益、生存利益竞争，是目前引发民族关系问题的根本原因。而将民族关系原因置于人性和人类的基本需要基础上讨论，或许会切近问题核心。无疑，文化差异对民族关系注定存在影响，而问题常常是，"文化上的差别对民族间的关系影响不大，但是结构上的差别却很容易影响两个民族间的关系。"❷ "结构性差别主要指社会、经济地位的差别"❸。如"在新疆民族关系上，民族间的冲突正是由于民族间结构性的差距造成的。新疆地区各民族间不存在显著的政治地位上的差别，但是在经济状况上，新疆城乡差距很大，而80%以上的农村人口是维吾尔族，维吾尔族的生活状况明显比汉族低很多，这就导致了占人口绝大多数的维吾尔族人在矛盾激化时，很容易对生活境况比自己好的汉族产生抵制心理，继而引发冲突"❹。另有研究根据少数民族自治地方、多民族省经济社会发展指标比较（2008年）的数据，说明藏区各省的经济和社会发展与全国其他地区的差距，认为这是当代中国民族问题的主要内容。❺

众所周知，西部地区因地理位置特殊，经济发展缓慢，生产、生活方式复杂多样等因素，形成社会发展较东部地区缓慢的特点。而少数民族自治地方、多民族省多集中于西部地区。除去带有民族发展差距问题的东西部发展差距，西部民族地区内部，在汉族与当地少数民族之间存在一定程度的发展差距，这集中体现在城乡分布上，即经济、社会发展水平比较高的中、小城镇，人口多为汉族，而乡村（苏木、嘎查）人口多为当地少数民族。这种分布格局，意味着太多的社会现象与社会问题。除去城市与乡村明显不同的物

❶ 国务院学位委员会办公室：《同等学力人员申请硕士学位社会学学科综合水平全国统一考试大纲及指南》，北京：高等教育出版社，1999年版，第616-617页。
❷ 杨圣敏：《质性与量化研究的关系——从一个案例看如何分析调查材料》，wangmingyue发表于《人类学在线》，2009-7-08 21：49 。
❸ 同上。
❹ 同上。
❺ 郝时远：《青藏高原经济社会发展——资源、挑战与民族问题思考》，2009年8月11日在首届"中国藏区经济社会发展论坛暨藏区社科院院长联席会议"上的报告，中国社会科学院民族学与人类学研究所网络信息中心，2009年8月13日。

质、精神生活质量差异，它可能还意味着统计学意义上的中、小城镇 GDP 指标，与乡村少数民族生活实际并不一致，而这种情况往往不容易被外界注意，从而使少数民族百姓实际蒙受了社会资源利用、分配的不公；也可能隐含着直接依赖自然资源为生的乡村农牧民，往往是环境危机的直接受害者，背负了过多的现代化负面影响的代价。主要因生态环境问题内蒙古一些牧区实行"围封转移"引发的带有新时代特点的民族关系紧张也是不争的事实。笔者数次在大、小兴安岭地区鄂伦春族地区调查，也看到国家"天然林保护工程"与适逢鄂伦春族由猎业向农业转产需要耕地的矛盾。这种关系因与民族挂钩，再者其他因素作用，则容易导向民族之间、少数民族与政府乃至国家之间的权利、政治关系。凡上述种种，经由时间推移，难免会形成某种"隐藏的话语"，营造出某种"地火"与"潜流"，成为影响社会和谐稳定的不可忽视的因素。

综合上述归纳、分析，可以初步推断，转型期内蒙古民族关系问题及原因，既有来自文化差异"原发基础的"因素，也有"利益的"因素，同时也在一定程度上体现了因民族内部分层而具有的"特征"倾向。而这一切，均没有脱离当代社会流动加剧、文化接触增多、某一民族所在社会、多民族共同形成的社会与外部更大的社会的关联——"民族社会构成体"解释框架。

民族地区矿产资源开发与民族意识研究

——基于内蒙古 W 旗 S 嘎查的考察

张　群❶

一、问题的提出

民族地区是我国矿产资源的富集地区。长期以来，作为推动民族地区经济发展的引擎和加速器，矿产资源开发为民族地区"赶超型"发展战略提供了重要的支撑和保障作用，尤其是进入 21 世纪以来，伴随着西部大开发的进一步深入，民族地区矿产资源开发已成为地区经济增长的重要支点之一。如资源赋存条件优越的内蒙古自治区在近些年的经济发展过程取得了长足的进步，甚至创造了被人称赞的"内蒙古模式"，这种发展模式与资源开发战略密不可分。资源开发战略的总体特点是"高投入、高污染、高消耗"，形成了以"大项目建设为主体，以能源原材料工业基地建设为重点、以国家投入为主渠道"的区域开发模式。❷

民族地区矿产资源开发带动了当地经济的快速发展，为缓解国家能源，原材料短缺状况起到了重要作用。但是由于民族地区文化的独特性以及生态环境的脆弱性，近些年学界对民族地区矿产资源开发所引起的负效应进行了一定程度的反思，但是这些研究多集中于宏观分析，少有微观体察。我们发现，近些年来民族地区发生的一些典型群体性事件与矿产资源开发有着一定的关联。更值得警惕的是，西藏和新疆的境外分裂势力都不

---

❶　作者为内蒙古大学民族学与社会学学院副教授。

❷　茶娜：《基于循环经济思维的内蒙古牧业旗县地区工业化成长模式研究》，呼和浩特：内蒙古大学出版社，2007 年版，第 39 页。

约而同地打出了"资源开发"牌，将本地区的资源开发描绘成为中央政府
对民族地区的"掠夺"，从而激发部分少数民族群体褊狭和偏激的民族意
识，达到煽动民族对立，破坏国家稳定的目的。我们认为，当前多数民族
地区资源开发不仅在资源利益分配上存在"二元性"，而且还加剧了传统
民族文化的变迁，更对当地生态环境造成了一定程度的影响，这些多重诱
因的叠加共振必然会导致部分少数民族成员感到不满，加上外部敌对政治
势力和宗教势力的鼓动与支持，一些普通的文化差异问题、利益分配问题
就会转变为民族情绪，这种民族情绪产生的不良民族意识一旦形成系统化
的意识形态时，它就演化为民族主义。民族主义已经成为当代世界民族冲
突和暴力恐怖冲突的一个"最持久""最致命""最强有力"的根源之一。❶
本文以内蒙古矿产富集地 W 旗 S 嘎查为研究地点，在矿产资源开发这一场
景下，深入探究当地少数民族群体民族意识的现状以及影响因素，这对于及
时掌握民族意识的发展趋势，维护当地的经济发展和社会稳定乃至构建和谐
民族关系有着重要的意义。

二、研究设计

(一) 概念界定及操作化

民族意识是民族心理学的核心问题之一，也是近些年来学界讨论的热点
话题之一，学者从不同的角度对其进行了界定。从个体角度而言，民族意识
是民族个体层次的一种"自觉为我"的心理感受。如费孝通认为，民族意识
是同一民族的人感受到大家是属于一个人们共同体的自己人的这种心理。❷纳
日碧力戈则从民族文化的角度对民族意识进行了界定，他认为民族意识是属
于人类大脑在一定时期产生的机制之一，建立在民族语言思维的基础之上，
是民族成员和民族群体对于民族文化差别、民族社会地位的综合认识过程的
积淀，是民族认知模式。❸ 金炳镐从社会角度出发，给出了一种较为广义的

---

❶ Donna M. ScSlagSeck："International Terrorism"，MassacSusetts：Lexington Books，1988，p. 31.

❷ 费孝通：《关于民族识别问题》，《中国社会科学》1980 年第 1 期。

❸ 纳日碧力戈：《民族意识辩》，《民族研究》1991 年第 5 期。

界定，他把民族意识定义为："综合反映和认识民族生存、交往和发展及其特点的一种社会意识。"❶"实质是对自身民族生存、交往、发展的地位、待遇和权利、利益的享有和保护"❷。从上述概念出发，本研究认为民族意识包括两个内容，第一是建立在文化基础上的民族认同，第二是个人或群体与不同的民族在社会交往中产生的利益感悟。作为民族意识的关键，民族认同则是社会成员对自己民族归属的认知和感情依附，是民族自然属性的重要方面，与文化要素共同构成民族间差异和界分的重要特征❸。民族利益感悟则包括民族集体意识和社会意识，即对族体社会地位、荣誉、权利、命运的关切。在交往中涉及对民族特征、历史传统、文化心理、风俗信仰的尊重、认可和对民族生存、发展环境条件的关注，以及能力与内心的信任❹。从二者的关系来看，民族认同是民族利益感悟的前提，民族认同一旦形成，民族成员对其共同利益就会有或多或少的感悟。而民族利益感悟则强化了民族之间的边界，对民族认同的明晰有着促进作用。

目前国外学界对民族意识的测量多见于对民族认同的研究，而且形成了一套成熟和体系化的测量指标和方法，其中应用最为广泛的是 PSINNEY 的 MEIM-R 量表和 Umana-Taylor 的 EIS 量表。近些年来，国内学界对民族意识的研究已从传统的理论研究拓展到了对民族意识的功能及作用的应用研究，一些实证研究也已出现，但多数集中在对少数民族大学生的民族意识研究上❺。本研究在借鉴上述研究的基础上，将民族意识操作化为民族利益感悟和民族认同意识等两个维度。课题组在对问卷进行测试和修改后，最终形成了由 37 个问题构成的问卷。

---

❶ 金炳镐：《民族理论与民族政策概论》，北京：中央民族大学出版社，2006 年版，第 62 页。
❷ 金炳镐：《民族理论与民族政策概论》，北京：中央民族大学出版社，2006 年版，第 63 页。
❸ 王希恩：《民族认同与民族意识》，《民族研究》1995 年第 6 期。
❹ 周泓：《西部大开发中的民族文化重组和民族认同意识》，《民族研究》2000 年第 5 期。
❺ 国内有关大学生民族意识的研究参见乌小花、孙懿：《部分民族院校在校大学生的民族意识现状抽样调研报告》，《青海民族研究》2006 年第 2 期；何耀云、宋修见：《民族地区大学生的民族意识现状》，《赤峰学院学报（汉文哲学社会科学版）》2008 年第 2 期；宋洁、潘苏苏、李艳刚：《90 后大学生民族意识的研究分析》，《现代教育科学》2010 年第 3 期；王淑兰：《论高校少数民族在校生族裔民族意识》，《中央民族大学学报（哲学社会科学版）》2011 年第 1 期；马兰萍：《内蒙古高校蒙古族大学生的民族意识研究》，中央民族大学硕士论文，2013 年 6 月。

（二）个案资料

W 旗位于内蒙古自治区西部，总面积 2.5 万平方公里。全旗户籍人口 6.5 万人，是一个以蒙古族为主体的少数民族边境旗。据 W 旗委办公室给课题组提供的资料显示，W 旗境内现已探明各类矿产资源 8 大类 46 个矿种 118 处矿化点，各类矿产具有储量大、品位高、易开采的特点，尤其是在有色金属矿产资源方面，该旗有着得天独厚的优势。铜、铅、锌等金属的勘探储量分别为 500 万吨、300 万吨和 1000 万吨，分别占内蒙古自治区储量的 79%、43% 和 53%。受惠于丰饶的矿产资源，从 2006 年起，W 旗连续 7 年跨入了中国西部县域经济基本竞争力百强旗县行列。

课题组选取了 W 旗最大的铜矿所在地 S 嘎查为调查地点。该铜矿为国内资源储量第六大铜矿，现有员工 1 万余人，年产铜矿石 200 万吨。2012 年营业收入额为 108 522 万元，净利润 31 931 万元。❶ S 嘎查面积为 486 平方公里，辖区为 3 个乌素小组。S 嘎查原先是一个纯牧业嘎查，自铜矿开发后，嘎查的部分草场被征用，部分草场的水源也被截流，铜矿为征地的牧民提供了安置点，并招收部分牧民进入铜矿工作。截至 2013 年底，S 嘎查共有 69 户，329 人，纯牧业户为 58 户，人均年收入为 14 233 元。由于主客观条件的限制，本次研究以入户调查方式发放问卷 121 份，回收有效问卷 108 份。问卷显示本次调查对象均为蒙古族，年龄最大的为 65 岁，最小的为 19 岁，受访者平均年龄为 38.8 岁。

三、民族意识现状分析

（一）民族利益感悟

利益作为一个社会关系范畴，在民族形成、产生和发展过程中起着决定性的作用。民族是天然的利益共同体，人们从自身的民族性中能找到群体归

---

❶ 《西部矿业 2012 年报告摘要》，2013 年 4 月 2 日，http://www.westmining.com/tzzgx/dqgg/201304/t20130402_10161.htm。

属共同的价值观和文化以及基于民族的经济、政治和社会资源，换言之，民族给成员提供的是"复合型"的利益，这是其他类型的社会群体无法做到的❶。因此，对民族利益的依赖和维护是民族每个成员的本能意识和反应。本研究将从对民族生存发展的认识、民族荣辱观和民族权利意识等三个指标来对个案样本的民族利益意识进行分析。

在对民族生存发展的认识上，课题组在问卷中设计了 7 个陈述句，请被调查者根据自己的认可程度来进行回答，从 1 分到 4 分，得分越高表示认可程度越高，详见表 1。

表 1　民族生存发展认知情况表

题　目	N	均值（m）
矿产资源开发对民族地区发展是一件好事	108	3.22
矿产资源开发提升了自己的生活水平	106	3.12
民族地区的发展和国家的发展是紧密相连的	108	3.46
我觉得我有责任和义务为中国的发展作出贡献	105	3.27
矿产资源开发影响了传统的生计	102	3.37
各民族共同开发建设内蒙古	107	2.76
我担心本民族的传统文化会逐渐消失	104	3.35

表 1 显示，认可程度最高的题目是"民族地区的发展和国家的发展是紧密相连的"（m=3.46），排在之后的是"矿产资源开发影响了传统的生计"（m=3.37）和"我担心本民族的传统文化会逐渐消失"（m=3.35）。上述结果反映了被试者群体对工矿业开发背景下本民族的生存发展有着较为深刻的认识和体会，虽然他们认为当地的矿产资源开发在一定程度上提升了自己的生活水平，但是却对铜矿征地所带来的工业荒漠化及水源利益冲突等问题颇有微词，尤其让牧民担心的是，铜矿开发影响了他们传统的生计，更进一步产生了对本民族传统文化传承的担忧。认可程度最低的题目则是"各民族共同开发建设内蒙古"（m=2.76），这是当地人对铜矿开发认知的一种客观反映。S 嘎查的铜矿在 2002 年底被外省的矿业公司收购，员工大多数是从全国

---

❶　常开霞、刘俊生：《中国社会转型期民族利益协调研究》，北京：知识产权出版社，2011 年版，第 49 页。

各地招聘，因此对拉动当地少数民族就业方面作用不明显，除了极少部分牧民以合同工的身份被招募进铜矿工作或在职工生活福利区开店经营之外，直接或间接带给当地人增收的方式几乎没有。因此，很多牧民对"各民族共同开发建设内蒙古"这一题目的认可程度并不高。

民族荣辱观是一种道德衡器和民族精神，它与民族的历史发展背景和现实生存环境紧密联系。正确的民族荣辱观不仅可以维护个人尊严，强化民族凝聚力，而且还可以引导和帮助民族个体自我约束、提升境界、宽容谅解，协调各种利益关系，从而促进本民族的发展。因此，它是衡量民族利益意识的一个重要标准。针对民族荣辱观，我们设计了五道题目来测量，详见表2。

表 2　民族荣辱观回答情况表

题　目	N	均值（m）
作为一名中国人我感到很自豪	107	3.46
我不愿听人说内蒙古不好	104	3.44
我为我的民族感到自豪	102	3.53
即使是出于善意，我也不愿意别人指责我的民族	107	3.62
我的民族身份对我有很多好处	108	3.47

从表2我们得知，得分排在首位的是"即使出于善意，我也不愿意别人指责我的民族"（m=3.62），而排在最后的是"我不愿意听人说内蒙古不好"（m=3.44），二者的差距并不大。可以看出，被试者体现出了较强的民族荣辱观念。对"作为一名中国人我感到很自豪"（m=3.46）较高的认可率体现了被试者并不是持有一种褊狭的民族荣辱观，同时也有较强的国家荣辱观。这种对民族和国家正确的荣辱观是对当地发展的一种强大的精神推动力。

民族权利是少数民族所享有的，并受法律法规确认和保障的合法权利和利益，我国已从宪法层面对少数民族的经济、文化、政治等权利进行立法保护。本研究所探讨的民族权利意识指的是围绕着矿产资源开发，当地的少数民族对其所拥有的经济权利的认知。我们请当地人对矿产资源开发和分配政策的知晓度、了解度和认同度进行了评分，具体结果见表3（数字越大，代表知晓度、了解度、认同度越高）。

表3　矿产资源开发和分配政策的了解情况表

政策名称	知晓度（满分2分）	了解度（满分3分）	认同度（满分4分）
矿产开发草场征用政策	1.845 5	2.446 2	2.427 0
矿产开发分配补偿政策	1.886 2	2.356 2	2.656 1
草原生态补偿政策	1.817 4	2.392 7	2.054 9
代际利益补偿政策	1.917 6	2.830 7	2.368 4

从表3可以看出，当地人对矿产资源开发和分配的相关政策在知晓度和了解度上得分均较高，体现了人们对自己权利有着较清晰的认知。但是对于上述政策，当地牧民均表示了较低的认同度。矿产开发使部分牧民原有的生计系统发生了重大的改变，其生产和生活开支也受到了一定的影响，甚至导致了基本生活费用的短缺，尤其对于后代人而言，他们失去了祖辈赖以生存的草场资源。因此，牧民对后代人的发展权益较为关注。虽然铜矿对当地牧民也制定了相应的代际补偿政策，对S嘎查考上大学的学生，每年给予4000元的补助，如果有的家庭特别困难按情况还可以增加。但是这些政策的照顾面却很窄，多数牧民的子女不能受益。在"草原生态补偿政策"这一选项中，认同度的得分较其他三项明显偏低。据我们了解，当地企业在开发铜矿中无论是破坏草场还是占草场，都一律给予2.53元/m²的补助。由于开矿占用水量非常大，铜矿还对每个牧民提供7200元的水资源补贴。但是S嘎查作为生态脆弱的干旱区草场，矿产资源的开发极易扰动和破坏当地的草原生态系统，这种系统恢复的成本难以用金钱来衡量。因此，在我们的调查中，多数牧民对当地的生态补偿政策表示了较低的认同度。

（二）民族认同意识

民族认同是民族的自觉行为，在民族意识中处于主导地位。民族认同意识是指一些民族成员之间都互相认为属于相同的民族共同体的族性意识。本研究将民族认同意识操作化为文化产物认知和民族交往等两个指标进行测量。

本尼克特·安德森认为，民族国家的建立并非以血缘、地缘为基础，而是在共同的民族国民文学的基础上建构起来的"想象的共同体"。因此，文化产物不仅仅是民族文化的载体，它还具有民族心理认同的表征、民族情感的依托等功能。本研究在问卷中呈现了蒙古族文化标志性产物，根据被调查者回答对它们的了解程度来借此测量被试者对本民族文化和历史的认知状况。文化产物包括如成吉思汗、那达慕、《江格尔》、《蒙古秘史》、蒙古长调、萨满、勒勒车、乌力格尔、四胡共计 9 个，使用 4 分评级，1 分为没听说过，4 分为非常了解，分数越高表明了解程度越高，详见表 4。

表 4　文化产物了解情况表

	N		均值
	有效	缺失	
成吉思汗	104	4	3.94
那达慕	106	2	3.91
《江格尔》	101	7	3.53
《蒙古秘史》	104	4	3.47
蒙古长调	102	6	3.77
萨满	102	6	3.81
勒勒车	106	2	3.63
乌力格尔	103	5	3.76
四胡	102	6	3.67

　　根据表 4 显示，被调查者对本民族文化标志性产物有着较为详细和清晰的认知。在对其他一些文化元素的态度上，我们使用开放式回答的形式，请被调查者回答以下一些问题。在"你所喜欢的三部影视剧"一题中，共计有242 次，18 部影视作品提名。按照提名排在前三位的分别是《成吉思汗》（36 次）、《亮剑》（27 次）、《西游记》（22 次）。在"你所喜欢的三首歌曲"一题中，共计有 268 次，39 首歌曲提名，其中占据前三位的均是反映内蒙古地方民族特色的草原歌曲和民族歌曲，如《蒙古人》（29 次）、《父亲的草原母亲的河》（26 次）、《为内蒙古喝彩》（24 次）。本民族的历史伟人和关于民族特色影视歌曲作品均被排在前面，这些文化元素都有着很强的民族象征意义，被调查者对其表现出的喜爱，体现了群众心目中最基本的民族认同情感。

　　民族交往是指民族之间的交往和往来，包括民族之间接触、交际、来往、联络、协作等，是一种社会关系的整合过程❶。我们请被调查者列出 5 个左右自己信任的、关系亲密的人，并说明与自己的关系和所属民族，以此勾画出社会关系图谱。具体情况如下：

108 名被调查者共列出 413 人，其中家人和亲戚等血缘关系 221 人；朋友、同事等非血缘关系 192 人。我们剔除掉有关家人、亲戚的数据进行再分析，发现各民族的非血缘人际关系的民族构成如表 5 所示。

表 5　各民族非血缘人际关系的民族构成表

本民族	蒙古族		其他民族	
朋友	人数	比例（%）	人数	比例（%）
蒙古族	114	59.38	78	40.62

从表 5 中可以看出，被试者的非血缘人际关系还是以蒙古族为主，但是也表现出了一定的开放性和交融性。为了测试这种交融性的强度，我们还设计了两道题目（见表 6），第一是"春节期间，我会和各族朋友相互拜贺"，少数民族群体体现了较高的认同度（m=3.35），而族际通婚这一衡量民族交往程度的重要指标在我们的问卷中也有反映❷，在"如果真心相爱，我会同本民族成员和其他民族通婚"这一题目中，少数民族群体（m=2.18）对此的认同度却不高。随着工矿开发，企业的入驻，企业员工与当地群众之间初步形成的地缘和业缘关系已经打破了传统的人际关系圈，但是在通婚等反映深层次的民族交往方面，当地少数民族还是表现出了一定的民族认同意识。

表 6　民族通婚与节日拜贺情况表

民族属性		如果真心相爱，我会同本民族成员和其他民族通婚	春节期间，我会和各族朋友相互拜贺
蒙古	均值	2.18	3.35
	N	108	108
	标准差	.722	.788

---

❶ 金炳镐：《民族理论与民族政策概论》，北京：中央民族大学出版社，2006 年版，第 137 页。
❷ 美国社会学家戈登在 1964 年出版的《美国人生活中的同化》一书中，把视为族际通婚视为民族同化和融合的 7 个变量之一。国内学者马戎在对内蒙古赤峰地区的族际通婚研究中也认为民族通婚是民族关系融洽和谐所带来的结果。

四、结论与讨论

（一）结论

通过调查与分析，我们认为 S 嘎查的少数民族群体有着较强的民族意识。从民族荣辱观和民族文化产物认知的测量可以看出，被试者对本民族有着朴素而强烈的感情，同时对本民族的文化产物也抱有积极的态度。从民族交往的测量来看，这种较强民族意识没有体现出排他性，并没有因为矿产资源的大规模开发而产生明显的民族隔膜，这说明被试者的民族意识还处在一个合理的范围之内。但是，我们认为当地少数民族群体的民族意识有增强的趋势，尤其体现在民族权利意识和民族生存发展认知的不断明晰，这些甚至影响到了民族之间的协同发展，如被试者对"各民族共同开发建设内蒙古"这一问题的质疑，这是一个值得注意的现象。

（二）讨论

有学者认为，世界范围内林林总总、形形色色的民族问题的产生都是基于相关民族的民族意识对于维持和平共处的临界点的突破，有的民族问题本身就是民族主义情绪狂热迸发的结果❶。我们认为，在民族意识的演变机理中，民族认同意识的变化需要一个较长的时间过程，而对本民族的切身利益则可以在短时间内感悟，因此，民族意识往往一开始就表现为对本民族自身利益的关切和诉求。对于 S 嘎查而言，在矿产资源开发已成为大势所趋和各民族之间的社会交往不断深化的情况下，当地失去草场和水源的牧民对未来的生存发展和文化维系感到忧虑，加之在资源开发的利益分配链条中的弱势地位，相关的利益冲突将不断加剧，如果任由冲突持续下去，那么将会过度激发当地少数民族群体的民族意识，从而冲破民族和平共处的临界点。因此，如何正确引导少数民族群体的民族意识，将其维持在一个合理的度上，

---

❶ 熊坤新、严庆：《民族问题中的民族意识和民族主义情绪》，《青海民族学院学报（社会科学版）》2006 年第 1 期。

这是民族地区矿产资源开发中要解决的重要问题。我们认为，应该建立起生态利益主导的当地民众参与下的新型矿产资源管理机制，以期保持在经济可持续发展下实现民族地区的生态平衡和文化维系。另外，当前的矿产资源利益分割规则亟须进一步完善。民族地区的矿产开发要为民族地区服务，加大对最底层居民利益倾斜的力度并改善他们的福利，同时，要为后代人的发展留下空间，使他们感受到资源开发所带来的好处。这样才能削减在矿产资源开发中带来的各种消极民族意识，从而实现民族利益与国家利益，民族发展与国家发展的有机统一。

民族文化的适度开发策略与
乡村旅游发展

——基于一个撒拉族村落"农家乐"实践经验的讨论

良警宇❶　李如月　仲　兴

一、引言

虽然国内外学术界对乡村旅游仍未形成一致的定义，采取的理论视角也各不相同，但多数定义都强调了乡村旅游的三方面特征：一是旅游活动发生在乡村地区；二是以乡村性作为旅游吸引物；三是消费群体主要是城市居民。这三方面特征揭示了乡村旅游作为工业化和城市化生活方式的对应物的产生根源，其主要立足于城市的心理文化和客源市场的发展条件，以及其吸引力和可持续发展的核心资源是地方性和乡村性的自然和民俗文化特性等内涵。❷ 在市场经济条件下，乡村旅游的发展，一方面能够促进地方性和乡村性的自然和民俗文化特性的挖掘，另一方面又不可避免地会加速乡村城市化和商品化的发展进程，造成乡村旅游发展过程中乡土性文化特性变异甚至消失，并由此构成了乡村旅游发展与乡土文化传承之间的张力和困境。

民族地区乡村旅游发展的基础资源是民族文化，并因民族文化特点而成为有别于一般地区的乡村旅游类型，因此，民族文化的合理开发关系到民族

---

❶　第一作者为中央民族大学民族学与社会学学院教授。
❷　何景明：《国外乡村旅游研究述评》，《旅游学刊》2003 年第 1 期；周丹敏：《乡村旅游可持续性发展的多元理论视角研究》，南昌：江西高校出版社，2014 年版，第 20 页；吴必虎：《区域旅游规划原理》，北京：中国旅游出版社，2001 年版，第 270-271 页等。

地区乡村旅游的可持续发展。对于民族地区在发展乡村旅游的过程中，如何防治急功近利式的破坏性开发，使民族文化在良性变迁中得到传承，走出发展乡村旅游与民族文化传承之间顾此失彼的困境，成为民族地区实现乡村旅游和民族地区可持续发展的核心议题。

可持续发展遵循公平性、可持续性和共同性原则，倡导阶段性开发理念，也就是指旅游开发要注意经济效益、社会效益和生态效益的结合，要注意开发规模的控制，防止出现过度开发和过滥开发。❶ 在可持续发展理念下，适度开发被认为对于民族地区避免当前乡村旅游发展中存在的"庸俗化、过度商品化、城市化"和"破坏乡村社会关系"等现象，以实现乡村旅游、乡村文化和乡村社区的可持续发展至关重要。

对于何谓"适度开发"，学者们大致形成了从强调自然和市场因素向强调生态效益、尊重旅游地居民主体性和社区发展的观点转变。这些观点的提出和演进大致可分为三类：第一类着重强调自然、游客和经济等因素，如有研究者以"旅游资源承载力"对应的最适宜游客容量作为衡量"适度开发"的指标，强调自然因素和社会公众心理因素是限制旅游开发"度"的主要因素；❷ 再如一项关于旅游资源非优区的研究认为，适度开发是指"开发水平与市场需求和资源潜力的客观一致性良好，具备良好的社会效益、经济效益和生态效益"，但应突出经济效益。❸ 第二类观点除了强调以上因素外，也强调了旅游地民众的参与度和满意度，以及保持文化的完整性和自然传承。如有研究者从文化生态建设的角度探讨了民族文化旅游资源的适度开发原则，❹ 有研究者则从文化保护与传承、游客满意度、居民满意度、社区发展、生态环境等多角度建立了"适度开发"的指标体系。❺ 而第三种理念则强调要彻底改变以经济效益和满足游客和市场需求为导向的"给予游客们想要

---

❶ 熊金银：《乡村旅游开发研究与实践案例》，成都：四川大学出版社，2013年版。
❷ 张洪、张燕、倪亦南：《旅游资源适度开发及其度量指标》，《人文地理》2004年第1期。
❸ 徐春晓：《旅游资源非优区适度开发与实例研究》，《经济地理》1993年第2期。
❹ 文红、唐德彪：《民族文化多样性保护与文化旅游资源适度开发——从文化生态建设的角度探讨》，《安徽农业科学》2007年第9期。
❺ 罗永常：《浅谈原生态少数民族社区文化旅游的适度开发——以贵州黔东南为例》，《贵州民族研究》2009年第5期。

的”策略，转为尊重旅游地居民主体性和文化保护的“生产我们能出售的”❶ 的开发策略，这种观点强调要将尊重文化的传承与完整、旅游地居民的自主性为旅游开发的首要目标。在当前“以人为本”、尊重地方知识和传统文化的理念下，“适度开发”从强调经济效益向注重社会建设转型，倡导乡村旅游发展中的公平和公正、社区参与管理、分享权利以及可持续发展的“新旅游”发展观。❷ 这种新的发展理念既是对乡村旅游的“非乡村性”处境，即乡村旅游长期以来是从需求方到供应方多由乡村之外的资本、精英操控，从而使乡村及其居民最终成为消费的客体和对象这一处境进行反思的结果；❸ 也是对“乡村旅游”作为“城市—乡村”二元关系结构中的政治和经济“权力话语”的产物的反思。这一反思的结果是对保持和保留地方性乡村特色和差异的强调，对文化多元性、独特性和原生性的强调。❹ 这种理念倡导要从社区发展和社会建设的角度着手，探索有助于乡村旅游可持续发展的新途径。

但在具体实践层次上，如何进行“适度开发”，以及实现“适度开发”需要哪些基础条件，则需要结合具体的个案经验进行更深入地探讨。

2012 年 7 月和 2013 年 8 月笔者对青海省循化县 A 村的“农家乐”乡村旅游发展实践进行了实地调查。本文即以这两次实地调查中收集到的资料为基础，对该村的乡村旅游发展状况、民族传统文化的适度开发策略，及其实践这一策略的基础条件和原因进行了梳理和总结，对当地政府目前立足于文化资源主要从市场发展规律方面所提出和正在实施的推动措施提出反思，并结合目前向社会建设转型的发展理念，提出本研究的思考。

二、A 村：民族文化的适度开发策略

A 村位于青海省循化撒拉族自治县，是撒拉人先祖东迁之后最初定居的地方，是撒拉族的发祥地。撒拉族的主要历史遗迹——骆驼泉和街子清真

❶ 何景明：《国外乡村旅游研究述评》，《旅游学刊》2003 年第 1 期。
❷ 何景明：《国外乡村旅游研究述评》，《旅游学刊》2003 年第 1 期。
❸ 左晓斯：《乡村旅游批判——基于社会学的视角》，《广东社会科学》2013 年第 5 期。
❹ 彭兆荣：《旅游人类学视野下的“乡村旅游”》，《广西民族学院学报》2005 年第 4 期。

寺，都位于该村。青藏铁路开通之前，运输业是该村的主要产业。2006 年，随着青藏铁路的建成，该村面临产业转型，独特的旅游资源，使其成为循化县重点支持发展旅游业的村落。在政府的引导和扶持下，该村开始发展"农家院"，数量一度达到 50 户。虽然有的"农家院"在发展过程中，因为各种原因暂时停业，但新的"农家院"也在不断出现，目前有十余户经营状况相对稳定，且较好地保持了撒拉族村落的民族文化特征，既未出现庸俗化、过度商品化和城市化的现象，也没有破坏乡村社会关系，其采取的适度开发的策略主要体现在以下几方面：

首先，通过挖掘和整理仪式性和标准化的"民族套餐"，强化了民族文化的历史内涵和地方文化特色。作为一个纯撒拉族村落，A 村一直保持着浓郁的民族文化传统。该村村民遵循传统的清真饮食习俗，村内禁烟、禁酒。在经营农家院、接待外来游客的过程中，村民们恪守村规民约，立足于地方性、民族性文化资源，整理形成了相对标准化的具有撒拉族传统饮食文化特色和地方特色的清真餐饮食谱——包括 30 余道面点和菜品的"民族套餐"，来服务游客。当游客踏入农家院，首先看到的是餐桌上摆出的八种干果，展现出当地作为瓜果之乡的丰富物产。游客落座后，具有西北地方特色的"八宝盖碗茶"即被沏上，表示对远方来客的敬意。接下来所呈上的各种面食做法精细，显示了撒拉族女性的高超厨艺。随后呈上的碗菜、手抓羊肉和各种炒菜味道鲜美，展现了突厥传统和高原风味。在这里，标准化不再是湮灭文化独特性的矛盾物，而是成为促进民族和地方认同的工具。这些既体现民族特色，又融有地方性特点的"民族套餐"，通过仪式性和标准化展示过程，使民族文化的历史内涵和地方文化特色得以强化，使村民对民族和地方的认同意识得以进一步提升。

其次，传统父系制下形成的女性角色内涵被重新阐释和展现。民族餐饮成为撒拉族乡村旅游发展的重要内容的同时，传统父系制下形成的女性角色内涵则被重新阐释和展现。按照撒拉族传统习俗，男人进厨房会被嘲笑，女性因此成为撒拉族餐饮制作技艺的主要继承者和发展者。在市场条件下，这些厨艺则被转换为展现其"乡村性"和"民族性"的重要文化内容，同时也成为展现和肯定撒拉族女性勤劳、贤惠、温柔、质朴的品质，这也使得撒拉族女性成为推动乡村旅游发展不可或缺的重要力量。客观上，"农家乐"

不仅为女性提供了展示厨艺的机会，也使她们能够在不离开乡村的情况下实现就业，获得经济收入，增加与外界接触和交往的机会，扩大视野。虽然有的研究者认为，家庭女性劳动力进入市场体现了一种父权制和资本剥削关系的延展，但是从女性的劳动价值得到社会承认的角度看，这种在当地就业也潜在地改变着撒拉族女性的经济和社会地位，使其权利得以逐渐增长。当然，女性地位和权利的增长并不意味着男性地位和权利降低，正如一些研究所指出的那样，女性地位增长可能意味着社会总体福利的增长，而非男性地位的必然降低。❶

最后，通过美化传统建筑和庭院布局，展示撒拉族的乡村居住文化和生活方式。撒拉族民居建筑特色浓郁，被认为是撒拉族展现特有文化形式和审美价值观的重要载体。借助乡村旅游和新农村建设等项目的推动，村民们建设家园的意识进一步得到推动，结合自身的经济能力，村民们积极对农家院进行建设，进一步推动了乡村旅游，也使撒拉族的居住文化和生活方式进一步得到展示和传播。撒拉族民居建筑多以土木结构为主，房屋外部大梁及檩子上的木雕精细，技艺高超，花纹唯美，层层叠叠，配置精巧，大门更是精美豪华，四合院式的小院中多栽培果树和花草，表现了其"自然、悠闲"的田园生活状态。在撒拉人家的庭院中，游客在品味撒拉族餐饮文化、观赏民居建筑、体会撒拉族家居生活的同时，也使他们得以感受撒拉族质朴的对于家园的热爱以及对美好生活的追求，游客的到来则进一步促进了村民们建设家园的意识和对传统文化形式与内容的挖掘，客观上加强和巩固了村民的家园意识和文化记忆。

A村这种取其民族文化精华进行整理挖掘和适度开发的策略，使其优秀的民族文化精神和文化形式得到了加强和传播，使村民对本民族文化的认同意识得以提升，村民深层次的民族文化心理结构得到巩固；通过发展乡村旅游，使得父权制下的性别关系模式松动，女性的家庭和社会地位潜在提升，并由此成为其乡村旅游的特色品牌和内容。这些策略提高了村民们对地方化知识的自我认同，创造或再造出地方感、历史、文化和所有权，❷ 从而有助于在

---

❶ 徐安琪：《夫妻权力和妇女家庭地位的评价指标：反思与检讨》，《社会学研究》2005年第4期。

❷ 彭兆荣：《旅游人类学视野下的"乡村旅游"》，《广西民族学院学报》2005年第4期。

发展乡村旅游的过程中促进民族文化的良性变迁和健康发展。

三、适度开发的基础与原因

A 村之所以能够在实践乡村旅游过程中，做到适度合理地开发民族文化，主要源于以下七个方面的基础和原因：

1. 依托资源优势

循化县位于黄河岸边，旅游资源十分丰富。循化县以县城为中心，西有"天下黄河循化美"的积石峡谷、被誉为"青海高原的西双版纳"的孟达国家级自然保护区等自然美景，东有撒拉族发祥地——骆驼泉，青海第二大清真寺——街子清真寺，十世班禅学经的地点——文都大寺以及著名藏传佛教大师喜饶嘉措大师故居等人文景观。其独特的自然风光和底蕴深厚的人文景观，被政府规划为重要的旅游景点和线路，吸引了许多国内外游客前来观光旅游。A 村紧邻县城，交通便利，骆驼泉、街子清真寺、撒拉族民俗博物馆以及撒拉族两位先民的陵墓都位于该村，因此，该村成为游客在循化游览的重要落脚点，为其乡村旅游业的发展提供了大量客源。A 村因此能够得以依托以上资源，形成了以承接旅游团队品尝撒拉族家宴和参观撒拉族民居为主的服务内容。

2. 政府主导开发

改革开放，特别是中央实施西部大开发战略以来，青海省旅游业快速发展。2002 年，旅游业被确定为青海省六大特色产业之一，对旅游产业发展的培育扶持和投资力度不断加大。❶ 为了推动地方经济发展、吸纳剩余劳动力就业、实现农民生计方式转变，循化县于 2006 年提出了"旅游活县"的发展战略，政府通过项目、资金、政策等方面的多渠道扶持方式，为循化县乡村旅游的发展搭建了平台。

第一，通过政策扶持、资金投入推动旅游基础设施建设。当地政府先后

---

❶ 邵琪伟：《在青海省旅游发展大会上的讲话》，2005 年 4 月 19 日，http：//www.law-lib.com。

投入上千万的资金，建设和开发了骆驼泉、街子清真寺、撒拉族民俗博物馆以及撒拉族先民"尕勒莽、阿合莽"陵墓等旅游景点，并将以上景点设置为循化县的重要旅游线路之一。同时，通过整合政府各部门的资金，启动了 A 村乡村旅游基础设施建设项目，使其村容村貌和服务设施得到全面改善。❶

第二，通过干部的典型示范引导村民参与乡村旅游。为了推动村民参与到旅游业的发展中，当地政府发动 A 村村党支部书记带头经营农家院。其投资 16 万元开办了全村第一家农家院，第一年收入就达到 8 万元，在示范效应下，经营农家院的户数不断增加。

第三，通过统一管理建立了良好的市场秩序。2006 年 4 月，在循化县相关政府部门主导下，A 村成立了"农家乐"旅游管理委员会及其接待中心。接待中心根据游客数量和每户人家的接待能力统一安排接待游客，并引导各农家院在"民族套餐"的价格上达成相对统一标准，避免了市场竞争条件下易出现的相互压价、争抢游客等不良竞争现象，从而形成了较好的运行秩序，使村民之间保持了良好的社会关系。这种做法与某些从事乡村旅游开发的地区因规划和管理不周，而导致村民之间因恶性竞争而破坏乡村社会关系的情况形成了鲜明对比。❷ A 村农家院发展之初的这种统一分配模式，为之后该村乡村旅游向市场化转型后仍保持有序竞争和健康发展奠定了基础。

第四，通过服务培训，规范和提高了村民的服务水平。主管部门通过聘请专业人士，定期对乡村旅游接待点从业人员进行服务技能、食品卫生、接待礼仪、消防安全、法律知识等方面的培训，以规范和提高经营户的服务水平和经营水平。

第五，拓展客源市场。2009 年"较少民族发展经验观摩会"在循化县

---

❶ A 村的农家厨房和旱厕、围墙、木大门、健身器材、篮球架、公用厕所、村大门等基础条件得到改造和建设。其中，政府对每户补贴 2000 元，改造 100 户厨房；每户补贴 600 元，改造了 200 户旱厕；为了彰显特色，补贴资金改造围墙、木大门；安置健身器材和篮球架；修建停车场、公用厕所、A 村村大门。数字来源于地方政府统计。

❷ 比如有调查发现，一些地区"农家乐"快速发展，但经营模式大同小异，而且存在争抢客源、互相压价等不良竞争。其中，青海省某村共有 150 户人家，其中 80 户经营"农家乐"，形成规模的就有三十多家。由于"农家乐"越来越多，钱越来越难挣，为了抢客源，村民互相压价。很多人只顾赚钱，如果客人不买东西，则会冷脸待客，直接加价的情况也时有发生，而且饭菜质量较差，游客多有抱怨。详见：《农家乐何时真正乐 关注青海农家乐报道》，2007 年 11 月 8 日《西海都市报》，http://www.qhnews.com/newscenter/system/2007/11/08/002248335.shtml。

召开，A 村成为该县选取的两个观摩村之一，由于县城的接待能力有限，县政府投资扶持农户发展农家院，使更多家庭获得了尝试发展的机会。此外，政府通过网络、电视、广播、报刊以及参加各种旅游推介会等形式大力宣传 A 村旅游资源及线路，帮助其拓展省内外客源市场，为市场与农户之间搭建了沟通的桥梁。

第六，创办节庆赛会。为了提升撒拉族及其地方文化的知名度，地方政府通过创办和协办节庆赛，如每年 4 月 18—25 日的循化县旅游文化节、农历 6 月 6 日的藏族拉则节、7 月 17—19 日的环青海湖国际公路自行车赛、8 月 3—6 日的国际强渡黄河极限挑战赛以及 9 月 20—25 日的循化红辣子节等，展现旅游资源和风土人情，促进文化、经贸与旅游发展，也为农家乐带来了更多客源。

3. 民间资本充裕

改革开放以后，该村许多家庭积累了相对充裕的经济资本和社会网络资源。在该村，农家院的发展也呈现出一种"马太效应"，即那些经济基础好、社会网络资源多的家庭，其农家院的发展也往往越好。这是因为虽然政府主导启动了农家院的发展并配置启动资金，但建设农家院的大部分资金仍要由各个家庭承担。该村建设得较好的农家院的花费从几十万、数百万到上千万不等，只有那些具备充裕经济资本的家庭才能够承担，因此，那些具有前期资本积累优势的家庭，就有了更多的成功机会。20 世纪八九十年代，该村村民开始在青藏公路线上从事客运服务。2000 年前后是村里运输业发展最兴旺的时期，客运车的数量一度达到 220 辆，一辆客运车的年收益在 20 万元左右。通过发展运输业，不少家庭积累了一定的经济资本，这为建设和发展农家院奠定了经济基础。另外，该村村民通过升学、就业等途径广泛进入社会各个行业，拥有一定的外部社会网络资源，也为该村旅游业的宣传和发展提供了便利条件。

4. 利用传统制度

A 村传统父系家庭制度下的女性作为弹性劳动力群体的大量存在，为市场条件下农家院的运行储备了潜在劳动力资源。该村作为纯撒拉族村落，村民们多信仰伊斯兰教，保持了严格的宗教信仰以及父权制的传统，男性家长在撒拉族家庭中处于绝对权威地位，"男主女从""男外女内"的家庭性别关系模式持续至今。虽然随着大量人口走出村落、务工经商，一部分女性也有了外出的机会，但是她们必须跟随家人一起外出务工，否则不被许可。同时，为了照顾子女和老人，也有许多撒拉族女性留守在家，成为可以被随时雇用的劳动力。受市场和季节的影响，农家院的客源时多时少，经营状况不稳定，村中女性劳动力群体的存在恰好与农家院弹性经营的特征相契合，为农家院的运转提供了劳动力保障。

5. 顺应市场规律

大量有弹性时间的女性劳动力群体的存在是农家院运行的关键。随着乡村旅游的不断发展，在市场条件下，为了调动撒拉族女性的劳动积极性，农家院的管理者们逐渐顺应市场规律，通过合理支付劳动工资的方式，使原处于从属地位、无偿从事家务劳动的撒拉族女性的境遇开始发生变化。目前，在该村中，一些妇女在自家经营的农家院中工作，另一些则在本村或外村的亲戚或朋友家劳动，她们因此获得劳务收入。在经营状况较好的农家院，家长开始按月给从事餐饮制作和服务的女性（包括自己的家人，如妻子、儿媳、女儿）发放工资；一般的农家院则按照工作天数给女性发放工资。虽然多数女性仍然不掌握家庭财务，但是其对这部分工资收入具有支配的权利。与以往完全无偿进行家务劳动的状况相比，女性的境遇在一定程度上发生了有益变化。

此外，A 村农家院的经营经历了从启动之初的政府主导到逐渐向市场化转变的过程。启动之初，政府主导下的管理模式为村民之间良性竞争关系的建立奠定了基础，但随着政策效应的逐渐消退，农家院开始向市场化经营转变。各农家院从自身的资源条件出发，招揽客源，谋求发展。有的农家院自身具有较好的社会资源，主要通过接待团体用餐得到发展；有的农家院位于村巷深处，在地理位置上并不占优势，但其主动通过各种市场手段来进行宣传，提高知名度，如在村口、沿路设立宣传招牌及路标，并通过朋友介绍、联系旅行社、网站宣传、发放名片等途径招揽游客；也有的农家院并不具备广泛的社会人脉，但利用其紧邻交通干道的优势，放弃只接待团队用餐的方式，通过为散客服务，自主寻找自身的发展空间。

6. 产业多元化发展

A 村的实践过程显示，以"生产我们能出售"的策略发展乡村旅游，虽然能够避免经济发展对于优秀传统文化的破坏，但这种模式只能使少部分具有充裕经济资本和社会资源的家庭在政策引导下依托乡村旅游业得到快速发展，大部分家庭并不能完全依赖于此，而是需要同时依靠其他产业谋求发展。如前文所述，在政府的扶持下，该村农家院曾一度达到 50 户。但在向市场化经营的转变过程中，那些房屋建筑精美、空间宽敞、环境优雅舒适的农家院占据了优势，吸引了更多的游客。而一些条件相对较差的农家院则在竞争中处于劣势，因为不能吸引充足客源或缺少劳动力而不得不暂时停业，转向其他产业谋求发展。目前该村稳定发展的有十余户，这是市场条件下的必然结果。对此 A 村的村民们坦然接受，原因就在于在乡村旅游发展过程中，该村也逐步形成了多元化产业发展的格局，大多数家庭自身都有发展其他产业的经验或基础。目前，村民们多从事批发零售（虫草、皮毛、服装等）、餐饮（开拉面馆）、住宿（开宾馆）和运输（开工程车、出租车）等行业，那些没有优势资源发展农家院的家庭通过其他行业也能谋求到发展的机会和空间。这种产业多元化发展的格局，为那些在其他产业发展中积累了一定经济资本的家庭新加入农家院开发奠定了经济基础，也可以使一些曾经开办、但经营状况不佳的农家院通过随时转向从事其他产业获得资本积累，并使他们在希望回乡建设和发展的时候能够有资本建设家园并重新开业。虽然这种"具有弹性的适度开发模式"使得村民们在发展乡村旅游业上，常常表现出一种"漫不经心"的状态，❶ 但这种状态是一种健康的、非急功近利式的、在条件成熟时再发展的表现，反而有利于乡村旅游发展中民族传统文化的保护性开发。加之，其所在地区乡村旅游发展的总体环境还存在一定的困境，如基础设施不够完善、旅游吸引力的辐射范围有限❷，西部生态环境

---

❶ 如在访谈中，笔者发现，多数村民对于是否要发展农家院的问题都普遍抱着一种"试试看"的心态，并非表现出一种"执着于发展"的态度。

❷ 青海省旅游局：《青海省"十二五"旅游业发展规划》，2010 年 8 月 31 日，http：//www.qhly.gov.cn/ZhengCeFaGui/2010/8/108311020477721_8.html。

较为脆弱、承载能力有限，等等。因此，倡导产业多元化、有弹性地适度发展乡村旅游，为渐进性地开发优秀传统文化，保持乡村旅游的乡土性和民族民俗文化特性，以及实现可持续发展奠定了基础。

7. 村民主导农家院建设和服务

A村在政府主导、部门启动"农家乐"发展项目后，村民成为农家院建设和服务提供的主体，实现了乡村旅游的社区拥有与控制。在A村，村民以家庭为单位全面参与"农家乐"的开发经营、投资分配以及管理监督，较好地避免了开发商主导所容易形成的民族文化庸俗化和"原生态"性丧失的发展模式。

农家院不仅是发展乡村旅游，满足人们对不同文化进行品味和体验的场所，同时也是村民生活居住的日常生活场所，他们鲜明的价值观和生活方式，以及乡民间的相互监督，使原有的乡土性的民族文化内涵得到尊重和保持。虽然该村的乡村旅游是由政府主导启动，但在发展的过程中，因为重视村民的广泛参与，尊重优秀的民族文化价值，避免了市场对于其生活方式的过度干预。这种适度开发策略在一定程度上消解了谋求经济发展和保持民族优秀文化传统之间所存在的张力。

四、发展趋势

从以上可以看出，A村在乡村旅游的发展进程中，之所以能够保持良好的社会秩序和撒拉族村落的民族文化特征，也没有因为市场竞争破坏传统习俗和村民之间的社会关系，正是因为他们坚持了"生产我们能出售的产品"这一适度发展策略。这种以乡村自身所拥有的资源以及当地的社会和经济条件为基础进行文化适度开发的模式，颇具文化自信姿态，虽然不能使大多数家庭短期内主要依靠乡村旅游快速致富，但是考虑到其所在地区的生态敏感性、承载能力等总体条件的制约，反而成为民族地区乡村旅游发展过程中一种有助于传统文化保护和发展的稳妥策略。在尊重当地居民对民族传统文化的自主传习和自动演进的基础上，将民族文化的内容有限制地、有选择性地展示给旅游者的适度开发策略，使村民深层次的民族文化心理结构得以保留，其民族文化的完整性、真实性和延续性得以保证，乡村旅游也得以持续发展。

目前，当地政府为了引导和推动"农家乐"乡村旅游的进一步发展，制定了以下几方面措施：第一，依托资源优势，拓展和延伸农家院旅游类型，拓展"农家乐"观光体验旅游。第二，开发土特产和文化遗产项目，推动撒拉族刺绣、奇石装饰、辣椒酱生产等地方土特产和文化产品的开发。第三，继续通过举办节庆活动，吸引游客，带动"农家乐"旅游接待。第四，推动乡村旅游经营主体和经营方式的多样化发展，推动"由粗放型向集约化发展；由个体开发向联户成片开发；由单户经营向公司经营发展，由大众化向特色化发展"。❶

以上的进一步发展策略是当地政府立足于文化资源主要从市场发展规律方面所提出和正在实施的推动措施，对于 A 村在初期发展阶段所积累的关键性的实践经验，如有序的管理和引导、村民的广泛参与、多元化产业结构支撑下的多元生计方式等这些有助于乡村旅游可持续发展的社会保障条件则关注不够，特别是从社会、社区发展角度着眼的推动措施欠缺。

笔者认为，除了继续顺应市场经济发展规律，探索开拓旅游市场的适当措施外，更应当从社区和文化整体发展角度着眼，通过推动村民自身能力的培育，来增强文化自信，凝聚社区认同，在尊重村民基于文化自信和自主选择的基础上，推动乡村旅游的可持续发展。因为只有坚持这一理念，当地社区、居民及其文化才不会成为外来资本的牺牲品，不被客体化和边缘化，社区参与和可持续发展也才不会变成空话。

总之，在中国社会发展从注重经济效益向注重社会建设的转型过程中，民族地区的旅游开发应密切联系文化传承、社区建设和社区发展的目标。虽然一些研究认为发展乡村旅游无法从根本上改变不平等的旅游生态，无法改变外部成员对弱势乡村社区施加的屈从和奴役，旅游本身所包含的矛盾品质和权力关系会对传统的地方性知识体系形成巨大的威胁，❷ 但笔者认为，在一种以尊重旅游地居民主体，倡导社区建设和文化的适度开发的思路下，被

---

❶　资料来源于地方政府报告。
❷　彭兆荣：《旅游人类学视野下的"乡村旅游"》，《广西民族学院学报》2005 年第 4 期。

颠倒的权力关系会逐步得到纠正。当然这里的乡村旅游发展是指以强调社会效益为先，而非以市场效益为先的发展。正如有的研究所提出的，解决乡村旅游可持续发展的出路在于政治变革、经济重构、社区参与及政府的重新定位，而非以市场效益为先。❶向社会建设转型为这一理念提供了支持，也有可能使乡村旅游成为一种新农村和新型城镇化建设的积极力量。

（本文原载《青海民族研究》2015 年第 1 期）

---

❶ 左晓斯：《乡村旅游可持续发展的新出路——社会学的分析思路及解决方案》，《广东社会科学》2010 年第 5 期。

中央民族工作会议与新时期 民族工作的思考

徐 平❶

我有幸于今年（2014 年）5 月 3 日参加了中央政研室的会议，并在 11 月 13 日参加了国家民委关于中央民族工作的小型讨论会。在这里和大家分享一下我的学习体会，因为这次中央民族工作会议，对我们未来相当一段时间的民族工作发展是一个指导性的纲领性的文件。我们如果不掌握中央或政府的意图，那么我们可能在认识未来民族政策走向方面会有一些偏差。

一、第四次中央民族工作会议召开

第四次中央民族工作会议暨国务院第六次全国民族团结进步表彰大会于 2014 年 9 月 28 日至 29 日在北京举行。中共中央总书记、国家主席、中央军委主席习近平和中共中央政治局常委李克强、张德江、俞正声、刘云山、王岐山出席了本次会议。习近平在会上发表了重要讲话，全面分析了我国民族工作面临的国内外形势，深刻阐述了当前和今后一个时期我国民族工作的大政方针。李克强就加快民族地区发展、促进全面建成小康社会作了讲话。俞正声在会议结束时作总结讲话。

其实每一次民族会议的召开都不是偶然的，都有其强烈的时代背景。

第一次中央民族工作会议的召开是在 1992 年。那时的时代背景是苏联解体，民族关系是摧毁苏联的工程锥，苏联垮台是垮在民族关系上的，这对我们国家的影响很大。

第二次民族工作会议的召开是在 1999 年。中国的梯度发展，东、中、

---

❶ 作者为中央党校文史部教授。

西部的差距以及只靠东部的三来一补还能不能走下去？全国一盘棋必须提上日程，这时，国家提出一个《西部大开发》的宏大战略。这是第二次民族工作会议的时代背景。

第三次民族工作会议的召开是在 2005 年，这次的背景是胡锦涛提出了科学发展观与和谐社会。

今年召开了第四次中央民族工作会议。这次会议的背景是全球化、国际性民族关系、国内的民族关系、极端主义、发展的思考等很多问题都摆在我们面前了。

二、会议主题：基本国情和最高利益

这次民族工作会议所反映的主题是，将整个民族问题提高到了前所未有的高度，把它看作基本国情以及各民族的最高利益。

多民族是我国的一大特色，也是我国发展的一大有利因素。各民族共同开发了祖国的锦绣河山、广袤疆域，共同创造了悠久的中国历史、灿烂的中华文化。我国历史演进的这个特点，造就了我国各民族在分布上的交错杂居、文化上的兼收并蓄、经济上的相互依存、情感上的相互亲近，形成了你中有我、我中有你，谁也离不开谁的多元一体格局。中华民族和各民族的关系，是一个大家庭和家庭成员的关系，各民族的关系，是一个大家庭里不同成员的关系。处理好民族问题、做好民族工作，是关系祖国统一和边疆巩固的大事，是关系民族团结和社会稳定的大事，是关系国家长治久安和中华民族繁荣昌盛的大事。全党要牢记我国是统一的多民族国家这一基本国情，坚持把维护民族团结和国家统一作为各民族最高利益，把各族人民智慧和力量最大限度凝聚起来，同心同德为实现"两个一百年"奋斗目标、实现中华民族伟大复兴的中国梦而奋斗。

三、会议内容

本次会议特别强调，做好民族工作，最关键的是搞好民族团结，最管用的是争取人心。

新中国成立65年来，党的民族理论和方针政策是正确的，中国特色解决民族问题的道路是正确的，我国民族关系总体是和谐的，我国民族工作做的是成功的。用了"两个正确，一个和谐，一个成功"这对以前的民族工作是做了充分肯定的。同时，在未来，我们的民族工作也面临着一些新的阶段性特征。做好民族工作要坚定不移走中国特色解决民族问题的正确道路，开拓创新，从实际出发，顶层设计要缜密、政策统筹要到位、工作部署要稳妥，让各族人民增强对伟大祖国的认同、对中华民族的认同、对中华文化的认同、对中国特色社会主义道路的认同。民族区域自治制度是我国的一项基本政治制度，是中国特色解决民族问题的正确道路的重要内容。要坚持统一和自治相结合、民族因素和区域因素相结合，把宪法和民族区域自治法的规定落实好，关键是帮助自治地方发展经济、改善民生。

民族团结是我国各族人民的生命线。做好民族工作，最关键的是搞好民族团结，最管用的是争取人心。要正确认识我国民族关系的主流，多看民族团结的光明面；善于团结群众、争取人心，全社会一起做交流、培养、融洽感情的工作；加强各民族交往交流交融，尊重差异、包容多样，让各民族在中华民族大家庭中手足相亲、守望相助；创新载体和方式，引导各族群众牢固树立正确的祖国观、历史观、民族观；用法律来保障民族团结，增强各族群众法律意识；坚决反对大汉族主义和狭隘民族主义，自觉维护国家最高利益和民族团结大局。

这次把1956年周恩来在工作会议上提出的"两个反对"明确的提了出来，即反对大汉族主义没有变，把反对地方民族主义改为反对狭隘民族主义。

可见做好民族工作，最关键的是搞好民族团结，最管用的是争取人心。在此基础上，本次会议还提出了以下重要内容：

（一）实现跨越式发展，抓好四个重点

要发展民族地区最重要的就是面对现实，中央对于新中国成立以来，少数民族和民族地区发展一方面给予了充分的肯定，另一方面提出了一些民族地区群众困难多，困难群众多，同全国一道实现全面建设小康社会目标难度较大的现状。因此要加快发展，实现跨越式发展，就要发挥好中央、发达地区、民族地区三个积极性，对边疆地区、贫困地区、生态保护区实行差别化的区域政策，优化转移支付和对口支援体制机制，把政策动力和内生潜力有机结合起来。要紧扣民生抓发展，重点抓好就业和教育；发挥资源优势，重点抓好惠及当地和保护生态；搞好扶贫开发，重点抓好特困地区和特困群体脱贫；加强边疆建设，重点抓好基础设施和对外开放。

支持民族地区加快经济社会发展，是中央的一项基本方针。要紧紧围绕全面建成小康社会目标，顺应各族群众新期盼，深化改革开放，调动广大干部群众的积极性，激发市场活力和全社会创新创造热情；发挥民族地区特殊优势，加大各方面支持力度，提高自我发展能力，释放发展潜力；发展社会事业，更加注重改善民生，促进公平正义；大力传承和弘扬民族文化，为民族地区发展提供强大精神动力；加强生态环境保护，提高持续发展能力。

1. 加强基础设施、扶贫开发、城镇化和生态建设

要加强基础设施、扶贫开发、城镇化和生态建设，不断释放民族地区发展潜力。基础设施建设要重点解决路和水的问题。民族地区交通建设，既要打通对内对外联系的"大通道"，也要畅通与"大通道"联系的"静脉""毛细血管"。建设一批重大饮水调水工程、大型水库和骨干渠网，同时支持地方搞好水利设施建设，全面解决农村人口饮水安全问题。打好扶贫攻坚战，民族地区是主战场。要创新思路和机制，把整体推进与精准到户结合起来，加快推进集中连片特殊困难地区区域发展与扶贫攻坚，提高扶贫效能。民族地区推进城镇化，要与我国经济支撑带、重要交通干线规划建设紧密结合，与推进农业现代化紧密结合。还要重视利用独特地理风貌和文化特点，规划建设一批具有民族风情的特色村镇。把生态保护放在重要位置，继续在民族地区实施重大生态保护工程，中央和地方都要加大投入，落实好生态补偿机制。

2. 要大力发展特色优势产业，增强民族地区自我发展能力

把优势资源开发好、利用好，推动产业结构水平，加快发展服务业，逐步把旅游业做成民族地区的支柱产业。充分考虑民族地区的特殊性，在土地使用、金融服务、资本市场建设等方面给予差别化支持。民族地区加快发

展，最终还是要向改革要动力、要活力。民族地区与全国一样，都要深化投资体制改革，搞好和周边地区的互联互通，通过市场机制与沿海地区连接起来，实现优势互补、合作共赢、共同发展。

3. 要以推进基本公共服务均等化为重点，着力改善民生

发展经济的根本目的就是要让各族群众过上好日子。既要坚持不懈抓发展，不断扩大经济总量，为民生改善提供坚实基础，也要大力推进基本公共服务均等化，促进社会公平。教育投入要向民族地区、边疆地区倾斜，加快民族地区义务教育学校标准化和寄宿制学校建设，实行免费中等职业教育，办好民族地区高等教育，搞好双语教育。加快改善医疗卫生条件，加强基层医疗卫生人才队伍建设。进一步加强对口支援和帮扶，把改善民生放在首位，帮扶资金主要用于民生、用于基层。

4. 改革开放以来，我国进入了各民族跨区域大流动的活跃期，做好城市民族工作越来越重要

面对全国 2.6 亿的农民工，其中有 2 千万左右是由少数民族构成的，少数民族越来越多地加入到全国市场经济大流动大循环中，此次会议专门提出了少数民族人口流动问题，做好城市民族工作也越来越重要。对少数民族流动人口，不能采取"关门主义"的态度，也不能采取放任自流的态度，关键是要抓住流入地和流出地的两头对接。要把着力点放在社区，推动建立相互嵌入的社会结构和社区环境，注重保障各民族合法权益，坚决纠正和杜绝歧视或变相歧视少数民族群众、伤害民族感情的言行，引导流入城市的少数民族群众自觉遵守国家法律和城市管理规定，让城市更好地接纳少数民族群众，让少数民族群众更好地融入城市。

这四个重点里面的四个方面，不仅看到了老问题，比如贫困问题、民生问题、地方资源问题，而且还看到了全国背景下的新问题，就是全国性的民族流动，专门提出了少数民族流动人口问题，这是实现民族地区的加快发展、跨越式发展一个基础。

(二) 做好民族工作关键在党、关键在人

做好民族工作关键在党、关键在人。只要我们牢牢坚持中国共产党的领导，就没有任何人任何政治势力可以挑拨我们的民族关系，我们的民族团结统一在政治上就是有充分保障的。各级党委和政府要把民族工作摆上重要议事日程，坚持从政治上把握民族关系、看待民族问题。民族地区的好干部要做到明辨大是大非的立场特别清醒、维护民族团结的行动特别坚定、热爱各族群众的感情特别真诚。要坚持德才兼备的原则，大力培养选拔少数民族干部，优秀的要放到重要领导岗位上来。无论是少数民族干部还是汉族干部，都要以党和国家的事业为重、以造福各族人民为念，齐心协力做好工作。民族地区要重视基层党组织建设，加强干部作风建设。要形成党委领导、政府负责、有关部门协同配合、全社会通力合作的民族工作格局，坚持好、健全好民委委员制度。

做好民族工作关键在党不是一个新提法，是指要从政治上把握民族关系，看待民族问题，把民族问题看作政治问题。

做好民族工作关键在人主要体现在：第一次提出了民族地区好干部的三个标准，在机制上提出党委领导、政府负责、有关部门协同配合、全社会通力合作的民族工作格局，坚持好、健全好民委委员制度。这是机制和体制的保障关键在党，关键在人。

(三) 建设各民族共有精神家园

解决好民族问题，物质方面的问题要解决好，精神方面的问题也要解决好。要旗帜鲜明地反对各种错误思想观念，增强各族干部群众识别大是大非、抵御国内外敌对势力思想渗透的能力。加强中华民族大团结，长远和根本的是增强文化认同，建设各民族共有精神家园，积极培养中华民族共同体意识。要把建设各民族共有精神家园作为战略任务来抓，抓好爱国主义教育这一课，把爱我中华的种子埋在每个孩子的心灵深处，让社会主义核心价值观在祖国下一代的心田生根发芽。弘扬和保护各民族传统文化，要去粗取精、推陈出新，努力实现创造性转化和创新性发展。要积极做好双语教育、信教群众工作和少数民族代表人士和知识分子工作。

做好民族工作的核心是建设各民族共有精神家园。不管是一个地区的融入还是一个民族的融入还是一个人的融入，一般来说要经过三个阶段，一个是经济上的融入，一个是制度上的融入，最后一个也是最高层次的融入就是心理上的融入。我们国家经过六十多年建设，各民族参与了统一的多民族大家庭建设，今天越来越把走向心理上的融入作为一个目标，那就是加强中华民族大团结，长远和根本的是增强文化认同，建设各民族共有精神家园。在我看来这是本次中央民族工作会议的中心思想，

（四）积极培养中华民族共同体意识

1. 把中国梦作为共同目标

中国梦是习近平担任国家主席后在第一次宣讲时就提出来的概念，就是让每个人、每个民族在实现中华民族的伟大复兴中去显示自己的价值，与祖国一起获得发展，共享改革开放成果，实现中华民族伟大复兴。中国梦为我们各民族制定了一个现实的宏大的共同的目标。

2. 多元一体格局和四个认同作为载体

实现中国梦这个共同的目标需要有一个载体和依托，这次会议非常宝贵的地方就是把费先生的多元一体格局作为一个基本的支撑体。明确提出了四个认同，即对伟大祖国的认同、对中华民族的认同、对中华文化的认同、对中国特色社会主义道路的认同。

3. 尊重差异、包容多样作为指导思想

中央民族工作会议文件也体现出一个新的内容，就是尊重差异，包容多样，多次提出要对民族地区实行差别化对待，点对点、有针对性地对待等等。今年3月习近平在法国联合国教科文组织的讲话中提出"文明是多彩的，文明是交流的，文明是包容的"，这也体现了如何尊重差异，包容多样。我认为习近平的讲话将尊重差异、包容多样作为了一个基本的指导思想。

4. 加强各民族交往交流交融作为手段

这次中央民族工作会议文件比我们过去空泛的谈民族团结、搞好民族关系，或为具体谈"三个离"更为实际，这次提出了三个"交"，即加强各民族交往交流交融。这三个"交"是一个新的提升，让人感觉更实在。

5. 优秀传统与现代治理相结合作为途径

此文件不仅充分肯定了各民族的优秀传统文化是中华文化的基本组成部分，同时，三中全会提出来的治理体系和治理能力的现代化，以及四中全会进一步提出法治中国的建设，说明优秀传统和现代治理的结合是民族地区现代化的重要途径。

6. 以加快发展和改善民生作为前提和基础。

优秀传统和现代治理的结合是作为实现民族地区现代化的重要途径，其前提和基础还是要加快发展和改善民生。

以上六点就是我对中央民族工作会议文件的解读，是一己之见，不代表正确也不代表全面，仅供大家参考。

（本文根据作者发言录音整理而成）

旗帜不变，稳住阵脚，
调整思路，务实改革

——对中央民族工作会议的解读

马 戎

中央民族工作会议于 2014 年 9 月 28 日至 29 日在北京举行。虽然会议文件和国家领导人讲话全文没有向社会公布，但是根据新华社发布的消息和一些机构的传达，这次会议释放出来的许多信息仍然引起全国各族人民的普遍关注。

首先，这次会议召开的形式充分体现出中央对我国民族工作的高度重视。六位政治局常委和在京所有党政军高层干部均出席这次会议，除了五个自治区党政主要负责同志外，其他各省区市、新疆生产建设兵团及副省级城市分管民族工作的干部也都齐聚北京出席会议，同时以电视电话会议形式在各省区市和新疆生产建设兵团、副省级城市设分会场直接收看。人们通常认为"民族工作"主要是民委系统和各少数民族自治地区的事务，与其他部委和汉族聚居省市无关，这次会议的举办形式突破了这种"二元模式"，把民族工作提升到"关系祖国统一和边疆巩固的大事"，"关系国家长治久安和中华民族繁荣昌盛的大事"，"把维护民族团结和国家统一作为各民族最高利益"的高度。这对于中央政府其他部委和东中部汉族聚居省市今后做好本地民族工作来说，无疑是一个来自最高层的政治动员。

一、这次中央民族工作会议的社会与思想背景

中央在 1992 年、1999 年、2005 年曾先后召开三次中央民族工作会议，自 2005 年以来，我国一些地区的民族关系和社会稳定形势出现新变化，2008

年拉萨的"3·14"和2009年乌鲁木齐的"7·5"是两次标志性事件，2013年北京的"10·28"、今年（2014年）昆明的"3·1"及新疆多地连续发生的暴力恐怖事件使全国各地不得不加强对暴力恐怖事件的防范，"维稳"已成为全国性的工作目标。其实，早在20世纪80年代后期，在西藏和新疆就开始出现了民族关系恶化的一些迹象。90年代"反对三股势力"的斗争已经成为新疆的主要政治工作，但是近期发生的多起事件使得"维稳"形势更加严峻，也使全国各族人民对于我国民族关系的发展态势更加关注。

正是由于近年来在我国民族关系中出现一系列新的重大变化，而且现行的民族理论教科书没有对这些新现象提供有说服力的理论，也没有对今后工作提出明确的指导建议，自2000年以来，我国学术界就开始了围绕是否需要对新中国成立以来我国民族理论、制度和相关政策进行反思的大讨论。其中主要议题有：新中国的民族理论、制度和政策是否受到"苏联模式"的影响？我国的56个"民族"在西方的话语体系中是接近于近代欧洲带有政治色彩的"nation"（民族）还是更接近美国国内的"ethnic group"（族群）？苏联解体和美国种族关系改善是否为我国调整民族关系提供某些启示与借鉴？在对国内各民族对自身群体认知意识方向的引导上，我国应当强调各"民族"的政治权力和强化各自"领土"区隔和人口边界，还是应当逐步淡化各"民族"的政治意识，努力促进彼此之间的交流交往交融？中国是应当继续强化"民族区域自治"制度并进一步制度化和法规化，还是积极落实宪法中明确的各项公民权利，把各少数民族精英和民众所关心的所有权益都纳入宪法和全国性法规的框架下妥善解决？为了实现真正事实上的民族平等和共同繁荣，我们是应当在尊重历史的前提下兼顾族群集体权利的同时逐步加强公民个体权利的落实，还是继续突出族群集体权利、坚持群体之间的权益博弈？换言之，我国是应当引导各族民众不断加强对"中华民族"和国家的政治和文化认同，还是淡化甚至公开否认"中华民族"这个政治与文化共同体，把56个民族作为政治权益和经济文化权益保障的基本单元？

在21世纪初开启的关于民族理论和民族政策的大讨论中，学者们提出了许多针锋相对的观点。如2000年马戎在讨论民族区域自治制度时提出"民族与区域之间的关系应当逐步淡化。对于各部分公民（当然包括少数民族成员）权利的保障机制将逐步从地方性行政机构的运作向全国性法制体制的运作过渡"，提出应当"主要从文化的角度和层面来看待族群（民族）问题，而不要……把我国的民族问题'政治化'"，并建议进行话语调整，即保持"'中华民族'的称呼不变，以便与英文的'nation'相对应，而把56个民族改称'族群'，以与英文的'ethnic groups'相对应"❶，明确提出中国民族问题应当"去政治化"的议题❷，剖析中国社会现时存在的"汉族-少数民族二元结构"的利弊❸。2011年胡鞍钢、胡联合提出了"第二代民族政策"，主张"实现从识别国内56个民族、保持56个民族团结发展的第一代民族政策，到推动国内各民族交融一体、促进中华民族繁荣一体发展和伟大复兴的第二代民族政策的转变，建构起凝聚力越来越强、你中有我、我中有你、不分你我、永不分离的中华民族的繁荣共同体"❹。

与此同时，有的党内高级干部也在中共中央党校《学习时报》上发表文章，明确指出应"增进各族群众对伟大祖国的认同、对中华民族的认同、对中华文化的认同、对中国特色社会主义道路的认同。现在，我们有的教育和行政措施有意无意弱化了国家观念和中华民族认同的教育。……要把尊重差异、包容多样、促进交融作为民族工作的基本取向。我个人倾向于将来居民身份证中取消'民族'一栏，不再增设民族区域自治地方，不搞'民族自治市'，推行各民族学生混校"❺。

以上观点均引发学术界特别是民族理论界的激烈争论。有的学者在讨论中公开提出中国只有"中华诸民族"而"不存在'中华民族'"的观点❻，有人认为在中国的民族工作中，《民族区域自治法》的"落实、实现程度是不够的，这是最大的问题。我们155个自治单位，依法制定自治条例是法律规定的一部分，只有制定了地方自治条例才能落实自治法，现在……还有15个地方没有自治条例，其中就包括5个自治区的自治条例"❼，认为制定这

---

❶ 马戎：《关于民族研究的几个问题》，《北京大学学报》2000年第4期，第137、141、135页。

❷ 马戎：《理解民族关系的新思路：少数族群问题的"去政治化"》，《北京大学学报》2004年第6期，第122-133页。

❸ 马戎：《中国社会的另一类"二元结构"》，《北京大学学报》2010年第3期，第93-103页。

❹ 胡鞍钢、胡联合：《第二代民族政策：促进民族交融一体和繁荣一体》，《新疆师范大学学报》2011年第5期，第1-12页。

❺ 朱维群：《对当前民族领域问题的几点思考》，2012年2月13日中共中央党校《学习时报》。

❻ 都永浩：《华夏-汉族、中华民族与中国人》，《民族工作研究》2010年第4期，第11-21页。

❼ 郝时远等：《构建新型民族关系》，《领导者》2013年8月总第53期，第81页。

些自治区的自治条例是坚持和完善民族区域制度所面临的最大的问题。同时指出"民委系统不是一个强有力的职能部门，……在地区的民族政策的贯彻执行上，党政部门、维稳部门有更多的发言权和判断力，这就使很多我们在民族政策方面的原则受到了忽视"❶，认为加强民委系统的地位与权力将有利于贯彻党的民族政策。有人认为，居民身份证中取消"民族"一栏就是"取消民族身份"。其实，世界上没有几个国家在国民身份证上标明"种族"或"民族"身份，但是都同样承认种族和族群的文化和历史差异，也都制定了处理和改善族群关系的政策。俄罗斯在 1997 年正式取消了身份证上的"民族身份"，与此同时仍然尊重民族差异，有不同的民族政策。

面对学术界的争论，中央领导人对于这些议题也在思考并有所反应。如 2010 年全国两会的《政府工作报告》中，与以往不同的一点，就是没有提及"民族区域自治制度"，而是强调"加强国家意识、公民意识教育。我们要旗帜鲜明地反对民族分裂，维护祖国统一"。这次政府工作报告发表后引发激烈反弹，因此在 2011 年及以后两会的《政府工作报告》中均提出要"坚持和完善民族区域自治制度"。

这些在主要观点和基本立场上差异很大、针锋相对的争论确实在我国民族理论界和民族工作队伍中引发了一定程度的思想混乱和观点分歧。今后我国民族工作的方向是什么？基本思路应当是什么？人们期待中央能够及时地对于这些争论拿出一个基本态度，以便大家能够统一思想，步调一致，齐心合力地推动我国的民族工作。从我国的社会变迁和学术界争论这个大背景来看，第四次中央民族工作会议的召开是非常及时的，会议提出的主要任务是"准确把握新形势下民族问题、民族工作的特点和规律，统一思想认识，明确目标任务，坚定信心决心，提高做好民族工作能力和水平"，这一定位也是非常准确的。

二、旗帜不变，稳住阵脚

"文化大革命"十年动乱使中国在科学技术、经济发展等方面远远落后

---

❶ 郝时远等：《构建新型民族关系》，《领导者》2013 年 8 月总第 53 期，第 80 页。

于周边邻国，中国经济几乎面临崩溃的边缘，物资供应极度紧张，城乡就业压力很大，严峻的形势迫使中国领导人必须思索和探寻一条新的发展道路，正是这一探索引导中国在十一届三中全会后进入一个全面体制改革的社会转型期。在这一个重要的历史转折时刻，人们一方面需要反思"文化大革命"中"以阶级斗争为纲"的极"左"路线对中国社会和经济造成的严重后果；另一方面也必须思考如何理解和应对改革开放后中国社会中出现的一些新的社会问题，思考应当如何对"文革"时期占据主导地位的政治理论、基本观点和话语体系进行反思。

当时在中国知识分子和民众中出现了两个思潮，一个主张改弦易辙、全面学习西方国家特别是美国的宪政民主制度，另一个则主张坚持传统共产主义理念和党的领导，反对资产阶级自由化。作为一个有丰富社会阅历和斗争经验的政治领袖，邓小平同志的做法是：一、坚持意识形态的传统旗帜不变，反对否定毛泽东同志和党的光荣传统，保持国家基本政治体制的稳定，以此团结党的各级干部队伍，稳住阵脚不乱；二、与此同时，根据实事求是的精神，大胆创新，积极推进中国社会的实质性体制改革和对外开放。基本方针就是努力克服来自"左"和"右"两个方面的干扰，既不做颠覆性的体制变革，也不回头走之前的老路。为此，党中央决定不在理论上纠缠有关我党领袖人物的历史功过和意识形态的"革命"与"反革命"之争，把这些极易引起重大争议和思想混乱的政治议题放在一边，而在政府的各项实际工作中把争议较少的"发展经济，改善民生"作为首要任务，把党的工作转向"以发展经济为中心"，把政府的奋斗目标定为社会各阶层都能够接受并共同向往的"小康社会"。对于当时围绕经济体制改革出现的一些理论界和社会上激烈争论的政治议题（如经济特区是"姓'资'还是姓'社'"的问题），小平同志同样采取的是"不争论"、做实事的应对方法，用社会实践来说服不同意见，以此逐步统一思想。在中国这样一个13亿人口的大国推行重大社会转型，没有现成的成功模式可以效仿，在这一过程中如何把握发展方向与拿捏尺寸，无疑需要高超的政治智慧、实事求是的科学精神和决断的魄力。

面对当前我国一些地区民族关系出现的严峻形势，以习近平总书记为首的党中央无疑也在思考应当如何应对，面对我国学术界、思想界关于民族问题和民族政策的激烈争论，党中央也在思考应当如何加以引导。从这次中央民族工作会议的材料来看，也体现出"旗帜不变，稳住阵脚"的一个基本态度。如在"旗帜"问题方面做出两个重要表态，在民族理论方面提出"新中国成立 65 年来，党的民族理论和方针政策是正确的，中国特色解决民族问题的道路是正确的，我国民族关系总体是和谐的，我国民族工作做的是成功的"。在制度方面提出"民族区域自治制度是我国的一项基本政治制度，是中国特色解决民族问题的正确道路的重要内容"。对党的民族理论、制度、方针政策给予明确的肯定，这两个表态给许多担心党中央在民族理论和制度方面做出重大调整的人们吃了一颗"定心丸"，即中国民族关系的整体格局不会出现重大变化，不会做"180 度的大转弯"。这一表态避免了如 2010 年《政府工作报告》未提"民族区域自治制度"所带来的思想波动，起到了稳定人心的作用。

与此同时，在会议讲话中明确否定新中国在处理民族关系时曾经照搬"苏联模式"，指出美国种族关系依然存在问题，因此中国今后不可能照搬"美国模式"，但提出应当借鉴国外处理民族问题的经验。同时，表明"取消民族身份"是不可取的，目前国内"民族"不会改称"族群"，身份证上的"民族成分"也不会取消，不希望因相关变动引发民众的不安。这些政治表态都是"旗帜不变"的标志性阐述，也表明学术界的相关讨论不会对中国政府的官方态度和话语体系造成影响，中国将继续"坚定不移走中国特色解决民族问题的正确道路"。

三、调整思路，务实改革

但是在维持传统旗帜和政治话语不变、努力稳住阵脚的同时，我们也看到这次中央民族工作会议上有许多新的提法，展示出中央政府在今后民族工作的努力方向上将有一些重大调整。特别值得关注的是，在强调党的民族理论和方针政策正确的同时，明确指出"我们的民族工作也面临着一些新的阶段性特征"。这个新提法太重要了，应当是我们理解今后中国民族工作的一个关键，也为我们今后在实事求是精神引导下在民族工作思路和做法上努力创新打开了一扇门。

当年改革开放的初期，如何既坚持党的领导和国家的社会主义性质，同时又能在体制上推行必要的改革，邓小平同志采用的一个策略就是在坚持大的政治方向的同时，把目前的发展时期定义为"社会主义初级阶段"，从而使各种改革措施带有"阶段性"的特色，成为坚持政治大方向的前提下采用的操作应用性措施，从而远离并化解"姓'资'姓'社'"的路线冲突。这一策略强调"为了更好地建设社会主义"，在现阶段需要全力发展经济，而发展生产力和提升经济则需要借用市场经济的手段和措施，这与共产主义长远目标并不冲突。"黑猫白猫，抓住老鼠就是好猫"，猫的颜色不重要，重要的是要能抓住老鼠。在坚称党的民族理论和政策的正确性的同时，这次中央民族工作会议提出目前中国的民族关系面临"新的阶段性特征"，为此提出要"开拓创新，从实际出发"，在这个精神指导下提出了中国民族工作的一系列调整方向、务实改革的新思路。这几乎是当年邓小平推动经济体制改革策略的翻版。

那么，这次中央民族工作会议在调整方向、务实改革方面，有哪些值得我们关注的新亮点呢？

第一，强调中国民族问题的基本特点是"各民族共同开发了祖国的锦绣河山、广袤疆域，共同创造了悠久的中国历史、灿烂的中华文化。我国历史演进的这个特点，造就了我国各民族在分布上的交错杂居、文化上的兼收并蓄、经济上的相互依存、情感上的相互亲近，形成了你中有我、我中有你，谁也离不开谁的多元一体格局"。"中华民族和各民族的关系，是一个大家庭和家庭成员的关系，各民族的关系，是一个大家庭里不同成员的关系"。

上面这段话说的是中国民族关系的基本性质：是历史造就的"一个大家庭里不同成员的关系"，而且彼此"交错杂居"，"你中有我，我中有你"。这一表述与 20 世纪 50 年代进行"民族识别"时无视或回避各民族同享的许多共性、专注于寻找和辨别各民族特性的导向已有本质性区别，与近年来一些地区和部门在"保护少数民族文化遗产"工作中把一些区域性各族共享的文化遗产贴上"某民族传统文化"标签的思路也有明显差异，并再次确认了中华民族"多元一体"的基本格局。

第二，强调我国民族工作的目标是要"让各族人民增强对伟大祖国的认同、对中华民族的认同、对中华文化的认同、对中国特色社会主义道路的认同"（即加强"四个认同"）。

假如根本不存在"中华民族"，何来"对中华民族的认同"？上面的这句话已经明确回答了"中华民族"是否客观存在的理论争论。

同时习总书记在讲话中提出，我国民族工作的中心内容是"加强中华民族大团结，长远和根本的是增强文化认同，建设各民族共有精神家园，积极培养中华民族共同体意识"。这里明确提出要加强各民族彼此之间的"文化认同"。语言和宗教是通常人们所认定的"文化"载体和核心内容，我国许多民族有自己的语言文字和宗教信仰，那么这个各族之间"文化认同"的基础是什么？

我想这里可能有几种理解，一是我们应当认识到中国各族语言之间在几千年的交流共处中，其实已经存在某些共性和共同的元素，各族都在吸收其他族群的词汇，维吾尔语、藏语、蒙古语都或多或少受到古汉语的影响；二是我国佛教和伊斯兰教虽然源自境外，进入中国后在宗教活动内容和仪式上已经历了"本土化"过程，如解放前内地修建的清真寺大多采用汉地的"殿堂式"；三是各族的生活习俗、文化生活也在多年彼此交流共存中相互影响。以上这些都是我们建立中华民族内部各族之间"文化认同"的历史基础，只是在"民族识别"后人们不去关注甚至否认这些各族共享的文化元素，其结果是淡化和消解了各族之间文化认同的基础。费孝通先生在1988年提出"中华民族多元一体格局"的思想，在中华民族各群体之间，除了存在政治上的"多元一体"框架外，在实际生活中也存在文化上的"多元一体"框架。在今天重新认识并努力发掘这些文化共性和共享的文化元素，恰恰是我们在21世纪建立"中华民族文化认同"过程中应当开展的工作。

由于历次宪法的表述是"中国各族人民""中国各民族""各民族公民"，尚没有"中华民族"的提法。在中央一再强调要加强"中华民族"认同的形势下，今后修订宪法时这一表述应作必要的调整。

第三，中央确认民族区域自治制度是我国的一项基本政治制度，这是没有疑问的。但是紧接着提出"要坚持统一和自治相结合、民族因素和区域因素相结合"。

长期以来，在提到民族区域自治制度时，一般都只强调"自治"，而不大提"统一"。这次中央民族工作会议提出"统一和自治相结合"，实际上是突出了人们长期以来在强调民族区域自治时忽视的"统一"议题。由于我国许多少数民族自治地方是多民族聚居区，甚至汉族在人口结构中占有相当比例。在民族区域自治中强调"民族"因素，往往突出"自治民族"（在苏联称为自治区的"命名民族"）的自治，那么生活在这一区域的其他民族的相关权益应当如何维护呢？民族区域自治并不是哪一个民族的自治，相关的现实问题在我国西部一些多民族自治地区的社会实践中已引起广泛关注。基于国外研究成果和国内社会调查，我们曾建议把一些优惠政策的对象从"族群"调整为经济相对滞后的"区域"❶。因此，只有把民族因素与区域因素结合在一起，才能使民族区域自治制度更公平、更有效地服务于各自治地区的各族人民，在民族区域自治制度的实施中不断促进民族平等和民族团结，而不是激发民族之间的权益博弈。至于在我国民族自治地方的名称中加入"某某族"的提法，领导人讲话中指出，戴这样的帽子是为了让这一民族"在维护国家统一和民族团结方面承担更大的责任"，区域内的各族人民享有完全平等的权利。这与人们对这一"自治民族"在该地区享有更多权益的通常理解很不相同，对于"自治民族"责任的这一新提法非常发人深省。

与此同时，这次中央民族工作会议提出"把宪法和民族区域自治法的规定落实好，关键是帮助自治地方发展经济、改善民生"。注意这句话把落实民族区域自治法的关键定义为"帮助自治地方发展经济、改善民生"，而不是像有些人提议的那样进一步制定民族区域自治法的具体实施条例。

这次中央民族工作会议还在几个多年争议的问题上表了态。国家民委多年来希望在宪法中增加"民族市"的提法，以便在自治县（旗）经济与人口发展后"升格"为市后仍然保持原有的"民族自治"。当各县（旗）的经济与人口规模达到建市标准时，少数民族人口比例通常显著下降，新建城市的发展方向应当是更加开放，而不应当是坚持本地民族的"自治"。我国在2010年普查时还有64万"未识别人口"，一些群体希望被承认为新的"民族"，还有一些地区在申请建立新的自治县或城市"民族区"。这次民族工作会议明确表示我国的"民族识别"工作已经完成，今后不再识别或增设民

❶ 马戎：《21世纪的中国是否面临国家分裂的风险》（下），《领导者》2011年4月（总第39期），第78-79页。

族自治地方。这即表示民族工作上一些过去的做法已告一段落，今后不再继续。

第四，在这次民族工作会议上和第二次新疆工作座谈会同样明确提出要"加强各民族交往交流交融、尊重差异、包容多样，让各民族在中华民族大家庭中手足相亲、守望相助；创新载体和方式，引导各族群众牢固树立正确的祖国观、历史观、民族观"。

在近年来的学术讨论中，有些人表示只能够接受各民族之间的"交流交往"，认为"交融"就意味着"民族同化"，是不可接受的。这个观点存在两个方面的问题：一是完全否认了中华各民族在几千年交往交流、混居通婚过程中，已经出现了程度不同的交融。许多历史上曾经存在过的群体（如汉代生活在东南部的群体、元代生活在华北的契丹人、女真人、党项人等）都融入了中原汉人，同时许多中原汉人也被吸收融入北方游牧群体❶。二是看不到中国各民族未来的长远发展前景只会是逐步地相互融合，而不可能彼此渐行渐远。我们都充分认识到任何强行推动民族融合的做法只能是适得其反，也一定会遭到被同化群体的极力反对。但是在彼此相互尊重、平等合作基础上的交往交流，必然会使彼此之间的界限渐趋模糊，从而出现逐步的相互融合。这应当被视为社会的进步，而不是相反。

有些人认为即使是"民族融合"的提法也不可接受，这种观点完全无视人类社会以往的历史，也迷失了今后人类社会的发展方向。列宁指出："无产阶级不能赞同任何巩固民族主义的做法，相反地，它赞同一切帮助消除民族差别、打破民族壁垒的东西，赞同一切促使各民族之间的联系日益紧密和促使各民族溶合的东西"❷。"社会主义的目的不只是要消灭人类分为许多小国家的现象和各民族间的任何隔离状态，不只是要使各民族接近，而且要使各民族融合"❸。有些人经常引用列宁有关"民族自决权"的论述，但却对列宁关于"民族融合"的论述避而不提。中央在第二次新疆工作座谈会和第

---

❶ 费孝通：《中华民族的多元一体格局》，《北京大学学报》1989年第4期，第7-11页。

❷ 列宁：《关于民族问题的批评意见》，1914年，见载《列宁全集》第20卷，北京：人民出版社，1958年版，第18-19页。

❸ 列宁：《社会主义革命和民族自决权》，1916年，见载《列宁全集》第22卷，北京：人民出版社，1958年版，第719页。

四次中央民族工作会议上一再提出"加强各民族交往交流交融"，所遵循的正是列宁的上述主张，这对于国内民族理论界的争论，是具有一定针对性的。

在提出加强各民族交往交流交融的同时，会议也强调"尊重差异、包容多样"，"引导各族群众牢固树立正确的祖国观、历史观、民族观"，在强调"一体"的同时提出必须兼顾"多元"，强调要客观地认识中国形成的历史、中华各族交往交融的历史和中华民族形成的历史。不赞成加强民族意识、突出民族差异的做法，在计划生育等政策方面主张缩小在同一区域内各民族享受的公共服务政策差异。

第五，关于干部问题，会议提出"要坚持德才兼备的原则，大力培养选拔少数民族干部，优秀的要放到重要领导岗位上来。无论是少数民族干部还是汉族干部，都要以党和国家的事业为重、以造福各族人民为念，齐心协力做好工作"。"民族地区的好干部要做到明辨大是大非的立场特别清醒、维护民族团结的行动特别坚定、热爱各族群众的感情特别真诚"。这里特别强调了在民族地区工作的各族干部、特别是少数民族干部的选拔标准，这就是在大是大非的问题上（如维护祖国统一、反对国家分裂和打击暴力恐怖分子等方面）必须立场鲜明、行动坚定，在日常工作中要一视同仁地热爱"各族群众"，而不能偏袒本族成员。

在新中国成立初期，共产主义革命意识形态和阶级情谊一度成为少数民族干部与中央政府和其他民族成员之间认同的政治基础。但是在"文革"以后，这一意识形态纽带的效用逐步淡化，有些少数民族干部和知识分子的"民族意识"日趋加强，首先把自己看作本民族的政治代表。今天中国的民族问题，说到底就是各民族之间的政治认同和文化认同问题，是各少数民族成员是否认同中华民族这个共同体和中央政府、是否认同汉族和其他民族的问题，也是汉族是否认同各少数民族的问题。加强"四个认同"是一个大是大非的立场问题，这次民族工作会议明确提出今后我们必须用这个标准来要求和衡量各族（包括汉族）干部，这是非常及时和必要的。汉族和少数民族的干部和知识分子都应当把自己看作是中华民族的国家精英，是国家干部，而不是哪个民族在自治政府中的代表和领袖，要自觉地维护民族团结和国家统一，热爱各族群众，为全国各族人民服务。凡是做到了这一点的，就应及时地选拔到重要的领导岗位上来。

在我国的干部政策中落实这一精神时，还应该注意到，除了行政职务外，少数民族干部也应当能够担任党委书记。少数民族干部的任命岗位不应当仅局限于本族的自治地方，也应当包括中央政府和汉族聚居省市的重要领导岗位。我们的干部政策应当是任人唯贤、任人唯能，而不是各自治区内部干部岗位任命中的"任人唯族"和"汉人书记、少数民族行政首脑"的传统模式。

从近几次人口普查数据来看，我国几个重要少数民族的"领导干部"（国家机关、党群组织、企业事业单位负责人）在该族就业人口中的比例持续下降，如2000—2010年期间，维吾尔族领导干部的比例从0.84%下降到0.47%，绝对人数下降了32.3%，蒙古族领导干部的人数下降了28.3%，藏族领导干部的人数下降了15.6%❶。这与中央实施"西部大开发"战略以来我国西部地区社会、经济、文化各项事业大发展的基本态势是不相符的，应当引起中央组织部门的高度关注。除了少数民族干部如何选拔与任用问题外，少数民族干部和知识分子的培养模式也是一个值得思考的问题，为了培养具有"四个认同"的少数民族干部，普通高等学校（如北京大学、清华大学）与目前"民族意识"浓厚的民族院校相比也许是一个更为适宜的环境。

第六，会议提出"用法律来保障民族团结，增强各族群众法律意识；坚决反对大汉族主义和狭隘民族主义，自觉维护国家最高利益和民族团结大局"。

十八届四中全会提出依法治国，我国的民族工作也必须纳入法治框架之中。目前存在的一个现象是，一些基层政府采用地方行政命令的方法来处理当地的民族关系问题和群众宗教活动，内容五花八门，方式简单生硬，造成许多负面的社会后果。有些地区的少数民族民众有时依照传统的地方习惯做法或宗教法规，对国家法律不熟悉不认可，容易与执法机关发生冲突。如何把各级政府的民族和宗教管理工作纳入国家法律法规的轨道，如何增强各族

❶ 马戎：《我国部分少数民族就业人口的职业结构变迁与跨地域流动——2010年人口普查数据的初步分析》，《中南民族大学学报》2013年第4期，第4页。

民众的法律意识，无疑是今后一些地区民族工作的重要内容之一。与此同时，在我国的立法与司法实践中也应当把各地民间习惯法纳入视野，尽量减少甚至避免国家的立法和司法实践与人民群众日常生活中的道德伦理和习惯之间出现冲突。

"反对大民族主义，主要是大汉族主义，也要反对地方民族主义"是写进历次宪法的，这次民族工作会议在坚持反对大汉族主义的同时，把"地方民族主义"改为"狭隘民族主义"，这一点值得关注。通过新中国成立后的行政建制、社会服务建设、经济发展和人口迁移，许多地区已出现了不同程度的各族混居的现象，因此目前各地的"民族主义"思潮更多地体现在狭隘的群体（××族）"民族主义"，而不是行政区域的（××地区）"民族主义"。

第七，高度关注少数民族地区的民生问题。会议提出"一些民族地区群众困难多，困难群众多，同全国一道实现全面建设小康社会目标难度较大，必须加快发展，实现跨越式发展。要发挥好中央、发达地区、民族地区三个积极性，对边疆地区、贫困地区、生态保护区实行差别化的区域政策，优化转移支付和对口支援体制机制，把政策动力和内生潜力有机结合起来"。"要以推进基本公共服务均等化为重点，着力改善民生。发展经济的根本目的就是要让各族群众过上好日子。……促进社会公平"。

上面这段话包含了多重内容，但是主要精神是努力解决好经济发展相对滞后少数民族地区的民生问题。重提在第二次新疆工作座谈会中已不提的"跨越式发展"，反映中央对加快边疆贫困地区经济发展的迫切心情。但是，任何实质性的经济发展都必须符合当地实际情况，坚持因地制宜的基本原则和实事求是的科学态度，这方面的教训已经不少。

另一个值得关注的是在经济发展中，许多政府项目和促进经济发展的政策通常采用"一刀切"的单一思路和统一的衡量指标，出现许多破坏环境生态、把当地民众排斥在外的"开发项目"。我国许多地区的自然地理生态、经济形态及各族的文化传统与中原和沿海地区相比差别极大，因此必须采用因地制宜、因族制宜、因势利导的多种发展模式，而不能简单地追求经济规模和发展速度，应当把以当地民众为主体的"人的发展"放在第一位，只有这样的发展才是可持续的、受到当地民众接受和欢迎的发展。这次中央民族工作会议提出"差别化的区域政策"，应当是接受了这样的思路。

第八，会议指出"改革开放以来，我国进入了各民族跨区域大流动的活跃期，做好城市民族工作越来越重要。对少数民族流动人口，不能采取'关门主义'的态度，也不能采取放任自流的态度，关键是要抓住流入地和流出地的两头对接。要把着力点放在社区，推动建立相互嵌入的社会结构和社区环境，注重保障各民族合法权益，坚决纠正和杜绝歧视或变相歧视少数民族群众、伤害民族感情的言行，引导流入城市的少数民族群众自觉遵守国家法律和城市管理规定，让城市更好接纳少数民族群众，让少数民族群众更好融入城市"。

在中央召开第二次新疆工作座谈会和中央民族工作会议之前，中央各部委组织了在新疆和各藏区的大量的、密集的实地调研活动。这段话反映出近年来在民族关系中出现的两个值得关注的社会现象，是有一定针对性的。第一个现象是近十几年来，许多藏族和维吾尔族来到东部沿海城镇生活和就业，但是由于当地政府管理部门对这些西部少数民族的语言、宗教和习俗等不熟悉，不善于处理由此引发的社会矛盾，加之个别暴恐事件对维吾尔族、藏族造成"污名化"的社会效果，一些东部地区的基层政府机构（如安全部门）和部分民众产生了对某些民族的排斥心态。从 1990—2010 年人口普查数据来看，藏族自治地方以外的藏族人口从 1990 年的 30 万人增加到 2000 年的 41.5 万人，再增加到 2010 年的 54 万人；而在新疆以外的维吾尔族人口，虽然从 2000 年的 5.4 万增加到 2010 年的 6.8 万人，但是如果减去内地"新疆班"在校学生及进入内地高校的 3 万多人，我们发现来到内地就业和生活的维吾尔族人口在明显减少❶。针对这一发展态势，中央提出"对少数民族流动人口，不能采取'关门主义'的态度"非常及时，而且提出了一系列引导少数民族流动人口融入内地城市社区的具体做法和需要注意的问题。

由于语言和生活习俗差异，一些来到内地的藏族、维吾尔族流动人员很容易聚居在一起，形成某种"民族社区"。这些"民族社区"的出现有利于少数民族人员的互相帮助和就业，但是不可否认，这些带有"民族区隔"性质的基层社区不利于各族居民的交往与合作。美国和新加坡等国的社会学家

---

❶ 马戎：《我国部分少数民族就业人口的职业结构变迁与跨地域流动——2010 年人口普查数据的初步分析》，《中南民族大学学报》2013 年第 4 期，第 13 页。

关注种族"居住区隔"带来的负面影响，通过行政和财政手段努力打破这种"民族社区"的思路值得我们借鉴。在"7·5"事件发生后，在乌鲁木齐和新疆其他城市也出现了居民区之间各族居民换房而加强"民族社区"的现象。在中央新疆工作座谈会和这次中央民族工作会议上都提出要"推动建立相互嵌入的社会结构和社区环境"，是具有明显针对性的，也是与民族工作加强"四个认同"的大方向相一致的。尽管我们希望出现"相互嵌入的社会结构和社区环境"，并以此为目标努力加以引导，但是需要注意的是，这样的社会结构和社区环境绝不是可以通过简单的行政手段来强行设立的，而应当是在政策引导下逐步自然形成的。我们乐见出现更多的族际通婚，但不能用政策直接加以干预和奖励，简单生硬的干预只会带来负面和适得其反的社会效果。

第九，如何在青少年中加强"四个认同"的思想教育。会议提出"要把建设各民族共有精神家园作为战略任务来抓，抓好爱国主义教育这一课，把爱我中华的种子埋在每个孩子的心灵深处，让社会主义核心价值观在祖国下一代的心田生根发芽"。

近年来中央一直高度关注如何在中小学开展民族团结教育，并多次组织专家编写中小学民族团结教材。但是一些教材仍然在突出民族差异和民族特色，让小学生们更加认清自己属于哪个"民族"和本民族的历史文化传统，民族之间的边界更加清晰，这种"民族团结教育"的思路值得讨论。正如一些人所指出的那样，"我们有的教育和行政措施有意无意弱化了国家观念和中华民族认同的教育"。这次中央民族工作会议把"爱国主义教育"作为民族团结的核心内容，纳入"建设各民族共有精神家园"这一"战略任务"，这也为我们编写中小学民族团结教材指明了方向。

第十，如何保护和发展少数民族传统文化。会议指出"弘扬和保护各民族传统文化，要去粗取精、推陈出新，努力实现创造性转化和创新性发展。要积极做好双语教育、信教群众工作和少数民族代表人士和知识分子工作"。

各民族的语言文字、传统文化都是中华民族的宝贵文化财富，保护和发展这些传统文化是国家和全社会的责任。但是如何辨证和历史地看待这些文化遗产，继承精华，剔除糟粕，去粗取精，推陈出新，是我们必须面对的历史责任。各族精英知识分子必须认识到，在工业化时代以前的农耕与游牧经济社会中生长出来的传统文化，唯有经过创造性转化和创新性发展才能与现代化工业社会的社会政治制度、经济活动类型和人际交往模式相适应，才能在时代大潮流中获得生命力，才能使各民族一方面为整体社会的文化建设提供本民族的优质文化元素，另一方面通过开放的态度学习吸取其他民族的优秀文化来充实和丰富自身。在这方面，作为主流社会、中央政府和各族广大民众之间的桥梁，少数民族代表人士和知识分子的作用特别重要，信教群众的工作也主要依靠他们来做。

与此同时，我们应当从各民族之间如何加强文化学习和交流的视角来看待目前提倡的双语教育。在任何一个现代国家，国民普遍掌握本国的通用语言是这个国家实施行政管理、发展教育事业、形成统一经济和就业体系、在"多元一体"基础上发展文化事业的必要前提。固然我们可以在中小学甚至大学的某些专业使用民族语言授课，但是国家顶级大学的许多专业只能使用国家通用语讲授，不掌握国家通用语的少数民族学生必然在这些专业和相关行业中被边缘化。近10年期间，我国汉族（也包括通用汉语的回族、满族等）大学生和专业人员的整体水平和提高速度与藏、维吾尔、蒙古等少数民族大学生和专业人员相比，之间的差距是在缩小还是在扩大？这些民族何时才能出现国内一流的政治家、科学家、医生、企业家等高级人才？如果这一发展趋势看起来不那么令人鼓舞，我们是否需要想想如何才能扭转这一局面？

结束语

近年来国内一些地区的民族关系明显恶化，如何改善民族关系已经成为全社会高度关注的大事。自十八届中央委员会成立以来，二中全会和三中全会都没有专门讨论民族问题。如《中共十八届三中全会公报》（2013.11.12）中虽然提出了"四个制度"（坚持和完善人民代表大会制度、中国共产党领导的多党合作和政治协商制度、民族区域自治制度以及基层群众自治制度），但是在《中共中央关于全面深化改革若干重大问题的决定》中对于如何完善其他三个制度都有大段说明，对于如何完善民族区域自治制度却没有具体的说明。只是强调要"贯彻党的民族政策，保障少数民族合法权益，巩固和发展平等互助和谐的社会主义民族关系"，同时在以习近平个人名义发表的《关于"决定"的说明》中，只字未提民族问题。这表明中央计划召开专门的工作会议来集中讨论和研究中国的民族问题。

今年（2014 年）5 月底召开的中央新疆工作座谈会和 9 月底召开的第四次中央民族工作会议，中心议题即中国的民族问题和民族工作。这两次会议文件的内容非常丰富，涉及了当前我国民族工作面临的方方面面，对国内民族理论界的争论定下了基调。这次中央民族工作会议一方面在政治上肯定了我国民族理论和制度，另一方面在"阶段性特征"这个新提法下要求必须"开拓创新，从实际出发"，这为今后的理论反思和民族工作提供了新的通道与空间。中国国土辽阔，在这片国土上居住着众多具有不同文化和发展历史的群体，近代西方"民族"概念和民族主义思潮引入中国之后，如何重新凝聚成为一个现代的民族国家必然要经历一个非常曲折的过程，这样的历史背景与现实国情也使得今天中国社会面临的民族问题特别复杂，在处理民族问题的过程中，有的只能做不能说，有的只说不做，有的不说也不做但是乐见其成。这里不仅在政策设计时需要有高屋建瓴的历史感悟，在操作中如何把握方向和拿捏分寸也需要高度的政治智慧和实践经验。

这次中央民族工作会议明确要求全国所有省市的"各级党委和政府要把民族工作摆上重要议事日程，坚持从政治上把握民族关系、看待民族问题"，把民族团结视为"我国各族人民的生命线"。这就把我国民族工作的重要性提升到一个全新的高度，使之成为全党全国各级政府都必须高度重视的一项核心工作，全国人民都来共同关心民族问题，都来努力了解中华民族的所有成员，都来为促进本地区的民族交流交往交融做出努力，都来为加强中华民族凝聚力添砖加瓦，这对我国民族关系的改善必定起到积极的推动作用。

（本文最新版本发表于《青海民族研究》2015 年第 2 期）

后　记

　　2014 年 11 月 8—9 日，由中央民族大学民族学与社会学学院主办的"民族社会学理论与实践"学术研讨会成功举行。本次会议邀请到来自全国 26 所高校和科研院所的 50 余名专家学者，主要围绕学科建设、宗教和语言研究、少数民族人口城镇化和流动、发展与反思等四个大的专题进行了深入探讨和交流。

　　本次会议共分三个阶段，第一阶段为主旨发言，第二、三阶段为专题发言。

　　主旨发言由我院丁宏教授主持，发言人为北京大学的马戎教授和中央民族大学的杨圣敏教授。马戎教授在题为"族群分层、文化区隔与语言应用模式"的发言中，回顾了社会学"族群分层与流动"的研究，强调中国的族群分层与流动研究应借鉴西方的学术成果，但必须从实际国情出发，避免"路径依赖"。马戎教授认为，如何在公共空间和教育体系中兼顾全国性的工具性语言与地方性的工具性语言是中国族群关系研究的重要议题，并指出研究我国的"族群文化区隔"问题可先从语言差异入手。马戎教授以日常生活语言为基础划分"生活语区"，以公共活动为基础划分"学习与就业语区"，提出了语言的"应用工具性效度"概念，并划分了中国少数族群聚居区的语言使用格局，同时设想了一个"理想型"的生活语言模式，其研究内容对我国民族政策、语言政策以及教育政策的设计与完善都具有重要的启示意义。杨圣敏教授在题为"民族学与社会学研究：理论导向还是问题导向？"的发言中，讨论了民族研究要坚持理论导向还是问题导向这一重要的研究思路问题。杨圣敏教授回顾了民族学、社会学等学科的发展历程，以费孝通先生等老一辈学者的学术遗产为基础，反思了相关学科的应用与建设问题，并提出在当前的中国社会，需要更多以现实问题为导向的研究，这一方面能够帮助我们更好地理解与解决社会现实问题，为国家的治理贡献力量；另一方面，只有将研究真正置于中国情景中才能发展出适应本土且具有普世、共享价值的理论，同时还指出学术实践需要开放学科，为研究引入多方视角和多样方法。

会议第二阶段的上半场以宗教和语言研究为主题展开发言和讨论，来自新疆师范大学民族学与社会学学院的迪木拉提教授、中国社会科学院民族学与人类学研究所的色音研究员、新疆石河子大学的孟红莉副教授以及中央民族大学少数民族语言文学学院的丁石庆教授等学者在会议中围绕宗教信仰与宗教工作、语言使用、语言适应与族际交往等内容展示了各自最新的研究成果，为广大师生呈现了精彩的研究报告。同时，兰州大学西北少数民族研究中心的赵利生教授为与会发言人做出了生动、详细的评议，使得会场气氛更加活跃。下半场以少数民族人口城镇化和流动为主题展开，来自中南民族大学的李吉和教授、南开大学的郝亚明副教授及我校的菅志翔副教授、焦开山博士等与会代表从社会关系网络、少数民族人口的城镇化水平、族际居住模式和个体流动与群体地位等多种研究视角对相关议题进行发言，并提出了诸多新颖的研究观点与视角。会议评议人张继焦研究员对发言内容也给予了客观、深入的点评，代表之间相互探讨、相互启发，使得与会学生受益匪浅。

在第三阶段上半场的会议中，来自新疆社会科学院社会学研究所的李晓霞研究员和宁夏大学的孙振玉教授、李德宽教授等以其丰富和扎实的调研资料围绕少数民族的文化活动、文化研究反思等学术议题进行了阐释。下半场会议主要以民族社会学的学科建设和反思为主题展开，中南民族大学民族学与社会学学院院长田敏教授从学科定位、研究视角等角度就民族社会学的学科建设提出了众多引人思考的问题，对本学科的发展具有重要意义。中国社会科学院社会学研究所王晓毅研究员、中共中央党校徐平教授、中国现代国际关系研究院中亚研究室许涛研究员及我校民族学与社会学学院关凯教授也分别就本场会议的主题进行了精彩的发言。评议阶段，马戎教授深入、精炼、具有洞见性的点评再次将整场会议的气氛推入高潮。会议最后，由本人作了总结发言。

本文集主要就是根据以上发言文稿汇编而成，但个别代表因故更换了编入文集中的论文。另外，文集还收录了部分没有做专题发言的与会代表的论文。

民族社会学作为主要跨民族学和社会学的一门交叉学科，自 20 世纪 80

年代后在我国得到了较快的发展，无论在学科地位的确立，在理论探讨、经验研究、教材编写、人才培养等方面都取得了较大的成就，但还存在诸如基础理论薄弱、学术研究的规范化程度有待提高、专业研究人员缺乏等问题，特别是相较于社会学的其他一些主要分支学科，民族社会学的社会影响还不大，学术交流还比较薄弱，因此，在这种情况下，我认为举办一次民族社会学理论与实践学术研讨会很有必要，也相信本次会议能对民族社会学学科的发展起到一定的推动作用。

近年来，我国民族地区不断出现重大民族关系事件，党和政府以及整个社会亟须全面深入了解民族地区和少数民族社会中出现的新情况和新问题，因此加强社会学的民族研究，加强民族社会学学科发展，是发挥跨学科、多视角民族研究优势，强化针对急迫现实问题的研究能力，承担起历史责任和社会责任的必要举措。

总之，科学研究的目的在于追求真知，服务社会。国家和社会的知识需求和现实需要要求我们承担起进一步深入研究民族地区和少数民族社会的重任，这也为民族社会学的发展提供了广阔的空间。

在本次会议中，西藏民族学院的王学海教授、陕西社科院社会学所的江波研究员、中央民族大学的良警宇教授和朴光星副教授分别担任了四场专题发言的主持人，对他们的完美主持在此深表谢意！最后，感谢为本次会议的召开付出辛劳的同学们，他们是我校民族社会学专业的博士生王浩宇以及硕士生谢志明、潘畅、张燕、冯鑫华、高和艳、方晶晶、夏依达·外力、海飞燕、张冬月，他们为本次会议提供了会务服务。本文集的录音整理工作全部由高和艳同学完成，在此一并表示衷心的感谢！

最后，对责任编辑纪萍萍女士及其他工作人员为此书的出版所付出的辛勤劳动深表谢意！

中央民族大学民族学与社会学学院
何俊芳